现代出版学丛书

现代出版经济管理学

张其友 ◉ 著

苏州大学出版社

图书在版编目(CIP)数据

现代出版经济管理学/张其友著.—苏州：苏州大学出版社，2007.8
(现代出版学丛书：3)
ISBN 978-7-81090-923-5

Ⅰ.现… Ⅱ.张… Ⅲ.出版工作-经济管理 Ⅳ.G231

中国版本图书馆CIP数据核字(2007)第131891号

现代出版学丛书
Contemporary Publication Studies Series

总 策 划

吴培华

现代出版经济管理学

著

张其友

责任编辑

薛华强

出版发行

苏州大学出版社
(苏州市干将东路200号 邮编 215021)

印 刷

丹阳市民生印务有限公司
(丹阳市西门外陵川绿岛南首 邮编 212300)

开本 787mm×960mm 1/16
印张 26 **字数** 442千
版次 2007年8月第1版 2007年8月第1次印刷
书号 ISBN 978-7-81090-923-5
定价 34.00元

现代出版学丛书

CONTEMPORARY PUBLICATION STUDIES SERIES

出版者的话

Editor's words

为了适应出版产业培养复合型人才的需要，为了促进出版这一与时俱进、以创新为灵魂的内容产业的发展，也出于编辑出版学科建设的需要，我们于2004年推出了现代出版学丛书第一辑（七种），2005年推出了第二辑（六种），引起了业内强烈的反响，获得了广泛的好评，在此基础上，我们又策划了第三辑（七种）。我们对于本套丛书的设想是立足于创新，尽可能地吸收中国出版业发展的最新内容，改革的动态、技术的革新、政策的变化、发展的趋势都将纳入我们的视野。我们对于作者的选定侧重在那些长期关注中国出版业发展的教育工作者和理论研究工作者，他们中有担任过领导工作又长期从事出版理论研究的专家，有在编辑出版教育第一线耕耘不止的园丁，有在编辑出版管理部门从事实际工作的理论工作者，虽然他们分布在全国各地，从事的工作不同，但是都有一个共同点，就是都在为繁荣中国的出版事业而努力，他们的工作异常繁忙。

然而，正是因为创新的立足点和作者选定的侧重点，决定了本套丛书也许会出现很多缺憾。我们将在广泛收集反馈信息的基础上，选择适当的时机及时对本丛书进行修订。因此，我们真诚地希望广大读者、教育工作者和理论研究工作者出于对本丛书的爱护，对其中的不足之处和疏漏讹误，不吝赐教。我们虚心期待着大家的意见、建议，甚或是严厉的批评，因为我们对中国出版业的拳拳之心是共同的。

总序

Preface

书籍，是人类传承文明的主要载体；近代兴起了报纸和杂志，于是文明传承又多了一种工具和媒介，从而新闻与出版并称。但是二者在传承文明过程中所起的作用和各自的特点有所不同。报纸杂志的时效性强、内容多样；书籍则传世久远、影响深远。二者相济，既及时反映了即时发生的情况，又引导人们思考过去、现在和未来，于是人类的文明得以播散和流传。

任何国家的新闻出版事业都是为自己国家的利益服务的，绝无功利的新闻出版事业从来不存在。过去，我国的新闻出版事业只注重了它的宣传作用，而忽略了它还有商品性的一面。这是计划经济导致的必然结果。改革开放以后，人们很快意识到了出版事业的二重性：意识形态属性和商品属性。我国的新闻出版业，一方面要发挥党和人民喉舌的作用，另一方面也要按照社会主义市场经济的规律去建设、发展、生产和流通，这两种属性是并行不悖、相辅相成的。只有按照市场经济的规律去建设、发展、生产和流通，才能更好地宣传科学的理论、正确的思想，弘扬正气，凝聚人心；也只有坚持正确的导向，乘市场经济的浪潮发展，才不致于迷乱了本性，才能为最广大人民的根本利益服务，才能在世界范围内形成自己的特色，参与国际出版业的激烈竞争。

无论是哪个国家的出版业，也无论从我国出版事业的哪一方面的属性来说，要使这一事业发展壮大，人才都是关键。特别是我国的出版事业正处在由传统的生产方式向现代生产方式转变的过程当中，人才的问题更加显得重要而急迫。

现代的出版业需求怎样的人才呢？我想，这样的人才除了应该熟悉现代新闻出版的经营方式方法之外，还需要有较高的理论素养、创新的意识和能力。后者也许比前者更为重要，因为经营的方式方法可以在实践中摸索、总结，而理论修养和创新能力却需要较长时间的积累和一定的悟性，需要良好的环境和条件的熏陶与培育。

如果以上述的标准衡量，应该承认，我国新闻出版界的人才结构和知识结构的确急需改善。同时我们应该看到，我国出版教育事业要承担起培养新型出版人才的历史重任，还有很多工作要做，还有很长的路要走。在诸多应该做的工作当中，编写出版具有理论深度的著作和具有时代特色的教材是其中最重要的基础性建设。

目前比较系统的一套出版学丛书还是十年前编写的。出版事业和社会生活几乎是同步前进的，在"知识爆炸"的今天，出版事业的发展可谓一日千里，也只有一日千里才能跟上时代。永远向前看，这是出版业的重要特征。因此，原有的读物显然已经不能完全满足当前的需要。现在出版的这套由我国新闻出版界一批著名专家策划并编写的《现代出版学丛书》，就是为了跟上出版业改革发展的形势，根据他们在这一领域中多年积累的经验、最新的发展动态、研究的最新成果和对未来的深刻思考编写而成的，供正在出版事业前沿努力奋斗的专业人员和有志于投身这一事业的年轻人学习之用。

参加策划和编写的专家，都在出版业的各个方面工作过多年，有的担任过出版业领导工作并长期从事出版理论研究，有的在出版教育领域耕耘时久，有的一直在出版部门从事实际工作。他们虽然分布在全国各地，专业也不尽相同，但是有着一个共同的特点，这就是始终紧跟时代的脚步，密切关注着国际上出版界的动态，苦苦思考着我国的出版业如何适应21世纪中国和世界的情况。

任何著作都不可能十全十美，因为就在作者研究、写作的时候，客观情况已经在变化了；再加上每个人占有的资料很难滴水不漏，观察的角度彼此或异，如果读者发现这套丛书还有什么不足和可议之处，我看应属正常。我们总不能等到一切都研究得完美了再来编写——实际上永远不会有这样一天，重要的是做起来，教起来，学起来。

我衷心希望这套丛书尽快出齐，在听取读者的意见后不断修改提高，使之成为具有权威性的读物和教材；我同时希望我国的出版教育界以这套丛书的出版为新的起点，加强科学研究，逐步形成和完善具有中国特色的出版理论体系，使我国的出版事业不仅在数量和质量方面达到与我国的国际地位相应的水平，出色地承担起传承人类文明的重任，而且在理论建树和人才储备方面也能令世界刮目相看。

许嘉璐

于日读一卷书屋

目录

Contents

第一章　概述

第一节　我国出版业的经济性质　3
第二节　我国出版业资源配置面临的挑战　10
第三节　出版经济管理的基本概念　18
第四节　出版经济管理的目标　27
第五节　出版经济管理的特点和地位　30
复习思考题　34

第二章　出版企业应收账款管理

第一节　出版物应收账款的作用与成本　37
第二节　出版物应收账款的风险分析　39
第三节　出版物应收账款的信用管理　42
第四节　加强出版物应收账款管理的几项措施　50
复习思考题　54

第三章　出版企业存货管理

第一节　出版企业存货的作用　57
第二节　出版企业存货成本与提成差价　59
第三节　出版物材料经济订购批量的决策　61

第四节　出版物印制批量的决策　71
复习思考题　79

第四章　出版成本管理

第一节　出版成本的基本概念　83
第二节　出版会计成本的分类　85
第三节　出版成本管理在出版经济管理中的重要作用　93
第四节　出版物销售量、成本和利润关系的分析　97
第五节　出版物销售预测的方法　106
第六节　出版物量、本、利关系的边际分析　111
第七节　几个重要成本概念在出版经营决策中的应用　117
第八节　出版企业目标成本预算管理　126
复习思考题　132

第五章　出版物价格管理

第一节　我国出版物定价标准改革的历史沿革　137
第二节　出版物定价的目标与原则　139
第三节　出版物定价的影响因素与定价策略　145
第四节　出版物定价方法与计算模型　151
第五节　出版物发行折扣决策方法　156
第六节　出版物生命周期与销售利润率关系分析　165
复习思考题　170

第六章　出版物需求分析及应用策略

第一节　出版物需求结构　173
第二节　出版物需求价格弹性的分析及应用　177
第三节　出版物需求收入弹性的分析及应用　187

第四节　出版物需求交叉弹性的分析及应用　191
第五节　出版物需求弹性的微观调控策略　199
第六节　驾驭影响出版物需求的非价格因素　205
第七节　中国书业长尾现象的思考　211
复习思考题　217

第七章　出版企业机遇与风险管理

第一节　出版物市场机遇的特征与作用　222
第二节　出版机遇的价值链管理　229
第三节　出版企业的风险分类与特征　235
第四节　出版企业风险管理　241
复习思考题　251

第八章　出版企业资本经营决策行为

第一节　出版企业对外投资决策　255
第二节　出版企业对外直接投资的决策行为　262
第三节　我国出版业资本扩张经营模式的思考　268
第四节　实现出版企业规模经济效益的思考　278
第五节　出版企业实施多元化经营战略的思考　285
第六节　出版企业合并的决策行为　294
第七节　出版企业分立的决策行为　299
复习思考题　301

第九章　出版企业竞争战略定位与战略决策行为

第一节　出版企业竞争威胁分析　305
第二节　出版企业竞争战略的选择　315
第三节　出版企业利基战略的选择与实施　322

第四节　出版企业经营中的博弈与战略决策行为　332
复习思考题　340

第十章　出版企业战略成本管理思考

第一节　出版企业成本管理的新变革　346
第二节　出版企业战略成本管理的基本分析框架　354
第三节　出版企业战略成本管理的特点　360
第四节　出版企业战略成本管理的过程　363
复习思考题　366

第十一章　出版企业税金缴纳与税务筹划策略

第一节　税收的种类、特征与作用　369
第二节　出版企业增值税的计算与缴纳　372
第三节　出版企业所得税的计算与缴纳　382
第四节　稿酬所得税的计算与缴纳　387
第五节　出版企业的税收筹划行为辨析与实施策略　390
复习思考题　396

参考文献　398
后记　401

第一章

概述

第一节

我国出版业的经济性质

世界上，无论是发达国家还是发展中国家，都非常重视其出版业的发展。因为，出版业是以记载和传播人类的文明进步为其基本功能，历史上重要的思想创新、科学发现和技术进步主要是通过出版物得以传承和发展的。出版业是一个国家精神生活、文化生活和经济实力的反映，它涉及政治、经济、科技、文化等领域，既直接影响到一个国家民族素质的提高，又关系到该国社会和经济的发展。对于一个国家来讲，外来的出版物无论多么重要，所反映的毕竟不是自己国家的经济实力及科学技术、文化、教育的发展水平，因此，自然还是希望自己国家的出版业有更快的发展。这不仅是积累、传承、交流和丰富本国文化，传播知识，交流信息所必需的，而且是本国思想家、政治家、科学家、教育家、作家和艺术家们自我表现的一个平台，通过他们的成果作品的出版，使代表本国和本民族利益的政治纲领、民族文化传统、先进的科学技术和远景规划等得以继承、弘扬和发展。这是教育群众，培养民族整体意识和优良文化传统观念，提高全民族素质，加强精神文明、政治文明、物质文明建设，构建和谐社会所必需的。另外，从经济角度来审视，一个国家的出版业相对于国民经济其他部门来说虽然只是比较小的产业，但在整个国民经济发展过程中的作用却至关重要，尤其是在当今经济全球化、文化多样化的时代，出版业的作用越来越引起人们的重视。最为现实的一种现象就是：教育是一个国家经济发展的基础投资，科学技术是国家经济建设的第一生产力，而出版业的直接产品——出版物则是实施全民教育的基本工具之一，同时也是积累人类社会文化、传承社会文化传统、弘扬民族精神、交流信息与传播科学技术知识的重要载体。从这种意义上讲，出版业的繁荣与发展可以促进国家教育事业的发展和科学技术的进步。出版业的发展不仅繁荣了国家的文化市场，而且出版产业的市场运作也直接影响着一个国家国民经济的发展，具有其他任何产业都不可替代的引导与推动作用。正如美国著名出版家达塔斯·史密斯(datas smith)在评价出版业在一个国家社会经济发展过程中所起的作用时指出的：像一个能启动并控制一台巨大机器运行的小开关，或像一个能向遥远地域提供动力的电力系统一样，出版业是国家发展的一把“钥匙”。[1]

一、我国出版业的双重属性

我国社会主义的性质要求由出版、制作、发行三大部分构成的出版业的出版活动(即指出版物的出版、印刷或者制作、引进、发行等业务活动)必须突出政治导向，坚持毛泽东思想、邓小平理论和“三个代表”重要思想的指导地位；坚持社会主义先进文化的前进方向，传播和积累有益于提高民族素质，有益于国家经济发展和社会进步的科学技术和文化知识，弘扬民族优秀文化，促进国际文化交流，丰富和提高人民的精神生活；肩负起“以科学的理论武装人，以正确的舆论引导人，以高尚的精神塑造人，以优秀的作品鼓舞人”的历史使命。因此，也就决定了我国出版业是社会主义精神文明和政治文明建设的重要组成部分，它生产的出版物产品(包括报纸、期刊、图书、音像制品和电子出版物等)所刊载的内容，包括政治、经济、文化、科技、艺术、社会生活等方面的信息和知识，是人类各种社会活动和精神活动的具体反映，是精神产品，具有社会教化功能，对人们的思想道德水准和科学文化素质的提高有着重要影响，具有较强的意识形态属性。

从社会主义市场经济的角度来审视，作为精神产品的出版物生产又是物质生产，需要经过选题策划、组稿、编校、排版、印制等一系列的生产过程，并且通过市场流通领域的交易取得经济效果。它的生产、流通、交易和经济效果以及价值又都必须通过市场的商品货币关系来实现，其运作方式完全是经济行为方式。所以，出版物归根到底还是商品。由于它的生产耗费了社会必要劳动，并且能够满足人们精神文化生活的需要，因

[1] [美]达塔斯·史密斯. 图书出版指南. 北京：北京大学出版社，1994:3

此,它同社会上其他商品一样,同样具有价值和使用价值。商品的生产、交换、流通、消费和竞争、价格波动的规律与特点都贯穿于出版经济活动的全过程,社会主义市场经济运行机制、实现机制等贯穿于出版物生产、流通过程的各个阶段和环节。在当今的知识经济时代和发展社会主义市场经济的新形势下,面对亿万群众日益增长的文化生活的需求,根据出版业自身改革、发展的需要,为了更好地应对国际国内出版物市场激烈的竞争,要求出版业再也不能沿袭过去计划经济时代的管理体制和运行机制来运作了,而要把出版业作为一个名副其实的产业部门来运作。也就是说,出版业具有明显的产业属性。

综上所述,可以得出这样的结论:我国出版业具有双重属性,它既有意识形态属性,又有产业属性;它所生产的出版物既是精神产品,又是商品。而在出版业的双重属性中,意识形态属性是主要的,是处于支配地位的,是本质属性;产业属性则是次要的,是处于被支配地位的,是非本质属性。

二、我国出版业独立产业地位的确立

建国50多年来,我国出版业在党的新闻出版方针指引下,有了突飞猛进的发展,尤其是党的十一届三中全会以来,改革开放给我国出版业注入了无限的生机与活力,使我国一跃而跻身于世界出版大国的行列,进入21世纪以后,我国书报刊出版总数量居世界第一位。虽然目前我国还不属于出版强国,但在改革与发展的进程中已经取得了举世瞩目的成就,为我国社会主义精神文明、政治文明和物质文明建设作出了积极的贡献。出版业的发展在我国整个国民经济和社会发展中占有越来越重要的地位,也越来越受到党和国家以及全社会的高度重视。目前,我国出版业已经成为国内发展速度快、效益明显、发展潜力大、最为人们看好的行业之一。

1. 我国跻身于世界出版大国的行列

在党和国家政府的大力支持下,我国出版业得到快速发展,全国出版社总数由1980年的169家发展到2004年的573家(包括副牌社35家),出版单位的数量增长了3.39倍。其中中央级出版社220家(包括副牌社

14家),地方出版社353家(包括副牌社21家)。2004年全国共出版图书208 294种,其中新版图书121 597种,重版、重印图书86 697种,总印数64.13亿册(张),总印张465.59亿印张,折合用纸量109.52万吨,定价总码洋592.89亿元。2004年全国共出版报纸1 922种,总印数402.4亿份,总印张1 524.8亿印张,折合用纸量350.7万吨,定价总码洋252.66亿元。2004年全国共出版期刊9 490种,总印数28.35亿册,总印张110.51亿印张,折合用纸量25.97万吨,定价总码洋129.91亿元。在音像制品及电子出版物的生产规模上,截至2004年,全国共有音像制品出版单位320家,电子出版物出版单位162家。2004年全国出版录音制品1.56亿盒(张),发行数量1.72亿盒(张),发行总码洋11.29亿元。2004年全国共出版录像制品18 917种,出版数量3.62亿盒(张),发行数量2.45亿盒(张),发行总码洋13.81亿元。2004年全国共出版电子出版物6 081种,总数量为1.48亿张。在版权贸易上,全国2004年引进出版物版权11 746种,输出出版物版权1 362种。总之,在出版物的品种和数量上,我国已经确立了世界出版大国的地位。[1]

2. 我国出版业经济规模迅猛扩张

随着计划经济体制逐步被打破,社会主义市场经济体制逐步得到完善,极大地推动了我国出版业经营规模的扩大,使得经济规模迅猛扩张。2004年,全国出版物总销售156.1亿(册张盒),总销售金额1 131.35亿元;非出版物商品销售金额5.41亿元。其中图书总销售67.06亿册,总销售金额486.02亿元。在图书进出口方面,2004年全国图书出口468.49万册,销售金额2 084.49万美元;图书进口338.07万册,总金额3 870.41万美元。图书进出口数量与金额均比上年有较大幅度的增长。截至2004年,我国新闻出版业的总资产已超过2 000亿元,成为实实在在的出版产业。[2]

目前,作为我国文化产业重要组成部分的出版产业在党的新闻出版方针的正确指引下,正借助世界经济迅猛发展与我国文化体制改革的强

---

〔1〕 新闻出版总署计划财务司.2004年全国新闻出版业基本情况.中国新闻出版报,2005年8月31日

〔2〕 同上。

大动力,在市场的激烈竞争中不断发展、壮大。我国加入WTO以后,为了加快发展速度,尽快与国际出版业的发展接轨,应对挑战,全国出版业正在以提高出版业的整体素质和竞争能力为目标,大力推进体制改革和机制与结构调整。随着2004年中国出版集团公司的成立,宣告了我国出版单位由事业单位转为企业单位的转制工程已经正式启动,全国大部分出版社将以企业独立法人的身份成为市场运作的主体。在国家有关部门的关心和指导下,有的按照现代企业制度的要求,采取联合兼并等方式,组建出版集团、报业集团和发行集团等较大规模的出版业的专业化经营实体,形成新型的市场竞争主体。截至2004年年底,国家新闻出版总署正式批准成立的出版集团共有16家,资产总额517亿元,销售收入达453.5亿元,利润31亿元。随着我国图书发行业改革的深入发展,江苏、浙江、四川、广东等一批有影响的发行集团也相继组建。〔1〕这些集团的成立,很快显示出其强劲的龙头作用。还有的出版单位发挥区域性或行业性的优势,利用合并、并购、联合等手段,进行资源有效配置和资本经营,如采取社店联合、连锁经营、物流配送等先进业态和管理方式等,推动了出版业的分化与重组,在竞争中以专业化带动集约化,形成许多机制灵活、主业突出、核心竞争力强的优势群体。其他没有组建集团的出版及发行单位也正在向着"专、精、特、新"的方向发展,走内涵式、专业化发展道路,如建立出版分社或事业部管理模式,组建出版发行公司,以发展出版主业为基础,开发新的经营资源项目,进行多元化经营,积极为创建强社和大社创造条件。上述管理体制和运行机制的改革正在加紧进行,从而进一步推动了我国出版业资产和经营规模的扩张。不难看出,我国出版业已经具备了一定的经营规模,积累了一定的经济实力,在国民经济中确立了倍受关注的重要的产业地位,并为促进我国国民经济的发展作出了积极的贡献,成为我国国民经济的重要组成部分。

---

〔1〕 邬书林.把握态势,遵循规律,深化改革,强化管理,推动出版业可持续发展.中国图书商报,2005年5月20日

三、关于我国出版单位的性质问题

改革开放以来，对于出版业重要组成部分的出版单位（包括报社、期刊社、图书出版社、音像出版社和电子出版社）是企业单位还是事业单位的问题，在出版理论界一直争论了多年。对此，原国家新闻出版署署长宋木文同志曾发表文章，从新中国成立到出版单位性质发生变化的历史沿革方面，对出版单位的属性问题进行了考证。[1] 他的结论是：从解放初期到改革开放初期这段时间，出版单位一直就是企业。他说："中央人民政府1951年116次政务会通过并颁发的《管理书刊业印刷业发行业暂行条例》，把书刊出版社都定为企业。""在1983年国家出台调整工资的政策时，为了能使我们出版社的职工搭上车，当时的文化部出版局改变了中央人民政府政务会规定，提出出版社是事业单位企业化管理。从此，出版单位的'事业性质'便一直延续到现在。"也就是说，在相当长的一段时期内，有关我国出版单位的性质问题一直较为模糊。进入21世纪以后，随着市场经济的深入发展和中国加入世界贸易组织形势的要求，我国出版单位欲求得生存与发展，就必须适应市场规律，必须按出版业和市场自身的规律调整自己。同时，随着国际国内文化市场多元化、共同存在与发展趋势的形成，中国出版单位在开展出版经济活动时，都要致力于出版物从生产到销售的全部市场行为，都要遵循市场规则，投身于出版物市场的剧烈竞争。竞争就需要有市场主体，而市场主体只能是企业。因此，在2003年中央召开的文化体制改革工作会议上，下发了中央办公厅、国务院办公厅的21号文件，按照党的十六大精神，把新闻出版单位分为两类：一类是社会公益性的事业单位，一类是经营性的企业单位。在2004年第十四届全国书市"出版业改革与发展"高峰论坛上，国家发展与改革委员会改革司司长范恒山明确提出，出版事业单位改革的方向是企业化，除少数公益性、政治性较强的出版单位保留其事业单位的属性外，大多数出版单位应转为企业。改革后的出版单位要么是规范的企业，要么是规范的事业单位，不能再有事业单位企业化管理这样性质模糊的单位。改制后

---

〔1〕 宋木文. 出版社"企业属性"考. 出版发行研究，2003(9)

企业型的出版单位应建立起“产权清晰、权责明确、政企分开、管理科学”的现代企业制度。[1] 在对出版单位性质的具体划分上，国家新闻出版总署副署长柳斌杰在该论坛上也明确指出，党报、党刊、电视台、广播电台和人民出版社均为事业单位，为党和国家的宣传思想文化工作服务，其他均应为经营性企业。[2] 至此，有关出版单位的属性问题终于有了明确的定论。其实，早在 1993 年财政部制定新闻出版和电影行业的财务制度时，就已经将出版单位称为“出版企业”了。随着出版产业的迅猛发展以及市场经济体制的逐步完善，近些年来，“出版企业”一词已经常见诸报刊杂志。

四、“两个效益”的统一，决定了我国出版业的经济性质

随着我国改革开放的不断深入和社会主义市场经济体制的日益完善以及我国正式加入世界贸易组织，极大地推动了我国出版业管理体制与经营机制由传统的计划经济向社会主义市场经济的转变。我国出版企业要在剧烈的市场竞争中求得生存和发展，要应对竞争与挑战，不仅要有大量的具有独创性、思想性、科学性、稳定性、可读性的出版物源源不断地问世，也必须要具有能够支撑出版业持续发展的雄厚的经济实力和物质基础。如果出版企业不能获得一定的经济效益，其生产经营活动就将失去经济和物质基础，其精品出版物的研究策划与再生产也就难以得到保证，其社会效益就更无从谈起，出版企业也就失去了其生存与发展的物质条件。正所谓“皮之不存，毛将焉附”。而在社会主义市场经济条件下，出版企业经济实力和物质基础的构成，不可能完全依赖于国家的投资，更不可能依赖外人的施舍，只能靠出版企业在坚持党和国家的政策导向的基础上，主动融入市场，以市场为主导，遵循市场经济规律和价值规律，参与竞争。要适应出版物市场需求的变化情况，不断整合资源，调整出版物的产品结构，积极策划优秀选题，采用科学的方法体系组织优质出版物的生产，打造品牌，开辟新市场，扩大市场份额，把那些既符合党和国家政策导

〔1〕 柳斌杰解读转制六大焦点. 中国图书商报，2004 年 5 月 21 日

〔2〕 同上。

向、反映时代精神，又能满足多层次、宽领域的读者精神文化生活需要，形式、品种和内容丰富多彩的精品出版物、特色出版物、双效出版物、常销出版物及时推向市场，进而取得经济效益，实现社会效益与经济效益的统一。

综上所述，我国出版业的经济性质可具体概括为：在社会主义市场经济条件下，我国出版业是社会主义精神文明建设的重要方面，同时又是国民经济的重要组成部分。它既具有意识形态属性，又具有产业属性。它所生产的出版物既是精神产品，又是商品。它必须坚持政策导向与市场导向的有机结合，按照市场经济规律进行生产经营活动。它不以盈利为唯一经营目的，而是努力追求社会效益与经济效益的统一。

第二节 我国出版业资源配置面临的挑战

一、出版资源与出版资源配置的内涵

在经济学理论中，“资源”是指人们在生产活动过程中各种要素的投入，有时也被称为生产要素。它是保证经济（生产）活动能够进行的必要条件。出版资源有广义与狭义之分，广义的出版资源是指构成出版经济活动的各种要素的集合，包括出版人力、物力、财力和版权、专有出版权、书号以及各种有利机遇等。如高水平的编辑、优秀的作者、源源不断的选题、全方位的管理经验、出版企业自身的特色优势、通畅的发行渠道、健全的发行网络、一定的品牌效应，还有国家对某些重点项目的优惠政策、先进的生产技术、基础设施等。狭义的出版资源是指与出版物的选题策划和编辑有着密切联系的各种信息和资源。我们这里所要研究讨论的主要是指广义的出版资源。出版资源按形态划分，可分为有形资源和无形资源。像选题、作者、读者、编辑、发行渠道、基础设施等属于有形资源,而版权、品牌、知名度、专利、专有技术等属于无形资源。

各种出版资源要素是出版产业赖以生存和发展的基础。例如,出版人力资源构成了出版业中的从业人员队伍,他们充当着经营战略实施者的角色,以保证出版活动的有效实施和顺利完成。出版选题资源是出版活动的灵魂,为各种出版物的最终形成提供实质性内容。作者资源与选题资源密不可分,只有把二者紧密联系在一起,才会产生良好的效益。出版企业只要抓住了一个或一批知名度高、有市场号召力的出版物作者,就能开发出一系列畅销出版物。比如金庸的武侠小说、琼瑶的言情小说、易中天的历史故事新讲等。出版资本资源是出版经济活动的血液,资本的有效运行,可以保证出版经营活动的开展,促进出版业的良性循环。出版版权资源不仅可以保证各种出版物及时获得在出版物市场公开出版发行的合法权益,取得在市场上进行出版物交易的销售收入,而且还可以通过出版权转让和有偿使用的方式进行版权经营,获得收益,比如海外版权、合作出版权、电子版权、网络版权及连载权等。出版机遇资源有助于出版企业的出版物迅速占领市场,提高市场占有率。由此可见,出版资源是进行出版经营活动、发展出版产业的基本条件。另外,出版业的发展实践也说明,不同时期的出版资源配置状况直接决定着当时出版业发展的速度、规模与结构,也决定着出版企业的命运。因此,出版产业的发展问题归根到底是出版资源的配置问题。所谓出版资源配置是指在出版资源既定的条件下,将这些资源加以优化整合,即使用有限的人力、物力、财力和版权资源以及稀缺的机遇资源等在出版企业之间和出版企业内部以一定的方式进行分配和组合,发挥其最大效用,从而形成和提升出版企业的核心竞争力,以期取得最大的效益。进行出版资源的有效配置,充分发挥企业的自身优势,是出版企业在日益激烈的市场竞争中求生存、促发展的有效途径和理智选择。

二、目前我国出版业资源配置存在的主要问题

我国加入 WTO 以后,伴随着经济全球化时代的到来,出版物市场竞争的形势更加复杂,来自国际国内的挑战更加严峻,出版业计划经济时期

形成的传统格局，比如说编、印、发的专业分工，发行印刷的区域布局，主要盈利产品的垄断经营，国有独资的产权体制等都受到了前所未有的冲击。尽管出版资源配置问题已经引起我国出版业行政主管部门、科研部门和出版企业的高度重视，并在理论与实践中进行了不同程度的改革探索和尝试，但是，由于种种原因，目前我国出版业的资源配置仍然存在着许多亟待解决的问题，主要表现在以下几个方面：

1. 出版资源拥有量明显不足

我国出版企业目前发展得还很不均衡，全国500多家出版单位，真正形成规模且具有强势竞争力的大型出版企业屈指可数。截至2005年年底，全国全年实现出版物销售码洋超过1亿元的出版企业只有90家，超过5亿元的出版企业只有12家，超过10亿元码洋的出版企业仅有4家。而且这些出版企业与国外大型出版商相比，也还存在着很大的差距。牛津大学出版社2005年实现销售收入高达4.108亿英磅，折合人民币49.3亿元，而我国在全国500多家出版企业2005年销售码洋排行中居于榜首的高等教育出版社仅为23.5亿元，若按70%销售折扣比率计算，实现销售收入仅16.45亿元。虽然最近几年我国出版业每年出版的出版物品种多达20余万种，居世界首位，号称出版大国，但是，我国并不是出版强国，无论是资本资源、材料资源、高新技术资源，还是人力智力资源，在总量与人均占有量方面均难以同发达国家相比。最明显的就是，我国整个出版业的全年销售收入总额还不及国外一两个大的出版集团公司的全年销售收入总额。比如，贝塔斯曼集团2002年年收入达183亿欧元，约合人民币1 600亿元，其子集团兰登书屋2002年年收入就达20亿欧元，约合人民币175亿元；美国在线时代华纳2002年仅出版收入就达54.22亿美元，约合人民币454亿元。[1] 而我国出版业2002年图书销售收入仅为460亿元人民币，[2]号称我国最大出版航母的中国出版集团在2002年共实现营业收入为26.42亿元，2003年为28.64亿元。据国家新闻出版总署有关部门统计，2003年，我国人均年消费图书5.23册，[3]而美国和日

---

[1] 吴彦. 世界主要出版集团概况. 中国新闻出版报，2004年4月1日

[2] 夏祖军. 维护文化安全迫在眉睫. 中国财经报，2005年3月10日

[3] 第11届BIBF主题：书籍与和平. 中国新闻出版报，2004年8月19日

本人均购书都达到11册。目前中国人均印刷品消费只有20美元左右，仅为发达国家的三十分之一至二十分之一，其中的教材教辅类出版物竟占了50%以上。

2. 出版资源严重浪费

全国图书、报刊、音像、电子出版物的出版过多过滥，低水平出版物及选题和内容都雷同的出版物大量充斥市场，还有大量质量平庸的内部报刊。这不仅耗费了大量的人力、物力和财力，而且由于出版物的大量积压报废，造成出版资源的极大浪费。据国家权威部门统计，2004年全国共出版图书208 294种，总印数64.13亿册（张），定价总额（码洋）为592.89亿元，而截至2004年年末，全国图书库存量高达41.64亿册，总码洋高达449.13亿元，库存图书占全年新出版图书总印数的64.93%，库存图书码洋占新版图书定价总额的75.75%。[1]

3. 出版资源效用意识薄弱

由于计划经济体制的长期影响和出版物市场的无序竞争，导致人们不珍惜已有的出版资源，既不了解出版物市场的需求情况，又不肯去做深入的市场调研，开发一些原创的、有社会价值的选题，也不管出版物选题是否雷同，出版物市场需求潜力是否存在，而是凭感觉，闭门造车，或者是盲目追风，有意跟进，看见别人出了好书，在市场上畅销，就赶忙照猫画虎地“克隆”，生搬硬套，或者干脆重复出版，从而造成出版物主题重复，选题雷同，同名称甚至低水平的大量出版物充斥市场。据有关部门统计，截至2004年，在我国出版业出版的图书中，一部《红楼梦》共有120个版本，学生类读物中，“少儿百科全书”共有600种，“十万个为什么”图书共有500种，“图说365系列”共有300种，“作文大全”共有1 100种，“奥林匹克”共有500种，以“黄冈”冠名的教辅读物非重名版共有370种，“目标与检测”类教辅读物共有400种，“大学语文”教材共有1 402种……[2]这种现象的存在，其结果无非是两个：要么出版社之间比赛降价，引起出版物价格大战，落个竞争者两败俱伤的下场；要么出版物在市场上滞销，使

---

〔1〕 新闻出版总署计划财务司. 2004年全国新闻出版业基本情况. 中国新闻出版报，2005年8月31日

〔2〕 张金桂. 举起“拒绝重复、创新出版”之旗. 中国新闻出版报，2004年10月13日

出版物大量库存积压，或者经销商大量退货。两种结果都将造成出版资源的严重浪费。

4. 出版资源配置不尽合理

目前，在我国出版界既存在优质出版物出版难的问题，也存在着平庸出版物出版滥的现象；既存在国家标准书号对发展速度较快的出版企业核定不足的问题，也存在一些出版企业变相出卖书号的现象，据统计，仅北京一地，文化出版工作室就数以千计，赖以买书号出书为生，国内许多出版社参与其中，平均每年出卖书号数以百计，来谋取非正当收益；既存在高水平印制能力不足的问题，也存在低水平印制能力过剩的现象；既存在出版物发行滞后的问题，也存在出版物出版膨胀的现象；等等。这些不合理的出版资源配置现象，已经严重影响了我国出版产业改革与发展的速度。

5. 版权贸易工作薄弱，国际出版资源与市场未能充分开发与利用

近年来，我国出版业对外交往与日俱增，版权贸易逐年增长，出版物对外输出数量与品种也不断增加。据国家版权局统计，从 1995 年至 2004 年的 10 年间，我国内地图书版权贸易的输出数量超过 7 000 种，年平均输出超过 700 种。从发展速度看，从 1995 年的 354 种发展到 2004 年的 1 811 种，年版权输出增加了 5 倍多。[1] 但 10 年共输出 7 000 多个品种，相对于年均出版近 10 万种图书的中国出版业而言，简直就是沧海一粟。与此同时，版权输出与输入数之比仅为 1 ∶ 10，逆差严重。从输出地区来看，虽然已有 20 多个国家和地区与中国内地达成版权贸易，但东亚地区几乎占据了版权输出 70% 以上的市场，其中我国的港台地区是版权输出的最主要地区。中国图书并没有给欧美国家带来普遍性的影响，这与我国的出版大国地位很不相称。今后，我国出版业开拓国际市场，发展版权贸易工作的任务还异常艰巨。目前，这一问题已经引起了国家有关部门的高度重视，并将我国出版走向世界的发展战略列为我国出版业“十一五”发展规划的重要内容。在 2006 年举办的北京国际图书博览会上，我国的版权贸易情况出现了历史性的转机，版权贸易顺差局面初见端倪。

---

〔1〕 何为. 走出去，中国图书的国际化跨越. 中国图书商报，2005 年 8 月 26 日

三、导致问题的主要原因

导致上述问题的原因是多方面的，但出版业自身的因素却是主要的，主要表现为：

1. 旧的管理体制的制约

多年来，我国出版企业的设置基本上是按行政性划分进行的，隶属于不同的主管部门和地区，尽管这对出版物产品加强监督管理有积极作用，但由于政企未能分开，受利益所驱动，使得行政单位之间、地方与地方之间的“壁垒”和业务交叉也不可避免地反映到出版企业，使出版企业形成垄断和专业分工的无形壁垒，导致出版物的出版脱离市场、重复雷同，阻碍了市场机制的调节作用，使生产要素不能实现优化组合，最终造成市场竞争的不规范，甚至导致市场失灵，致使优质出版物在市场上不能得到公正待遇，平庸出版物却得以滋生蔓延，优胜劣汰的竞争机制难以形成，直接或间接地浪费了出版资源。比如，随着国家基础教育课程改革的逐步深入，在全国各地，新课程标准实验教材逐步取代了原有的旧教材。与此同时，由于受经济利益的驱动，许多地方教研部门、出版单位不顾是否具有编写与出版的资质和能力，纷纷组织编写出版教材和与新教材配套的教学辅导读物，并采取行政干预手段，进行本地区的市场垄断，强行推广使用，使得具有优质教材出版资源的出版企业所出版的教材及高质量的配套教辅读物难以进入市场。其结果是既影响了教与学的质量，又造成了优质出版资源的浪费。

2. 出版产业结构的同构化和低度化

所谓同构化，是指地域结构的高度相似性。由于历史的原因，我国出版产业结构的现状是：全国各省（直辖市）基本都拥有自己的人民社、教育社、少儿社、科技社等各类出版社，彼此名称、性质、出版物的出版结构、专业特点都高度趋同。所谓低度化，是指低水平的重复建设。如出版集约化程度过低，原有的行业分工几十年不变，远不能适应新形势发展的需要，书、报、刊、音像及电子出版物等相关出版门类互不兼容，导致许多出版企业难以具备人才、资金、技术和品牌上的综合优势，难以发挥应有的规模经济效益，从而降低了出版资源的有效利用率。

3. 出版主体的素质缺陷

面对全球化经济大潮的到来,许多出版企业思想准备不足,在市场机制的转轨过程中,尚未真正找到自己的恰当定位。自身缺乏鲜明主体意识和特色品牌产品,有的热衷于赶潮追风,"邯郸学步",机械效仿,而不顾自身的出版特色与优势,使得出版物产品内容平庸,或者重复过时,质量低下,市场不予认同,最终导致事倍功半的效果。有的忽视经营管理水平的提高,不讲究科学管理,不懂得经营,不按照市场经济规律办事,脱离实际,脱离市场,脱离消费者,导致经营决策上的失误,造成出版资源的浪费。

4. 出版物市场的无序竞争

由于受经济利益的驱使,市场上出现了"高码洋,低折扣"销售出版物的现象,许多出版企业也都参与其中,致使不法书商乘机而上,大量平庸出版物、盗版出版物等鱼目混杂,充斥市场,严重干扰了出版物市场的正常秩序,影响了优质出版物的出版发行。这不仅严重损害了出版企业在社会和消费者心目中的形象和信誉,降低了消费者对出版物的购买欲望,同时也造成了出版资源的不合理配置及严重浪费,给出版企业带来严重的经济损失,有时甚至是灾难性的损失。

5. 出版业人才资源结构缺陷突出

我国出版业人才结构缺陷突出,一是缺少懂经济、会经营、善管理的经营管理人才;二是缺少既懂出版专业知识,又能够熟练掌握现代高科技知识和技能,同时具有经营理念的复合型人才。

6. 影响版权贸易的主要制约因素

从出版产业自身来看,影响版权贸易的几个制约因素中最主要的是生产力水平不高,缺乏有针对性的对外输出的出版物选题开发,缺乏既懂外语,又深入了解中国文化,并懂得出版的外贸人才,缺乏世界版权贸易的全面信息。并且,中国设置的版权代理机构的"水平"和"能力"也有限,开展版权贸易的经营理念和方法落后,造成我国现有的精品出版物出版信息输出滞后或者传递失真。

根据上述分析可以看出,由于我国出版产业自身的缺陷,导致出版资源的配置存在一系列问题。随着我国社会主义市场经济体制的确立与完善,推动了出版业的改革逐步深入,其市场化和产业化程度不断提高,创建现代化出版产业的目标更加明确。与此同时,我国出版企业在资源有效配置方面却面临着非常严峻的形势和挑战,在生产经营活动中如何实现出版资源有效配置的问题日益凸显,亟待解决。能否正确解决好这一问题,是推动出版企业深化改革,增强出版企业核心竞争力的关键。中共中央国务院在2006年1月发出的《关于深化文化体制改革的若干意见》中明确指出,要加快文化领域结构调整,要合理配置文化资源,盘活存量,优化增量,解决国有文化资产结构失衡、效益不高、闲置浪费问题。这是党和国家对我国出版业新时期改革与发展的战略部署,也是出版业改革和发展中亟待解决的问题。被誉为"科学管理之父"的美国人泰勒曾经说过:"在物质方面的直接浪费人们可以看到和感觉到,但由于人们的不熟悉、低效率或指挥不当造成的浪费,人们既看不到又摸不到。所有的日常生活中,不注意效率的行为都在使整个国家资源遭受巨大的损失,而补救低效能的办法不在于寻求某些出众或是非凡的人,而在于科学的管理。"[1]此段论述,既一针见血地指出了由于人们疏于管理造成国家资源的极大浪费,给国家和社会所带来的严重后果,又非常明确地阐明了科学管理在保护、开发和有效利用资源方面的重要作用。同样,我国出版业要解决资源配置的不合理问题,从根本上讲,必须依靠我国出版产业的进一步改革与发展,采取有效措施,加强科学管理,优化出版资源的配置。所谓优化出版资源配置,是指在不断完善和发展的过程中,使出版资源配置达到最理想的运行状态,目的是减少资源配置成本,提高出版资源的使用效率。而如何做好出版资源优化配置,正是出版经济管理所要研究解决的核心问题。

---

〔1〕 郭凯,左静. 逆风顺流. 北京:企业管理出版社,2000:155

第三节 出版经济管理的基本概念

一、出版企业资产

何谓资产？在我国2000年以前执行的《企业会计准则》中，将资产定义为“是企业拥有或者控制的能以货币计量的经济资源，包括各种财产、债权和其他权利”。但是，随着市场经济体制的确立，人们越发感觉到，此种定义忽略了作为资产应当具有的最基本的性质，即这些资产未来是否能够继续给企业带来经济利益。在目前实务工作中，确实存在虽然不能再给企业带来未来经济利益，但仍然被作为企业资产的部分资源，造成企业资产不实的现象。例如，由于技术进步已被淘汰或长期闲置不用的设备，无法收回的应收账款，存货中的过期出版物等，这些根本不能再给出版企业带来任何经济利益，但因其符合资产定义，仍能作为企业的资产，造成企业资产名不副实，利润虚增。而有些人也恰恰是利用了这个定义上的漏洞，为达到个人目的，从中弄虚作假，编造业绩。因此，国家财政部在2000年12月29日正式颁布的《企业会计制度》中对资产进行了重新定义：“资产是指过去的交易、事项形成并由企业拥有或者控制的资源，该资源预期会给企业带来经济利益。”[1]所谓交易，也称经济交易，是指单位与其他单位和个人之间发生的各种经济利益交换，如出版物的销售、出版物材料采购、固定资产购建、版权的引进与输出等；所谓事项，又称经济事项，是指在单位内部发生的具有经济影响的各类事件，如对固定资产计提“固定资产折旧”和“减值准备”、材料盘盈（亏）处理、对存货计

〔1〕 中华人民共和国财政部.企业会计制度.北京：经济科学出版社，2001：5

提“提成差价”、对应收账款计提“坏账准备”、对无形资产计提“减值准备”等。

出版企业是生产经营单位，所以，要进行生产经营活动，要扩大再生产，就必须具有或控制一定资源，并通过对其进行组织、调配、投资决策与效益风险监控等，最大限度地保证资产的安全与增值。这实际上就是出版企业资产管理的内涵。在现实的出版物生产经营活动中，出版企业的资产按其用途划分，可以分为流动资产和长期资产两种。

1. 出版企业流动资产

从存在形态来定义，流动资产是指出版企业可以在 1 年或者超过 1 年的一个生产经营周期内变现或耗用的资产，主要包括现金、银行存款、短期投资（证券、国债、基金等）、应收及预付款项、存货等。从生产过程来定义，流动资产是指出版企业在生产经营活动中供周转使用的资金，即用于购买材料，支付工资和稿酬、编校费、排版费、印制费及销售费用等所需要的资金。但是，从任何一个瞬间去观察，出版企业的流动资产主要可分成两部分：一部分是由原材料、辅助材料、低值易耗品等构成的库存储备，生产阶段的在产品，已经入库的产成品（出版物），此部分流动资产称为存货；另一部分是结算中的应收销货款、其他应收款、预付账款和银行存款、库存现金、短期投资，此部分资金称为结算资产。因此，也可以说，流动资产等于存货与结算资产的总和。流动资产是出版企业组织生产经营活动的必要物质条件。

2. 出版企业长期资产

出版企业长期资产，是指出版企业占用的使用时间在 1 年以上、且单位价值较高的有实物形态或无实物形态资产上的资金，以及超过 1 年以上期限投资项目的资金。所以，出版企业长期资产又称长期投资。出版企业生产经营活动要长期、持续、稳定地进行，就需要有一定数量的长期资产。主要有：房屋建筑（含在建工程），设备购置及更新改造，交通工具，出版企业与其他企业之间联合、联营项目的长期投资，出版企业自身重大项目的投资等。出版企业的长期投资按照业务范围分类，可分为对内长期投资与对外长期投资两种。出版企业投放在内部生产经营所需要的长期资产上的资金，称为出版企业内部长期资产或内部长期投资。出版企业内部长期投资，主要包括固定资产投资和无形资产投资等。出版企业为获取收益而投放在外部的资金，称为对外长期投资。出版企业对外长期投资主要包括对外直接投资与证券投资等。出版企业的长期资产一经形成，其循环周期较长，它的价值有的是在生产中用提取折旧或减值的方式（固定资产、无形资产等）逐步分次地转移到出版物产品中去，并通过产品价值的实现而实现；有的是通过资本经营分享红利的方式（对外直接投资、委托银行信贷、证券等）取得收益，实现增值。前者是出版企业进行生产经营活动的重要物质条件，后者是出版企业实现总体经济效益的重要补充。

二、出版资金运动

在社会主义市场经济条件下，出版企业为了保证正常的运营和发展，除了需要具备劳动力等重要的生产力要素外，还必须要拥有一定数量的资金，这是出版企业进行生产经营活动的必要条件。资金是出版物再生产过程中财产、物资价值的货币表现，它以不同的形态出现在生产经营的各个环节和各个阶段。其中一部分处于物质形态，如房屋建筑、机器设备、纸张材料、库存出版物等；另一部分处于货币形态，如银行存款、库存现金、应收账款、预付账款、短期投资、长期投资、应收票据等；还有一部分处于无形状态，即无形资产，如著作权、专有出版权、品牌、专利权等。出版企业在出版物的生产经营过程中，经过选题策划、组稿、审稿、编校、排版、材料采购与消耗、印制、物流、营销等一系列活动，使出版物从最初的原始稿件变成了产品，最后到达读者的手中，由此形成了完整的出版作业链。在这个作业链中，由于各个工作环节发生的连续变化使得资金不断运动，其价值形态也不断发生变化，即由一种形态转化为另一种形态。例如，出版企业购买纸张材料，资金由货币形态转化为材料储备形态；当出版物印制过程中消耗了库存材料时，材料储备形态又转化为在产品或产成品的物质形态；同样，当出版企业支付了各种稿酬、编校费、排版费、印制费、录制费时，资金也随之由货币形态转化为在产品和产成品的物质形态；当出版企业通过市场流通领域将生产的出版物产品销售出去，从经销商或消费者手里收回货款时，资金则由成品形态又转化为货币形态，至此完成了从货币形态到货币形态的完整变化过程。如此周而复始，不断循环,形成了出版资金运动(如图 1-1 所示)。

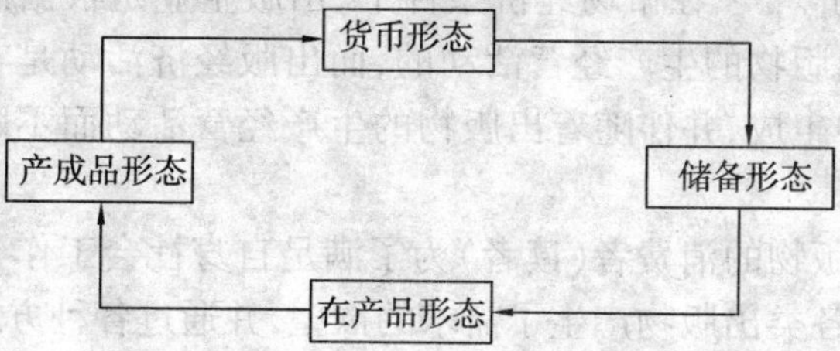

图 1-1 出版企业资金运动图

概括来说,所谓出版资金运动,是指资金在出版物的生产经营活动中由货币形态开始,经过存在形态的多次转化,最后仍然转化成为货币形态,如此周而复始、不断循环的过程。出版资金运动又称为出版资金周转。由于出版资金在周转的过程中实现增值,所以说,出版作业链既是出版物的生产过程,同时又是出版物价值形成的过程,从而形成出版价值链。也就是说,出版价值链与出版作业链相依并存。

三、出版经济活动的循环流动

在整个出版物的生产经营过程中,出版资金运动始终伴随着出版物的生产经营活动,出版资金在整个出版作业链中以收入或支出的方式不断发生形态变化,由此导致资金发生增加或减少现象。我们称在出版物的生产经营过程中发生的引起资金增减变动的一切业务活动为出版经济活动。例如,出版企业的筹资与资本运作,出版物的选题策划、市场调研、组稿或重大选题项目的启动等前期投入,出版物材料的购入与消耗,人员经费、各种稿酬(版税)、排版费、印制费、录制费等各种劳务费的支出,行政管理部门管理费用的支出,出版物销售过程中发生的销售费用、销售税金与实现的销售收入,出版物的定价和利润的分配等,都属于出版经济活动的范畴。而建立在出版物生产经营活动基础上,并由此所产生的一切经济活动的总和,称为出版经济。出版经济是出版业发展的经济基础。

美国哈佛商学院著名战略管理学家迈克尔·波特(M. E. Porter)认为,企业每项生产经营活动都是其创造价值的经济活动,那么,企业所有互不相同但又相互关联的生产经营活动，便构成了创造价值的一个动态过程，即价值链。[1] 在市场经济条件下，出版企业是根据出版物的市场需求而组织出版物的生产经营活动的，而出版经济活动是在出版物的生产经营活动中生成，并伴随着出版物的生产经营活动而不断地进行循环流动的。

首先，出版物的消费者（读者）为了满足自身社会工作与文化生活的需要，对相关各类出版物产生了需求的欲望，并通过各种方式向市场发出需求的信息，从而形成了出版物市场的总需求。以出版物为主导产品的出版企业为了求得生存与发展，时刻在关注着市场需求信息与发展态势的变化。一旦发现市场有了新的需求，便会立即做出反应，积极组织出版物的生产与经营活动，尽快向市场提供相应的出版物产品，进而抢占市场。而出版物是实实在在的物质产品，出版企业要组织生产经营活动，就必须具有各种出版资源，包括资本金、各部门的工作人员、作者、出版物选题、出版物版号、专有出版权、专有先进技术、品牌、商业信誉、材料、物资设备、排版印制等生产商、出版物经销商以及法律、保险、金融、税务部门等，由此也就形成了出版物生产要素市场。在这些出版资源中，除出版物的版号需由国家新闻出版总署统一核发，一些无形资产是通过出版企业自身在经营中创造形成的外，其他的出版资源全部需要通过在生产要素市场交易才能获得。也就是说，出版物生产要素市场为出版企业的生产经营活动提供所需的各类出版资源。出版企业将生产的出版物产品通过分销渠道投向出版物市场，最后由经销商通过零售渠道将出版物提供给终端消费者（读者）。出版企业有时也利用直销的方式将出版物直接提供给消费者（读者）。由此形成了一个完整的出版活动流程。由于出版企业需要的出版资源基本上是通过有偿交易获得的，因此必须要向生产要素市场支付各类出版资源的消耗、占用和使用费用，包括人员工资、福利费、劳务费、行政办公费、差旅费、设备购置费、稿酬、装帧设计费、排版印制费、材料费、营销推广费、物流费、财务费用、销售税金等，这些费用的支付又称为生产要素支付。消费者要向出版物经销商支付购买出版物的现金，经销商要向出版企业支付交易后的出版物货款，出版企业在出版物

〔1〕 徐二明. 企业战略管理. 北京：中国经济出版社，1998：74

市场的交易中获得了销售收入，或者说取得了收益，出版经济活动流程也由此而生成（如图1-2所示）。

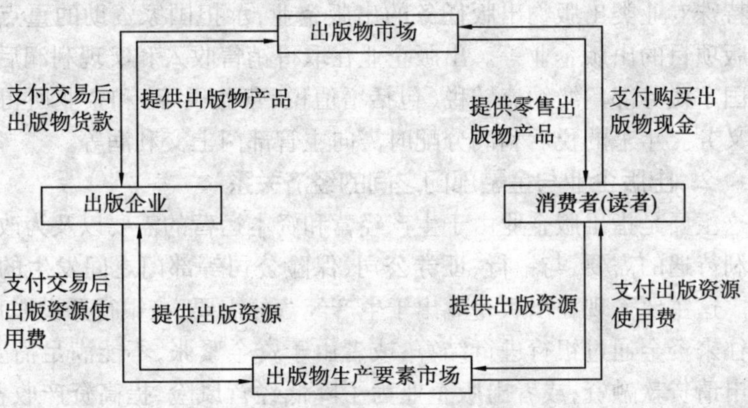

图1-2　出版经济活动流动示意图

不难看出，出版企业的出版物生产经营过程就是出版经济活动循环流动的过程，出版经济活动经过周而复始的循环流动，使得出版企业的资产不断增值，资本积累日益加大，从而推动了出版企业的再生产，有利于扩大出版企业的经营规模，实现规模效应。

四、出版企业的经济关系

出版企业在因组织经济活动而取得和使用资金的过程中，必然会发生与单位和个人之间的货币关系，包括与国家及上级主管部门之间的货币关系，与其他企业，出版物批发、代理、经销商等之间的货币关系，以及与职工、出版物著译者、消费者等个人之间的货币关系。我们称这种关系为出版企业的经济关系。换句话说，出版企业的经济关系，是指出版企业在组织出版经济活动过程中与各有关方面发生的货币关系。出版企业的经济关系主要表现在以下几个方面：

1. 出版企业与国家政府部门、主管部门之间的经济关系

这主要指出版企业同国家财政、税务、工商等部门之间发生的核拨经费或专项资金、缴纳税款、企业注册等关系，以及出版企业同主管部门之间发生的资金调拨关系。计划经济时期，国家通过资金供应，为出版单位

生产经营活动的正常进行提供必要的物质条件。改革开放以后，能够得到国家资金支持的出版单位一般是指承担国家有关民族、宗教、古籍、文物等特殊专业类出版物出版任务的出版企业，承担国家资助的重点出版物出版项目的出版企业等。出版企业在取得销售收入和实现利润后须履行向国家税务部门缴纳流转税（包括增值税、营业税等）和企业所得税等纳税义务。年末的税后利润分配时需向主管部门上交利润等。

2. 出版企业与金融部门之间的经济关系

这主要是指出版企业由于生产经营和资本运营的需要以及为改善职工福利待遇的需要，与银行、证券公司、保险公司等部门之间发生的货币关系。这主要表现在出版企业出于生产经营的需要，在银行开设账户，将日常往来资金通过银行进行结算；或者由于资金紧张，不能满足需要，向银行申请贷款融资；或者出版企业为了降低经营风险，提高资产收益率，进行资本经营，将暂时闲置资金投入银行等金融部门，定期存款或购买国债，以获取投资收益；或者委托证券公司，在低风险的前提下，将部分资金通过证券市场进行证券投资，获取收益等；另外，根据国家体制改革和单位内部改革的需要和国家《劳动法》的有关规定，通过保险公司为单位重要财产和为解决职工的医疗、养老等问题购买的有关保险等，这些全都要与银行、证券公司和保险公司等部门发生货币关系。

3. 出版企业与国内其他企业和经济组织及个人之间的经济关系

这主要是指出版企业与国内其他企业、经济组织及个人相互间投资、融资或提供生产资料和劳务，按照等价交换原则进行收益分配、计价结算等而发生的货币往来结算关系。如出版企业对外部公司或项目的投资或外部公司和个人对出版企业非出版项目的投资，期初资金投入与期末结算赢利分红而发生的货币往来关系；出版企业购进纸张材料与造纸厂、纸张公司等材料供应商发生的货币关系；在出版物生产过程中，需要支付出版物的印制费用，故而与印刷厂、装订厂、装帧设计工作室及音像电子产品制作公司等单位发生的货币关系；按照合同约定，出版企业支付给作者或单位的各种稿酬、版税以及外请人员的编辑费、校对费、审读费等而发生的货币关系；在销售过程中向有关部门和个人支付的仓储费、运输费等销售费用而发生的货币关系；出版企业向出版物经销客户收取货款而发生的货币关系等。

4. 出版企业内部的经济关系

这主要是指出版企业总部与内部经济独立核算分支单位上下级之间在资金使用和利润分配等方面所发生的往来货币结算关系。如与下属的出版分社或事业部、印刷厂、发行公司等之间,出版集团公司与下属子公司之间等等,客观上存在着资金的集中管理、调剂使用和利润分配问题。出版企业内部的经济关系反映了其内部各单位之间的利益关系,正确处理好这一关系,既可以提高资金的利用率,降低资金的成本,又可以更好地调动企业内部的积极因素,增强企业的向心力,充分利用内部资源,挖掘潜力,降低成本,促进生产经营,增强市场的竞争能力。

5. 出版企业与职工之间的经济关系

这主要是指在社会主义分配原则指导下,以货币形态支付职工工资、奖金等劳动报酬而发生的货币结算关系。由于职工各自付出的劳动不同,为出版企业作出的贡献不同,所获得的劳动报酬必然有所区别。正确处理好出版企业与职工之间的经济关系,充分体现"绩效优先、按贡献分配、奖勤罚懒、奖优罚劣、相对公平"的分配原则,对于吸引人才,调动职工的工作积极性、主动性,发挥职工的才能,提升企业的团队精神,增强凝聚力,推动出版企业的发展具有很重要的意义。

6. 出版企业与国外出版商和个人之间的经济关系

这主要是指出版企业通过国际版权贸易和出版物进出口贸易等与国外出版商和个人之间发生的经济关系。如引进国外出版企业或个人的出版物版权或买进出版物支付的有关费用;输出出版物版权或出版物而向国外出版企业或个人收取的有关费用。随着我国出版业的快速发展,国内出版企业为了扩大生存与发展的空间,在积极创造机遇,培育、占领和扩大国内出版物市场的基础上,将目光瞄向国外市场,积极与国外出版商取得联系,在出版贸易、共同开辟国内外出版物市场等方面寻求合作的途径。另外,我国加入 WTO 以后,出版业面临着更为严峻的竞争与挑战,根据我国加入世贸组织的承诺,我国出版物市场零售及批发业务到 2006 年将全部对外开放,由此也铺平了我国出版物发行业走向世界的道路。比如,为适应加入世贸组织的新形势,进一步规范文化领域引进外资的工作,提高利用外资的质量和水平,维护国家文化安全,促进文化产业健康有序发展,我国文化部等 5 部委于 2005 年联合制定了《关于文化领域引进外资的若干意见》,规定"在中方控股51%以上或中方占有主导地位的条件下,允许外商以合资、合作的方式设立出版物印刷和只读类光盘复制等企业","在不损害我国审查音像制品内容的权利的情况下,允许外商以合作且中方占主导地位的方式设立除电影之外的音像制品分销企业","参与国有书报刊音像制品发行企业股份制改造"。随着对外国际交流合作业务的不断扩大,我国出版企业与国外出版商及个人的经济往来关系将会越来越多,范围也将会越来越广。

随着社会主义市场经济体制的确立及出版业改革的不断深入,我国出版企业与各有关方面的经济关系正在发生着根本性的转变。

五、出版经济管理

根据管理学的广义定义,管理是指规划、组织、领导与控制组织成员的行为,利用各种组织资源,以达到组织预定目标的过程。美国著名经济学家,1978 年诺贝尔经济学奖获得者赫尔伯特·西蒙(Herbert Simon)认为,管理就是决策,决策是管理的核心。正确的决策主要受四个因素的影响:正确的目标与准则、信息的掌握、决策者的素质、科学的理论方法。[1]为了保证出版企业生产任务的顺利完成和经营目标的实现,出版企业就必须遵循市场经济规律和价值规律,根据党和国家的政策导向,通过科学的管理方法和手段,对出版物生产经营全过程的经济活动进行科学的分析、系统的规划、正确的决策、合理的组织和有效的控制,同时处理好各方面的经济关系,使出版资源得到有效配置。这正是我们将要进行深入讨论研究的出版经济管理的基本思想。所谓出版经济管理,是指在建立适应社会主义市场经济发展的出版管理体制与运营机制和科学的经营管理制度基础上,根据党和国家的政策导向,依据市场经济规律和价值规律,运用微观经济学的方法体系,分析研究出版物市场需求规律和环境影响,对出版物生产经营全过程的经济活动进行系统的规划、合理的组织、正确的决策和有效的控制,并积极处理好各方面的经济关系,以达到出版资源有效配置之目的,最终实现出版经营的总体目标,取得社会效益与经济效

〔1〕 李宝山.管理经济学.北京:中国人民大学出版社,2002:12

益的统一。面对当今出版业快速多变的发展形势和激烈的市场竞争，我国出版企业要保证持续稳定的发展，就必须坚持科学发展观，积极应对发展进程中出现的各种复杂局面，通过加强出版经济管理，抓住机遇，改革创新，在市场竞争中将企业做好做大做强。

第四节 出版经济管理的目标

出版企业的管理目标是为保证其生存与发展而设计的规划蓝图，是实现社会效益与经济效益相统一的结果，它决定着出版企业的经济管理目标。出版经济管理目标是指出版企业进行出版经济活动所要达到的根本目的。它是出版企业一切经济活动的出发点和归宿，决定着出版企业经济管理的基本方向。不同的经济管理目标会产生不同的经济管理运行机制。正确的出版经济管理目标，对优化出版资源配置，加强和改善出版经营管理，创建出版企业的核心竞争力，保证出版企业积极稳定可持续发展等都有着十分重要的意义。

出版经济管理目标具有层次性，它可以分为总体目标、分部目标和具体目标。所谓出版经济管理总体目标，是指出版企业全部经济活动所要达到的最终目标；分部目标，是指进行某项经济活动所要实现的奋斗目标，如投资目标、成本管理目标、价格管理目标、销售目标、利润管理目标等；具体目标，是指进行某种具体经济活动所要实现的目标，如销售目标中又可以细分为预测市场对各类出版物的需求量、出版企业的某种出版物在市场所占有的市场份额、可利用的发行网点和新开辟的发行渠道、销售政策将带来的收益增长等具体目标。而总体目标决定着分部目标和具体目标。本节只讨论出版经济管理总体目标的几种最有代表性的观点。

一、实现利润最大化

因为所有企业的经营活动，都会追求投入(成本费用)的最小化，利润的最大化，所以，以利润最大化作为出版经济管理总体目标有它合理的一面。这种观点认为：利润是出版企业在一定期间内全部收入与全部成本费用的差额，它代表了出版企业在保证社会效益的前提下在生产中新创造的财富，盈利越多，则出版企业的财富积累越多，出版企业今后扩大再生产与经营规模越有经济实力。同时，利润的多少在一定程度上反映了出版企业一定时期经营业绩的优劣、经济效益的高低和竞争能力的大小。但这种观点存在以下缺陷：(1)这里的利润是指出版企业一定时期实现的利润总额，它没有考虑利润取得的具体时间，即没有考虑资金的时间价值。(2)没有考虑所获取的利润与投入资本额之间的关系，使不同资本规模的出版企业或同一单位在不同期间的利润总额缺乏可比性。(3)只顾一时获利，而忽视了所获利润应承担的潜在风险因素，这可能会导致出版企业不顾风险大小而去追求最多的利润，一旦不利因素出现，出版企业将会陷入困境，甚至可能破产。(4)片面追求利润最大化往往会使出版企业的经营决策带有浮躁和急功近利的短期行为倾向，只顾实现目前的最大利润，而不顾出版企业的长远发展。如忽视长效出版物新选题与高新出版技术和生产工艺的研发等长远投资，以及市场信誉培植、发行网点建设、团队建设与人才培养、信息技术装备水平的提高等；或者是对固定资产少提或不提折旧，减少对存货提成差价的提取及资产减值准备的摊销或干脆不摊销，形成虚盈实亏；或者不考虑退货因素，将发出货物全部视同已销售出版物，计入销售收入；或者是只顾片面追求利润而忽视了社会效益，不讲政治，甚至无视国家法律法规，采取不正当手段，顶风违纪而获取不义之财，使出版企业的发展偏离方向，造成严重后果等。

二、实现资本利润率最大化

资本利润率是指出版企业的净利润与资本额(投入额)的比率，即每投入1元资本的获利能力。这种观点的优点是：考虑了所获利润与投入资本额之间的关系，使不同资本规模的出版企业或同一单位不同期间的利润具有可比性。但这种观点仍然没有考虑资金的时间价值和风险因素,也不能有效地避免出版企业的短期行为。

三、实现出版企业价值最大化

一个企业的价值是指其未来预计全部利润的现值。所谓现值,是指以后年份的预计收入或支出资金的现在价值。出版企业实现价值最大化,实际上是要谋求将来利润的现值最大化,或者是出版企业的长久盈利能力。这种观点认为,出版企业不仅要追求当前的最大利润,而且要为将来能够获得更大的利润创造条件,打好基础,以保证出版企业的可持续发展。有时出版企业为了将来能够取得最大利润,而宁可减少当前利润。比如,提高出版物选题研究开发费用,投资于需要几年时间才能完成的重大选题项目,为扩大某种出版物的市场份额而采取降低发行折扣的做法,扩大企业多种经营项目的投资等,都可能会增加资金的投入而减少当前的利润,但这将会增加出版企业今后几年的利润指标,有利于企业长久竞争优势的形成。这种观点的优点是,确定出版企业的经济管理目标立足于企业今后的长远利益和持续发展,注重提高企业经济活动的长期经济效果,限制了那种急功近利,热衷于追求眼前利益的短期行为现象的发生,这是一种战略管理目标。而这样的管理目标要求出版企业必须具有敏锐的市场观察能力和准确的市场预测能力,能够及时发现和充分利用好企业机遇,同时具有比较坚实的经济基础和抵御与化解风险的能力。另外,这种观点也存在不足。由于这种观点将出版企业的盈利作为出版企业经济管理唯一追求的目标,在进行某些重大经营项目决策时,容易忽视出版业的意识形态属性,导致一味追求盈利而丧失社会责任,背离出版方向。比如,在出版领域因过多吸引外资进入而丧失了控制权;或者只顾追求经济效益而忽视了为人民服务、为社会主义服务的出版宗旨,只热衷于对有经济效益的出版物的出版,而不愿意出版那些只有社会效益但微利的出版物等。

四、以社会效益为首位，实现社会效益与经济效益的统一

这种观点要求出版企业坚持党和国家的政策导向，强调了将社会效益放在首位，这是由出版业的意识形态属性所决定的。所谓经济效益，是指以一定的资源消耗获得最大限度的收益。它主要是通过资金、成本、收入、利润、质量、劳动生产率等指标体系综合地表现出来，反映投入与产出的关系。出版企业通过充分挖掘各方面的潜力，改善经营管理，优化出版资源配置，有效地利用人力、物力和财力以及品牌、商誉等各种无形资源，以最少的劳动消耗，取得最大的经营成果。这种观点的优点是，将社会效益放在了首位，保证了出版企业的生产经营活动始终具有正确的导向，为出版企业实施可持续发展战略创造了良好条件。而坚持可持续发展战略，又有利于克服出版企业急功近利而追求短期利益的行为，有利于降低资金运动的风险。因此，持这种观点的人认为，将"以社会效益为首位，实现社会效益与经济效益的统一"作为我国出版企业目前经济管理的总体目标，是由我国出版业的经济性质所决定的，也是由我国目前及今后经济体制和出版业的经营机制与体制的改革以及出版企业的管理水平所决定的。如果抛开社会效益，必将给出版企业的发展造成极大隐患与风险。最近几年，我国出版业发生的大量的反面案例和由此造成的沉痛历史教训应引起出版企业的高度重视。

第五节 出版经济管理的特点和地位

一、出版经济管理的特点

出版企业只有十分准确地掌握出版经济管理的特点，才能更好地发

挥其职能作用,不断提高经济管理水平。

1. 出版经济管理是一种价值管理

出版企业的经营管理包括多方面的内容,如生产管理(包括选题管理、编辑管理、出版管理)、营销管理、财务管理、劳动管理、设备管理、人力资源管理、行政管理等。各项管理工作相互联系,密切配合,是一个完整的系统工程。同时,它们又有科学的分工,具有各自的特点,分别起着不同的作用。有的侧重于使用价值的管理,有的侧重于价值的管理,有的侧重于生产要素的管理,有的侧重于信息的管理。鉴于在出版企业的出版物再生产整个过程中存在着经济活动,客观上存在着资金运动和出版经济活动流程,存在着价值链,于是对出版经济活动的管理就逐渐独立化,形成了出版经济管理。出版经济管理区别于其他管理的特点就在于它侧重于价值管理。它主要是运用价值规律,利用资金、成本、收入、利润、价格(发行折扣)等价值指标,对出版作业链中各项经营活动实施管理,组织出版物价值链的形成、价值的实现和价值的分配,并处理好经济活动中的各种关系,最终实现出版资源的有效配置。因而,经济管理是一种价值管理,是对出版企业再生产过程中的经济活动进行的管理。

2. 出版经济管理是各项经营管理工作中的主要矛盾

在出版企业各项管理工作中,经济管理又是最主要的矛盾。这是因为,出版企业的经济管理是一项综合性的管理工作,是各项经营管理工作的交汇点。出版企业各方面生产经营活动的开展,都必须以资金作为保障,始终伴随着各项经济活动而发生资金运动,其质量和效果,基本上都可以在经济活动中综合地反映出来;而通过合理地组织经济活动,又可以对出版企业各方面的生产经营活动积极地加以促进。一方面,生产经营活动直接作用于经济活动,如生产管理上的出版物的出版时间和印制数量、出版物印制质量,材料采购的品种、数量和价位,出版物的发行数量、重印次数,不仅决定着生产过程中资金的耗费、占用数量和周转速度,而且关系到材料采购、出版物管理、营销等各项成本的多少等。出版物的销售及供货是否及时,售后服务是否到位,出版物应收账款的回款率水平是否良好,出版物退货率水平的高低,直接影响着出版物的市场占有率和实现销售收入的水平。另一方面,组织好出版经济活动还能够对出版企业生产经营活动产生积极的反作用。如合理控制资金定额,开展资金占用分析，有助于改善材料采购工作，减少库存材料资金和出版物成品资金的占用；进行成本预测和分析，控制各项费用定额，利润的合理分配，个人收入与绩效挂钩的奖励政策的实施，有利于提高职工的工作效率和成本意识及资金的使用效益，促进勤俭节约等。经济活动是出版企业整个生产经营活动的晴雨表和催化剂，是出版经营管理的核心环节，搞好出版经济管理，对科学制定出版企业的经营决策，及时组织和有效运用出版资源，严格控制出版资源耗费，改善经营管理，提高出版企业经济效益等具有重要意义。

二、出版经济管理的中心地位

要建立现代出版企业制度，创建现代出版产业，就必须强化管理。人力资源管理、生产管理、行政管理、营销管理以及经济管理等诸多子系统构成了现代出版业管理的系统工程。经济管理的特点又告诉人们，经济管理是出版企业整个经营管理中的主要矛盾，占有非常重要的地位，能否正确地确立出版经济管理的重要地位，直接关系到出版企业的整体管理水平。

1. 出版企业的性质决定了出版经济管理的中心地位

我国出版企业是自收自支、自负盈亏、自我约束、自我发展，其产品具有双重属性的特殊性企业，其性质和生产经营的基本任务要求它在保证社会效益的前提下，必须是一个以持续实现最大经济效益为目标的经济组织。在市场经济条件下，出版企业没有雄厚的经济实力作为基础，就不可能进行规模经营，也难以得到持续发展，实现社会效益更无从谈起。而出版企业盈利目标的实现，必须要坚持党的新闻出版方针，有良好的经济基础和一定的环境氛围基础，运用科学的方法体系，对出版资源进行合理的组织和有效配置，保持最佳资本结构（如固定资产与流动资产结构比例、净资产与负债结构比例等），提高资金运动效果，降低生产成本，规避企业风险，并处理好各方面的经济关系。而这些正是出版经济管理的职能所涵盖的基本内容。因而，出版企业只有将经济管理放在经营管理的中心位置，加强经济管理，才能保证出版企业社会效益与经济效益相统一目标的实现。

2. 以经济管理为中心是我国出版业改革与发展的必然选择

在传统的计划经济条件下，由于出版业的发展基本上是取决于国家的投入或资助，出版物价格由国家统一制定，出版物产品由新华书店包销，出版单位的主要任务就是生产产品，生产管理是出版单位管理的中心，居于主导地位，出版单位根本就不需要熟悉市场，也不需要关心市场的需求，所以，导致其疏于经济管理，甚至是不要经济管理，只要具备“记账”、“报销”和“要钱”的会计职能足矣。但是，随着经济全球化时代的到来，我国社会主义市场经济体制在深化改革中得以确立，出版业的改革日益深入，已经由过去生产型的事业单位转变成生产经营型的企业单位，成为市场的主体。认真总结我国出版业发展中正反两方面的经验日益发现，以往的经济管理状况不仅不符合出版业集约化规模经营的要求，同时更为社会主义市场经济的运行机制所不容。我国加入 WTO 以后，在出版物发行领域全面对外开放，为我国出版业的发展带来了千载难逢的大好机遇，知识经济的兴起，为出版业提供了十分丰富的出版资源，而能否抓住这些机遇以及能否进行资源的优化配置，充分开发利用这些宝贵的出版资源，使之成为加速出版业发展的经济增长点，关键取决于出版业自身经营管理理念的更新及科学管理措施的实施。我国出版业已经将科学管理作为改革与发展中的一项非常重要的任务，这也是创建现代出版企业的必备条件。而在出版业整个管理系统中，经济管理始终发挥着十分重要的作用。因为在市场经济条件下，出版企业生产经营的每项活动，无论是出版物的选题策划，还是组稿与编辑加工，无论是书稿的发排、纸张材料的购入、出版物的印制，还是出版物的营销等，全部要通过市场进行运作，都属于市场行为，都是出版经济活动，都必须根据市场情况进行科学的预测；并由此作出正确的决策，通过组织、协调，制订出周密的计划，并在运行之中进行以提高经济效益为目的的内部控制，定期进行分析及经济效益评估，及时为出版企业的经营管理层提供真实准确的经济活动信息，作为其进行经营决策的重要依据。这些，正是出版经济管理所具有的综合管理职能。也就是说，出版经济管理通过价值形式对出版企业各项经营活动进行综合性管理，渗透于出版企业整个作业链之中，它是一条主线，贯穿于出版企业生产经营活动的全过程，并牵动着整个出版企业的发展。抓好了经济管理，就像是牵住了出版企业管理活动的“牛鼻子”。

因此,确立经济管理的中心地位是出版企业在社会主义市场经济条件下进行现代化管理,实现经营总体目标的必然选择。

总之,在社会主义市场经济条件下,出版经济管理是出版企业一切经营管理活动的基础,也是出版企业经营管理的中心环节。出版经济管理的中心地位不是以人的主观意志来确定的,而是由出版企业的性质和追求两个效益最佳结合的历史使命所决定的,是社会主义市场经济运行的要求,是实现国有资产保值增值的要求,也是出版企业深化改革,加速发展,实现经营总体目标的必然选择。

复习思考题

1. 如何理解我国出版业的经济性质?

2. 出版企业的资产是如何定义的? 它有哪些特点? 与原来资产定义的最大区别是什么?

3. 什么是出版经济活动? 它们是如何进行循环流动的?

4. 为什么说出版价值链与出版作业链是相依并存的?

5. 什么是出版企业的经济关系? 主要表现在哪些方面?

6. 出版资源涵盖哪些内容? 出版资源配置与优化出版资源配置的概念有何不同?

7. 我国出版业在出版资源有效配置方面面临哪些问题? 形成问题的主要原因是什么?

8. 出版经济管理是如何定义的? 其核心的职能是什么?

9. 关于出版经济管理总体目标的几种观点,你同意哪一种? 为什么?

10. 出版经济管理具有哪些特点? 为什么将出版经济管理确定为出版经营管理的中心环节?

第二章

出版企业应收账款管理

出版物应收账款，是指出版企业因发行出版物应向购货单位或出版物经销商收取的款项。或者说，是指出版企业的出版物产品已经发出，但客户尚未支付的货款。目前，随着社会主义市场经济的深入发展，我国各家出版企业为了在激烈的出版物市场竞争中抢占市场，并做大做强，正越来越多地利用赊销方式向客户提供信用，实现出版物的销售目标。即在发行出版物时，与新华书店或其他出版物经销商之间的交易一般都采用先发货后付款的运作方式。因此，出版物销售与收款的时间差导致了出版物应收账款的形成与存在。显然，出版物应收账款属于出版企业的债权，是出版企业流动资产的重要组成部分，加强出版物应收账款的管理是出版经济管理的重要内容，在出版企业的经营管理中具有非常重要的作用。

第一节 出版物应收账款的作用与成本

一、出版物应收账款的作用

1. 有利于加快库存出版物的周转速度

对存货而言，由于赊销方式促进了出版物销售量的增加，加快了出版企业库存出版物的周转速度，使出版物存货尽快转化成出版物应收账款和货币，从而加速了资金的周转，提高了资金的利用率，增加了销售收入。同时，由于减少了出版物的存货而降低了出版企业的仓储、保险等存货成本，相应提高了经济效益。

2. 有利于扩大出版物的市场份额

出版物的销售一般有现销和赊销两种方式。在出版物畅销的情况下，任何出版企业都希望采用现销的方式，即购销双方进行交易时，货款同时兑现。这既能及时收回货款，又可避免发生坏账损失。然而在市场经济条件下，任何出版物不可能独自垄断市场，也就必然会面临着国内外同行的竞争。彼此之间除了出版物的内容及印制质量、价格、售后服务等的竞争外，势必还有销售服务方式的竞争。目前，出版企业在批量销售出版物时，对客户基本上采用的是赊销方式。赊销方式不仅向客户提供了产品，同时还提供了商业信用，即向客户提供了一笔在一定期限内无偿使用的资金。因为客户的经济实力是参差不齐的，如果出版企业否定赊销方式，则必然会把一部分经济实力较薄弱的客户拒之门外，使他们转向其他出版企业。这不利于出版物的营销，容易丢掉出版物的市场份额，减少出版物的销售量，甚至造成客户资源的流失，使自己在竞争中处于劣势。反之，科学地运用赊销方式，能够增加出版物的销售量，扩大出版物的市场份额，进而增强出版企业的市场竞争力。

3. 有利于改善客户关系，扩大客户队伍

由于出版企业对客户提供赊销业务服务意味着出版企业对客户的信任，无形中建立、巩固、加深了双方合作中的情感，提高了客户对出版企业的忠诚度，为今后双方的进一步合作奠定了基础。同时，通过这些客户的宣传和影响，还可以吸引来更多的合作伙伴，使出版企业的客户队伍不断扩大，进而保证了出版物市场份额的不断扩大和可持续增长。

4. 有利于保证会计核算的完整性与准确性

应收账款反映了实行权责发生制会计核算办法的出版企业在一定期间内发生的出版物销售收入与实收货款之间的差额，保证了会计核算的完整性和准确性，进而防止了出版企业的资产流失，保证了资产的安全，保护了出版企业所有者的权益。

二、出版物应收账款的成本

出版物市场交易采用赊销方式，由此产生了出版物应收账款，从而也必然要付出一定的代价，这种代价就是出版物应收账款的成本。出版物

应收账款的成本主要有机会成本、管理成本和坏账成本三项。

1. 应收账款机会成本

出版物应收账款的机会成本是指在一定时期内，出版企业的资金因被出版物应收账款占用所丧失的潜在收益。它与出版物应收账款的数额有关，与存在的时间有关，与出版企业的平均资金成本率有关。其计算模型为：

出版物应收账款机会成本 = 出版物应收账款平均余额 × 平均资金成本率

其中，资金成本率一般是指当期银行的存款利率或国债发售的利率。

2. 应收账款管理成本

出版物应收账款的管理成本是指出版企业对出版物应收账款进行管理而发生的费用支出。管理成本包括对客户的信用调查费用、出版物应收账款记录分析费用、催收应收账款费用等。

3. 应收账款坏账成本

出版物应收账款坏账成本是指出版物应收账款因故不能收回而发生的损失。出版物应收账款的发生与存在，本身就存在着发生坏账的风险，这可能会给出版企业的发展带来不稳定与经济损失风险。根据国家现行企业会计制度有关规定，出版企业可按年末出版物应收账款余额的一定比例提取坏账准备金（我国现行企业会计制度规定为千分之五），用于弥补出版物应收账款给出版企业造成的部分经济损失。坏账成本一般与出版物应收账款的数额大小和拖欠时间有关。

第二节 出版物应收账款的风险分析

所谓出版物应收账款风险是指由于欠款客户的原因，可能造成赊销款项难以收回，导致出版企业遭受经济损失。在出版企业的生产经营活动中，只要能够做到正确运用、严格控制、科学管理出版物销售中发生的应收账款，就一定能够发挥其应有的作用，将风险降至最低水平。但是，随着我国出版物市场竞争方式向多样化发展和出版物销售渠道多元化格局的出现，造成出版物市场发展的不均衡，加之出版物市场竞争的不规范，加大了出版物应收账款的风险，出版企业的出版物发货后，货款往往不能及时收回，造成出版企业的资金周转困难。如果出版企业对出版物应收账款疏于管理，任其发展，甚至于失控，使得出版物销售收入中应收账款的比重过大，将会严重影响出版企业生产经营活动的正常开展，甚至造成直接经济损失，影响经济效益目标的实现。其主要现象是：

一、由于经销商单位或人员的变化造成出版企业经济损失

因客户单位有可能被撤消、合并或因经营不善而破产倒闭，或者是购货经办人调离工作、辞职、判刑、失踪等，造成应收货款长期拖欠，收回困难，甚至形成坏账或不良资产，使出版企业遭受经济损失。

二、货款被他人长期无偿占用，影响出版企业的资金周转

个别经销商可能会利用出版企业提供的赊销政策，长期拖欠出版企业货款，作为周转资金，甚至进行其他项目的投资，如建造豪华办公楼、宾馆等。也有的是故意甚至是恶意拖欠出版企业应收货款，从事违法犯罪活动，造成出版企业资产流失。他们或者是采取销货后逃匿和事后支付假支票的方式进行经济诈骗活动；或者是要求出版企业提前开出增值税发票，在拖欠货款的情况下，提前作为进项税额抵扣本单位（个人）的销项税额，以达到减少或推迟应上缴国家增值税的目的。出版物应收账款的长期拖欠，将会造成出版企业的资金被对方长期无偿占用，这不仅加大了应收账款的坏账风险，而且将会造成出版企业生产经营过程中所垫支的资金不能及时得到补偿，资金的供应不能得到保障，影响出版资金的周转，降低资金的使用效率，甚至造成出版企业正常的生产经营活动难以开展。

三、造成出版企业销售利润信息失真,决策失误

目前,出版企业的会计核算方法实行权责发生制,并且按照现行会计制度的规定,一旦出版企业与经销商的交易实现,尤其是出版企业的增值税发票一旦开出,不管货款是否收账,一律视同出版企业已经实现销售收入,须在账务上作销售收入处理。因此,出版企业的增值税发票开出后,如果货款不能及时收账,则会造成销售收入中含有一部分未到账的款项,这些款项有可能需要相当长的时间才能收回。这不仅加大了出版企业发生坏账的风险,而且由此还会造成出版企业同时期销售利润的虚增,使出版企业的投资者和经营管理者可能由于接受不真实的信息而对本版出版物的市场需求及市场占有率作出错误的判断,导致决策的失误。

四、增加了出版企业的纳税成本

按照国家税收制度的有关规定,增值税发票开出后,月底必须向国家税务部门申报并缴纳增值税。到年底核算利润后,还须按账面利润额的一定比例向国家缴纳企业所得税。也就是说,出版企业与经销商的交易实现后,如果发票开出而货款不能及时收回,出版企业仍须向国家税务部门支付增值税和企业所得税,这无形中加大了出版企业资金占用的压力。一旦出版物应收账款不能及时收回,成为坏账,出版企业即使能够将原发票收回,退税时也须办理一系列繁杂的账务处理手续,给会计核算带来不必要的麻烦。如果应收账款和原发票都不能收回,出版企业则要承受税收和货款坏账的双重损失。

五、增加无效销售成本,造成出版企业会计核算的困难

出版企业增值税发票开出后,对方的应付货款往往不能全额到位,有时还要以退货来抵偿部分货款。而退回的出版物往往品种繁多,有的退货不是同一批次或同时期进的货,甚至有些外版或盗版出版物也混在其中,造成出版企业清理的困难。由于经过多次运输装卸,大部分

出版物退货将变成残品、废品，最后只能按重量作为废纸变卖化浆。同时，出版企业由于接收和处理退货还要支付大量的运输费用和管理费用，由此既造成了出版企业应收账款及退货出版物的部分损失，又相应加大了成本费用，同时也给出版企业会计核算与销售管理工作造成极大困难。

因此，加强出版物应收账款的管理是出版企业流动资产管理的重要组成部分，是出版经济管理工作非常重要的内容，出版企业对此决不能掉以轻心，应在思想上给予高度的重视，采取科学的方法和强有力的措施，加强出版物应收账款的管理，将其风险降至最低水平。

第三节 出版物应收账款的信用管理

诚信是市场经济的灵魂，随着市场经济对出版业的影响日益加深，出版企业原来在计划经济条件下形成的社店关系、结算体系和方式、折扣与价格的核定办法等都发生了重大变化。但是，我国出版业目前由于书业开放度和市场不成熟的反差很大，造成出版物的出版与发行之间诚信不够，折扣、销售信息反馈、结算回款关系还没有形成规范的可以遵循的制度，诚信危机、诚信缺失的现象十分严重。近些年来，我国出版业存在的应收账款催收难的问题就是诚信缺失现象的具体表现。因此，解决诚信问题，建立诚信体系，保证出版社之间、出版单位与发行单位之间良好的合作关系，规范出版物市场秩序，共同推动出版业健康发展，是目前出版业亟待解决的重要问题，并成为国家行政管理部门在推动出版业深化改革进程中的重要工作内容之一。由市场竞争引起的出版物应收账款实际上是一种商业信用。信用，是指能够履行与他人约定的事情而取得的信任。只要信用管理好了，买卖双方共同履行合同或契约，收回出版物应收账款的问题也就迎刃而解了。因此，出版企业在应对市场竞争时加强信用管理是非常必要的,也是出版企业实施应收账款策略,更好地发挥应收账款作用的重要保证。出版企业进行出版物应收账款信用管理需要做好以下几项工作:

一、制定信用政策

信用政策的主要内容包括信用选择、信用标准和信用条件。

1. 信用选择

它是指出版企业给客户提供先发货后付款商业信用的方式、赊欠款的期限、额度控制程度的选择方案。

2. 信用标准

它是指客户能够获得出版企业提供商业信用所应具备的条件。出版企业制定客户信用标准的定量依据是估量客户的信用等级和坏账损失率,定性依据是客户的资信程度。一般说来,决定客户资信程度的因素主要包括客户的品质(即客户的信誉)、客户的偿债能力、客户的资本实力和客户的其他条件等。对出版企业来说,信用标准定得过高,会将大多数客户拒之门外,使销售量减少并影响出版企业的市场竞争力;信用标准定得过低,又会增加坏账风险和应收账款成本。对客户来说,如果达不到信用标准,便不能享受出版企业提供的信用或只能享受较低的信用优惠。

3. 信用条件

它是指出版企业给客户提供赊欠信用的具体条件。主要包括信用期限、现金折扣和退货率限定水平等。其中:

(1) 信用期限,是指出版企业允许客户购货后付款的时间。信用时间过短不足以吸引顾客,不利于扩大销售;信用期限过长会引起机会成本、管理成本、坏账成本的增加。信用期限优化的要点是:延长信用期限增加的销售收入不应小于增加的成本费用,即:增加的销售收入 > 增加的成本费用。

(2) 现金折扣,是出版企业为了既能扩大销售量,又能及早收回出版物货款而给客户在信用期限内付款提供的优惠政策,它包括折扣期限和现金折扣率两个基本要素。如现金折扣(2/10,n/30),表示信用期限为30天,如果客户能在10天内付款,可享受应付款项2%的折扣率。现实中，我国出版业一般不采用此方法。为鼓励经销商增加购买出版物的数量，及时付款，出版企业一般只提供出版物发行折扣优惠政策，特殊情况下可根据客户的合理要求，以支付宣传推广费、培训费的方式给予一定的现金折扣。但是，在具体操作时一定要遵纪守法，严格划清正当的劳务费支出与商业贿赂的界限，谨慎从事，规范处理，而且折扣提供的对象仅是面对单位，不对个人。在信用条件优化选择中，现金折扣条件能降低机会成本、管理成本和坏账成本，但同时也需付出一定的代价，即现金折扣成本。现金折扣条款有时也会影响出版物销售额，造成出版物销售收入乃至销售利润的降低。因此，在有现金折扣的情况下，信用条件优化的要点是：增加的现金折扣成本不得超过因此而降低的机会成本、管理成本、坏账成本之和，即：新增现金折扣成本 < 降低的机会成本 + 降低的管理成本 + 降低的坏账成本。

(3) 退货率限定水平，是指出版企业在提供赊销信用时对经销商退货率水平的限定，旨在与经销商共同承担出版物的市场风险，提高经销商的责任感和危机意识，减轻出版企业坏账损失的负担。目前我国出版企业的做法主要有两种：一种做法是出版企业在为经销商提供赊销信用时，明确限定退货率的最高水平，出版企业只承担限定范围内的退货损失，超出部分由经销商自己承担；另一种做法是事先规定，所有退货损失由出版企业和经销商分别承担，双方各自承担一定的比例。真正体现双方诚信合作，互利互惠，将以往“退货没商量”的不平等交易变成“退货有商量”的公平交易。

二、采取信用手段

信用手段，是指出版企业要求客户偿还所欠款项的具体方式。现行信用手段较多，但主要有如下几种：

1. 设立未结清账户

它是出版企业与经常性客户之间的一种记账方式。其程序是：发行部门或财务部门根据客户填写的征订单和发行部门打印的已经办理发货的发货单，将其应收货款数额记入有关账户，待到货款回收后，予以结清。

2. 直接付款

客户在规定的期限内,以现金或银行支票的方式直接向出版企业偿还货款,由出版企业开具发票凭证。

3. 启用银行托收业务

它是出版企业与客户通过银行进行货款结算的一种方式。此种结算方式大多是在异地进行的,包括托收与承付两方面的内容。托收就是出版企业根据经济合同给客户发货后,委托当地银行向外地指定的购货单位收取货款;承付就是购货单位根据经济合同核对单证或验货后,向当地开户银行以默认的方式承认付给货款。这实际上是委托两个异地银行之间进行的托收结算。异地托收结算方式的优点在于,一方面可以监督出版企业按照经济合同规定发货;另一方面监督购货单位按期支付货款,从而加速出版物和资金的周转,巩固经济合同制度和结算纪律,维护出版企业和客户双方的经济利益。

4. 使用商业汇票

它是出版企业或购货人签发,由购货人承兑,并于到期日向出版企业支付款项的票据。商业汇票经承兑后,购货人银行应于到期日向出版企业支付票款。商业汇票又分商业承兑汇票和银行承兑汇票两种。

(1) 商业承兑汇票,是指由出版企业签发,经购货人承兑,或由购货人签发并承兑的票据。购货人应在汇票到期前将票款足额交存其开户银行,银行于到期日凭票从付款人账户划转给出版企业。如果汇票到期时,付款人银行存款账户上不足支付票款,银行不承担付款责任,只负责将汇票退回出版企业,由收付双方自行处理。同时,银行对付款人比照签发空头支票的规定,按票面额处以1%的罚金。

(2) 银行承兑汇票,是指由出版企业签发并由购货人作为承兑申请人向开户银行申请,经银行审查同意承兑的票据。此种汇票的承兑人为银行。采取此种方式,承兑申请人要向银行交纳一定的手续费,同时双方签订承兑契约。如果汇票到期日,承兑申请人未能足额交存票款,承兑银行应向出版企业无条件履行支付责任,同时根据承兑契约,对承兑申请人作为信用发放,并按每天万分之五的比例对未扣回的承兑金额计收罚息。

三、进行信用分析

信用分析,是指出版企业对客户信用程度的分析。信用分析方法较多,但一般最常用的是5C分析法。所谓5C分析法是指重点对影响信用的五个方面进行分析的一种方法。这五个方面是:品德(Character)、能力(Capacity)、资本(Capital)、抵押品(Collateral)和情况(Conditions)。由于这五个方面英文单词的第一个字母都是C,故称之为5C分析法。具体分析内容是:

(1) 品德分析,主要是分析客户愿意履行其付款义务的可能性,实际上是对客户信誉度的分析。可以通过信用信息系统查询或与其他客户和其他出版企业的交往,全面了解和分析客户的信用情况。例如,该客户同其他出版企业货款结算信誉情况(是否被本行业列入黑名单)。如果客户以往及时付款的记录较好,说明客户信用较好,拖欠债务的可能性较小;反之,说明该客户信用较差,拖欠债务的可能性较大。

(2) 能力分析,是指分析客户偿还货款的经营能力。主要根据客户的经营规模和经营状况来判断。如果客户为上市公司,则可通过客户发行在外的债券信用等级及其价格情况和股票价格的近期变化情况,来了解、分析客户的信用状况。债券信用等级和价格越高,说明客户的信用越好;股票下跌不一定说明客户发生了财务危机,但至少说明客户发展前景已今不如昔,并可能削弱偿债能力和信用程度。

(3) 资本分析,是指对客户财务状况的分析。可以通过客户披露的财务报表,利用比率分析方法了解客户的信用状况。例如,如果客户的资产速动比率(流动资产减存货之差与流动负债之比)和销售利润率(利润与销售收入之比)较高,说明客户偿债能力较强,信用程度应该较高。

(4) 抵押品的分析,是指分析客户能否为获取商业信用提供资产担保。如有担保资产,则对顺利收回货款比较有利。

(5) 情况分析,是指一般社会经济环境或地域性的特殊情况对客户偿还能力的影响。

通过以上五个方面的分析,出版企业基本上便可以判断客户的信用状况,为最后决定是否向其提供商业信用作出决策。

四、合理控制信用的放宽与紧缩

信用的放宽与紧缩，是指当出版企业的销售额、出版物应收账款和坏账损失发生变化时，对放宽或紧缩信用的调整。从一般情况来讲，如果出版企业销售利润率较高，即销售额增加，出版企业的利润随之增加，此时，出版企业可放宽信用，以进一步吸引客户，增加出版物销售额，从而增加出版企业的利润。但同时，出版物应收账款的增加也必然会加大坏账发生的风险，可能导致坏账损失的增加。如果出版物应收账款和坏账损失的累计增加额超过一定的限度，必然会加大销售收入的泡沫成分和坏账成本，影响销售利润，造成实际利润的减少，此时，出版企业则应采取紧缩信用的措施，尤其是对那些不讲信用或无偿债能力的欠款客户，应立即停止信用的再提供，以减少或防止出版企业利润的下降。但是，如果过度紧缩信用，又会影响出版企业销售额的增加，从而影响利润的增加，甚至造成市场占有率的下降。

因此，放宽还是紧缩信用会对出版企业出版物的销售额和利润产生正面和负面的影响。这就要求出版企业必须立足于出版物市场，随时掌握出版物的最新市场需求信息及发展态势，深入了解出版物客户群体的资信情况，按照资信程度分类管理，根据不同情况来处理放宽还是紧缩信用的问题。比如，可根据出版物的时效性、市场的需求及同类出版物的竞争程度、出版物库存量的大小、客户的信誉度和出版企业资金的承受能力等情况酌情处理，尤其要严格控制为抢占市场而主动向客户发货的行为。通过市场调研、总结经验、科学测算，确定出版物应收账款额度与提高销售额、增加销售利润的最佳控制点。

五、制定信用决策

信用决策，是指出版企业确定是否给客户提供信用的决策。

1. 制定信用决策应遵循的原则

(1) 不追求坏账费用最小化，而是追求经济效益的最大化。例如，如果出版企业的销售利润率(净利润与销售收入之比)较高，就应该放宽信用。这是因为，尽管放宽信用可能会使坏账发生的风险增加，但它会促使出版物的销售量大幅度增加，从而带来销售收入和销售利润的更大幅度增长。也就是说，此时由于坏账所增加的损失要比增加的销售收入小得多，增加出版物销售量盈利的空间还很大。

（2）要对所提供信用的每项交易业务进行信用分析，对数量较大的信用交易业务尤其要经过充分的分析论证后再作决策。

（3）要重视动态情况下的信用分析。制定信用决策时，不仅要分析客户近期的信用情况，也要用战略的眼光分析客户远期的信用状况。现代信息技术的迅猛发展，为出版企业对客户进行动态的信用分析提供了可能。动态信用分析使出版企业不会无辜伤害和失掉每一个发展潜力大、信誉度高的好客户，同时，也不会轻易地被某些暂时繁荣实则潜伏危机的客户的表面现象所迷惑而上当受骗。

（4）要有允许坏账的风险准备。这不仅可以使出版企业提前采取规避风险的措施，在出现坏账时不致于没有思想准备而措手不及，而且有利于吸引和发现更多讲信用、有发展前途的客户，密切合作，在市场竞争中实现共赢。

2. 信用决策的评价

一般情况下，利用图 2-1 的树形图对信用决策进行评价。

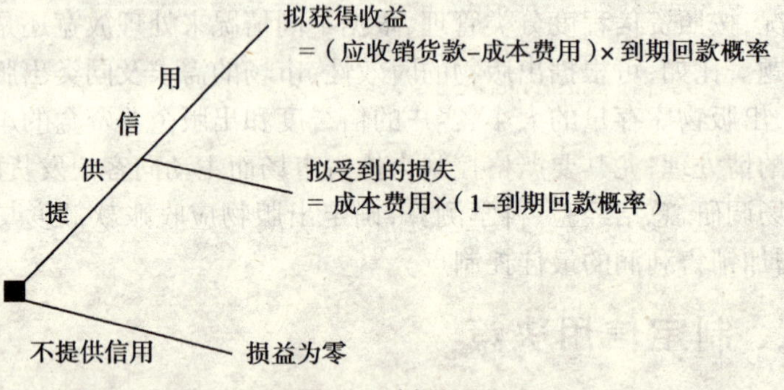

图 2-1　树形图

从图 2-1 中可看出，对于一般出版物而言，如果出版企业不向客户提供信用，就不会受到风险损失，当然也不可能获得信用收益，其损益是零，即信用决策失去了意义。如果出版企业向客户提供信用，在某个信用期内将会出现两种情况：一是可能会获得收益，收益为：（应收销货款 – 成本费用)×回款概率;二是可能会蒙受损失,损失为:成本费用×(1－回款概率)。其中“回款概率”是到期回款概率的简称,(1－回款概率)是未回款率。因此,向客户提供信用的净收益(简称信用净收益)为:

信用净收益＝获得收益－受到的损失

＝[(应收销货款－成本费用)×回款概率]－[成本费用×(1－回款概率)]

＝应收销货款×回款概率－成本费用

例2-1:如果某出版社确定某期出版物应收账款发生额为1 200万元,且销售该部分出版物的总成本费用预计为760万元。请问:当客户到期平均回款概率为80%时,出版社向客户提供信用的决策效果如何?若到期平均回款概率为60%时又如何?

解:

(1)当到期平均回款概率为80%时,出版社向客户提供信用的到期收益为:

信用净收益＝[(1 200－760)×0.80]－[760×(1－0.80)]

＝200(万元)

或者:信用净收益＝1 200×0.80－760＝200(万元)

这说明,当客户到期偿还货款的概率(回款率)为80%时,出版社提供信用到期可盈利200万元,表明出版社制定的向客户提供的信用决策是较好的决策。

(2)当到期平均回款概率为60%时,出版社向客户提供信用的收益为:

信用净收益＝[(1 200－760)×0.60]－[760×(1－0.60)]

＝－40(万元)

或者:信用净收益＝1 200×0.60－760＝－40(万元)

这说明,当客户到期回款的概率为60%时,出版社向客户提供信用的到期收益将是负数,表明信用决策是失败的,不可采用,应对原信用决策进行调整。

第四节

加强出版物应收账款管理的几项措施

针对我国目前出版物市场的现状及存在的问题，出版企业加强出版物应收账款管理应采取以下几项措施。

一、知己知彼，提供赊销

出版企业发行人员对于客户应做到知己知彼。在销售业务发生时，经办人员必须要了解经销商在出版发行界的资信情况，如经营的经济状况及偿债能力等方面的具体情况。如果对上述情况不了解，或是在某些方面存在问题，出版企业都应慎重与其进行出版物批发交易，即使交易，也暂不提供应收账款信用。对于一些新客户，出版企业在与其发生业务交易时一般不采取赊销方式，更不能为其提前开据发票，应要求对方在出版物发货之前或交易同时向出版企业交付全部或部分货款。当经过一定时间的业务往来，双方彼此有了一定的了解，并相互取得信任后，再酌情考虑采用完全赊销合作方式。

二、坚持条件，规范运作

出版企业在为客户提供赊销信用时，一定要坚持信用条件，即使对于信誉度较高的客户也不例外，必须要明确销货数量、发行折扣、退货率、付款期限、双方须各自承担的责任与义务等条件，双方签订销售协议书，相互监督，共同遵守。若对方违约，出版企业将据此追究其法律责任。只有发货单而没有销售合同或协议书，当发生经济纠纷时，是没有法律效力的。对于恶意拖欠货款、信用品质较差的客户应当从信用清单中将其除名，列入黑名单，不再对其提供赊销信用或停止业务交易，并加紧催收所欠货款，态度要强硬。催收无果，可与其他经常被该客户拖欠或拒付账款的出版单位联合起来，以拒绝业务交易的方式采取报复行动。严重者，可联合向法院起诉，以增强其信誉不佳的有力证据，使其在出版发行业内难以生存。例如，为了打破发行业诚信缺失、无理拖欠书款的坚冰壁垒，社会科学文献、作家、浙江少年儿童、上海外语教育、武汉大学等出版社近些年来采取与经销商签订“诚信合同”的措施，[1]双方对折扣约定、销售信息反馈、结算回款、退货率、违约责任等操作条款作出具体规定，为在法律层面上建立权利保护、义务履行、责任分担的范例和规则，逐步建立出版企业权利保护的体系和机制进行了大胆尝试，取得了较好效果。

三、开具发票，谨慎从事

在进行出版物发行交易时，如果客户在未付款的情况下向出版企业提出开具发票的要求，出版企业要谨慎从事，尤其是数额较大的增值税发票，无特殊情况一般不予考虑。对于特殊情况，只限于考虑信誉度较高的客户，而且必须保证货款在规定的期限内交回出版企业。为了降低出版企业提前开具发票的风险，最稳妥的办法是双方以签发商业汇票或委托银行托收的方式进行收付款，或者是出版企业发行人员携带发票前往购货单位，交付发票时立即结清款项。为了避免造成出版企业提前交纳税款的现象，出版企业可在开出发票后，限定对方必须在规定时间内付清货款，尽量缩短资金的占用时间。同时尽量避开月末、季末和年末提前开具发票。年底结账前，出版企业一般不再提前开具发票，以免造成由于大量的跨年度的应收账款而影响出版企业全年利润核算的真实性。

四、增强责任意识，健全奖惩制度

要加强出版企业内部工作人员的思想教育工作，明确岗位职责，树立

〔1〕 谢迪南. 供货商经销商要签“诚信合同”. 中国图书商报，2006 年 1 月 24 日

责任意识和职业道德，认真慎重地进行应收账款的运作。出版物一旦发货，具体经办人员就必须按照双方签订的协议或事先的约定办事，抓紧催收货款，努力提高回款率，最大限度地降低出版物应收账款的比重，确保货款及时到位。出版企业还应将销售出版物的回款率作为对发行业务人员工作业绩考核的一项重要指标，并作为对其物质奖励和经济处罚的主要依据。对于在催收货款方面业绩突出的人员，应加大奖励的力度。凡是由于工作失误或责任心不强，使应收货款成为坏账，给出版企业造成经济损失的，应对主要责任人员进行批评教育，并给予经济处罚，如果经办人员与客户内外勾结，故意拖欠货款，给出版企业造成经济损失的，还应追究其刑事责任。

五、加强对出版物应收账款的控制与监督

出版企业财务部门要积极配合市场营销部门进行出版物应收账款的计划、控制与监督工作。对增值税发票要责成专人管理，集中控制使用。主管部门领导和财务部门共同监督出版物应收账款的发生与回收情况。对已经开出发票的应收货款，财务部门在做好"应收账款"账务处理的同时，还要及时进行清理，随时将回款情况反馈给有关领导及发行经办人员。要慎重处理坏账损失。所谓坏账损失，主要是指出版企业因债务人破产，依照民事诉讼法清偿后，确实无法追回的应收款项；因债务人死亡，既无遗产可供清偿，又无义务承担人，确实无法收回的应收款项；以及因债务人逾期未履行偿债义务超过 3 年仍不能收回，经主管财政机关或财务部门审核认可的应收款项。当坏账发生时，须由经办人提出申请，说明原因，经发行和财务部门调查确认，认为符合造成坏账的基本条件，报主管领导批准后，再作相关的账务处理。数额较大的坏账处理须经出版企业领导班子集体讨论决定。

六、正确评价，真实反映

为了真实反映出版企业一定期间的经营成果，财务部门在核算某一期间出版物的销售利润时，应对销售收入中所包含的出版物应收账款数额以及对利润核算的影响情况作出分析说明，并对本期经营成果的真实情况作

出正确的评价,连同财务报表报送单位主管领导,以保证出版企业的经营管理层在生产经营活动中能够根据准确的经营信息作出科学的决策。

七、确定合理的收账程序

催收账款的程序一般是:信函通知;电话催收;派员面谈;法律行动。当客户欠账逾期不还时,要先给客户一封有礼貌的通知信件;接着,可寄出一封措词较直率的信件;进一步则可通过电话催收;再无效,出版企业的有关业务人员可直接与客户面谈,协商解决,要讲究协商的艺术与技巧,要晓之以理,动之以情;如果谈判不成,就只好交给出版企业的法律事务部门或法律顾问采取法律行动,向法律部门提起诉讼。对于欠款期限即将超过两年的应收账款,出版企业经办人须要求欠款客户重新写出还款承诺书,经双方签字确认,以保证所欠款项始终在法律诉讼有效期范围内。

八、建立坏账准备金制度,科学制定收账政策

在市场经济条件下,由于出版物应收账款必然会存在,坏账损失的风险也必然存在。为减少出版企业的经营风险,应当建立出版物应收账款坏账准备金制度。根据我国出版企业现行的会计制度规定,出版企业年末可按出版物应收账款余额5‰的比例提取坏账准备金。在制定收账政策时,要在增加收账费用与可以减少的坏账损失、出版物应收账款机会成本之间进行比较、权衡,以前者小于后者为基本目标,掌握好宽严界限,拟定可取的收账计划。即:

增加的管理成本(收账费用) < 可减少的坏账成本 + 可减少的机会成本

总之,为了及时收回出版物的销售货款,保证出版企业资金的安全及加快其周转速度,出版企业应加强出版物应收账款的管理,积极做好催收货款的组织工作。

复习思考题

1. 出版企业加强应收账款管理有何现实意义？

2. 出版企业应收账款的成本是什么？

3. 出版企业应怎样做好信用管理？信用决策应遵循哪些原则？

4. 出版企业提供现金折扣信用条件的优化要点是什么？

5. 出版企业加强应收账款管理应采取哪些措施？

6. 出版企业制定收账政策的基本目标是什么？

7. 某出版社全年应收账款平均发生额为 3 600 万元，此部分出版物的成本费用为 2 100 万元，客户到期回款的概率为 75%。请分析出版社向客户提供信用的决策效果。若当年银行一年期存款利率为 2%，请问，应收账款的机会成本是多少？

3

第三章

出版企业存货管理

出版企业的存货，是指出版企业在生产经营过程中持有的以备出售的出版物，或者以销售为目的仍然处在生产过程中的在产品，或者为保证生产经营过程中耗用而储备的各种材料、辅助材料等，是出版企业流动资产的重要组成部分。出版企业的存货具体包括：纸张、装帧材料、音像带、多媒体光盘等原材料，以及包装物、低值易耗品、在产品、自制半成品、库存出版物和未结算的寄销出版物等。出版企业持有存货的最终目的是为了销售（不论是可供直接出售，还是需要经过进一步加工才能出售的存货），而不是自用或消耗。出版企业的存货占全部流动资产的比重较大（一般为40%～60%，其中出版物成品存货比重应在30%左右），但它又是一种变现能力相对较差的流动资产项目。我国出版企业目前存货严重积压的现象说明，存货利用效率和控制水平的高低直接关系到出版企业盈利水平的高低和经营目标能否顺利实现。因此，加强存货的规划与控制，保持存货的最优水平，便成为出版企业经济管理的一项重要内容。出版企业进行存货管理的根本目的，就是要控制存货水平，在充分发挥存货作用的基础上，最大限度地降低存货成本。

第一节 出版企业存货的作用

在出版物市场竞争激烈，供需形势多变的情况下，出版企业的存货既可以作为季节性或不均衡生产的缓冲器，也是供应与需求平衡的调节器，是出版企业编辑、出版、营销三个阶段不可缺少的有机组成部分，在出版企业生产经营过程中发挥着重要作用。

一、存货是出版物生产制作连续不断进行的重要保证

出版物的生产制作过程，需要不断地消耗纸张、空白光盘、录像带和装帧材料等原材料以及包装物等一些低值易耗品。但是，各种材料稀缺程度不一，并且出版物的市场需求量和消费者对出版物装帧质量的偏好随时都在发生着变化，出版物对材料的消耗以及对材料品种的需求事前难以作出非常准确的预测。为了使生产能够连续不断地进行下去，就必须预先有一定数量、一定规格品种的储备。否则，将会发生停工待料的情况，严重影响生产。如果拖延了时效性很强的出版物的生产，不能及时供货，不仅会使出版企业信誉受到影响，而且会带来丢失市场份额的风险，使出版企业遭受直接经济损失。尤其是诸如学生教科书、政治宣传读物等，延误供货时间，还将会造成严重的政治与社会影响。

二、存货是满足出版物市场供需均衡的需要

从出版物生产制作和销售角度看，出版企业出版物生产制作与营销之间的周期往往有脱节的现象。例如，在生产中有些出版物随着生产时间的推移而不断积累，但营销却往往不是同步进行的，市场对某些出版物的需求有旺季和淡季之分，有时间性的要求，如教材、教学辅导用书等，通常是经过一定时间或某次订货会才能批量销售，期间就不可避免地有些存货。另外，出版企业为了降低成本，提高生产效率，在进行出版物生产时，总是在满足客户需求量的基础上适当增加一定的数量（即加放量），以保证原有客户对出版物临时追加的订数或新增客户的征订数，避免造成供货的被动。同时，根据出版行业的规定，出版物生产制作允许生产厂家生产的数量与出版企业要求的数量有一定比例的误差。因此，每次生产的出版物除当即销售外，多余的只能暂时存储起来，用以满足市场的日常需要。可见，出版企业存储一定数量的成品出版物，是防止产销不平衡，保证供需均衡的需要。但是，对一些知识内容更新较快、时效性较强的出版物的存储量一定要进行科学的预测，严格控制，以免造成出版物过期作废，给出版企业带来不必要的经济损失。

三、存货是编辑、出版、营销工作管理水平的直接反映

除货币资金以外，存货是出版企业流动性最大的资产，占用的数量最多，受市场变化因素的影响较大。但是，它能够根据出版企业生产任务的大小、原材料的供应和出版物销售情况来确定一个资金定额，所以，它又是一种比较稳定、可以管理的资产。一般来说，如果编辑、出版、营销工作相互衔接紧密，市场及企业内部信息畅通，市场供需预测科学，生产均衡，安排适当，存货投放的数额就少；反之，投放数额就多。这与出版企业经营管理水平的高低有着密切的关系。因此，出版企业存货的占用数量是否科学合理，是对其编辑、出版、营销工作管理水平最直接的反映。

第二节

出版企业存货成本与提成差价

一、出版企业的存货成本

出版企业要保持一定数量的存货，必定会发生一定的成本支出。存货成本主要由采购成本、加工成本、储存成本、缺货成本构成。

1. 采购成本

采购成本是指通过市场采购取得某种存货而发生的支出，它由购置成本和订货成本构成。购置成本是指存货本身的价值，即存货的购买价和运杂费，它是存货单价与数量的乘积，一般不随采购次数的变动而发生变动。订货成本，是指为组织采购存货而发生的各种费用，包括采购人员的工资、采购部门的一般性费用（如办公费、水电费、折旧费、取暖费等）和采购业务费（如采购人员的差旅费、邮电费、检验费等）。显然，订货成

本可分为两部分：一部分是为维持一定的采购能力而发生的比较稳定的成本（如折旧、办公费、水电费、取暖费等），称为固定订货成本；而另一部分则是与订货次数有关的成正比例变动的成本（如采购人员差旅费、邮电费、检验费等），称为变动订货成本。出版企业的存货采购成本一般是指材料采购成本。

2. 加工成本

加工成本是指通过加工印制或录制取得出版物成品、在产品、半成品等存货而发生的支出。如编辑经费、装帧设计费、排版费、印制费、录制费等。

3. 储存成本

储存成本是指在存货储存过程中发生的支出。储存成本有一部分是固定性的，如仓库折旧费、仓库员工的固定工资、仓库租金等，还有一部分与存货储存数额成正比，如搬运费、保险费、占用资金支付的利息、存货破损或过期所造成的损失等。

4. 缺货成本

缺货成本是指由于存货不足而造成的损失。如出版物材料供应中断造成的停工待料损失，出版物库存短缺造成的延迟发货的信誉损失、丧失销售机会造成的损失以及退货损失，材料缺货而采用替代材料的额外支出等。

二、存货的提成差价

在生产经营过程中，出版企业库存的出版物由于毁损、全部或部分内容陈旧过时或销售价格低于成本等原因，将会发生存货账面价值与实际价值不符的现象。为了解决这个问题，根据现行出版企业会计制度规定，期末应按一定比例对库存出版物提取呆滞损失准备，会计科目称其为“出版物提成差价”。库存出版物包括库存图书、期刊（杂志）、音像制品、电子出版物、投影片（含微缩制品）。出版企业应于每年年度终了，对库存出版物存货进行全面清查并实行分年核价，按规定的比例提取提成差价，同时在“管理费用”中列支。我国现行《新闻出版业会计核算办法》规定的出版物提成差价计提标准如下：

(1) 纸质图书,分3年提取,当年出版的不提;前1年出版的,按年末库存图书总定价提取10%~20%;前2年出版的,按年末库存图书总定价提取20%~30%;前3年及3年以上的,按年末库存图书总定价提取30%~40%。

(2) 纸质期刊(包括年鉴)和挂历、年画,当年出版的,按年末库存实际成本提取。

(3) 音像制品、电子出版物和投影片(含微缩制品),按年末库存实际成本的10%~30%提取,如遇上述出版物升级,升级后的原有出版物仍有市场的,保留该出版物库存实际成本10%;升级后的原有出版物已无市场的,全部报废。

(4) 所有各类提成差价的累计提取额不得超过实际成本。

例3-1:某年12月31日,出版社存货中3年前出版的某种高校教材共有15 000册,每册书码洋为25元。年末需计提提成差价多少?

根据所给条件,出版社需计提提成差价为:

$(25 \times 15\,000) \times 30\% = 112\,500$(元)

第三节

出版物材料经济订购批量的决策

材料成本是出版企业出版物成本的重要组成部分,一般情况下,材料成本需占出版物总成本的60%以上。因此,降低材料成本是降低出版物成本,提高经济效益的主要突破点。研究出版物材料管理的一项重要任务就是运用科学方法进行决策,在保证出版物生产需要的前提下,将材料的各项成本控制在最佳水平。其中,出版物材料经济批量控制就是在材料供应过程中为降低成本所采取的一项重要措施。

一、出版物材料经济订购批量控制的基本模型

在市场供应相对稳定的情况下,材料的价格相对稳定,所以,材料的采购成本也不会发生较大的波动,并且只要材料货源相对充足,出版企业管理到位,一般不会发生缺货成本,这两种成本往往与材料订购批量的变化不相关。但是,材料储存成本和订货成本的高低却与材料的订购批量有着密切的关系(这里主要是指两个成本中的变动成本部分)。所谓出版物材料的订购批量是指出版企业每次订购材料的数量。显然,在某种出版物材料全年需求量已定的情况下,订购批量越大,材料的储存量就会越多,由此必然会导致材料的储存成本上升。但由于此时订货次数相应减少,则会使订货成本随之降低。反之,如果降低材料的订购批量,材料的储存成本可降低,但随着订购次数的增多,必然又会导致订货成本的上升。也就是说,随着出版物材料订购批量大小的变化,材料的储存成本与订货成本是互为消长的。而出版物材料订购批量控制的目的,就是要寻找使这两种成本合计数(简称成本合计)降到最低的订购批量。在一定条件下,能够使出版物的材料在一定时期内订购成本与储存成本之和为最小值的订购批量称为出版物材料的经济订购批量,简称经济批量。因此,如何确定出版物材料的经济订购批量,就成为出版企业加强成本管理,进行出版物材料批量订购决策时需要解决的一个重要问题。下面就以出版企业在正常出版物的生产经营过程中对材料的需求为基础,寻找材料经济订购批量控制的基本模型。

首先作如下假设:

设 A 为某种出版物材料全年需求量;Q 为材料订购批量,即每批材料订货数量;Q^* 为材料经济订购批量;P 为每批材料订货成本;C 为单位材料(每吨或每令或每箱等)年储存成本;T 为材料的年订货成本与年储存成本合计数;T^* 为材料的最低年成本合计数。则有:材料订购批次 $=\frac{A}{Q}$,材料经济订购批次 $=\frac{A}{Q^*}$。由于材料的最高存储量也就是订购批量 Q,且

它随着材料的不断消耗在发生变化，故一般将材料的平均存储量规定为$\frac{Q}{2}$，如图 3-1 所示。

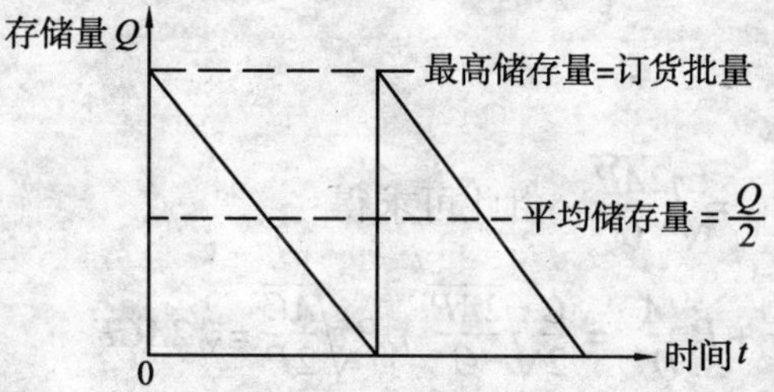

图 3-1　材料储存量示意图

材料全年订货成本 $= P\frac{A}{Q}$，材料全年平均储存成本 $= C\frac{Q}{2}$

材料全年成本合计 $T = C\frac{Q}{2} + P\frac{A}{Q}$　　(3-1)

材料最低年成本合计数 $T^* = C\frac{Q^*}{2} + P\frac{A}{Q^*}$

显然，公式(3-1)就是出版物材料订货成本与储存成本之和 T 的数学模型。其示意图如图 3-2 所示。

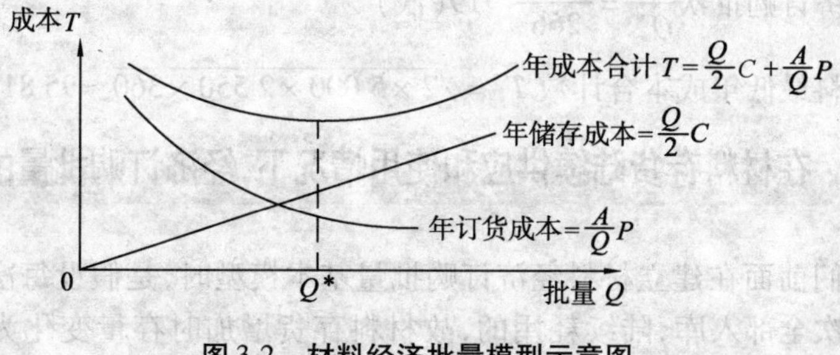

图 3-2　材料经济批量模型示意图

根据定义，材料的经济批量就是使成本 T 的值达到最小的订购批量。因此，根据函数极值原理，只需对公式(3-1)求 T 关于材料订购批量 Q 的一阶导数，并令其为零，所求得的值即为材料的经济批量 Q^*。具体计算如下：

$$T' = (C\frac{Q}{2} + P\frac{A}{Q})' = \frac{C}{2} - \frac{AP}{Q^2}$$

令其为零，有：$\frac{C}{2} - \frac{AP}{Q^2} = 0$，即

$$Q^2 = \frac{2AP}{C}$$

于是，可求得：$Q^* = \sqrt{\frac{2AP}{C}}$。由此可求得：

$$T^* = C\frac{Q^*}{2} + P\frac{A}{Q^*} = \frac{C}{2}\sqrt{\frac{2AP}{C}} + P\sqrt{\frac{AC}{2P}} = \sqrt{2ACP}$$

例 3-2：某出版社印制出版物，全年需消耗定量为 80 克、规格为 890mm × 1 240mm 的胶版纸 5 000 吨，资本成本率为 5%，每次订货成本为 2 550 元，该纸张需全部送入出版社材料库，其中每吨纸张材料年储存发生的费用为 70 元，若该种纸张市场平均价格为 5 800 元/吨，请设计该种纸张订购的经济批量决策方案。

解：根据所给出的条件，利用上述有关计算模型，可求得：

每吨材料储存成本 $C = 5\,800 \times 5\% + 70 = 360$（元）

经济订购批量 $Q^* = \sqrt{\frac{2 \times 5\,000 \times 2\,550}{360}} \approx 266$（吨）

经济订购批次 $\frac{A}{Q^*} = \frac{5\,000}{266} \approx 19$（次）

材料最低年成本合计数 $T^* = \sqrt{2 \times 5\,000 \times 2\,550 \times 360} \approx 95\,812$（元）

二、在材料存货陆续供应和使用情况下，经济订购批量的决策

我们前面在建立材料经济订购批量基本模型时，是假设每次订购的材料一次全部入库，陆续耗用的，故材料存货增加时存量变化为一条垂线。但是在实际工作中，由于厂家生产能力、交通运输条件、出版企业储存能力等原因，往往是一次订购的材料，需陆续送货入库，然后再陆续耗用。尤其是材料的大批量订购，基本上是供应商陆续送货和出版企业陆续耗用的。这时，材料的存储量 Q_1 必然低于订货批量（基本模型中的最高存储量 Q），其库存情况如图 3-3 所示。

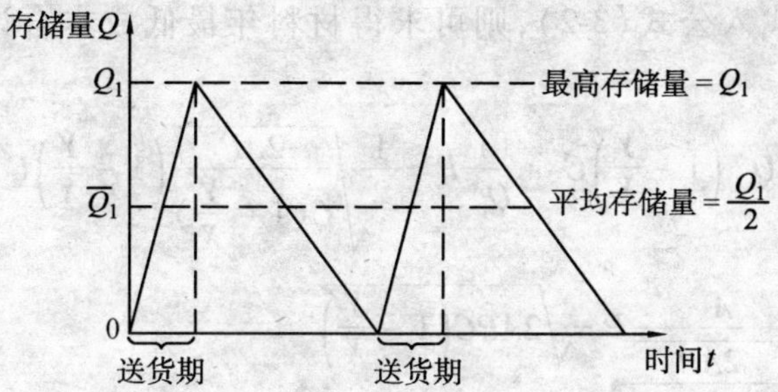

图 3-3　材料陆续供应和使用情况示意图

为了便于推导陆续供应和耗用的经济订购批量模型,需要在基本模型原假设的基础上再补充如下假设:

设每日送达某种材料的数量为 X ,出版企业每日耗用该种材料的数量为 Y,则该批材料全部送达所需天数为$\frac{Q}{X}$,材料入库期间所耗用的数量为$\frac{QY}{X}$,材料最高存储量为 $Q-\frac{QY}{X}=Q(1-\frac{Y}{X})$,由于材料平均存储量为最高存储量的一半,所以,材料平均存储量为$\frac{Q}{2}(1-\frac{Y}{X})$。据此求出的材料年储存成本与年订货成本之和为年成本合计 T,其计算公式为:

$$T=\frac{Q}{2}\left(1-\frac{Y}{X}\right)C+\frac{A}{Q}P \tag{3-2}$$

求函数 T 关于 Q 的一阶导数:

$$T'=\left[\frac{Q}{2}\left(1-\frac{Y}{X}\right)C+\frac{A}{Q}P\right]'=\frac{1}{2}\left(1-\frac{Y}{X}\right)C-\frac{A}{Q^2}P$$

令 $T'=0$,则:$\frac{1}{2}\left(1-\frac{Y}{X}\right)C-\frac{A}{Q^2}P=0$,整理得:

$$Q^2=\frac{2AP}{C\left(1-\frac{Y}{X}\right)}$$

将等式两端开方,即可求得材料经济订购批量 Q^*,即:

$$Q^*=\sqrt{\frac{2AP}{C\left(1-\frac{Y}{X}\right)}}$$

将 Q^* 代入公式(3-2),则可求得材料年最低成本合计 T^* 的计算模型:

$$T^* = \frac{1}{2}Q^*\left(1-\frac{Y}{X}\right)C + \frac{A}{Q^*}P = \frac{1}{2}\sqrt{\frac{2AP}{C(1-\frac{Y}{X})}}\left(1-\frac{Y}{X}\right)C$$

$$+\frac{A}{\sqrt{\frac{2AP}{C\left(1-\frac{Y}{X}\right)}}}P = \sqrt{2APC\left(1-\frac{Y}{X}\right)}$$

例 3-3:某出版社印制出版物,全年需要消耗定量为 55 克、规格为 890mm ×1 240mm 的书写纸 5 500 吨,单位价格为 5 100 元/吨,资本成本率为 6%。供应商陆续送货,平均每日送达 50 吨,每日耗用 45 吨,出版社每次订货成本为 2 650 元,每吨材料存储费用为 45 元。请对材料经济订购批量作出决策。

解:将以上有关数据代入上述有关计算模型,得:

每吨材料储存成本 $C = 5\,100 \times 6\% + 45 = 351$(元)

$$Q^* = \sqrt{\frac{2AP}{C\left(1-\frac{Y}{X}\right)}} = \sqrt{\frac{2 \times 5\,500 \times 2\,650}{351 \times \left(1-\frac{45}{50}\right)}} \approx 911.3\text{(吨)}$$

此计算结果表明,在书写纸陆续到达和陆续使用的条件下,其经济订购批量为 911.3 吨。其最低年成本合计为:

$$T^* = \sqrt{2APC\left(1-\frac{Y}{X}\right)} = \sqrt{2 \times 5\,500 \times 2\,650 \times 351 \times \left(1-\frac{45}{50}\right)}$$

$$\approx 31\,987\text{(元)}$$

三、在有数量折扣时,材料订购批量的决策

上述材料经济订购批量基本模型是在材料销售价格不变的假设下推导出来的,所以,由此求得的数值是在材料销售价格固定不变的情况下,使出版物的订货成本与储存成本合计数达到最小的材料订购批量。但是在现实经营活动中,有时为了鼓励出版企业大批量地购买自己的材料,供应商经常会在价格上给予一定的折扣优惠。于是,出版企业就可以利用数量

折扣价格取得较低材料采购价格的机会，并可能使从大批量采购中节约的成本超过由此加大的材料储存成本。因此，在有数量折扣的决策中，材料的订货成本、储存成本以及采购成本都成为订购批量决策中的相关成本，此时，这三种成本的年成本合计数最低的方案才是最优方案。

例3-4：出版社印制出版物，全年需消耗铜版纸1 500吨，已知该纸张市场价格为6 800元/吨，且每次订货成本为2 680元，资本成本率为5%，材料存入仓库后，每吨材料需分摊仓储费用为70元。若每次材料订购超过500吨，供应商可给予5%的折扣优惠。出版社在决策纸张材料采购时，应作出怎样的材料订购决策？

解：每吨材料储存成本 $C = 6\,800 \times 5\% + 70 = 410$（元）

（1）当不考虑数量折扣，只考虑经济批量时：

材料总成本合计 =（年订货成本 + 年储存成本）+ 年采购成本

$= \sqrt{2 \times 1\,500 \times 2\,680 \times 410} + 6\,800 \times 1\,500$

$\approx 57\,414 + 10\,200\,000$

$= 10\,257\,414$（元）

（2）当不考虑经济批量，只考虑数量折扣时：

材料总成本合计 = 年订货成本 + 年储存成本 + 年采购成本

$= \dfrac{1\,500}{500} \times 2\,680 + \dfrac{500}{2} \times 410 + 6\,800 \times (1 - 5\%) \times 1\,500$

$= 8\,040 + 102\,500 + 9\,690\,000$

$= 9\,800\,540$（元）

比较上述两个结果，差额为 $10\,257\,414 - 9\,800\,540 = 456\,874$（元），也就是说，接受数量折扣可使材料总成本合计降低456 874元，因此，出版社在决策铜版纸订购批量时，应该选择接受数量折扣的方案。

四、在材料存储量受到限制时，其订购批量的决策

在讨论材料经济订购批量时，其前提条件是出版企业必须具有存储能力，以保证材料经济订购批量的实现。但实际上，每个出版企业的存储能量都是有限的，不可能无限制地扩大。因此，在实际工作中，有时计算得出的材料经济订购批量很可能会超出出版企业现有的最大存储量，我

们就称这个最大存储量为材料存储约束性因素的值。那么,此时材料最佳的订购批量应如何进行决策呢?

当材料存储量含有约束性因素时,可以通过其他方法(如租用库房、建造新库房、送到出版物承接制作的生产厂家保管等)来增加存储量,以达到最佳存储量(材料经济订购批量)的要求。但租用库房或修建库房都需要发生一定的费用或投入一定的资金,造成储存成本的增加。所以,在决策时应进行经济上的论证、比较,权衡利弊,选择最佳方案。一般可采取成本比较法进行材料订购批量最佳方案的选择。这里,通过实际案例介绍一种利用扩大材料存储量所发生的成本与不扩大材料存储量所发生的成本的比较,从而决策材料订购批量最佳方案的方法。

例 3-5:某出版社某年需要定量为 49 克、规格为 787mm × 1 092mm、价格为 4 700 元/吨的新闻纸 2 000 吨,当年资本成本率为 5%,出版社每次订货成本为 2 150 元,每吨纸全年仓储费为 65 元,而出版社的最大存储能量为 70 吨。为了保证生产的需要,出版社拟向某单位租用可存储 100 吨新闻纸的仓库,年租金为 28 000 元。出版社应如何进行材料的存储决策?

解:每吨材料储存成本 $C = 4\,700 \times 5\% + 65 = 300$(元)

(1) 计算不受存储能量限制时的经济订购批量和年成本合计:

$$Q^* = \sqrt{\frac{2AP}{C}} = \sqrt{\frac{2 \times 2\,000 \times 2\,150}{300}} \approx 169.3 \text{(吨)}$$

$$T^* = \sqrt{2APC} = \sqrt{2 \times 2\,000 \times 2\,150 \times 300} = 50\,793.7 \text{(元)}$$

显然,出版社只有租用仓库,才能按经济订购批量采购材料,此时:

最低年成本合计 $= T^* +$ 仓库租用费用 $= 50\,793.7 + 28\,000 = 78\,793.7$(元)

(2) 由于该出版社目前最大存储量为 70 吨,明显少于经济订购批量 169.3 吨,如果按出版社的最大存储量作为订购批量,则订购材料的年成本合计为:

$$\text{储存成本} = \frac{Q}{2} \cdot C = \frac{70}{2} \times 300 = 10\,500 \text{(元)}$$

$$\text{订购成本} = \frac{A}{Q} \cdot P = \frac{2\,000}{70} \times 2\,150 \approx 61\,428.6 \text{(元)}$$

年成本合计 = 10 500 + 61 428.6 = 71 928.6(元)

(3) 比较成本抉择。因为按经济订购批量订货,年成本合计为78 793.7元,而把出版社最大存储量作为订货批量,年成本合计为71 928.6元,二者比较,差额为78 793.7 − 71 928.6 = 6 865.1(元),即前者比后者需多支出6 865.1元,所以,出版社应选择“按70吨的批量分批订购材料”的方案。

五、材料提前订货的决策

一般情况下,由于材料的稀缺程度、材料的供货周期等多方面因素的影响,出版企业的材料不可能保证做到随时使用随时补充,因此,也就不能等到材料耗用干净再去订货,而需要在尚未耗用完时提前订货,以避免发生出版物制作停工待料,影响及时供货的现象。在出版企业提前联系订货时,尚有的材料库存量称为材料的再订货点。决策材料的提前订货日期,实际上就是确定材料的再订货点。而材料再订货点的确定应是在材料经济订购批量决策的基础上进行的。若假设材料的再订货点为R,材料由订货开始到交货时间为t,材料每日耗用量为n,则有计算模型:$R = tn$,具体情况如图3-4所示。

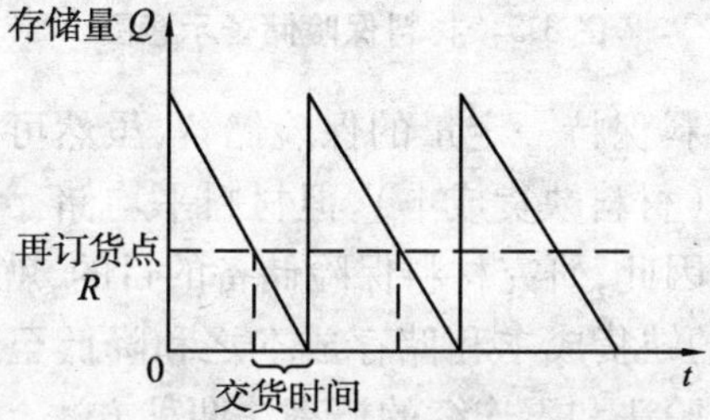

图3-4 材料再订货点的确定示意图

例3-6:出版社需要的某种材料,其经济订购批量已经确定,若该材料自订货日至到货的时间平均为5天,材料平均每日消耗量为15吨,则此种材料的再订货点应确定为多少合适?

解:利用计算模型可求得:

$R = tn = 5 \times 15 = 75$(吨)

这就是说，出版社在此种材料尚有 75 吨时，就应该再次联系订货，这样，待新订购的材料送达时，原有的库存材料已基本用完。

六、材料的保险储备决策

上述讨论的几种情况都是假定材料的供需稳定，且每日的需求量不变，交货时间也相对固定不变。但是，在现实的生产经营过程中，出版物材料每日的需求量都有可能发生变化，交货时间也有可能发生变化。按照某一订货批量或再订货点开始订货时，如果材料的需求量增大或送货延迟，就可能发生缺货或供货中断现象。为了防止由此造成的经济损失，出版企业就需要多储备一些材料以备应急之用，这部分材料储备称为保险储备（安全存量）。材料的保险储备在正常情况下不予动用，只有当材料过量使用或送货延迟时才动用。保险储备如图 3-5 所示。

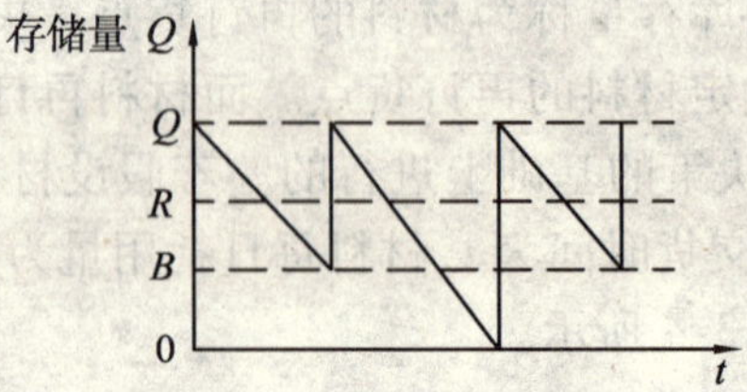

图 3-5　材料保险储备示意图

出版企业的材料保持一定量的保险储备，虽然可以减少缺货或供货不及时造成的损失（材料缺货成本），但材料平均储存量的加大必然会使其储备成本提高。因此，研究材料保险储备的目的，就是要找出合理的保险储备量，使材料的缺货成本和储存成本之和降低至最小。确定材料保险储备量一般有经验法和不连续的概率法两种方法。

1. 经验法

所谓经验法，是指材料保险储备量由经验丰富的材料管理人员在保险储备量上限范围内加以规定的方法。其计算模型为：

保险储备量上限 = 最长交货期 × 最高每日用量 − 交货期正常天数 × 平均每天用量

$$平均保险储备量=\frac{1}{2}\times(最长交货期\times最高每日用量-交货期正常天数\times平均每天用量)$$

由以上计算公式可以看出，材料保险储备量的上限和平均值，实际上是按照交货期最长和每日耗用量最大这两种不正常现象同时发生为基础计算的。此方法适用于品种繁多、价值较小的出版物材料的保险储备量的确定。

2. 不连续的概率法

所谓不连续的概率法，是指根据历史资料统计的出版物材料缺货的数量和概率，按不同档次的相应概率计算不同保险储备量的缺货成本，并进行比较，从中选定材料保险储备量的方法。实际比较时，可以先计算各不同保险储备量的预期缺货成本与该储备量的储存成本，相加求和，得出不同保险储备量的成本合计，然后对这些成本进行比较，选定其中最低成本水平的储备量作为材料保险储备量（具体使用方法从略）。

显然，当出版企业在考虑建造材料库房或租用存储材料库房时，可根据自身的生产规模和未来的发展规划，测算出各类材料的经济批量，作为设计库房面积或库房仓储能量的重要决策依据，避免由于建筑面积过大、利用率低，造成场地浪费，或由于面积过小，难以满足生产经营的需要。

第四节 出版物印制批量的决策

面对市场的激烈竞争，出版企业为了求得生存与发展，不仅要积极应对来自企业外部的竞争与挑战，而且对企业内部的经济管理水平也提出了更高的要求。而加强出版物的印制批量控制，使之保持科学而又合理的水平，则是出版企业加强经济管理的重要内容，是出版企业在保证市场需求供应的前提下降低成本、提高经济效益的重要措施。

一、出版物最优印制批量决策模型

由于出版物市场需求不确定因素的存在,要求出版企业在印制出版物时,必须在保证本期已经确定的需求量的基础上,还要考虑满足客户的临时需求,适当增加部分印数。因此,在某个时期内(一年、半年、季度、月份),出版企业超过市场日需求量的出版物将被放入库存。但是,一个中等以上规模的出版企业的出版物品种一般都有成百上千种,每种出版物的印制都需考虑这些因素,而出版企业的储存能力虽然与其投入水平有着直接的关系,但终究是有限的,若超出其储存极限,必将加大出版物的储存成本。这就要求各种出版物的超额印制不能超出事先确定的储存水平,直到库存量下降到一定水平后再考虑重新印制。另外,出版物的印制批量也不能过小,因为按照我国印制行业的规定,结算出版物印制费时,某些项目规定有结算起始印数(印张)的最低数量,出版企业印制出版物的批量若达不到这些起始印数,也仍需按照这一起始印数向印制厂家支付印制费用。若出版物印制批量过小,将会造成无效的支出费用。这一经济问题,即在满足一个时期内市场需求的条件下,出版企业选择最为经济合理的批量生产出版物的问题,就是我们所要研究讨论的出版物"最优印制批量"决策问题。

出版企业在现实的生产经营过程中,出版物印制批量数一般要选择大于或等于印制行业规定的有关印制费结算项目的起始最低标准(特殊出版物例外),所以,在研究讨论出版物最优印制批量问题时,应主要考虑这样两个成本因素,即印制准备成本和出版物储存成本。所谓印制准备成本是指为做好出版物每次印制前的准备工作所发生的费用,包括上版费、晒版费等。所谓出版物储存成本是指出版物在储存过程中所发生的仓储及设备维修费、折旧费、保险费、保管人员工资等。显然,在印制出版物时,每批印制数量越大,全年印制的批次就越少;反之,批量越小,印制出版物的批次就越多。在上述各项成本中,印制准备成本与印制批量无关,但与印制批次成正比,即印制批次越多,总的印制准备成本就越高。而出版物储存成本与出版物印制批量的大小有关,若要降低出版物储存成本,则应减少出版物的印制批量,而增加出版物的印制批次。但增加了印制批次,必然又会提高出版物总的印制准备成本。因为出版物的材料消耗与印制费用一般与出版物的印制批次和印制批量的大小无关,故在讨论出版物印制批量决策问题时可不予考虑这些因素。这样,出版物最优生产批量的决策分析实际上就是要确定一个适当的生产批量,使其印制准备成本和储存成本之和为最低。我们称出版物的这种印制批量为"最优印制批量",也称为"经济生产批量"。

为了建立出版物最优印制批量决策模型,我们作以下假设:设 A 为出版物在一个时期内(一年、半年、季度、月份)的需求量;Q 为出版物每批印制数量(即批量);X 为出版物的平均每天印制数;Y 为出版物的平均每天发货量;S 为出版物每批次印制前的印制准备成本;C 为单位出版物(每册、每盒)本期的平均储存成本(常数);T 为出版物本期储存成本与印制准备成本之和;Q^* 为出版物最优印制批量;T^* 为出版物本期储存成本与印制准备成本之和的最小值。则有:

出版物每批印制结束时的最高储存量

$$=\text{每批印制天数}\times\text{平均每天增加库存量}$$

$$=\frac{Q}{X}(X-Y)=Q\left(1-\frac{Y}{X}\right)$$

出版物本期印制准备成本 = 每批印制准备成本 × 印制批次

$$=S\cdot\frac{A}{Q}=\frac{AS}{Q}$$

设出版物本期平均存储量为最高储存量的二分之一,即:

$$\text{出版物本期平均储存量}=\frac{1}{2}Q\left(1-\frac{Y}{X}\right)\text{,则:}$$

出版物本期储存成本 = 单位出版物本期平均储存成本 × 本期平均储存量

$$=\frac{C}{2}Q\left(1-\frac{Y}{X}\right)$$

T = 出版物本期印制准备成本 + 本期储存成本

$$=\frac{AS}{Q}+\frac{CQ}{2}\left(1-\frac{Y}{X}\right) \tag{3-3}$$

我们用微分法求出使 T 为最小值时的 Q 值。现以 Q 为自变量,求 T 关于 Q 的一阶导数,有:

$$T' = \frac{C}{2}\left(1 - \frac{Y}{X}\right) - \frac{AS}{Q^2}$$

令 $T' = 0$，则：$\frac{C}{2}\left(1 - \frac{Y}{X}\right) - \frac{AS}{Q^2} = 0$，或者：

$$\frac{C}{2}\left(1 - \frac{Y}{X}\right) = \frac{AS}{Q^2}$$

解方程得：

$$Q^* = \sqrt{\frac{2AS}{C\left(1 - \frac{Y}{X}\right)}} \tag{3-4}$$

也就是说，出版物最优印制批量为：

$$Q^* = \sqrt{\frac{2 \times \text{本期需求量} \times \text{每批印制准备成本}}{\text{单位出版物本期平均储存成本} \times \left(1 - \frac{\text{平均每天发货量}}{\text{平均每天印制量}}\right)}}$$

而出版物的最优印制批次则可根据出版物本期的需求量与最优生产批量求得，或者根据最优印制批量模型直接计算：

因为 $\frac{AS}{Q^2} = \frac{C}{2}\left(1 - \frac{Y}{X}\right)$，则有：$\frac{A^2}{Q^2} = \frac{AC\left(1 - \frac{Y}{X}\right)}{2S}$。

所以出版物最优批次为：$\frac{A}{Q} = \sqrt{\frac{AC\left(1 - \frac{Y}{X}\right)}{2S}}$。 (3-5)

将公式(3-4)代入公式(3-3)，则可求得出版物最小成本计算模型：

$$T^* = \frac{AS}{\sqrt{\frac{2AS}{C\left(1 - \frac{Y}{X}\right)}}} + \frac{C}{2}\sqrt{\frac{2AS}{C\left(1 - \frac{Y}{X}\right)}}\left(1 - \frac{Y}{X}\right)$$

$$= \sqrt{2ASC\left(1 - \frac{Y}{X}\right)} \tag{3-6}$$

例 3-7：某出版社出版某种信息技术类图书，根据出版物的市场需求预测，全年需求量为 165 000 册，均需直接供货。已知该书规格为大 32 开本，单册为 10 个印张，在印制时，除首次印制前每一印张需支付制版费、拼版费外，每次印制前每一印张需支付上、晒版费 140 元。根据出版社印制与发货能力情况，该图书开始印制后，平均每天可印制 8 000 册，发货 800 册。每册书全年平均储存成本为 0.10 元，请对该书的最优印制批量作出决策。

解：根据已知条件可知，$A=165\ 000$，$S=140\times10=1\ 400$，$X=8\ 000$，$Y=800$，$C=0.10$。代入模型（3-4）、（3-5）、（3-6），得：

$$Q^{*}=\sqrt{\frac{2\times165\ 000\times1\ 400}{0.10\times\left(1-\frac{800}{8\ 000}\right)}}=\sqrt{\frac{462\ 000\ 000}{0.09}}\approx71\ 647\text{（册）}$$

$$\frac{A}{Q}=\sqrt{\frac{165\ 000\times0.10\times\left(1-\frac{800}{8\ 000}\right)}{2\times1\ 400}}=\sqrt{\frac{14\ 850}{2\ 800}}\approx2.3\text{（次）}$$

$$T^{*}=\sqrt{2\times165\ 000\times1\ 400\times0.10\left(1-\frac{800}{8\ 000}\right)}\approx6\ 448.25\text{（元）}$$

也就是说，出版社对该书印制的最优批量是 71 647 册，最优印制批次是 2.3 次，此时的印制准备成本与储备成本之和 6 448.25 元为最低。

由于对出版物需求的预测存在着一定的误差，而且市场需求始终处于变动状态，所以，对于通过决策模型所求得的非整数印次尾数的取舍应根据市场需求的实际情况确定，既要避免由于印制批量过小而造成无效成本的支出，又要保证市场需求的及时供应，同时也要避免片面追求印制批量规模而造成存货的积压和浪费。由于出版物品种不同，其在市场上的性能类别有周期性与常销性之分，所以在研究讨论其最优印制批量决策模型时，应根据出版物的市场性能对其印制期间范围进行选择，如一年、半年、季度、月份等，出版企业可视本版出版物的市场需求及销售的具体情况灵活掌握。

二、优化出版物印制批量决策模型

由于出版企业处在一定的经营环境之中，出版物的生产能力及储存能力都要受到一定条件的限制，因此，根据出版物市场的需求和出版企业自身的条件，解决好在什么时间内印制出多少出版物产品的问题，一方面是关系到出版企业能否为客户提供良好的售后服务，保证及时准确地供货，以维护与开拓出版物市场、扩大市场份额、增强市场竞争力的大问题；另一方面，由于出版企业的经营目标是在保证社会效益的前提下追求经济效益的最大化，因此，在确定出版物印制时间与批量的控制方案时，运用科学的效益检测模型，进行成本费用和经济效益的比较，作出正确的决策，将直接关系到出版企业经济效益目标能否顺利实现。

在现实的生产经营活动中，出版企业在一个出版物品种的生产过程中存在一种“批量效益”现象。如果企业在一个生产周期内（一年、半年、季度、月份等）只安排一个出版物品种的印制，并且仅印制一定的数量，那么，出版物产品除了要承担其全部直接生产成本外，出版企业在这个生产周期内所发生的固定成本及期间费用，包括职工工资、各种管理费用、销售费用等也将全部摊入这批产品之中，由此必然会导致该出版物产品的价格昂贵，如果市场上有同类出版物产品存在，则该出版物的价格在市场竞争中必然要处于劣势地位。出版企业要想在竞争中开拓市场、扩大出版物的市场需求，一项重要措施就是要努力降低出版物成本，合理降低出版物发行折扣。而降低出版物成本的有效措施就是要扩大出版物的印制数量，降低单位出版物所承担的固定成本费用水平，从而实现出版企业总体经济效益的提高。我们将由于出版物在一个生产周期内印制数量的增加而降低单位产品的成本，提高出版企业效益的现象称为出版物的批量效益。

但是，由于出版企业生产条件、生产能力和储备条件的限制，出版物在一个生产周期内印制的数量也绝非越多越好，当出版物的印制数量达到某一极限点时，如果再无限制地继续增加印制数量，其所增加的收益可能会小于所产生的新的成本费用，即出版物的边际收益小于边际成本，造成企业效益的下降。

在研究出版物有关“批量效益”问题时，一般将其考核期定为1年。为了研究讨论方便，我们可将出版物的整个考核期再均匀细分为若干个小生产周期（一个季度、一个月、一旬等）。假设一个出版企业的某种出版物产品在一个生产周期内的市场需求量为 Q_1，同时，根据对未来市场需求的预测，得知在以后 $n-1$ 个生产周期的市场需求量分别为 $Q_2, Q_3, \cdots Q_n$，现在需要研究解决的问题是：出版企业在每个生产周期内印制出版物产品时，在满足本期市场需求后再增加多少印数就可以产生满意的批量效益？

一般情况下，出版企业在每个等分生产周期内所发生的某些固定费用是相同的，如印制管理部门的人员经费、行政办公费、差旅费、印制前准备费用等,也就是说,在每个生产周期印制的出版物所需承担的某些固定费用是相同的。出版企业在一个周期若能将以后某几个生产周期所需求的出版物同时提前印制完成,则既降低了单位出版物的平均生产成本,同时又节省了应在以后生产周期内发生的某些固定费用,导致出版物总成本降低,形成批量效益。但是,若是印制出版物的数量超出本期的市场需求量,则超出部分的出版物产品就必须要进入企业的产成品库存,等待以后的销售机会,由此必然要发生出版物产品储备费用。出版物产品储备费用包括出版物产品成本所占用流动资金成本(利息)、仓储资产折旧、职工工资、管理费用等。一个品种出版物的单位产品在一个生产周期内的储备费用一般可视为常数,记为 C。显然,只有在获取的批量效益大于出版物产品储备费用的情况下,在本期扩大出版物印制批量才有可能提高企业的经济效益,出版物提前印制才有实际价值。我们将出版物批量效益大于其储备费用的余额称为出版物的纯批量效益。

假设 Q_1 为本期市场对出版物产品的需求量,Q_2 为下一周期对出版物产品的需求量,F 为出版物每个生产周期所发生的固定费用。如果出版企业本周期印制出版物数量只满足当期的需求,则出版物分摊的固定费用为 F,若本期同时安排出版物印制数量为 Q_1+Q_2,则此时固定费用 F 将由 Q_1+Q_2 个出版物来分摊,被节省下来的第二个生产周期的固定费用 F 就称为出版物的批量效益。但是,提前印制的出版物需入库储存,相应要发生储备费用 CQ_2。比较批量效益 F 与储备费用 CQ_2 的值,当 $F-CQ_2>0$ 时,说明出版企业选择提前印制出版物的方案可以实现纯批量效益,否则,方案不可取。一般情况下,若将第 i 个生产周期需求的出版物数量 Q_i 提前在第 1 个周期印制($2\leqslant i\leqslant n$),有 $F-(i-1)CQ_i>0$,则称出版物纯批量效益存在。

但是,如何具体判断一个生产周期内需求的出版物提前在某个周期内印制所产生的批量效益是否大于其储备费用呢?现在给出如下效益检验函数模型:

$$E(i)=F-(i-1)CQ_i \qquad (i\geqslant 2) \qquad (*)$$

在模型(*)中,F 为第 i 个生产周期需求的出版物产品提前在某个生产周期印制所产生的批量效益,$(i-1)CQ_i$ 为将第 i 个周期内需求的出版物产品提前在第 1 个周期开始印制所需投入的储备费用。出版企业可

根据检测函数模型 $E(i)$ 的结果来权衡决策方案的利弊。当 $E(i) \leqslant 0$ 时，表示储备费用大于或等于批量效益，也就是说，此时获得的批量效益还不足于抵消出版物的储备费用，出版企业得不偿失，或者是获得的批量效益刚好被出版物的储备费用全部抵消掉，故此时的出版物印制方案不可取；当 $E(i)>0$ 时，表示批量效益大于储备费用，出版企业可获得纯批量效益，说明此时的出版物印制方案是一个较好的方案，可以选取。

利用此函数模型进行效益检测的具体方法是：从 $i=2$ 算起，若 $E(2)>0$，则计算 $E(3)$，若 $E(3)>0$，则计算 $E(4)$，若 $E(4)>0$，则计算 $E(5)$……直到取得某一个 $E(i+1) \leqslant 0$ 时为止。将这样得到的 $1 \sim i$ 共 i 个生产周期编为一组。如果 $i=4$，则将 1 ~4 这 4 个周期编为一组，说明出版企业如果在第 1 个生产周期决策印制出版物数量为 $\sum_{i=1}^{4} Q_i$ 时，可取得显著的经济效益。然后，按照上述方法，再从下一个生产周期开始算起，将第 $(i+1)$ 个生产周期作为新编组的第 1 个周期，重新计算以后各个生产周期的检测函数 $E(i)$，并求得相应新的出版物印制优化决策方案。这种分组的办法实际上就是逐步优化的方法，计算起来十分简便。出版物各生产周期的批量效益指标 F 可由出版企业的财务部门和出版印制管理部门直接提供。

例 3-8：出版社出版某种图书，预测全年市场对其需求量为 300 000 册，且每个月预计需求量分布情况如表 3-1 所示。

表 3-1　需求量分布情况表

月　份	1	2	3	4	5	6
需求量(册)	30 000	50 000	20 000	30 000	20 000	15 000
月　份	7	8	9	10	11	12
需求量(册)	20 000	25 000	30 000	20 000	20 000	20 000

已知该图书印制时每个月份平均分摊与发生的固定费用为 4 000 元，每册图书每月的储备费用为 0.05 元，请提出该出版物优化印制的决策方案。

解：根据已知条件，该图书的预测期为 1 年，可将每个月份作为该图书小的生产周期，$n=12$，$F=4\,000$，$C=0.05$。

首先从 1 月份开始，用 1 月份作为第一个生产周期，利用检测模型

(＊)进行检测,有:

$E(2)=4\,000-2\,500>0$, $E(3)=4\,000-2\,000>0$,$E(4)=4\,000-4\,500<0$; 所以,取 $i=3$,将前1~3月3个月份的需求量分为第1编组,集中在1月份印制,可有纯批量效益。

再从4月份开始进行检测,用4月份作为第一个生产周期,有:

$E(2)=4\,000-1\,000>0$,$E(3)=4\,000-1\,500>0$,$E(4)=4\,000-3\,000>0$,$E(5)=4\,000-5\,000<0$;所以,取 $i=4$,将4~7月4个月份的出版物需求量分为第2编组,集中在4月份印制,可有纯批量效益。

再从8月份开始进行检测,用8月份作为第一个生产周期,有:

$E(2)=4\,000-1\,500>0$,$E(3)=4\,000-2\,000>0$,$E(4)=4\,000-3\,000>0$,$E(5)=4\,000-4\,000=0$;所以,将8~12月5个月份的出版物需求量分为第3编组,集中在8月份印制,可有纯批量效益。

通过上述优化过程,将全年各月份需求出版物印制划分成3个编组,其中第1编组由1~3月份组成,第2编组由4~7月份组成,第3编组由8~12月份组成。最后得出该出版物的优化印制决策是:该出版物全年需求量可以分为三批印制,即1月份印制100 000册,4月份印制85 000册,8月份印制115 000册。

复习思考题

1. 出版企业的存货可分为哪几类?

2. 存货成本是由哪几项构成的?

3. 何谓出版物材料经济订购批量? 通过推导出的基本数学模型,又引出了哪些情况下的材料订购批量决策问题? 你认为还有哪些情况未考虑? 试提出你的解决方案。

4. 何谓出版物最优印制批量? 进行出版物印制批量决策的原则是什么?

5. 什么是出版物印制的批量效益?

6. 优化出版物印制批量基本步骤有哪些? 划分编组的依据是什么?

第四章

出版成本管理

出版物的生产经营活动是在一定成本水平上进行的,成本水平的高低,对于出版企业能否不断增强市场竞争力,实现总体经营目标有着直接的影响。当今,随着我国出版业的快速发展及国外出版商对中国出版物销售市场的进入,一方面,多品种、高质量的出版物极大地丰富了我国出版物市场,为满足人们对出版物的需求提供了良好条件;另一方面,也进一步加剧了出版物市场的竞争,导致出版物经营的利润空间逐步缩小。因此,扩大规模,降低成本,提高经济效益,是我国出版企业求得生存与发展的重要战略措施。

第一节 出版成本的基本概念

关于成本的概念在会计学理论与经济学理论中有着不同的定义,而且在内容上也有着很大的区别。

一、会计成本(作业成本)

会计学理论对成本的定义是指企业生产和销售产品所发生的实际支出,包括直接支出与间接支出。一般将会计学理论中定义的成本称为"会计成本"或"作业成本"。其计算公式为:

会计成本 = 直接支出 + 间接支出

二、经济成本

随着经济的不断发展,会计业务在不断延伸和拓展,成本的内涵也在不断丰富。在西方国家，人们往往把成本描述为用以取得收益的全部支出，或为实现某一目标而付出的（包括可能付出的）代价。[1] 现代经济学理论正是尊重经济发展的客观现实，将成本定义为所有投入生产要素的正常支出，在这些投入要素中，包括管理者和企业家的才能以及企业所有者提供的资本。换句话说，经济学理论中的成本不仅包含投入要素的实际支出，还包含由于这些生产要素的投入而放弃的在其他方面投入所能实现的价值。经济学理论将企业生产和销售产品所发生的实际支出称为外显成本，而将被放弃的生产要素在其他方面投入所能实现的价值称为内含成本。[2] 因此，现代经济学理论中的成本概念实际上是指外显成本与内含成本之和，统称为“经济成本”。其构成模型是：

经济成本 = 外显成本 + 内含成本

显然，在日常的会计核算中所反映的会计成本，实际上就是经济学中的外显成本。所以说，会计成本是经济成本的重要组成部分。

我国出版企业的经济性质决定了其出版成本的定义同样有会计成本与经济成本之分。所谓出版会计成本，是指出版企业为生产和销售出版物，在一定时间内人力、物力和财力消耗的总和。包括生产和销售出版物所需要的各种材料消耗、排版费、印制费、录制费、稿酬以及编辑经费、销售费用、销售税金、管理费用、财务费用等。出版物会计成本通常又称为出版物成本费用，出版物的成本费用反映资金的直接消耗。而出版经济成本则是指出版会计成本与出版内含成本之和，或者说它不仅包含投入的出版物生产要素的实际支出，还包含着由于这些生产要素的投入而放弃的在其他方面投入所能实现的价值。在出版经济管理中，进行成本管理研究与决策时，不仅要考虑外显成本因素，而且也要考虑内含成本因素。因此，在出版经济管理中，成本管理的研究对象是经济成本。

---

〔1〕 孙茂竹，文光伟，杨万贵. 管理会计学. 北京：中国人民大学出版社，1999：39

〔2〕 [美]克雷格·彼得森，克里斯·刘易斯. 管理经济学. 北京：中国人民大学出版社，2003：199

第二节

出版会计成本的分类

出版会计成本可以根据出版企业经营管理不同的需要进行分类。一般有按照成本经济用途分类和按照成本性态分类两种方法。

一、按照成本经济用途分类

出版会计成本按照经济用途分类，是指根据生产出版物的不同消耗方式和特点，将成本划分为不同类别。这是一种传统的成本分类方法，也是会计核算体系的重要组成部分。按照经济用途分类，一般将成本划分为生产成本（主营业务成本）、期间费用和销售税金及附加三大类。

（一）生产成本

1. 生产成本的构成

出版企业的经济活动主要是出版物的生产，而出版物的生产过程同时也是生产要素消耗的过程。出版物生产过程中的各种消耗，称为出版物的生产成本。它包括生产出版物所需要支付的稿酬及校订费、编辑经费、租型费用、原材料及辅助材料、制版费用、印制费用、出版损失、其他直接费用等。它是形成出版企业出版物全部外显成本的基础。

（1）稿酬及校订费，是指支付给出版物著者、译者、校订者的基本稿酬、印数稿酬、版税、额定稿酬等所有报酬及翻译文字的校订费用。

（2）编辑经费，是指按照合理的分配办法分配计入的编辑费用，包括编辑部门所发生的无法直接计入某一种出版物成本的各项间接生产费用，如编辑人员工资、酬金、办公费、差旅费、宣传费、编辑用品等费用。

(3) 租型费用,是指从境内外出版企业租赁型版、由本单位印制发行而支付给出租型版单位的专有出版权再许可使用费。

(4) 原材料及辅助材料,是指出版物生产所需的纸张、装帧用料等原材料以及辅助用料的成本。

(5) 制版费用,是指在出版物的排版、制版以及纸型、胶片、母片、母带的型版生产过程中支付的各种加工费用。

(6) 印制费用,是指在出版物生产过程中支付的纸质出版物印刷费用、装订费用,音像制品、电子出版物的复制刻录费用、印刷费用、包装费用,投影片(含缩微制品)的复制费用和装帧费用等。

(7) 出版损失,是指生产过程中某种产品尚未完工之前发现的各种废品扣除过失人应承担的赔偿或保险公司赔偿和残料价值后的报废净损失,包括由于出版企业的责任形成的重新生产所支付的原材料、辅助材料和加工、退稿等费用,以及由于知识更新、国家政策改变等非管理原因造成的出版物报废损失等。

(8) 其他直接费用,是指除上述各项费用以外的其他直接成本,包括选题策划研发费、组稿费、设计制图费、编辑加工费、审读费、校对费、专题会议费、音像制品和电子出版物的实验费以及各类专项费用等。

2. 生产成本分类

按照将生产消耗计入出版物产品成本的方式进行分类,出版生产成本有如下的构成:

(1) 直接成本,是指该项费用在发生时就能够确定其使用的出版物对象,并能直接计入该种出版物成本的各种费用。如稿酬、排版费、印刷费、装订费、录制费、材料费等,都属于直接成本。

(2) 间接成本,是指该项费用在发生时不能直接确定具体使用的出版物对象,无法直接计入某种出版物成本,需按一定比例在各种出版物之间进行分摊的各种支出。如编辑经费、教材推广与培训费、材料采购成本等,都属于间接成本。如何合理选择间接费用的分摊方法,对于正确、及时地计算出版物成本有着十分重要的作用。

（二）出版物期间费用

我国出版企业现行的成本制度是制造成本法。所谓制造成本法，是指企业在计算产品成本时所采用的只计算和分配与出版物的生产经营活动有着最直接和最密切关系的费用，而将同生产经营活动没有直接关系或关系不十分密切的费用直接计入当期损益（即直接从收益中扣除）的一种方法。制造成本法又称变动成本法。制造成本法把生产经营过程中的全部成本费用划分为直接成本、间接成本、管理费用、销售（营业）费用、财务费用、销售税金及附加6个部分。而后，只将直接成本、间接成本计入出版物成本，而将销售费用、管理费用、财务费用、销售税金及附加部分直接从当期销售收入及销售利润中扣除。也就是说，出版物成本核算只包括直接成本与间接成本，管理费用、销售费用、财务费用和销售税金及附加不再直接计入成本。在会计核算中，将管理费用、销售费用和财务费用称为期间费用。

1. 管理费用

它是指出版企业行政管理部门为组织和管理企业经营活动而发生的各项费用。包括管理部门的人员工资、福利费，行政办公、取暖、修缮、卫生等日常经费，以及工会经费、职工教育经费、劳动保险和职工养老保险费、董事会费、咨询费、审计费、诉讼费、业务招待费、土地使用费、无形资产摊销、固定资产折旧、坏账损失、存货盘亏和报损及其他管理费用。其中，业务招待费是指出版企业为业务经营的需要而支付的费用，包括礼品费、宴请费等。

2. 销售（营业）费用

它是指出版企业在销售产品和提供劳务等过程中发生的各项费用，以及专设销售（发行）部门所发生的各项费用。包括应由出版企业负担的包装费、运输费、培训费、宣传推广费、代销手续费、销售场地租赁费等以及发行部门的人员工资、福利费、办公费、差旅费、自办订货会会费等。其中，宣传推广费是指出版企业委托有关单位协助进行出版物的宣传推广工作，并按推销出版物定价的一定比例支付给对方的费用。财务制度规定，此项费用一般不得超过推销出版物总定价的10%，且此款不得支付给个人。

3. 财务费用

它是指出版企业为筹集资金而发生的各项费用。包括生产经营期间发生的贷款利息支出(减利息收入)、汇兑净损失、金融机构手续费以及筹资费用等。

(三) 产品销售税金及附加

出版企业的产品销售税金及附加是指根据出版物销售收入净额和国家规定的税率应缴纳的税金。包括营业税、城市维护建设税和教育费附加。

二、按照成本性态分类

出版成本性态又称为成本习性,是指出版成本的总额对出版物总业务量(总产量或总销售量)的依存关系。出版成本总额与出版物总业务量的依存关系是客观存在的,而且具有规律性。出版经济管理的重要职能之一是整理并提炼决策信息,提供各种备选决策方案,而出版企业经营管理中的许多决策方法特别是短期决策方法的制定都要借助于出版成本性态概念。因此,将出版成本按其性态分类对于出版成本管理的深入研究及决策具有十分重要的意义。

(一) 出版成本按性态划分的种类

按成本性态分类,出版成本可以分成变动成本、固定成本和混合成本三种。

1. 变动成本

出版变动成本,是指在一定期间和一定业务量范围内,出版物的某些随业务量的增减变动而成正比例增减变动的成本总额。例如出版物材料、印制费、录制费、实行版税制的稿酬、出版物印数稿酬等均属于变动成本。其数额大小取决于出版物产量(销售量)的多少。出版物的变动成本计算公式是:

变动成本 = 材料费 + 印制费 + 录制费 + 版税稿酬 + 印数稿酬 + ……

出版物的变动成本是相对出版成本总量而言的，而对于单位出版物而言，它所负担的变动成本在一定范围内却是固定不变的。即不管出版物生产数量增加或减少，其单位出版物所消耗的材料费、印制费、版税稿酬等都不会改变。比如，书刊正文每个印张材料费、印刷费，每册书刊的装订费和每张光盘的压制费，每盘音带的录制费等标准在一定范围内都是固定不变的。

2. 固定成本

出版物的固定成本是指那些在一定期间和一定业务量范围内相对固定，不随出版物业务量的增减变动而变动的出版物成本总额。例如，排版费，制版费，拼版费，晒、上版费，封面设计费，组稿费，编辑经费，人员工资等，都属于固定成本。出版物固定成本的计算公式是：

固定成本 = 排版费 + 制版费 + 拼版费 + 组稿费 + 编辑经费 + ……

但是，若从单位出版物所负担固定成本多寡的角度来考察，此时单位出版物所负担的固定成本却是个可变的量，即它将随着出版物业务量的增减而成反比例变化。比如，出版物销售数量多时，分摊到单位产品上的固定成本就少；销售数量少时，分摊到单位产品上的固定成本就多。

3. 混合成本

混合成本是指混合了固定成本和变动成本两种不同性态的出版成本。在现实出版经济活动中，许多成本项目并不是始终表现为固定成本性态或者是变动成本性态的。混合成本通常有以下三种类型：

(1) 半变动成本。此类成本的特征是初始有个基数部分，在此范围内，它不随出版物业务量的变化而发生变化，体现着固定成本性态；但是若超出了基数范围，成本则随着出版物业务量的变化而成比例地变化，又呈现出变动成本性态。比如，出版企业出版某种图书支付稿酬，根据作者与出版企业双方签订的协议，前期需要向作者支付组稿费 5 万元，待图书出版销售时，再按版税方式支付稿酬。也就是说，在图书出版销售之前，稿酬费用中的组稿费支付总额不变，体现出固定成本性态；若超过了 5 000 册，当图书出版销售后，出版企业则要以实际销售总码洋为基数，按照约定版税率支付版税，此时的版税稿酬支付额度将随着出版物销售量的变化而发生变化，又体现出变动成本性态。

（2）半固定成本。此类成本的特征是，在一定业务量范围内其发生额是不变的，体现着固定成本性态；但当业务量的增长达到一定限额时，其发生额会跃升到一个新水平；然后在业务量增长的一定限度内（即一个新的相关范围内），其发生额又保持不变，体现出新的固定成本性态，直到另一个新的跃升为止。由于半固定成本是在若干个相关范围内呈现阶梯式跃升，因此，半固定成本又称阶梯式变动成本。比如，出版企业由于储存出版物，需要整体租赁仓库。若库房的单位面积为500m^2，每平方米的租赁费标准固定，而当存储出版物占用的面积不足500m^2时，出版企业仍须按500m^2的使用面积支付租赁费；当超出500m^2而不足1 000m^2使用面积时，出版企业则须按两个库房1 000m^2的使用面积支付租赁费，依此类推。

（3）延伸变动成本。此类成本的特征是在出版物业务量的某一临界点以下表现为固定成本，若超过这一临界点则表现为变动成本。比如，为了保证印刷企业的基本收益，根据我国印刷行业的有关收费标准规定，在结算纸质出版物的印刷费、装订费时，若出版物的印刷装订数量在行业规定的基数之下，则其印刷、装订费须按照基数业务量核定，属于固定成本。只有在出版物总印张或总册数超过规定的基数以后，其印刷费和装订费才与印刷、装订出版物的实际数量成比例关系，属于变动成本。例如，根据北京市印刷行业规定，出版物印刷费的结算起点是4 000～5 000个印张，出版物装订费的结算起点是4 000册。即出版物印刷的总印张数必须大于4 000或5 000，出版物装订的总册数必须大于4 000，其相关费用才与出版物的数量有关，表现为变动成本，不足起点数量的一律按起点规定的业务量结算印刷费或装订费，表现为固定成本。

综合混合成本的三种类型，尽管都是在同一个成本项目中存在的不同成本性态，但出版成本总是在变动成本与固定成本之间或不同水平上的固定成本之间发生变化。因此，从微观角度考察出版成本总体，若将出版物业务量发生的期间与范围缩小细化，则按照性态划分的出版成本最终只有固定成本与变动成本两大类，并且满足以下关系式：

总成本＝固定成本＋变动成本

＝固定成本＋单位变动成本×出版物生产数量

（二）出版成本按性态分类的相关范围

在我们对出版成本按性态分类给出固定成本和变动成本的定义时，都冠以“在一定期间和一定业务量范围内”这样一个定语，也就是说，固定成本的“固定性”和变动成本的“随着业务量的变动而成正比例变动”都不是绝对的，而是有限定条件的，或者说是有范围的。我们将这种限定条件或范围称做“相关范围”，具体表现为一定的时间范围和一定的空间范围。

1. 固定成本的相关范围

固定成本的相关范围表现为在某一特定期间内及某一特定业务量水平内具有固定性。而一旦超出这一期间范围或是业务量水平，所有出版成本都可能具有变动性。比如，某种出版物初次印制，将存在组稿费、基本稿酬、排版费、编辑费等固定成本，但自出版物进入重印阶段开始，前面所提及的固定成本项目将不再发生而自动消失。另外，出版企业为了持续发展，在生产规模和管理质量水平上均会发生变化，也势必要有新机构的设置，编辑、出版、行政管理人员的增加，设备的增加与更新等，由此必然会导致人员薪金、折旧费、办公费等支出的增加，导致固定成本发生变化。由于知识的更新或政策的变化，导致原有出版物需进行内容的修订或版式的重新设计，使得原来已经消失的基本稿酬、编校费、排版费等又变成新的固定成本。

2. 变动成本的相关范围

变动成本的相关范围是指变动成本总额与出版物业务量之间的正比例变动关系（线性关系）只是表现在一定业务量范围内，超出这一业务量范围，两者之间就可能不再存在这种线性关系了。比如，为了保证装订厂家在装订小批量图书时能够获得一定的收益，出版企业在与装订厂核算图书装订费时，按照行业规定，在一定数量范围内核算每种图书装订册数时需在实际册数的基础上增加一个短版加成比率的系数，即：每种图书总装订册数 = 实际装订册数 ×（1 + 短版加成比率）。此比率将随着图书装订总册数的不同档次而发生变化，总册数越少，其短版加成比率越高。具体规定为：当装订图书总册数不超过 1 万册时，短版加成比率为 50%；

不超过2万册时，短版加成比率为40%；不超过3万册时，短版加成比率为30%；超过3万册后，则装订图书总册数将按照实际发生数核算，不再增加短版加成比率了。所以，当某种图书装订总册数超过一定量时，作为变动成本的装订费与出版物装订册数的比例关系将要发生变化。

（三）出版成本按性态分类的作用

1. 有利于对不同性态的成本采用不同的控制方法，从而实现成本管理目标

如果要降低出版物的变动成本，就必须要减少单位产品的材料及劳动消耗，在目前出版物委托厂家生产制作的情况下，此部分的节约取决于文字编辑人员能够合理地进行出版物版式设计，提高版面文字容量，减少空白页等；取决于出版部门根据出版物的性质、类别、读者对象、市场竞争程度等因素，合理地选择印制工艺，科学地选用材料，并全面了解市场信息，广开货源，采购质优价廉的材料；同时还要对承接出版物制作厂家使用材料的损耗率进行严格的定量控制（一般纸质出版物正文用纸损耗加放率为3%～10%）。另外，还要充分利用市场竞争创造的有利时机，选择一些生产能力强，产品质量能够得到保证，生产工价较低的制作厂家，与之合作，从而达到降低变动成本的目的。如果要降低出版物的固定成本，就必须要降低单位产品中的固定成本。而解决此问题的关键是需要通过开拓市场，扩大市场份额，努力增加出版物的发行量，尤其是要增加单品种出版物的发行量和重印再版率。

2. 有利于进行出版成本分析，进而提高出版企业成本预测的科学性和经营决策水平

如当出版物销售量达到多少才能保本，多少才能盈利，多少才能实现目标利润，多少已经达到盈利的最佳点，多少已经超出了盈利区等，这些问题的答案是出版企业经营决策者在制定经营决策之前必须要掌握的重要依据，而出版物的成本则是预测分析上述问题时不可或缺的重要因素。因此，按照出版成本性态分类是出版企业进行正确经营决策的需要。

第三节 出版成本管理在出版经济管理中的重要作用

出版成本管理是指通过预测、计划或预算、核算、分析和评价等措施，对出版物从组稿、编辑、装帧设计、发排、校对、印制、录制到发行销售全过程中发生的成本进行的管理工作，从而为企业制定正确的经营决策提供全面真实的成本信息，以充分挖掘降低出版成本的潜力。出版成本管理的基本功能定位就是要为出版企业的经营管理者提供成本信息，并帮助他们利用成本信息进行各种各样的决策。加强成本管理，是加强成本控制，直接提高经济效益的重要途径。因此，出版成本管理倍受人们的重视，亦将其提高到出版企业经营管理的核心地位。出版物的成本是反映出版企业生产经营效果的一项综合指标，每个过程、每个环节的节约与浪费，工作质量的优劣，利润水平的高低，都可以在成本的分析对比中表现出来。出版成本管理的目的在于厉行节约，不断降低出版成本，提高经济效益，增强出版企业持久的竞争能力。因此，出版企业要在激烈的竞争中使自己立于不败之地，就必须将出版成本管理作为出版经济管理的核心工作来抓。

一、出版成本管理是经济管理的主体内容

出版经济活动伴随于出版企业生产经营活动的始终，而资金运动又贯穿于出版经济活动的全过程，资金周转率与使用效率的高低，直接影响着出版企业经济活动循环流动的效果；在保证社会效益的前提下，实现社会效益与经济效益的统一是出版企业经济管理的最终目标，是其应对挑战，保证可持续发展的实力象征，决定着出版企业的前途与命运。但是，资金周转率与使用效率的高低和企业盈利能力的强弱，关键取决于出版

企业的成本管理水平。一个出版企业如果成本管理失控，则必然会对其生产经营活动造成严重影响。一方面，无计划或者是超标准的无效成本支出将造成出版企业的资金短缺和浪费，使资金周转困难，甚至导致资金链断裂，将直接影响出版物生产经营活动的正常进行，使好的出版物选题难以启动，运营中的出版物在产品难以尽快形成产成品，不能及时投向市场，导致机遇丧失，信誉受损，甚至造成出版物销售量的下降，出版物市场份额的减少。另一方面，高额出版成本增大了对出版资源的耗费，相应地加大了资金的占用和耗费，降低了资金的使用效率，提高了资本成本，既削弱了出版企业的盈利能力，又减小了出版物的盈利空间，最后导致出版企业的利润目标难以实现。因此，只有实现对出版成本的有效管理与控制，出版企业才能合理筹集和使用资金，才能保证资金的良性周转，并做到有的放矢，及时投入，提高资金的使用效率，不断增值，进而扩大出版企业的盈利空间，提高盈利能力，实现社会效益与经济效益的统一。因此，出版成本管理是出版经济管理的主体内容，出版企业必须下大力气抓好此项工作。

二、出版成本管理是优化出版资源配置的重要依据

我国正式加入 WTO 以后，为了应对来自国内外出版物市场的激烈竞争与挑战，我国出版企业必须不断优化资源配置，向规模化、集约型方向发展，如实施内涵式扩张发展战略，扩大经营规模，组建出版、发行集团公司等，以实现规模经济，增强市场的竞争力。在这一发展进程中，出版企业首先遇到的往往是资金筹措问题。由于生产经营的需要，出版企业要采用一定的方式，选择一定的渠道，依法合理地筹措必要的资金。但在筹措资金的过程中，必须以资本成本为依据。所谓资本成本，是指出版企业为筹集和使用资金而付出的代价。如广告费、律师费、银行贷款利息、集资费用等。资本成本在进行筹资决策方面有着重要的意义。也就是说，资本成本决定了出版企业的筹资方式与效益。如果是通过银行贷款，社会或团体、个人集资等方式筹资，则必须通过对贷款利息、集资费用以及生产经营的未来收益进行分析、预测、比较，最后才能作出选择。因此，出版企业在进行筹资决策与实施的过程中，应以成本管理为依据。

另外,出版企业资金的分配和使用必须以经营成本为依据。无论是材料采购计划的编制,出版物印制费、录制费、编辑费、稿酬等标准的核定,还是出版物存货定额的控制等,其决策水平的高低,核定的标准是否合理,控制的定额是否科学,计划的编制是否切合实际,主要取决于出版企业成本管理的水平。因此,出版成本管理又决定着出版企业资金的流向与流量。

此外,出版企业的投资决策也必须以项目成本为依据。无论是重大选题项目的投入,还是外部版权的引进,或者是多种经营项目的投资,其投资决策是否正确,主要取决于投资项目未来社会效益与经济效益的高低,而经济效益的高低取决于投资项目未来成本的高低,投资项目未来成本的高低很大程度上又取决于出版企业的成本管理水平。以往在考虑项目成本时,一些出版企业往往仅凭本单位现有的经营状况与经验进行测算,缺乏科学性,掩盖了单位原来成本管理中所存在的弊端。如果是由于出版企业成本管理不到位,成本项目考虑得不全面,造成项目未来成本测算过高或过低,必然会影响对投资项目未来效益的准确判断。或者由于测算成本过高,使得一些效益较好且具有一定发展前景的项目不能立项,导致错失良机;或者是由于测算成本过低,使得一些不能获得较好经济效益的投资项目草率上马,从而带来巨大风险,造成决策上的失误与经济上的损失。在投资项目的运作过程中,对于一些原本非常看好的投资项目,也可能由于在运行过程中成本管理失控,使得项目成本过度加大,突破预算指标,出现资金短缺而造成投资项目的夭折。因此,出版成本管理直接关系到出版企业投资决策的制定与投资项目的成败。

三、出版成本管理是实现经济效益目标的重要保证

在社会主义市场经济条件下,出版企业在发展中不仅要取得良好的社会效益,而且还必须在激烈的市场竞争中努力取得最大的经济效益,以增强自身的经济实力,扩大再生产,向规模型、集约型、效益型发展。其中出版企业的利润是考核其经营业绩与经营成果的重要指标之一。而利润目标能否实现与出版企业成本管理水平的高低又有着直接的关系。出版企业的利润主要由出版物的销售收入扣除直接成本与间接成本后形成,

也就是销售利润。根据关系式“利润＝收益－成本”可知，成本与利润有着密切的关系。在收益确定的情况下，成本的降低，必然会为出版企业创造出宽裕的利润空间。反之，成本的提高，必然会冲减利润总额，降低盈利水平。因此，出版成本管理水平决定了出版企业的盈利水平。

如果成本管理失控，即使出版物销售码洋再高，其成本利润率也难以提高，甚至会出现造货码洋越多，成本利润率越低的现象。也就是说，如果出版成本不能得到有效的控制与管理，原定目标成本计划不能落实，则出版企业的经济效益指标（利润目标）也就难以实现。所以，通过有效的成本管理来降低现有的生产经营成本水平是出版企业增加利润、提高经济效益的最直接途径。比如，加强出版物材料的管理就是出版企业成本管理的重要任务。材料的消耗一般要占出版物成本50%以上的比重，为此，在进行大批量材料采购时，应实行公开招标竞价的方式，保证材料质优价廉。在材料使用上，要精打细算，出版企业对不同类别、不同档次的出版物应规定使用不同档次的材料，既要保证出版物的印制质量，又不过高追求耗用材料的档次，造成不必要的浪费。再如，目前我国国营与民营印刷企业发展的速度远远高于出版业的发展速度，出版企业的图书排版、印刷、装订等业务出现供不应求的局面。图书印刷业的竞争为出版企业的成本管理与控制创造了非常好的机遇。为此，在出版物印制上应引入竞争机制，公开工价，公平竞争，严格考核，择优选用。还有，在对销售费用与管理费用等期间费用的管理与控制中，要坚决反对铺张浪费、贪大求全、讲排场、比阔气等不良作风，要强化成本意识。尤其是生产经营规模较大，发展速度较快的出版企业，更要提倡艰苦奋斗的优良传统，坚持勤俭创业，打造坚实的经济基础，增强企业的竞争力，应对市场的竞争与挑战。

四、出版成本管理是增强出版企业价格竞争优势的有效措施

目前，出版物市场的竞争主要体现在出版物的质量（包括内容质量与服务质量）与价格上。而同等质量水平的出版物，其价格的高低就成为出版企业能否开拓市场、占领市场的一个重要因素。出版物是人们的精神食粮，一种好的出版物，除了要有好的内容、优质的印制、有特色的售

后服务外，价格还要定得合理，要符合我国的国情和国民收入水平，要容易被广大读者所接受。那种违反价值规律，高额定价，使广大读者可望而不可及的做法，最终只能是自断销路，自毁前程。所以，出版物销售价格的合理定位是吸引读者、赢得市场竞争的重要手段，出版企业取得出版物的价格优势是其竞争力的重要体现。而出版物价格的高低取决于其生产成本的高低。因此，出版企业在保证出版物质量的前提下，要想在激烈的市场竞争中以价格优势取胜，获取更大的经济利益，就必须实施成本领先战略，加强成本管理，努力降低成本，创造竞争优势，以优质低价的出版物占领市场，扩充出版物市场的份额，取得规模经济之效果。

第四节

出版物销售量、成本和利润关系的分析

加强成本管理，努力降低成本，提高盈利水平，是我国出版产业增强市场竞争力，应对加入 WTO 挑战的一项非常重要的任务。而运用数学方法，对出版物的销售量、成本和利润之间的关系进行缜密的分析，为生产经营决策提供依据，是出版企业通常采用的做法，也是出版成本管理的重要内容之一。在现实生产经营中，出版企业为出版物定价时，一般考虑的是含增值税的定价。为了讨论方便，本节所涉及的出版物定价均为不含税定价。若已知出版物含税定价，则其不含税定价可由以下公式求得：

$$\text{出版物不含税定价} = \frac{\text{含税定价}}{1 + \text{增值税率}}$$

其中，增值税率是指国家规定的企业需缴纳的增值税占销售额的比率。目前我国税法对出版企业规定的增值税率为 13%。

一、线性盈亏平衡分析法

出版企业在出版物生产经营过程中,必须要对每种出版物在一定的成本水平上,其销售量达到多少才能保本、多少才能实现预定的利润指标等具体情况进行预测和分析,使决策者做到心中有数,以便采取有效措施,作出最优的经营决策。而线性盈亏平衡分析法(或称保本点分析)就是揭示出版物销售量、成本、利润之间关系的一种综合分析方法。它是指在一定条件下,通过对出版企业计划出版的某种出版物的总成本和总收入与总销售量的变化进行线性分析,从分析成本、利润与销售量的相互关系中掌握出版物利润盈亏的变化规律和盈亏界限,进而确定出版物为达到预定的利润指标而需要完成的最优销售量。

二、出版物利润盈亏平衡分析模型

对出版物进行线性利润盈亏平衡分析,实际上就是假定出版企业在一定条件下出版某种出版物的总收入和总成本均是其销售量的线性函数。在此基础上,利用出版物销售量、成本、利润三者之间的关系即可建立出版物利润盈亏平衡分析模型。

1. 传统利润盈亏平衡分析模型

在许多教科书中,当进行某种产品的销售量、成本、利润三者之间关系分析,并确定其利润盈亏平衡点时,一般都会给出这样的利润盈亏平衡分析模型:

假定出版物销售利润为零,即:

销售收入 - 总成本 =0

销售收入 = 总成本

或者:单价 × 销售量 = 固定成本 + 变动成本

= 固定成本 + 单位变动成本 × 销售量

若设 P 为产品单价,Q 为利润盈亏平衡的销售量,F 为固定成本,V 为单位变动成本,则上式可以写成:

$$PQ = F + VQ$$

整理后得:

$$Q = \frac{F}{P - V}$$

我国现行企业会计制度实行制造成本法，将企业在生产经营活动中发生的全部费用支出分为“生产成本”、“期间费用”和“销售税金”三个部分，而随着出版市场竞争的日益加剧以及我国出版企业机制改革的不断深化，出版企业经营中发生的销售费用、管理费用等期间费用的构成内容越来越多样化，其性态变化也越来越复杂，不确定因素越来越多，导致其按具体性态划分的难度也越来越大。另外，出版企业目前出版物销售方式基本上是对经销商进行批发，以发行折扣让利的促销方式扩大市场份额是出版企业普遍采用的做法。也就是说，出版物的价格是由其定价及发行折扣所决定的，如果上述公式中的单价是单位出版物的定价，则还应考虑其发行折扣这一重要因素。而上述模型未能考虑出版物商品所具有的这些特殊因素，因此，利用上述模型对出版物进行利润盈亏平衡分析，难以全面真实地反映出版物量、本、利之间的实际关系。

2. 出版物利润盈亏平衡分析模型

为了便于分析模型在实践中的应用，根据我国出版企业目前利润核算的实际情况，我们只将出版物生产成本要素按其性态划分为固定成本与变动成本，而将期间费用及销售税金各要素与出版物销售量之间的关系单独列出，专门考虑。又因为出版物的销售收入与销售量密不可分，出版物的销售量直接决定了出版物的销售收入水平，所以，应将期间费用及销售税金各要素与销售量之间的关系通过其占出版物销售收入的比重来体现。最后，可建立以下新的出版物利润盈亏平衡分析模型：

设某种出版物的固定成本为F，单位变动成本为V，销售量为Q，单位定价为P，发行折扣为Y，销售收入为E，生产成本为T，销售费用为G，销售费用占销售收入比率（简称销售费用率）为Z，销售税金为R，销售税金占销售收入比率（简称销售税率）为X，则有：

$E = PQY$，$T = F + VQ$，$G = EZ = PQYZ$，$R = EX = PQYX$

其中：

$$\text{销售费用率}(Z) = \frac{\text{销售费用}}{\text{销售收入}} \times 100\%$$

$$\text{销售税率}(R) = \frac{\text{销售税金}}{\text{销售收入}} \times 100\%$$

$$\text{发行折扣}(Y)=\frac{\text{销售实洋}}{\text{发行总定价(码洋)}}\times 100\%$$

由出版物利润与销售收入、成本之间的关系式，有：

销售利润 = 销售收入 - 生产成本 - 销售费用 - 销售税金

即：$\text{销售利润}=E-T-G-R$

$$=PQY-F-VQ-PQYZ-PQYX$$

$$=[(1-Z-X)PY-V]Q-F \quad (4\text{-}1)$$

当出版物销售利润等于零时，实现盈亏平衡，又称为保本。设使销售利润为零的出版物销售量为 Q^*，则有：$[(1-Z-X)PY-V]Q^*-F=0$，即：

$$Q^*=\frac{F}{(1-Z-X)PY-V} \quad (4\text{-}2)$$

当出版物销售利润大于零时，称为盈利，出版物盈利的销售量 Q 应满足不等关系式：$[(1-Z-X)PY-V]Q-F>0$，即：

$$Q>\frac{F}{(1-Z-X)PY-V}=Q^*$$

当出版物销售利润小于零时，称为亏损，亏损的出版物销售量 Q 满足不等关系式：$[(1-Z-X)PY-V]Q-F<0$，即：

$$Q<\frac{F}{(1-Z-X)PY-V}=Q^*$$

当出版企业的其他销售业务很少发生时，分析出版物销售量、成本、利润之间的关系，还必须要考虑出版企业经营中发生的“管理费用”和“财务费用”两个基本要素。设管理费用、财务费用与销售收入的比率分别为 L,W，即：

$$\text{管理费用率}(L)=\frac{\text{管理费用}}{\text{销售收入}}\times 100\%$$

$$\text{财务费用率}(W)=\frac{\text{财务费用}}{\text{销售收入}}\times 100\%$$

则有：管理费用 $=EL=PQYL$，财务费用 $=EW=PQYW$。将其代入关系式(4-1)，则有：销售利润 $=[(1-Z-X-L-W)PY-V]Q-F$。当出版物销售利润等于零时，(4-2)式应变为：

$$Q^*=\frac{F}{(1-Z-X-L-W)PY-V} \quad (4\text{-}3)$$

同样，当出版物销售利润大于零时，有：

$$Q > \frac{F}{(1-Z-X-L-W)PY-V} = Q^*$$

当出版物销售利润小于零时，有：

$$Q < \frac{F}{(1-Z-X-L-W)PY-V} = Q^*$$

称公式(4-2)或公式(4-3)为出版物利润盈亏平衡分析模型。此时，Q^*将出版物的销售量分为两部分，$Q<Q^*$部分称为亏损区域，$Q>Q^*$部分称为盈利区域(如图4-1阴影区域所示)。

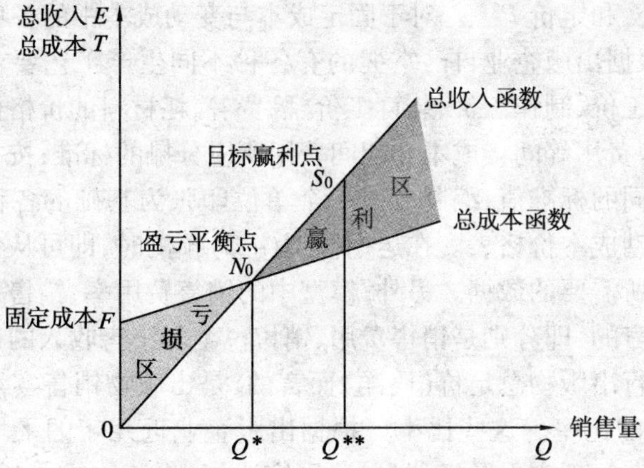

图4-1　线性盈亏平衡点及目标盈利点分析

我们定义Q^*为出版物利润盈亏分界点，或称出版物保本销售量。定义使销售利润等于零的点N_0为出版物利润盈亏平衡点，或称为保本点。

此分析模型表明，当出版企业预测某种出版物的出版是否盈利时，只要利用此模型求出其盈亏分界点Q^*(销售量)即可。当销售量大于Q^*时，就可盈利；当销售量等于Q^*时，出版物销售利润为零，即为保本；当销售量小于Q^*时，出版物经营将要发生亏损。比如，出版企业从经济效益的角度决策某种出版物是否出版或印制时，首先应根据出版物的品种、印制的工艺要求及材料的消耗、稿酬标准等求出其利润盈亏分界点Q^*(保本销售量)，然后将出版物的预计销售量或期货征订数与利润盈亏分界点Q^*进行比较，最后再作出决策。

由模型(4-2)可以看出,共有6个要素决定着出版物利润盈亏分界点Q^*,即:出版物的固定成本F,单位变动成本V,单位价格P,发行折扣Y,销售费用率Z和销售税率X。当出版企业未有其他业务收入或者是其他业务收入很小可以忽略不计时,还必须要考虑管理费用率L和财务费用率W两个要素。模型中的V与P分别表示单位出版物(每册、每印张)的变动成本和单位出版物(每册、每印张)的定价。一般情况下,是将某种纸质出版物的一个单位印张的变动成本作为单位变动成本,将一个单位印张的定价作为单位定价。此时,若以每册书刊作为一个计量单位,则只要将二者分别与每册书刊的总印张数相乘,即可得到新的单位出版物的变动成本V^*和定价P^*。对于固定成本与变动成本中的各项费用标准和数据,可根据出版企业自己掌握的有各种不同生产工艺要求的各类出版物的印制工价、制作工价、装订工价、稿费、消耗材料的价格标准以及编辑费用、销售费用等间接成本和期间费用所应分摊的标准,按一个单位印张计算出不同的标准值,编制成以一个单位印张为基础的各种不同的固定成本和变动成本价格表。在运用模型(4-2)预测时,即可从各个相关价格表中查得所需要的数据。另外,模型中的销售费用率、销售税率均是对销售收入而言的,即分别是销售费用、销售税金与销售收入的比率。发行折扣是对发行出版物总定价(码洋)而言的,是出版物销售实洋与发行总定价(码洋)的比率。这些比率可根据出版企业近几年的平均消耗指标与目前的经营管理水平及经营目标、国家法规、出版物成本耗费、市场需求价格弹性和同类出版物在市场的平均定价水平及发行折扣水平等因素综合考虑确定。此外,目前我国出版物的价格除了中小学教材国家有明确规定外,其他品种的定价已经全部放开。各出版企业应根据出版物的品种、规格、工艺要求、材料等所耗费的实际成本水平以及盈利期望值,并参照市场上相关类别出版物的定价水平,以一个印张(张、盒)为单位,运用一定的计算方法计算出本单位不同类别出版物的价格标准,作为定价的依据。在进行成本预测时,即可直接使用。有关出版物定价的原则和计算方法,我们将在第六章专门研究讨论。

例4-1:某出版社出版一种黑白版小学教材用书,全书共计8个印张。已知固定成本为102 936元,单位变动成本为每印张0.572 5元。期间费用及销售税金占销售收入的比率分别为:销售费用率10%,销售税率0.5%。

根据国家有关部门规定的标准，该书含税单位定价（每册书）为9.2元，增值税税率为13%。发行折扣为70%。请求出此书的保本销售量。

解：已知：$F=102\,936$，$V=0.572\,5\times8$，$Z=10\%$，$X=0.5\%$，$Y=0.7$，$P=\dfrac{9.2}{1+0.13}=8.14$，根据模型（4-2），可求得该教材的保本销售量：

$$Q^*=\frac{102\,936}{(1-0.10-0.005)\times8.14\times0.7-8\times0.572\,5}$$

$$=102\,936\div0.519\,71$$

$$\approx198\,064\text{（册）}$$

三、出版物目标盈利分析模型

从上述的盈亏平衡分析模型的讨论可以看出，它只是从一个侧面分析、揭示了出版物销售量、成本和利润三者之间的内在联系，它的功能只能是反映出版物损益两平的销售量，但一般情况下，出版企业生产经营决策的目的决不仅仅是为了损益两平，即不盈不亏，而是为了实现事先确定的目标利润指标，达到最佳的经济效益。因此，出版物利润盈亏平衡点如果用来作为出版企业的一种分析测算方法，其功能并不能完全满足出版企业生产经营决策的要求。出版企业进行生产经营决策，不仅要结合市场需求变化情况灵活运用利润盈亏平衡点的理论、方法，而且更重要的是在出版物利润盈亏平衡点的基础上进一步寻求目标盈利点，在利润盈亏分界点的基础上来寻求目标盈利分界点。所谓出版物目标盈利点，是指保证利润达到预期目标的点；所谓出版物目标盈利分界点，是指反映出版物能够实现目标利润的销售量。出版物目标盈利分界点的功能是能够反映出版物实现目标利润的销售量，是对出版物利润盈亏分界点功能的延伸和补充，它可以更好地为制定生产经营决策提供依据，比较适合决策目的的要求。如果只讲出版物利润盈亏分界点，而不讲目标盈利分界点，是很不理想的。现在，我们在出版物利润盈亏平衡分析模型的基础上建立出版物目标盈利分析模型。在模型（4-2）中有关要素假设的基础上，再设S为某种出版物的目标销售利润，则由利润、收入与成本之间的关系式：

目标销售利润＝销售收入－销售成本－销售费用－销售税金

有：$S=E-T-G-R$

$$=PQY-F-VQ-PQYZ-PQYX$$
$$=[(1-Z-X(PY-V]Q-F \quad (4\text{-}4)$$

即：$S+F=[(1-Z-X)PY-V]Q$

若设目标盈利分界点为 Q^{**}，则由上式有：

$$Q^{**}=\frac{S+F}{(1-Z-X)PY-V}=\frac{S+F}{F}Q^{*}=\left(1+\frac{S}{F}\right)Q^{*} \quad (4\text{-}5)$$

（其中 Q^{*} 为此种出版物的利润盈亏分界点）

如果出版企业将销售利润率确定为 s（即销售利润与销售收入的比率），则销售利润 $S=PQYs$，代入式(4-1)，可得：

$$PQYs=PQY-F-VQ-PQYZ-PQYX$$

即：$[(1-Z-X-s)PY-V]Q=F$

此时，公式(4-5)则变成：

$$Q^{**}=\frac{F}{(1-Z-X-s)PY-V} \quad (4\text{-}6)$$

同样，当出版企业其他销售业务很少发生时，也必须要考虑管理费用率 L 和财务费用率 W，并将其代入式(4-4)，则式(4-6)变成：

$$Q^{**}=\frac{F}{(1-Z-X-L-W-s)PY-V} \quad (4\text{-}7)$$

不难看出，出版企业出版某种出版物要实现目标销售利润 S，其最优销售量至少为 Q^{**}。也就是说，Q^{**} 是保证某种出版物实现目标销售利润 S 的盈利分界点（如图 4-1 所示），也是出版企业对某种出版物所要追求的销售量，S_0 为目标赢利点。所以，称公式(4-5)和公式(4-6)或公式(4-7)为出版物目标盈利分析模型。

例 4-2：某出版社计划出版一种图书。经过测算，其固定成本为 5 万元，利润盈亏分界点为 0.5 万册，如果出版社确定出版此书的目标销售利润为 50 万元，请求出此图书的最优销售量。

解：此问题实际上是要求其目标盈利分界点 Q^{**}。已知：$S=50$ 万元，$F=5$ 万元，$Q^{*}=0.5$ 万册。代入模型(4-5)，得：

$$Q^{**}=\left(1+\frac{S}{F}\right)Q^{*}=\left(1+\frac{50}{5}\right)\times 0.5=11\times 0.5=5.5\text{（万册）}$$

也就是说，此书只要发行 5.5 万册，便可实现目标销售利润 50 万元。

但是，在生产经营的实践中，出版物的成本结构是比较复杂的，由出版成本按性态分类可知,出版物的变动成本不可能总是随销售量的增加成比例地呈线性增长的态势,即使是发行折扣,也是随着出版物批发量的大小和不同时期的市场行情而发生变化的。所有这些,反映到销售量与总成本和总利润之间的关系上就可能是非线性关系了。前面所介绍的线性盈亏平衡分析法是在非线性形式的基础上加强了条件限制,将曲线拟合成直线,是非线性盈亏平衡分析法的特殊形式。这在考虑出版物的短期成本及出版物价格相对稳定的情况下是可行的,由此预测的结果不会发生很大误差。但是,在当今知识经济和信息化高速发展的时代,知识更新的速度越来越快,人们对出版物需求偏好的变化也越来越快,导致出版物生命周期越来越短,出版物总成本、销售量、总利润之间的关系变化频率也在加快,因此,利用现代化管理手段,进行非线性盈亏平衡分析已经成为出版企业应对瞬息万变的出版物市场竞争的重要方面。如果取消出版物价格(发行折扣)和单位变动成本不变的假设,线性盈亏平衡分析法仍然适用。在建立非线性利润盈亏分析模型和非线性目标盈利分析模型时,可假设出版物的总成本、总利润与其销售量之间是二次、三次或更高次曲线的函数关系,然后根据利润、成本和收入之间的关系,利用统计学及高等数学的方法来建立具体计算模型进行分析(如图 4-2 所示)。

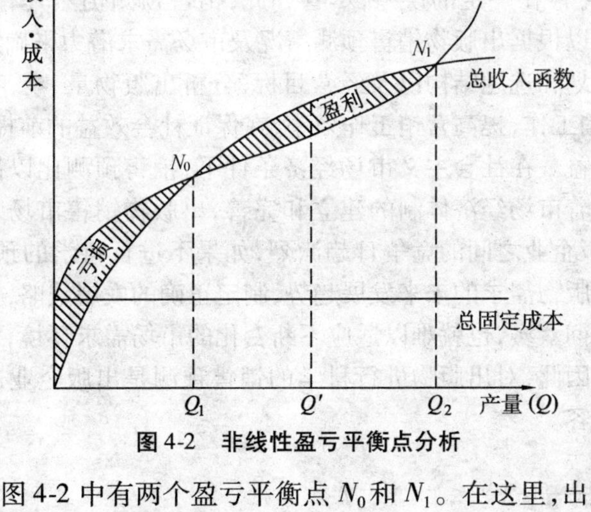

图 4-2　非线性盈亏平衡点分析

注意:图 4-2 中有两个盈亏平衡点 N_0 和 N_1。在这里,出版物的销售利润是指总收入函数和总成本函数两条曲线之间的垂直距离,在销售量

为 Q'时最大。在两个盈亏平衡点中,只有第一个(与 Q_1相对应的)平衡点 N_0才是进行分析时所要考虑的。因为出版企业开始推出某种出版物时,就需要知道销售量达到多少才能从亏损变为盈利,达到多少才能获取最大利润。聪明的出版企业经营者在出版物新产品开发出来以后,决不会使其销售量超过 Q',更不会将销售量增加到第二个盈亏平衡点 Q_2,因为这会导致利润的逐渐减少。此类方法在此就不再进行详细讨论了。若读者有兴趣,可参考其他非线性盈亏平衡点分析的资料。[1]

第五节

出版物销售预测的方法

出版物销售预测实际上是出版企业对本版出版物未来市场需求的预测,这种预测虽然以各种数据资料为基础,但是,市场是复杂多变的,因此,预测难免存在一定的误差,尽管如此,销售预测仍然具有积极作用。出版企业可以根据出版物销售预测情况及市场需求潜力来确定与调整出版物选题规划和选题结构以及经营目标,分析出版物量、本、利之间的关系,改进营销工作,提高营销工作效率,在保证社会效益的前提下,实现更好的经济效益。在社会主义市场经济条件下,销售预测比以往任何时候都重要。随着市场经济体制的建立和完善,出版物销售市场多表现为买方市场,出版企业之间的竞争日趋激烈,如果不进行科学的预测分析,就不能预测出版物需求的未来发展趋势,制定正确的发展战略,更不能采取有效措施贯彻落实,也就难以适应不断变化的市场需求环境,应对激烈的市场竞争。因此,对出版物进行科学的销售预测是出版企业进行科学管理的重要内容。

---

〔1〕 储安全.图书出版的本量利分析(非线性).出版经济,1999(5)

影响出版物发行的因素一般分为外部因素和内部因素。外部因素主要有市场环境、出版企业过去的发行业绩和品牌形象、社会环境、国家政策等；内部因素主要有出版物产品质量、价格、发行折扣、营销策略与手段、出版企业售后服务质量等。出版企业为了准确地预测销售情况，应该充分调查各种因素，正确地组织预测工作。出版物的销售预测一般可采用以下方法。

一、判断分析法

这主要是通过一些具有丰富经验的出版企业经营管理人员、发行业务人员或者有关营销专家对出版物总市场需求及出版企业市场占有率的未来变化情况进行分析，以判断出版企业某种出版物在未来一定时期内的发行趋势。这种预测方法所需的时间短，发生的费用成本较低。但是，它是凭人的主观来判断的，其准确性难免会受到影响。

1. 意见汇集法

意见汇集法又称专职发行业务人员意见综合判断法，是指由本单位熟悉市场情况的发行业务人员对各自负责的发行网络的经销商(读者)进行各类出版物市场需求情况的调查，并将调查的意见以书面的形式或召开交流会的形式进行汇报交流，然后由发行部门集中综合汇总，再会同编辑、出版、财务等有关部门，集中对某种出版物的发行趋势进行分析预测。此方法是出版企业经常使用的“判断分析法”中的一种。这种方法简单实用，集思广益，费用较低。在市场需求发生新变化的情况下，出版企业采用这种方法能够迅速作出反应，对原来预测的规划进行修正。出版企业的基层发行业务人员都比较熟悉自己所管辖的市场，能够直接收集和了解各类客户(读者)的意见信息。但是，这种方法是建立在发行业务人员都能够反映市场需求的真实情况、且具有一定分析判断能力基础之上的。由于发行业务人员素质的差异、所管辖调查区域以及抽样调查广泛程度的不同，使得他们对形势的判断有可能因分析问题的角度和依据的条件不同而过于乐观或悲观，从而影响市场预测的全面、真实，造成预测结果的偏差。为了消除这种人为的偏差，出版企业可以组织多人对同一类出版物在同一区域的市场需求进行预测分析，再将预测的数据加以平均,这样就可以提高预测结果的准确性。

例 4-3:某出版社采用意见汇集法对本年度出版物的总销售额进行预测,发行部的 15 名业务人员对计划期的出版物销售额的平均预测值为 15 800 万元,而发行部、出版部、编辑部、财务部 4 位经理的平均预测值为 15 200 万元。要求分别用算术平均法和加权平均法来确定计划期销售额预测值。假定发行业务人员的权数为 0.6,几位部门经理的权数为 0.4。

(1) 采用算术平均法预测的计划期内出版物销售额为:

$$计划期销售额预测值 = \frac{\sum_{i=1}^{n} X_i}{n}$$

$$= (15\,800 + 15\,200) \div 2$$

$$= 15\,500(万元)$$

(2) 采用加权平均法预测的计划期内出版物销售额为:

$$计划期销售额预测值 = \sum_{i=1}^{n} W_i X_i$$

$$= 15\,800 \times 0.6 + 15\,200 \times 0.4$$

$$= 15\,560(万元)$$

其中,上述公式中的 n 为预测值的总个数,X_i 为第 i 个预测值,W_i 为第 i 个预测值的权数。

2. 专家判断法

此方法是指向出版业内既有学术造诣、又有丰富实践经验的高级管理人员以及积累多年市场经验的发行部门经理、新华书店经理、出版物经销商等有关方面的专家征询意见,对某种出版物的未来需求趋势进行判断和预测的一种方法。征询意见的具体方式有:

(1) 个别征求意见方式。即通过发函或是面谈,由各位专家独立地对出版企业的某种出版物的未来需求情况进行预测分析,然后,出版企业将各位专家的预测分析结果进行汇总综合,确定预测值。采用这种方式可以汇集各方面专家从不同角度反映的意见。为了避免预测结果的片面性,提高预测结果的准确性,可以将初次汇集的预测结果再反馈给这些专家,再次征求意见。有时还要进行反复多次的征询,最后再确定预测结果。

(2) 分组预测方式。即出版企业将有关专家召集在一起,分成几个小组,分别以小组为单位,对出版企业某种出版物的未来市场需求趋势进行判断预测,征求意见,然后出版企业将各组预测结果进行综合汇总。此种预测方式在预测过程中可以发挥集体智慧,使预测结果更具有科学性和准确性。

二、调查分析法

此法是指通过对某种出版物在市场上的需求情况和经销商(读者)的偏好动向的调查,来预测市场对出版企业出版物的需求趋势。这种方法的主要信息来源于调查,调查的范围应尽可能广泛而具有代表性。一般来说,调查包括以下具体内容:

1. 对出版物品种情况的调查

主要是要摸清市场上现有各类出版物进入生命周期的不同情况以及本版相应出版物所处生命周期的具体阶段。因为任何出版物都要经历一个从选题策划、产品投入市场、成长畅销到成熟、饱和、衰退,最后退出市场的过程,这个过程就是出版物的生命周期。在出版物生命周期的不同阶段,其销售量和发行折扣都会有较大的差异。一般来说,从出版物新版投放市场到成长期,其销售量增长较快,发行折扣也较高;到成熟饱和期,出版物的销售量趋于稳定;随着市场上同类出版物数量的增多和市场竞争的加剧,其发行折扣将逐步下降,市场需求量逐步减少,进入衰退期,导致最终退出市场。因此,对出版物生命周期及所处阶段进行调查是十分必要的,这是出版企业制定出版物经营目标、确定经营战略的重要基础工作。

2. 对经销商、消费者偏好的调查

主要是通过新华书店、民营书商、有关行业系统和消费者(读者)了解其对出版物需求的倾向或偏好,如不同年龄阶段、不同阶层、不同职业的读者群体对出版物的内容、文化品位、版式设计特色的偏好,对出版物价格可接受的程度等。通过调查,可以促使出版企业根据读者的个性化需求,有针对性地增加出版物的新品种,提高印制质量,根据市场购买力情况,适当调整出版物的价格,以满足市场的最大需求,吸引更多的读者。

3. 对出版业内竞争对手的调查

主要是了解出版市场上竞争对手的出版物的新品种及同类出版物的内容与质量、销售量和价格及发行折扣情况，以做到知己知彼，进而不断调整自身的经营策略，增强出版物的市场竞争力，扩大本版出版物的市场份额。

三、趋势分析法

这是指出版企业根据出版物销售的历史资料，采用一定的计算方法预测本版出版物未来的需求变化趋势。这种方法适用于出版物销售市场比较稳定，销售变化比较有规律的出版企业。出版企业销售预测的趋势分析法主要有以下两种：

1. 加权移动平均法

此方法是根据出版物变化趋势给过去几个经营时期规定不同的权数，然后求出加权后的平均数，以此作为出版物销售预测数。这种方法适用于计划期内出版物销售量变化不明显的常销出版物。一般情况下，近期的数据比较重要，确定的权数要大些，远期数据对预测的影响程度要小些，确定的权数应小些。如此确定出版物销售各期权数后，滚动式地向后移动，根据最近几个经营时期的实际销售量与给定的权数，预测出以后各期出版物销售量。其计算公式为：

$$S_t = \frac{\sum_{i=t-n}^{t-1} W_i X_i}{\sum_{i=t-n}^{t-1} W_i} \tag{4-8}$$

上式中，S_t为出版物第 t 期的预测销售量，W_i为第 i 期的权数，X_i为第 i 期的实际销售量，n 为选取的经营期数。如果所规定的权数之和等于1，则上式变为：

$$S_t = \sum_{i=t-n}^{t-1} W_i X_i \tag{4-9}$$

例4-4：某出版社某年3～6月份某种科普读物销售量分别为2 100册，2 200册，1 850册，2 080册，且规定各月相应的权数分别为0.1，0.2，0.3，0.4，要求预测该书7、8两个月份的销售量。

解：因为规定的权数之和等于1，所以，根据公式(4-9)可求得：

$$S_7 = 2\ 100 \times 0.1 + 2\ 200 \times 0.2 + 1\ 850 \times 0.3 + 2\ 080 \times 0.4$$
$$= 2\ 037（册）$$

如果出版社 7 月份实际销售量为 2 070 册，则 8 月份该书预测销售量为：

$$S_8 = 2\ 200 \times 0.1 + 1\ 850 \times 0.2 + 2\ 080 \times 0.3 + 2\ 070 \times 0.4$$
$$= 2\ 042（册）$$

该书以后各月的销售量预测值可如此继续滚动地进行计算。

2. 季节预测法

这是一种根据季节变化因素预测出版物销售量的方法，这种方法适用于销售带有明显季节性的出版物，这些出版物具有很强的时效性。如基础教育的各种教材以及为之配套的教学辅导用书，中考、高考辅导用书，新年挂历等都属于此类出版物。因此，对这类出版物的销售预测必须考虑到其季节性变化，在预测过程中可以参照上一年相同时期的销售情况，再结合本年度市场需求和新竞争对手进入的各种变化情况，来预测本年度各季节出版物的销售情况。此方法不是一种独立的预测方法，它往往要同其他各种预测方法相结合。采用这种方法时，上一年度同期的销售情况虽然对预测很有参考价值，但更应该重视现实的各种变化。比如，由于市场上新竞争对手的进入，导致许多同类出版物参与竞争，或由于学生生源的变化、国家政策的变化等原因而使得本年度教材或教辅读物的销售量与上个年度同期的销售量相比发生较大差距等。

第六节 出版物量、本、利关系的边际分析

在本章第四节介绍的出版物"量、本、利关系的分析"主要是分析与研究在一定时期一定范围内出版物利润盈亏平衡时出版物的销售量是多少；或者是出版物在一定成本水平上，能够实现预期目标利润的销售量是

多少。此种分析方法主要是研究这些变量之间的静态关系，还不能反映出三者之间在某一时期所存在的动态关系。但是，出版企业的生产经营活动是延续不断进行的，出版物新版、重印、再版现象随时发生，使得出版物销售量、成本和利润之间的关系也在不断发生变化。因此，出版企业在激烈的市场竞争中，深入研究和分析出版物销售量、成本、利润三者之间的动态关系具有非常重要的实际意义。现在我们专门研究和讨论出版物销售量、成本、利润之间动态关系的一种分析方法，这就是出版物量、本、利关系的“边际分析”。

“边际”(margin)一词是额外、附加、边缘或总体以外部分的同义语。为了更好地理解掌握边际分析的含义，我们不妨从数学原理的角度加以介绍。

边际分析，是指基于各种经济现象中所存在的某一因变量依存于一个或几个自变量的函数关系的分析。比如，对于出版物成本和销售量(产量)的关系，如果我们把成本表示为关于销售量的函数，不妨设出版物销售量(产量)为 x，$T(x)$ 为出版物的总成本函数，当出版物销售量 x 发生增(减)量为 Δx 的变化时，引起总成本 $T(x)$ 发生增(减)量 ΔT 的变化，可表示为：

$$\Delta T = T(x+\Delta x) - T(x)$$

在现实的出版物生产经营活动中，出版物销售量的变化量 Δx 数值可以很小，但最小也只能是小到一个单位，如 1 本书、1 个印张、1 张光盘、1 盒磁带等，否则将失去其实际意义。我们将出版物销售量(产量)变化(增加或减少)一个单位而引起的总成本的变化量称为出版物的边际成本。它应表示为：

$$\text{出版物边际成本} = \frac{\text{总成本变化量}}{\text{销售量变化量}} = \frac{\Delta T}{\Delta x}$$

当 Δx 无限小时，由高等数学的导数定义又有：

$$\text{出版物边际成本} = \lim_{\Delta x \to 0} \frac{\Delta T}{\Delta x} = T'(x) = t(x)$$

也就是说，如果出版物总成本函数连续可导，则出版物边际成本可以看成是出版物总成本函数 $T(x)$ 关于出版物销售量(产量) x 的导数。

由边际成本概念的讨论，可以引出有关边际值的一般概念：边际值是指函数关系中的自变量变化一个单位而引起的因变量的变化。而运用边际值作为制定出版经营决策依据的方法,就称为出版边际分析法。应用边际原理进行出版经营管理决策,首要的一点就是对决策前已经发生,在决策制定过程中不会再发生变化的因素,坚决不予理睬。比如判断出版物追加一定的造货数量时,不必考虑上一次出版物造货已经发生的总成本,只需要从这次所要投入的成本和可能取得的销售收入的增加来进行权衡。

一、几个主要边际值的基本概念

1. 出版物边际收入

出版物边际收入,是指出版物的销售量(产量)变化(增加或减少)一个单位而引起的总销售收入的变化。即:

$$出版物边际收入=\frac{总销售收入变化量}{销售量变化量}$$

设出版物销售量为 x,出版物总销售收入函数为 $G(x)$,ΔG 、Δx 分别为出版物总销售收入和销售量的变化量,则边际收入 $=\frac{\Delta G}{\Delta x}$,当 $G(x)$ 连续可导时,边际收入等于总销售收入函数 $G(x)$ 关于销售量 x 的导数 $g(x)$,即:

$$出版物边际收入=\lim_{\Delta x\to 0}\frac{\Delta G}{\Delta x}=G'(x)=g(x)$$

2. 出版物边际成本

有关出版物边际成本的概念,在本节开始已经给出了详细的介绍与讨论。在出版企业现实经营活动中,出版物的边际成本实际上是指出版物的销售量(产量)变化(增加或减少)一个单位而引起的总成本的变化。

3. 出版物边际利润

出版物边际利润是指出版物销售量变化(增加或减少)一个单位而引起的总销售利润的变化,即:

$$出版物边际利润=\frac{总销售利润变化量}{销售量变化量}$$

设出版物销售量为 x,出版物总销售利润函数为 $H(x)$, ΔH、Δx 分别为总销售利润和销售量的变化量，则边际利润 $=\frac{\Delta H}{\Delta x}$，当 $H(x)$ 连续可导时，边际利润等于总销售利润函数 $H(x)$ 关于销售量 x 的导数 $h(x)$，即：

$$出版物边际利润=\lim_{\Delta x\to 0}=\frac{\Delta H}{\Delta x}=H'(x)=h(x)$$

由于出版物销售利润等于销售收入与成本之差，即：销售利润 = 销售收入 - 成本，用函数表示为：$H(x)=G(x)-T(x)$。根据导数运算法则可知：

$$H'(x)=G'(x)-T'(x)，即：h(x)=g(x)-t(x)$$

也就是说，出版物的边际利润等于边际收入与边际成本的差。

上述3个基本概念中的所谓"出版物销售量变化一个单位"，可以是1本书、1张光盘、1盒音像带等，具体情况应根据分析问题的实际需要来确定。

二、出版物边际分析方法

进行出版物边际分析的目的就是对动态情况下的出版物盈利情况进行正确评价。所以，出版物边际分析方法实际上是分析某个时期的出版物在一定销售量水平上，若再增加一个单位销售量对总利润所产生的影响程度。根据上面讨论边际利润时所给出的关系式：边际利润 = 边际收入 - 边际成本，或者：$h(x)=g(x)-t(x)$，可进行边际分析的具体讨论。

1. 出版物边际分析的几何意义

根据函数导数的几何意义，函数 $H(x)$ 在一点 x 的导数 $h(x)$ 表示该函数曲线在此点切线的斜率。$h(x)$ 的取值范围无非有三种情况：$h(x)<0$，$h(x)=0$ 和 $h(x)>0$。当函数的导数大于零时，说明函数曲线的切线斜率大于零，表示曲线图形是上升的，函数值递增；当导数小于零时，说明函数曲线的切线斜率小于零，表示曲线图形是下降的，函数值递减；当导数等于零时，表示曲线的切线斜率等于零，与横坐标轴平行，说明曲线图形达到顶点（驻点），函数值达到最大值（见图4-3）。

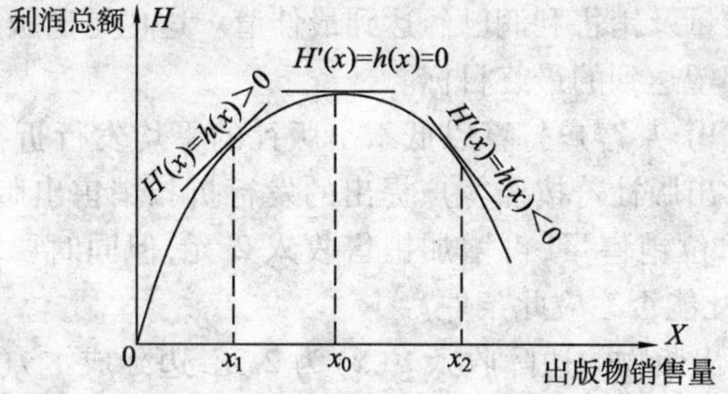

图 4-3 出版物边际分析示意图

利用数学分析方法可以得出如下结论：

（1）当出版物销售量为 x_1 时，出版物的边际利润 $h(x)>0$，表明出版物总利润值的发展趋势是递增的；

（2）当出版物销售量为 x_2 时，$h(x)<0$，表明出版物总利润值的发展趋势是递减的；

(3) 当出版物销售量为 x_0 时，$h(x)=0$，表明出版物总利润额已经达到最大值。

2. 出版物边际分析的一般结论

通过上述边际分析，我们可以得出出版物边际分析的一般结论：

（1）当出版物的边际利润大于零时，表明其盈利水平呈上升状态，若出版企业增加出版物单位销量，可使总利润相应增加。说明此时出版物的销售量还未达到最优水平，出版利润还未达到最大值，还存在一定的利润空间，出版企业应继续扩大出版物的市场份额，争取获得更大的利润额。

（2）当出版物的边际利润小于零时，表明其盈利水平呈下降状态，若出版企业增加出版物单位销售量，将造成总利润的减少。说明出版物的销售量已经超过最佳赢利区间，或者说，其利润进入负值空间，出版物销售量越多，亏损就会越大。如果减少出版物销售量，反而能使总利润增加。此时，出版企业应及时采取措施，对出版物销售量加以控制，或者是对出版物的销售价格或发行折扣进行必要的调整，或者进一步降低出版物成本。

（3）当出版物边际利润等于零时，表明其盈利水平已经达到最佳状态，出版物的单位销售量的增加，已经不能对总利润产生影响。说明此时出版物的销售量及销售利润已经达到最佳值。这也是出版企业的出版物生产经营所期望达到的最终目标。

例4-5:(1)某客户打算以低于出版社的平均发行折扣订购某种出版物,经测算,出版社若按照客户提出的发行折扣销售出版物,则出版物每增加一个单位销售量,可增加销售收入2元,但同时要增加成本2.2元。问:出版社能否答应此条件?

解:已知出版物的边际收入$g(x)$为2元,边际成本$t(x)$为2.2元,因为此时$g(x) < t(x)$,即边际利润$h(x) = -0.2 < 0$,所以,出版社不能接受此客户提出的订货条件。

(2)假定出版社某种出版物的成本函数为:$T(x) = 2x^3 - 3x^2 + 1\,300x + 1\,130\,000$,销售收入函数为:$G(x) = 4x^2 + 1\,340x$,其中,$x$为出版物销售量(以万为单位)。问:出版社取得最大利润时出版物的销售量应为多少?

解:该出版物的边际值为:

边际收入$= G'(x) = g(x) = 8x + 1\,340$

边际成本$= T'(x) = t(x) = 6x^2 - 6x + 1\,300$

因为$g(x) = t(x)$时利润值最大,即:$8x + 1\,340 = 6x^2 - 6x + 1\,300$,整理后,得:$6x^2 - 14x - 40 = 0$,解此一元二次方程式,求得解为:$x_1 = 4$(万),$x_2 = -1.67$(万)。

出版物销售量不可能是负值,应取正值,所以,该出版物利润最大时的销售量应为4万个单位,最大利润为:$G(x) - T(x) = 5\,424 - 5\,393 = 31$(万元)。

有关出版物成本、销售收入关于销售量的函数模型,出版企业可以根据市场调查和历史积累的统计资料,运用统计方法估计求得,如一元线性回归模型、多元线性回归模型和其他预测模型等。

第七节

几个重要成本概念在出版经营决策中的应用

出版企业在实际进行出版成本管理时,若仅考虑其会计成本而不考虑经济成本中的内含成本因素,所得出的结果只是消极反映一定时期内的资金消耗,而不是企业付出的全部。出版企业的经营管理者若据此来对出版物的经营作出判断和决策,很可能是片面的或错误的。这就要求出版企业必须从经济学角度来讨论和分析出版成本,出版成本管理不仅要分析以往已经发生的资金消耗和决策预期发生的资金消耗,而且还要进行机会成本、边际成本、目标成本等经营决策,积极地推动出版企业的整个经营管理。出版企业的经营管理者进行决策时,经常需要通过比较不同备选方案经济效益的大小而进行选择,而影响经济效益大小的一个重要因素就是成本水平的高低,在多个备选方案收入水平相当的情况下,成本水平的高低甚至可以决定备选方案的优劣。为了便于对出版成本进行更深入的分析研究,为出版企业在复杂多变的市场竞争中进行经营决策提供科学的依据,不仅需要熟悉和掌握出版物在生产经营过程中直接发生的各种物质消耗性成本概念,如固定成本和变动成本等,而且还应进一步了解、掌握和学会应用以下几个重要成本概念。

一、出版机会成本及其应用

在出版经营决策中,由于出版资源所限,出版企业经常要从多种备选方案中选取一种最优方案,而其他备选方案就要被舍弃。由于舍弃了其中的次优方案,出版企业就会丧失这个次优方案可能带来的收益。我们就把由于选取最优方案而舍去次优方案所丧失的潜在收益称为最优方案的机会成本。显然,机会成本是对选择方案主体而言的。设有方案A、B,

若选择A,则B的潜在收益为A的机会成本;若选择B,则A的潜在收益为B的机会成本。因为出版企业的出版资源是有限的(如书号、人力、资金投入等),用在某一方面,就不可能同时用在其他方面。出版企业在制定发展战略时,之所以强调要“有所为,有所不为”,道理就在于此。对于由此产生的“有所得,必有所失”的现象,只要将被舍弃方案潜在的收益尽可能地考虑进去,通过组合及进行收益比较,就能对最优方案的效益作出全面合理的评价,并给出正确的选择。比如,在第二章所讨论的应收账款的机会成本,就是出版企业的资金由于占用在应收账款上而不能用于其他投资所丧失的潜在收益(如将其投资国债可能获得的利息收入)。应收账款机会成本的大小通常与出版企业维持赊销业务所需要的资金数量、时间和有价证券利息率等有关。出版企业根据应收账款的机会成本就可制定出信用标准、信用条件和信用决策等应收账款的决策,提高应收账款的周转率和使用效果。

可见,机会成本并不是实际可能发生的成本,而是指在资源有限的条件下,经营决策采取了某一方案而舍弃了其他一些方案,因而也就失去了所舍弃方案可能获得收益的机会,它是一种潜在的成本。机会成本对出版企业经营管理者进行资源配置,分配和利用有限出版资源,选择合理方案,进行经营决策是非常重要的依据。出版企业的经营管理者进行决策时,在未来收益水平相当的情况下,应尽量选择机会成本小的方案,这样,即使出现有利于被舍弃方案的前景时,损失也是最小的。

例4-6:某出版社由于受书号所限,在对最后一个书号的使用进行决策时,需从最后遴选出的A、B两个选题中确定其一。经预测,A选题出版时,需投入资金50万元,一年后,可获得销售收入100万元;B选题出版时,需投入资金20万元,一年后,可获得70万元销售收入。但是,两种方案所投入的资金需全部向银行贷款。已知银行1年期限的贷款利率为6%。问:出版社应确定哪个选题?

解:A选题净收益 $=100-50\times(1+6\%)=47$(万元)

B选题净收益 $=70-20\times(1+6\%)=48.8$(万元)

因为 $A-B=47-48.8=-1.8$(万元),所以,出版社决策时应选择B选题。其中,B选题的机会成本为47万元。

这里,被选择方案的净收益(即:收入-成本)称为会计利润,而被选择方案的净收益与其机会成本的差额在经济学理论中被称为经济利润。其计算公式为：

经济利润 = 被选方案会计利润 − 机会成本

不难看出，上例中的 −1.8 万元是 A 选题的经济利润，而 B 选题的经济利润则是 1.8 万元。由此可以得出结论：当被选择方案的经济利润大于零时，说明此方案最优；当被选方案的经济利润小于零时，说明被选方案不是最优方案，应重新考虑其他最优的方案；当经济利润等于零时，说明被选择方案的会计利润等于它的机会成本，这说明至少有两个方案的净收益相等，出版企业可根据具体情况进行选择。

例 4-7：出版社策划出版一种图书，不含税单位定价为 8 元，出版该图书的固定成本为 12 万元，每册图书变动成本为 2 元。某书商提出 10 万册的包销业务，条件是：发行折扣为 55%，且出版社不得再对其他客户进行征订供货。根据预测，若出版企业自己征订，将会有 8 万册的订数，且发行折扣为 65%。问：出版社应作出怎样的决策？

解：若同意书商包销，可实现会计利润为：

$8 \times 10 \times 55\% - (12 + 10 \times 2) = 44 - 32 = 12$（万元）

若出版社自己征订，可实现会计利润为：

$8 \times 8 \times 65\% - (12 + 8 \times 2) = 41.6 - 28 = 13.6$（万元）

显然，13.6 万元是出版社同意书商包销图书的机会成本，其经济利润为：$12 - 13.6 = -1.6 < 0$，所以，出版社不应答应书商包销出版物所提出的条件。

二、出版边际成本及其应用

在上一节已经明确地给出它的定义，即出版物的边际成本是指出版物销售量（产量）变化（增加或减少）一个单位而引起的总成本的变化。

例如，在一定期间和产量范围内，出版企业出版某种出版物的成本计算公式为：

某种出版物成本 = 固定成本 + 单位变动成本 × 销售总量（总产量）

设出版物的总成本为 $T(x)$，总固定成本为 F，造货总量为 x，产量增量为 Δx，单位变动成本为 a，则上述公式可表示为函数关系式：

$T(x) = F + ax$

于是,根据边际成本定义,可求得出版物的边际成本为:

$$边际成本 = \frac{\Delta T}{\Delta x} = \frac{T(x + \Delta x) - T(x)}{\Delta x} = \frac{F + a(x + \Delta x) - F - ax}{\Delta x} = a$$

或者直接对成本函数 $T(x)$ 求导数:边际成本 $= T'(x) = a$。也就是说,此时的出版物边际成本等于其单位变动成本。

事实上也是如此,由于出版物的固定成本在一定期间和产量范围内是固定不变的,在此范围内,每增加一个单位的产量,就会只增加一个单位的变动成本,这时出版物的边际成本也就等于单位变动成本。应用边际成本的概念,主要是为了评价出版物的边际收入与边际利润,从而确定增加产量是否有利,并可作为确定出版物最低发行折扣的唯一依据。只有边际成本低于出版物单位售价(销售实洋),出版企业才有盈利的可能,其收益才能增加。

例 4-8:某出版社出版一种工具书,根据市场客户征订数字,共造货 50 000 册。经核算,该书造货总固定成本为 80 000 元,每 5 000 册的变动成本为 18 000 元。现又有人提出再订购此工具书 10 000 册,且自行提货,但是要求降低销售价格,只付 40 000 元书款。问:出版社是否答应此条件而接受订货?

分析:根据已知条件可求得,

平均单书固定成本 = 80 000 ÷ 50 000 = 1.6(元)

平均单书变动成本 = 18 000 ÷ 5 000 = 3.6(元)

平均单书成本 = 1.6 + 3.6 = 5.2(元)

若按原来计算的平均成本,现要增加印数 10 000 册,成本应是 52 000 元(即 5.2 × 10 000),而客户只付 40 000元书款。也就是说,出版社追加印数 10 000 册,只能获得 40 000 元销售收入,与 52 000 元的成本相比较,要亏损 12 000 元。但是,该图书的固定成本实际上已经被前期征订的 50 000 册所分摊,现再追加 10 000 册印数,固定成本的因素对其不再会产生影响,可不予考虑,只须考虑其变动成本 36 000 元(即 3.6 × 10 000)就可以了。此分析方法正是研究出版物边际成本应用问题的核心所在,即对于出版物过去已经发生且不会再发生变化的成本,可不予考虑,只考虑新增加出版物销售量所带来的新的成本。

解：已知：$F=80\ 000$，$a=3.6$，$x=50\ 000$，$\Delta x=10\ 000$，由边际成本定义可知，此工具书的边际成本为：

$$\frac{\Delta T}{\Delta x}=[80\ 000+(50\ 000+10\ 000)\times 3.6-(80\ 000+3.6\times 50\ 000)]\div 10\ 000$$
$$=3.6(\text{元})$$

或者：$T'(x)=a=3.6$（元）。现要追加10 000册印数，引起总成本的增量为$3.6\times 10\ 000=36\ 000$（元）。

此时，若客户同意付书款40 000元，出版社仍可获得收益$40\ 000-36\ 000=4\ 000$（元），所以，出版社可以接受这批订货。但必须注意，发货时间应在前50 000册的征订客户销货之后。否则，将会造成该书在市场上价格的不平等，引起这些客户的不满，甚至要求降低同样的发行折扣，或者是带来客户退货的风险。另外，在决定是否降低发行折扣问题上，还必须考虑出版物的寿命周期所处阶段这一重要因素。若出版物处于成长期，市场需求量很大，竞争对手不多，市场份额逐步增大，此时不要轻易同意个别客户要求降低发行折扣的条件。否则，不仅会引起原来客户的不满，同时其他客户再购买该出版物，也必然会提出降低发行折扣的要求，从而冲击了自己的整体市场，造成因小失大的被动局面。

三、出版增量成本及其应用

出版增量成本，是指出版企业因执行一项决策而引起的总成本的变化量。比如，因收购一个印务公司、新组建一个电子音像部、拓展一个选题项目、调整一项营销策略等而引起的成本变化量均属于增量成本。出版企业在进行决策时，可根据增量成本的具体情况对各种方案进行比较、分析，以便择优选用。

例4-9：某出版社接到某地新华书店对某种图书的征订数，共计20万册。其中该书每册12个印张。该书的固定成本已经全部发生，若委托对方在当地造货，对方提出，出版社需按每印张0.40元的标准支付造货费用；若由出版社直接供货，则平均每个印张的变动成本为0.38元，但需增加发货费等销售费用28 000元。出版社应选择何种方案？

分析：

（1）外地造货变动成本为：0.40×12×20=96（万元）

（2）直接供货变动成本为：0.38×20×12+28 000=94（万元）

（3）两个变动成本的比较：增量成本=96－94=2（万元）。也就是说，外地造货总成本比直接供货总成本高出2万元。

在其他条件相同时，出版社应选择直接供货的方案。或者是以此为依据，要求对方降低收取造货费用的标准。若有其他附加条件时，出版社应根据具体情况作出选择。

增量成本也可作为追加出版物造货数量决策的依据。此时，可将原初始造货总数和追加造货后的累计总数视为两个不同的方案。其中，将原初始造货数作为第一个方案，追加造货后的累计总数作为第二个方案，则有：

初始造货成本=固定成本+单位变动成本×初始造货数

追加造货后累计成本=固定成本+单位变动成本×（初始造货数+追加数）

追加造货增量成本=追加造货后累计成本－初始造货成本=单位变动成本×追加数

由此说明，在一定期间和数量范围内，出版物追加造货后的增量成本等于该出版物的单位变动成本乘追加数，即：增量成本=单位变动成本×追加造货数=出版物追加造货数的变动成本。也就是说，出版物追加造货后的增量成本，实际上是出版物追加数的变动成本。所以，计算出增量成本额后，将其与出版物追加数可能取得的销售收入进行比较，根据比较的结果就可以进行经营决策了。若增量成本小于可能取得的销售收入，则说明追加数可以盈利；若增量成本大于可能取得的销售收入，则该出版物将会亏损，应暂缓印制（制作）。

例4-10：某出版社出版某种图书，根据征订计划需印制20 000册，其中，图书总变动成本为40 000元，总固定成本为30 000元。又知该书不含税单位（册）定价为5.2元，并且图书已经以75%的发行折扣全部售完。当市场上的同类出版物大量出现时，有客户愿以55%的发行折扣再订购6 000册，出版社是否接受这批订货的条件？

分析：根据已知条件可求得：

单册书平均变动成本 = 40 000 ÷ 20 000 = 2(元)

单册书平均固定成本 = 30 000 ÷ 20 000 = 1.5(元)

单册书平均成本 = 2 + 1.5 = 3.5(元)

因为图书的 30 000 元固定成本前期已经发生,且被前 20 000 册图书所分摊,对出版社接受新的订货不再会产生影响,所以,此时可不予考虑。

解:增量成本 = 2 × 6 000 = 12 000(元),销售收入 = 5.2 × 55% × 6 000 = 17 160(元)。显然,追加出版物印数所取得的销售收入大于增量成本,说明出版社可接受此批订货,出版社从中可获得收益为 17 160 − 12 000 = 5 160(元)。严格地讲,在进行决策时,还应考虑在销售过程中发生的销售费用和销售税金的支出。另外,也须考虑出版物生命周期所处的阶段性这一重要因素,最后再作出决策。

此例说明,在追加出版物造货数问题上,"增量成本"与"边际成本"是一致的。从某种意义上说,边际成本是因出版企业作出改变出版物销售量(产量)的决策而引起的增量成本的特殊形式。在决策时容易犯的错误是:在测算成本时仍然考虑包括固定成本在内的单位出版物的全部成本。如上例:总成本 = 3.5 × 6 000 = 21 000(元),销售收入 = 5.2 × 55% × 6 000 = 17 160(元),销售收入 − 总成本 = 17 160 − 21 000 = −3 840(元),由此得出增量成本的错误结果,导致出版企业的决策者不能作出正确的判断与决策。

四、出版沉没成本及其应用

沉没成本,是指过去已经发生(包括已经签订协议,需在以后一定期限内支付的费用),并无法由现在或将来的任何决策所能改变的成本。可见,沉没成本是对现在或将来的任何决策都无影响的成本。在短期内,出版企业出版成本中的固定成本就属于沉没成本,尤其是那些前期投入大、见效较慢的常销出版物,前一两年可能是亏损的,但只要单位出版物的销售收入大于其变动成本,就说明还存在着盈利空间,出版企业应坚持出版营销。若是单位出版物的销售收入小于其变动成本,则说明出版物根本没有盈利的可能,应立即停止生产。再如,出版企业某种出版物属于滞销产品,已经造成存货积压。此时,如果有客户提出要以很低的发行折扣订货，出版企业在进行决策时，因为其所有的成本费用已经发生，成为不可改变的事实，属于沉没成本，所以就不应再作为考虑的因素，只需将出版物可能增加的销售费用、销售税金与将要获得的收益进行比较就可以了。若收益大于销售费用及销售税金，则说明出版企业还有利可图，可以此收益来弥补一些沉没成本，为出版企业减少一些经济损失。但这一决策选择的机会成本是将出版物变卖废纸的收入。若出版物交易后的收益小于出版物销售过程中新增加的成本费用，则说明出版企业将会发生新的亏损，出版社不能满足客户的要求。当然，在低价处理库存图书时，有可能会产生冲击图书市场秩序的负作用，所以，出版企业必须要谨慎从事。还有，有些印刷厂在生产能力过剩的情况下，决定使用彩色印刷设备为出版企业印刷黑白版出版物，虽然厂家由此获得的收入比印刷彩色版出版物所获得的收入要少得多，但这可以弥补一部分印刷设备折旧费、维护费及人员经费等固定成本支出。

可见，沉没成本是出版企业在以往经营活动中已经发生，而在现在或将来经营期间摊入成本的支出，或者说是代表出版企业过去的支出，对出版企业新的经营决策不会再产生影响，可不必考虑。否则，将会造成经营决策的失误。

五、固定资产成本及其应用

所谓固定资产成本是指在一定时期内出版企业固定资产的使用成本。对于固定资产成本，会计学理论与管理经济学理论也有着不同的定义。会计学理论衡量固定资产在一定时期内使用成本的方法是利用提取折旧的方法，把固定资产历史成本摊入寿命周期的每一年，使整个寿命期摊入的总费用等于其历史成本。具体方法有年限平均折旧法、年数总和折旧法、双倍余额递减折旧法等。其中每个时期提取的固定资产折旧额就是该固定资产的使用成本，我们称其为出版企业固定资产会计成本。即：

固定资产会计成本 = 固定资产折旧额

这种衡量固定资产成本的方法，目的是为了在一定时期的财务报告中反映企业的部分资金收支，以逐步收回企业对固定资产的投资，同时也是为了满足政府对企业所得税管制的需要。但是它并不能反映出版企业固定资产在一定时期内使用的实际成本，而且固定资产成本的大小完全取决于所采用的提取折旧的方法，比如，采用直线法提取折旧的值总是小于采用双倍余额递减法等快速折旧法提取的折旧值。提取折旧后固定资产的折余价值也不是该固定资产的真实价值。因此，如果以此作为出版企业经济管理决策的依据难以保证其科学性。

管理经济学理论认为，固定资产在一个时期内的使用成本等于资产期初、期末市场价值的差额。我们称其为固定资产经济成本。即：

固定资产经济成本 = 固定资产期初市场价值 - 固定资产期末市场价值

显然，固定资产经济成本弥补了固定资产会计成本的缺陷，真实地反映了一定时期内固定资产的实际使用成本和现实价值。同时也解决了固定资产会计成本不能反映的某些不动产（建筑物、土地等）随着时间推移而增值的问题。固定资产增值意味着在某一时期它的经济成本为负值。由于计算固定资产经济成本时需要求得该固定资产的期初、期末市场价值，这不仅需要出版企业建立科学的固定资产价值评估体系，而且对于规模较大的出版企业来说，固定资产品种多、数额大，出版企业在对固定资产管理时，若对每一固定资产都进行市场价值评估，工作量将会很大，尤其是对于尚未设立专门从事固定资产管理部门的出版企业显然工作难度会更大。但加强固定资产经济成本管理，对于全面真实反映出版企业固定资产的价值，提高出版企业固定资产投资管理的决策水平具有重要的现实意义。随着信息技术的快速发展与现代化管理水平的日益提高，出版企业固定资产经济成本管理的技术性操作已经不再是难以解决的问题了。

例 4-11：某出版企业 5 年前自筹资金建筑 8 000 平方米的办公大楼，基本建设总投资为 2 450 万元，财务已经作为企业的固定资产入账，并按年限平均法，每年以 3% 的折旧率提取固定资产折旧（其中该大楼的固定资产净残值可忽略不计）。但是，由于地理位置、市场价格等因素的变化，经有关部门评估，该大楼每平方米的现在价值为 4 000 元。请评估该办公大楼 5 年的总成本。

分析：办公大楼原值为 2 450 万元，每年提取的固定资产折旧额为 2 450 × 3% = 73.5（万元），办公大楼现在的价值为 0.4 × 8 000 = 3 200

(万元),则有:

办公大楼的会计成本 = 73.5 × 5 = 367.5(万元)

办公大楼的经济成本 = 2 450 - 3 200 = -750(万元)

第八节 出版企业目标成本预算管理

一、出版企业预算管理

预算(budget)是指用货币单位表示的财务计划。出版企业的预算,是指在科学的生产经营预测与决策基础之上,用货币形式来反映出版企业未来某一特定期间内生产经营活动中有关现金收支、资金需求、资金融通、销售收入、成本及财务状况和经营成果等方面的详细计划。俗话说,凡事预则立,不预则废。就是说,做任何事情,都要预先有计划。对于出版企业来说,这个“预”就是要加强出版企业的预算管理。所谓出版企业预算管理,是指利用预算对出版企业内部制订的各种财务计划进行的控制、反映与考评等一系列活动,并借此提高出版企业的经营管理水平,提高出版企业的经济效益。出版企业的预算管理是一种紧密围绕市场展开内部计划管理,实施出版企业内部控制的全新机制,是加强科学管理,创建现代化出版企业的重要内容。而目标成本预算管理则是出版企业预算管理的重要组成部分。

二、目标成本预算管理及运作流程

出版企业的目标成本,是指根据出版物产品的性能、质量、价格、销售量、销售收入、销售税金和目标销售利润来确定的一定期间内的成本费用应达到的水平,是基于市场竞争的客观条件,保障出版企业生存与发展对成本费用需求的最大容许值。而目标成本预算管理,则是指以市场竞争为导向,依据出版企业出版物的成本费用结构与工作流程,通过量化的形式确定各个层次、各个流程环节成本的目标值,并依此对出版物产品生产全过程实施追踪控制的管理方式与管理制度。

出版企业实施目标成本预算管理主要包括五个基本步骤:市场综合调查→目标销售利润确定→目标成本设定→目标成本分解与落实→目标成本实现。

(一) 市场综合调查

出版企业通过对市场的综合调查,对本版与外版出版物的优势与劣势进行相互比较,就出版物的品种结构、质量、特色、生产成本(包括编校费、排版费、印制费、材料费、稿酬等)、出版物定价、平均发行折扣、各类出版物在市场的占有率及其市场竞争力、出版物市场现实需求与潜在需求等诸因素进行综合分析,探求若干种保证质量、降低成本、提高经济效益的方案,为出版企业目标销售利润的确定和目标成本的设定提供科学依据。

(二) 出版物目标销售利润的确定

出版物目标销售利润,是指出版企业在保证社会效益的前提下,依据市场发展态势和自身的生产经营目标,在一定期间内所确定的出版物销售利润的总体指标。而出版企业总体目标销售利润的确定必须兼顾更多因素。首先要考虑出版企业的经营战略、经营方针、社会效益与获利期望值,出版企业在行业的地位,出版物产品对市场的影响力,企业的营销能力、盈利能力等因素,同时还要考虑出版企业今后发展的长期投资计划和创建持久市场竞争优势等因素,使确定的目标销售利润既有科学性,符合出版企业生产经营的客观实际,只要经过努力就可以实现,又有利于出版企业可持续发展。出版物目标销售利润具体的确定则是根据出版企业所确定的出版物总目标销售利润进行分解,确定每一种类出版物在计划期内应当完成的子目标销售利润，如少儿读物类、高校教材类、中小学教材类、助学读物类、学术著作类、文艺类、经管类等目标销售利润。即：出版物总目标销售利润 = ∑各类出版物目标销售利润。各子目标利润指标的确定应该考虑市场上同类出版物的平均定价水平、发行折扣水平和最大销售量等因素。

（三）出版物目标成本设定

对于出版企业的目标成本，一般可采用根据一定历史时期(2～3 年)或现实的成本基准与成本项目的市场价格预测相结合的方法来设定，也可采用根据出版物的市场需求、市场定价水平、发行折扣水平，预测本版出版物销售收入总额，扣除出版企业的预期目标销售利润后求得目标成本的方法。而最为理想的方式是将以上两种方法进行整合，综合运用。

1. 出版物现实目标成本的设定

在设定纸质出版物的目标成本时，首先要根据出版企业一定时期的选题规划及新版图书、重印图书、重点精品图书、学术著作、教材、教辅、一般图书等品种类别，按照不同印制档次的工艺设计要求和各类出版物的预计销售量以及出版企业现行的稿酬（包括组稿费）、编辑经费、封面装帧设计费等标准及排印费、材料费等市场平均价格标准测算出不同种类的出版物的成本值。然后，再根据出版企业近几年(一般为 3 年)销售费用、销售税金等相关费用的支出占出版物成本或销售收入的平均比率，测算出相应的销售费用、销售税金等费用值。将各类出版物的成本值与期间费用、销售税金的值累加，生成总的目标成本。为了便于区别，称此为出版物的现实目标成本。其计算公式为：

出版物现实目标成本 = Σ出版物预测成本 + 销售费用 + 销售税金

2. 出版物盈利目标成本设定

根据出版物成本费用消耗额的盈利期望值以及国家相关政策规定，同时参照市场上质量水平相当的同类出版物平均定价水平来预测本版出版物可能的单位售价，或者利用成本加成定价法确定各类出版物的单位定价。以此分别测算出各主要类别单位出版物（每册、每印张、每张）的平均价格，再根据这些出版物的预计销售量及平均发行折扣测算出各类出版物的期望销售收入，扣除相应的目标销售利润而求得每类出版物的目标成本。将所求得的目标成本累加，生成总的目标成本，不妨称此为出版物的盈利目标成本。其计算公式为：

出版物盈利目标成本 = Σ分类出版物目标成本
= Σ(分类出版物期望销售收入 - 该类出版物目标销售利润)

3. 出版物综合目标成本设定

此种设定方法是将出版物现实目标成本与出版物盈利目标成本的算术平均值，作为出版企业最后设定的出版物目标成本值。其计算公式为：

$$综合目标成本 = \frac{出版物现实目标成本 + 出版物盈利目标成本}{2}$$

由此设定的出版物目标成本既考虑了出版企业的内部管理机制、管理技术和出版物品种、质量、产量(销售量)对成本费用的实际要求，又密切关注了出版物市场的发展趋势，以市场为导向，以市场上同类出版物的价格或发行折扣为重要依据，从而保证了所设定的出版物目标成本既具有实现的可行性，又能够激励出版企业挖掘各种资源潜能，增强出版物市场的竞争力。

在进行出版物现实目标成本测算时，还须考虑预算期间未来生产要素市场物价的变化因素，如稿酬标准是否提高、材料是否涨价、印制(制作)工价是否调整、出版物重点选题的前期投入是否加大等。同时，出版企业准备采取哪些降低成本的措施，预计成本降低到何种水平等因素也应给予综合考虑。在进行出版物盈利目标成本预测时，不仅要求出版企业对出版物市场进行深入、细致、全面的调查了解，还须对未来出版物市场的发展趋势具有客观和科学的预见性。例如，预算期间出版物市场将对某类出版物的最大需求量，包括现实需求与潜在需求；外版同类出版物在市场上的现有品种数及发行量；本版出版物在市场有何竞争优势；未来市场占有率的最大比率是多少；等等。出版企业经营管理者对这些问题都须充分考虑，做到心中有数。这样设定的目标成本才具有科学性和可行性。

（四）出版物目标成本分解与落实

出版企业的目标成本设定以后，为使出版企业各层次、各环节的工作具有明确的对象，并确保成本目标的最终实现，出版企业必须根据纵向到底，横向到边的要求，按照编辑、印制（制作）、市场营销、行政管理等各个部门及工作环节对所设定的目标成本进行逐项分解与落实。具体的分解方法是：将出版企业的目标成本总额按总成本费用的构成项目首先分解成稿酬、编辑经费、审校费、排版费、材料费、印制（制作）费、销售费用（包括仓储费、运输费、打包费、宣传推广费、邮购费用、发行人员差旅费等）、研发费等明细指标，由决策者直接分配给编辑部、出版部、市场营销部、物流公司、出版分社、分公司等部门，各部门负责人接到任务后，再将有关成本指标落实到有关科室，各科室负责人还可以再将目标成本细化落实到职工个人。然后，决策者再将管理费用、财务费用等任务指标按使用的对象分别下达给行政、人力资源、财务等有关部门或科室。由此将全部目标成本（费用）按其形成的过程分解落实到各级、各层次、各环节的责任人头上，形成一个横向、纵向紧密衔接的作业网，使企业每个成员岗位责任明确，充分调动各层次、各环节、各方面人力资源的积极性与创造性，增强其责任感与成本意识，以保证目标成本的顺利实现。

（五）出版物目标成本实现

出版企业对目标成本进行设定和分解后，最重要的任务是要提高企业的执行力，确保目标成本的实现。要圆满地完成这一任务，应采取以下管理措施：

（1）在设定目标销售利润与目标成本的过程中，出版企业要发动各级经营管理人员及全体职工积极参与此项工作，通过参与，使他们充分了解市场，明确经济效益目标，增强成本意识，将个人岗位目标、部门目标与出版企业整体发展目标紧密结合。并根据本单位的具体情况与经营策略，按照市场经济规律，合理地确定各项目标成本，使之更具有科学性，更符合出版企业发展的实际情况，更微观具体，更具可行性。

（2）出版企业要按照现代企业制度的要求调整结构，改革经营机制，优化人力资源配置，理顺工作关系，建立健全工作岗位，确定人员编制，为实行目标成本预算管理创造良好条件。

（3）要健全岗位责任制度，并将职工的工作绩效与个人的经济利益直接挂钩。出版企业全体干部职工要权责明确，严格考核。对在工作中积极努力、认真负责、勇于创新、业绩突出的单位或个人，要给予表彰，并在劳务报酬上给予充分体现。而对在工作中态度消极、不努力、不积极主动，造成目标成本任务未完成以致影响了本科室、本部门甚至企业整体目标成本预算实现的单位或个人，要给予严肃的批评，并追究责任，同时根据责任大小及造成不良后果的程度，在经济上给予一定的处罚。对于那些不能胜任重要岗位工作的人员要尽快予以调离。

（4）财务部门要改变以往的核算管理方式，充分发挥核算、监督和管理的职能作用。要按部门、科室及个人单独设账，将分配给各部门、各科室的成本指标作为成本费用预算指标进行核算、监督和管理，并在保证工作质量的前提下实行超支不补、结余有奖的管理方法。财务部门要按月、按季编制财务报表，写出财务报告，通报各部门、各科室或个人的预算执行情况，以保证预算实施中的信息及时反馈，使工作中的问题和矛盾能够得到及早尽快解决，保证企业整体目标成本预算管理得以顺利实施，并取得预期效果。

三、实施目标成本预算管理的重要意义

我国出版界在成本管理上虽然采取了一些有效措施，但由于多年计划经济所造成的影响，也还有相当一部分出版企业仍以实际消耗为基础，被动地核算成本。其结果往往是领导着急，而工作在第一线的职工不重视，对实施的成本管理措施不理解，甚至产生抵触情绪，使得成本管理难以取得明显效果。实施目标成本预算管理，将出版成本管理由“事后”管理变成了“事前”管理、“事中”控制，把“专业”管理变成了“全员”管理和“系统”管理，适应了市场经济发展的需要。其重要意义主要表现在以下几个方面：

（1）目标成本预算管理主要是以出版物的价格和利润为基础，改变

了以实际消耗为基础,实行"秋后算账"的传统成本管理观念,将消费者能够接受和出版企业能够承受的出版物价格与出版企业计划实现的目标利润有机地结合起来,为出版企业降低成本,发挥市场竞争优势,提高经济效益开辟了新的途径。

(2) 目标成本预算管理使目标成本的设定有着充分的科学依据。它不是在现实成本的基础上提出几项降低成本的措施或规定某一个成本降低指标,而是根据市场的需求调整出版物选题结构,提高工作效率和工作质量,改进出版物印制方法,合理安排和控制消耗材料的规格档次,最大限度地提高材料利用率,提高出版物的再版率与重印率,使得成本的降低不仅有一定的目标,而且能够落实到每个层次、每个环节,使目标成本的实现具有切实的保证。

(3) 通过目标成本预算管理,把目标成本预算管理具体化,吸引全体职工共同参与,有利于发挥企业全体职工的工作积极性和创造性。同时还可以精简一些不必要的人员编制,节省人力资源,降低成本。

(4) 企业目标成本预算管理是个系统工程,它贯穿于出版物的编辑、出版、市场营销、行政管理等全过程。它从选题策划、组稿、编辑加工、排版、印制、营销、物流等各个方面对出版物进行监督和分析,及时纠正所发生的偏差,把成本限制在目标成本的范围之内,使成本管理成为事先预算控制,把被动管理变成主动管理,提高了成本管理的预见性、目的性和科学性。

目标成本预算管理方法同样适用于实行项目责任制管理的出版企业。

复习思考题

1. 出版物的生产成本是由哪些支出项目构成的?其中哪些项目属于固定成本,哪些项目属于变动成本?

2. 我国出版业现行的成本制度是什么?

3. 为什么说出版成本管理是经济管理的主体内容?

4. 进行出版物销售量、成本和利润之间的关系分析主要有几种方法?具体分析模型是什么?

5. 利润盈亏分界点与目标盈利分界点在出版企业经营决策中有何重要作用?

6. 决定出版物目标盈利分界点的要素有哪些?

7. 若例 4-1 中每册书为 9 个印张,固定成本为 113 000 元,单位变动成本为每印张 0.60 元,销售费用率为 11%,销售税率为 0.5%,每册定价 9.30元,发行折扣 72%,求保本销售量。若目标销售利润定为 20 万元,求其实现目标销售利润的销售量。

8. 预测出版物销售量一般有几种方法? 试分析每种方法的特点。

9. 研究出版物边际成本的核心内容是什么? 它主要解决什么问题? 它与增量成本有何不同?

10. 若例 4-8 中造货数为 30 000 册,固定成本为 60 000 元,每 4 000 册变动成本为 15 000 元,则每册书单位成本为 5 元,其余条件不变,出版社能否答应此条件? 请分别用边际成本与沉没成本的概念分析解决此问题。

11. 简要说明出版企业实施目标成本管理的基本步骤。

12. 实行目标成本预算管理的重要意义主要体现在哪几个方面?

13. 如何科学地设定出版企业的目标成本? 应考虑哪些重要因素?

5

第五章

出版物价格管理

出版物价格管理是指出版企业按照市场规律和价值规律,确立定价目标,制定出版物的价格策略,并运用科学的方法,分析并掌握出版物价格与其影响因素之间的关系,正确、合理地制定和调控各类出版物的价格,从而形成出版物竞争优势的过程。在我国文化体制改革和出版物市场的激烈竞争中,出版物价格管理已经成为出版企业生产经营活动中的一个重要问题,它具有很强的政策性。这就要求出版企业的经营管理者更加重视出版物的价格决策,并运用科学而先进的理论方法来指导出版企业的定价实践。

第一节 我国出版物定价标准改革的历史沿革

由于出版物是一种具有两重属性的特殊商品,所以,建国以来,我国对出版物的定价一贯采取“保本微利”政策。建国初期,出版物基本上是指书刊,其价格依承旧制,由出版企业自行确定,没有一个统一的标准。1956年,出版行业社会主义改造完成以后,国家文化部颁发了全国杂志、书籍定价标准,由京、沪两地试行,确立了书刊正文按印张分类定价的模式。1984年11月,在全国经济体制改革全面启动的大背景下,文化部发布了“关于调整图书定价的通知”,对1956年的书刊定价标准作了初步改革。提出在“保本微利”的原则下,调整图书定价的管理体制和定价标准。其中最主要的是为了适应从严格的计划经济体制向市场经济体制的转轨,对图书定价权力逐步下放,规定地方的图书定价由地方管理,中央一级出版社图书定价在一定的标准幅度内由各出版社自己决定,使出版社对图书定价有了相对灵活性。进入20世纪80年代后期,随着国家经济体制改革步伐的加快,由于国家实行价格改革开放政策,纸张价格和印刷费用标准也随着价值规律和供求关系实行议价,管理费、职工工资也逐年上涨。另外,1983 年和 1984 年国家进行了两次利税改革,出版业由免缴工商税改为交纳 14 种税费,包括增值税、营业税、所得税、城市建设维护费、教育费附加等。还有,我国自 1977 年 10 月恢复稿酬制度后,先后于 1980、1984、1990、1999 年对稿酬标准进行了较大幅度提高,除了提高版税制标准外,基本稿酬标准也由原来的每千字 2~7 元提高到 1999 年的每千字 30~100 元。随着出版物市场竞争程度的加剧,各出版企业为争得好的稿源,不惜以更高的稿酬标准作为代价,由此也加大了书刊的成本费用。与此同时,出版业的改革也在启动,在 1984 年以前,包括出版社在内的出版单位基本上是生产导向型,只注重生产,而不注重经营。但是国家实行利税改革后,不仅印刷企业和发行企业要求实行“自负盈亏,自主经营”,就是出版社也要求从生产型向生产经营型转变,一部分出版社也要求实行“自负盈亏,自主经营”,书刊成本提高了,尤其是印数较少的图书,按照国家统一标准定价都要赔本,出版社内部经营压力加大。为此,国家新闻出版署征得国家物价局的同意,于 1987 年 12 月颁发文件,明确规定:“印数在 3 000 册以下的学术和专业著作,可以参照成本定价。”1988 年 8 月又转发了国家物价局的文件,文件规定:“书刊(中小学课本和大专课本除外)可按成本定价,但其销售利润应为收入额的 5% ~10% 。”这是书价改革中的一次突破性进展。但是,文件又提出:“各出版社在确定印数较少的学术和专业著作价格时,既要核算成本,参照成本定价,又要考虑读者的承受能力,适当把握书价上调的幅度。为避免书价上调幅度过大,对个别成本很高、销量少、亏损较多的学术和专业著作,可按财务隶属关系申请经费补贴。”当时,除中小学课本、高等和中等专业学校的教材采取经费补贴的办法外,其他出版物的价格基本上已经放开,自主权开始下放给各出版单位。1993 年,国家物价局、新闻出版署又联合下发了《关于改革书刊价格管理的通知》,规定大中专教材和中小学课本实行国家定价,与课本配套的教辅、党和国家重要文献由出版单位定价,但须经新闻出版主管部门和物价部门批准与备案,其他出版物由出版单位自行定价。至此,符合市场经济规律的出版物定价体系正式建立。1997 年以后,我国图书定价相对稳定。到 20 世纪 90 年代末期,由于国家财政困难等原因,除特殊贫困地区国家财政仍保证给予中小学课本专项补贴外,其他地区的教材补贴全部被取消。但是,国家有关部门对中小学课本这一公物产品定价的管理力度却在逐年加大。2001 年,国务院办公厅转发国家发改委(计委)、教育部、财政部、新闻出版署等四部委《关于降低中小学教材价格深化教材管理体制改革的意见》,对中小学课本的定价提出降价减负的原则意见,并且国家发改委等有关部门先后出台了有关中小学教材价格政策,对不同版式、使用不同纸张材料的教材价格标准、发行折扣等问题作出了具体规定,同时规定,中小学教材的出版利润率控制在成本费用 5% 的水平,以保证中小学教材的出版和使用。与此同时,国家开始在全国部分省市进行中小学教材出版发行招投标试点工作,继 2002 年在福建、安徽、重庆三个省市试行第一轮中小学教材出版发行招投标之后,2006 年秋新一轮试点范围扩大到浙江、江西、山东、广东、广西、四川、云南、陕西等 11 个省(区)。2006 年,国家发改委、新闻出版总署再次发出紧急通知,自 2006 年 9 月 1 日起,继续降低中小学教科书原来规定的基准价格,并取消价格上浮政策,[1]使得我国中小学教材的价格问题变得十分突出。

第二节 出版物定价的目标与原则

一、出版物定价目标

(一)出版企业经营目标与定价目标的关系

出版企业经营目标,是指出版企业的生产经营活动所要达到或期望达到的目标或效果。经营目标规定和制约着出版企业的一切经营行为,

[1] 国家发改委,新闻出版总署.关于进一步加强中小学教材价格管理等有关事项的通知(特急　发改价格[2006]816 号).2006 年 5 月 7 日

它是出版企业各项生产经营活动的总纲。出版企业的经营目标包括两个方面的要求,一方面是追求社会效益,另一方面是讲究经济效益。最终目的是实现社会效益与经济效益的统一。出版物定价目标,是指出版企业在定价过程中所要达到的目的和要求。它是指导出版企业出版物定价行为的专门化目标,在出版企业出版物价格决策中发挥着主导作用。例如,如果出版企业是以稳定出版物价格作为定价目标,那么,它在营销过程中对于出版物发行折扣的升降就显得比较慎重,通常情况下不会随便对出版物的发行折扣进行调整,而是通过其他方面的生产经营活动,来努力维护价格的一致。如果出版企业对某种出版物主要是以实现社会效益作为定价目标,或者是以抢占出版物市场份额为目的,则在控制出版物定价或发行折扣时就应坚持"保本微利"的原则,而不过分地去追求销售利润率。

由定义可以看出,出版物定价目标和经营目标是两个不同层次的概念,出版企业的经营目标规定着出版企业的整体行为效果,出版物定价目标仅反映出版企业定价过程中的某种期望和追求。因此,二者的关系是:出版物定价目标服从和受制于出版企业的经营目标,而经营目标则指导和约束着出版企业出版物定价目标的内容。一般来说,出版物定价目标是为出版企业的经营目标服务的,它反映了出版企业总体经济效益指标的要求,是实现出版企业经营目标的重要手段和途经。

(二)几种常见的出版物定价目标

1. 以社会效益为首位

出版物的双重属性决定了出版物出版不以盈利为唯一目的,并且应将社会效益放在首位。因此,有些出版物的定价必须坚持经济效益无条件服从社会效益的基本原则。如中小学教材具有商品与公物产品的双重属性,出版中小学教材时的定价就应考虑中小学学生家长的承受能力,坚持"保本微利"的原则;出版某些学术著作是发展社会主义文化的需要,是落实党和国家政策的需要,但这种出版物的特点往往是成本高、印数少,定价又不能太高,有些要做到保本都很困难,即使这样,也必须要出版;在某些重大社会活动、重大自然灾害发生之时,出于政治和稳定社会局势之需要,为配合政府做好宣传工作,出版企业往往要以成本价格或义务捐赠等方式向社会推出有关宣传国家政策法规、科普知识等内容的出版物,为社会作出贡献。

2. 保持相对稳定的价格

保持出版物稳定的价格通常是出版企业获得一定目标收益的必要条件,如果出版物的价格波动太大且频繁,则容易加剧出版物市场的无序竞争,造成市场的紊乱,使读者难以适应,而且也会损害出版物乃至出版企业在读者心目中的良好形象。当然,出版物价格稳定也是一种相对状态,实际上也不可能保持永远不变的价格。一般来说,市场上出现的出版物价格相对稳定状态,是由国家政策规定、市场平稳健康发展、出版物的社会认可程度和相同类出版物品种在市场的占有率以及读者的承受能力所决定的。这种定价目标,可使出版物的价格相对稳定在一定的水平上,避免不必要的价格竞争或价格骤变的风险。这对规模较大的出版企业是一种稳妥的保护政策;对中、小规模的出版企业而言,其目标利润的实现可以得到保障。

3. 维持和提高市场占有率

出版物市场是出版企业的生存基础,维持和提高出版物的市场占有率,不断扩大本版出版物的市场份额,对于各种规模的出版企业来说,都是十分重要的目标。出版物市场占有率高,说明出版企业的经营状况较好,出版物质量较好,大部分出版物的社会认可程度较高,竞争能力较强。一个出版企业只有在出版物市场占有份额逐渐扩大和出版物发行量不断增加的情况下,才有可能实现总体经济效益指标,才有可持续发展的潜力。出版物市场占有率的重要程度甚至于胜过销售利润率。这是因为,如果出版企业的出版物市场占有率呈上升的趋势,那么,即使其暂时的销售利润率不高,但仍然具有较强的发展后劲和竞争优势,并最终将成为市场的赢家。反之,即使出版企业某一时期的出版物销售利润率较高,但是如果其市场占有率是处于不断下降的态势,那么,它的高销售利润率也难以维持长久。从出版物市场占有率的角度出发确定出版企业的定价目标,主要出于两种考虑:一是为了维持出版企业原有的出版物市场份额,延长出版物盈利的生命周期;二是为了打破市场均势,开拓新的市场领域。必须指出,不管出于哪种考虑,单靠出版物的价格因素,出版企业是难以达到稳定和扩大出版物市场占有份额这一目标的，它只是一个重要但非唯一的影响因素。在更多的情况下，出版物市场份额的稳定和增加要通过非价格因素的竞争才能实现。如出版物市场稀缺品牌的创建、出版物整体质量和销售服务水平的不断提高以及出版物市场公平竞争大环境的建设等。

4. 应对或防御价格竞争

竞争是市场经济的一项本质特征，每一个出版企业都必须面对竞争的现实。为此，出版企业在制定出版物价格时，可将如何应对和防御价格竞争作为自身的追求目标。通常是以对出版物价格有决定影响的竞争对手的价格为基础，在比较权衡的基础上，确定本单位出版物的定价目标。一般而言，这种定价目标对同一种出版物有3种可供选择的途径：(1) 以低于竞争对手的销售价格（发行折扣）发行出版物；(2) 以与竞争对手相同的销售价格（发行折扣）发行出版物；(3) 以高于竞争对手的销售价格（发行折扣）发行出版物。出版企业在选择上述3种定价策略时，应根据具体的条件具体分析，尤其要结合出版物的性质、在市场上的可替代性、社会认可程度和出版企业自身的经济实力与经营条件进行综合判断，准确定位自身目标。如小规模的出版企业由于销售费用较低，一般可将出版物的销售价格定在略低于竞争对手的价位上；而那些资力雄厚、出版物质量优越、特色突出、市场占有率处于绝对优势地位的出版企业，则可以考虑将出版物的销售价格定得高于竞争对手，以获得更多的利润。如高等教育出版社出版的高校教材、上海外语教育出版社出版的各类外语读物都显示出出版社实力雄厚、出版物品牌效应突出等竞争优势，他们的出版物在市场上始终保持高销售价格（发行折扣）的地位，为企业赢得了丰厚收益。北大医学出版社多年来坚持以出版医学出版物为特色，打造品牌，靠质量取胜，2004年，该社出版物的销售码洋利润率达到20%的水平。

5. 保持良好的出版物分销渠道

随着出版物买方市场的形成，出版物市场的竞争日趋剧烈，出版物发行的难度日渐增加，使得出版企业建立并且保持顺畅的分销渠道显得尤为重要。而利用价格策略来维持出版物分销渠道的稳定，不失为一种方便有效的手段。因此，越来越多的出版企业在制定出版物价格时都将这一方面的因素列入了可供选择的目标范围之内。事实上，在出版物定价时，不仅要考虑出版企业自身利益，而且也必须要考虑到出版物经销商的利益，这是正常而且是必要的考虑。因为出版企业出版物的分销基本上是通过新华书店、系统和民营经销商来进行的，为了保证出版物分销渠道的畅通无阻，出版企业必须研究价格对中间经销商的影响，并且要为他们留有足够的利润空间，对各类出版物确定适当的发行折扣，从而调动经销商推销本单位出版物的积极性。

由此可见，出版企业的出版物定价目标有多种选择。这就要求出版企业的决策者们首先要根据企业经营目标（整体目标）的规定，提出各种满足整体目标要求的出版物定价目标。其次，要对各种出版物定价目标进行可行性判断，主要包括三个方面的内容：一是是否适应外部环境，即出版物在市场的稀缺程度和将对社会产生的影响、经销商的积极性、读者的需求偏好和购买力状况等；二是是否适应内部条件，即出版企业自身的经济实力和生产能力状况以及现有发行网络建设状况等；三是是否适应出版物本身的要求，即出版物的品种、质量、印制投入情况和生命周期等。通过对各种定价目标进行合理性评判，可以剔除那些不具现实可行性条件的目标，然后对可行性出版物定价目标进一步进行修订、完善、优化，确定最终的定价目标。

二、确定出版物定价的几个原则

由于出版物品种众多，性质各异，读者需求偏好不一，发行量多少不等，加之生产数量的多寡，都会对出版物固定成本和变动成本的变化造成影响。即使是同类出版物或同一种出版物的初版与再版，其成本都有很大的差别。所以，哪类出版物定价（发行折扣）可以偏高，哪类出版物定价可以偏低，哪类出版物定价应该适中，都有很强的政策性。以科技出版物为例：科普读物和各级学校使用的教材（包括教学辅导用书）一般印数较大，成本偏低，定价就应放得低些；学术和专业著作一般印数较少，成本较高，定价就应高些。读者面广、发行量大的出版物和读者面窄、发行量少的出版物以及政策上需要扩大发行的出版物等，都应有不同的定价标准。随着我国社会主义市场经济体制的确立和价格政策的改革，以往有关出版物定价的方法已不再适应市场经济体制改革的要求。比如,出版物由国家规定一个统一的固定价格模式和定价标准,而不能以其他经济杠杆予以调节的做法,已同当今社会主义市场经济的总体要求格格不入;而出版物按印张定价,则忽略了印数对出版物单位成本的定性影响。众所周知,纸质出版物单位成本的高低与印数的大小成反比,出版物印数越大,其固定成本分摊到每个印张的份额就越少,在其他条件不变的情况下,单位成本也就越低。反之,印数越小,每个印张分摊的固定成本越多,单位成本就越高。因此,纸质出版物印数是其单位成本高低和利润盈亏的决定因素。若不管出版物印数大小、单位成本高低,都按一个标准定价,必然会导致价格背离价值。其结果是使得许多出版企业竞相出版各种印数大的畅销书,不愿出版印量小的学术著作和专业技术著作。近年来,随着价格政策改革的逐步深入,在价值规律日益发挥其作用的情况下,不分地区,不问成本大小,由国家规定一个固定的、统一的出版物定价标准的办法已不可取。因此,自新闻出版署在1988年8月转发了国家物价局关于"书刊可按成本定价,其利润率应为销售收入的5%~10%"的文件规定以后,国家对一般出版物不再制定统一的定价标准(中小学课本除外),改由出版企业自行定价,国家只控制其销售利润率。

出版物的定价虽然已经放开,但出版物作为"精神产品"、代表先进文化发展方向的重要属性不能改变,"为人民服务、为社会主义服务、为全党全国的工作大局服务"的指导方针不能偏废。因此,出版企业还应对不同性质的出版物采取不同的定价原则:

(1) 坚持党的新闻出版方针,不以盈利为唯一生产目的。既要追求社会利益,又要讲究经济效益,同时还要考虑读者的承受能力,要便于扩大出版物的发行,有利于实现社会效益与经济效益的统一。

(2) 对不同品种的出版物要区别对待。一般来说,对于发行量较大的普及性的时事政策、政治理论、科学技术、文学艺术等类出版物应采取低价的原则;印数少的或不宜大量发行的出版物可以采取高定价的原则。

(3) 对同类性质的出版物,应根据市场上同类出版物的现行价格而保持相对的平衡。

(4) 为了加强社会主义精神文明建设和推广科技成果,推动科教兴国战略的实施，对于社会效益较好的出版物和一些学术价值较高的理论、科技著作，各种教材、教学辅导用书等应执行“保本微利”的定价原则，必要时，有些特殊出版物甚至仅是实现了盈亏平衡。

总之，出版物定价的确定，应视其定价目标而异，可以获得利润，也可以以盈补亏，但其最终目标应是使出版企业实现社会效益与经济效益的统一，使其资本不断增值，使其规模效益不断提高，保证其具有持久的市场竞争能力。

第三节

出版物定价的影响因素与定价策略

一、影响出版物价格的基本因素

在出版物定价过程中，影响定价的因素很多，如成本因素、市场需求因素、自然因素、政策因素、心理因素和文化因素等。要使出版物的价格制定得更趋规范合理，就必须理清上述诸因素与价格之间的关系。

（一）成本因素

成本是影响出版物定价的最基本因素。在市场经济条件下，根据市场规律，出版物的价格应等于总成本加上合理的利润，否则，出版企业的资产不能实现保值增值，也就难以实现再生产，创造新的更大的价值，出版企业也就不可能保证可持续发展。因此，出版企业应根据出版物的成本结构确定其价格，使出版物的价格高于平均变动成本，以便减少经营风险。

（二）需求因素

出版物的市场需求与价格的关系可以简单地用市场需求潜力与需求价格弹性来反映。出版物市场需求潜力是指在一定的价格水平上，出版物的市场需求可能达到的最高水平。出版物需求价格弹性是指在其他条件不变的情况下，某种出版物的需求量随其价格的升降而变动的程度，它是用需求变化率与价格变化率之比来表示的（在第六章中将对需求价格弹性问题进行专门研究讨论）。需求价格弹性大的出版物，其价格的制定和调整对市场需求的影响较大；需求价格弹性小的出版物，其价格的制定与调整对市场需求的影响较小。而与其他商品的最大不同是出版物的定价在出版物形成成品前已经确定，投入市场以后是不能随意改动的，所以，在实际销售中对价格的调整只能通过调整发行折扣来体现。比如中小学教材辅导读物，市场上同类品种很多，虽然市场需求量较大，但消费者可选择的余地也很大，导致其价格弹性较大，出版企业可采用降低发行折扣和薄利多销的策略；对于某种新版且市场上尚未出现同类品种的出版物，由于其价格弹性较小，则可在消费者可接受的限度内采用优质高折扣的策略。

（三）出版物的市场生命周期因素

出版物同其他商品一样，也存在着市场生命周期。所谓出版物生命周期，是指某种出版物从投入市场开始直到退出市场为止的整个过程。出版物生命周期一般可以分为导入期、成长期、成熟期和衰退期 4 个阶段。在生命周期的不同阶段，市场需求的特征将会发生很大变化，出版企业应根据不同的需求特征采取不同的定价策略。

（四）政策法规因素

由于出版物具有商品和精神产品的二重性，国家对某些出版物的价格具有明确的法律规定。比如，为减轻学生的经济负担，国家有关部门对于公物产品的中小学教材定价、发行折扣及成本利润率等都作出明确具体的规定，任何出版中小学教材的出版单位必须执行，不得擅自调整。

（五）竞争因素

出版物市场竞争的激烈程度不同，对其定价（发行折扣）的影响也不同。竞争越激烈，说明市场上同类可替代出版物产品越多，则对出版物价格的影响也就越大。由于竞争影响定价，出版企业要制定科学的定价策略，就必须充分了解市场上同类出版物的有关竞争情况，如市场占有率、市场需求量、同类出版物的特点、本版出版物的特点、客户的忠诚度、竞争对手的定价策略等。

（六）心理因素

研究读者心理，弄清心理因素对出版物定价的影响是非常必要的。能够对出版物定价产生影响的心理因素主要有：

1. 实惠心理

当出版物的价格放开以后，出版物市场各种降价形式便随之出现，市场上以九折、八折、五折甚至更低折扣销售出版物的现象随处可见，尤其是低折扣图书吸引了大量读者踊跃购买。面对市场的激烈竞争，一些出版企业对经销商批发的出版物发行折扣也越降越低。采取这种推销办法，确实吸引了许多客户，反映了消费者对出版物物美价廉要求的实惠心理。出版企业不仅扩大了出版物的发行量，增加了出版物的销售收入，而且还通过此种途径，将许多长期库存积压的滞销出版物进行了处理，增加了收益。但此种推销办法容易引起高码洋低折扣的不良竞争，或者是引发不顾成本、比赛降价的折扣大战，造成出版物市场的恶性竞争。同时，还要防止不法分子趁机将盗版出版物混入市场，从中牟利，干扰市场正常竞争秩序。因此，出版企业采取低折扣法推销产品时，应遵循价值规律，遵守市场规则，注意维护出版者自身利益，保护良好的市场竞争环境。

2. 自尊心理

有些消费者购买出版物时，不仅追求商品的使用价值，还要追求某种心理上的满足。如采购馈赠礼品，在消费者看来，价格高的是高档商品，拿得出手，脸上光彩。随着人们文化生活水平的不断提高，相互之间馈赠的礼品也越来越追求文化品位，也需要体现出文化特色。根据这种心理，一些出版企业纷纷推出高档礼品挂历、礼品书。其价格较一般出版物要高出许多倍，单位价格少则上百元，多则上千元，甚至上万元，完全超出了出版物本身的价值。但需要这类出版物的消费者终究是少数，市场的需求较难预测，再加上参与此类出版物出版的企业过多，导致市场上高档出版物品种过多，最后往往会造成出版物的滞销，出版企业不得不以很低的折扣倾销处理，由此很容易导致高码洋、低折扣的倾销大战的发生，进而影响出版物市场的秩序和出版企业的形象。

3. 信誉心理

名牌商品必然是“优质优价”、“某类出版物非某出版社出版的不买”，这种消费心理就是信誉心理，在消费者选购行为中起着重要的作用。某些质量上乘的出版物的定价，除了真正达到“优质优价”之外（中小学教材除外），还要适应人们“好货不便宜”的心理作用，在出版物销售过程中，轻易降低发行折扣的做法并不一定都能够取得好的效果。过分降低出版物发行折扣所带来的后果往往是客户对出版企业和其产品的不信任，导致原有品牌的丧失和新产品难以形成品牌以及出版企业信誉的降低。出版企业只有努力去挖掘潜力，开发资源，不断打造出版物品牌，才能创造信誉，增强持久的竞争优势。

4. 外观心理

出版物外观装饰华丽，名称响亮，使人们有美的感觉，有非读、非看、非听不可的欲望，必然会吸引消费者眼球，引发消费者购买的欲望。因此，出版物的装帧设计和出版物名称的确定都是十分重要的。

5. 喜新厌旧心理

随着知识经济时代的到来，人文社会科学、自然科学的新理论、新知识日新月异，内容异常丰富，知识更新的速度越来越快，由此使得人们对出版物的兴趣偏好发生极大变化，对出版物内容更新的要求越来越高。不论是经销商还是读者，对新版出版物的购买兴趣远远胜过重版出版物，造成出版物生命周期过短，出版物的品种更新速度过快。“新书3年以后将被迫退出市场，存货将变成废纸”已经逐渐成为出版物市场竞争中的严酷现实。这种现象在中小学教辅类出版物市场上表现得尤为突出和严重。一种一般的教辅读物，出版版次若是超过两年不改变、出版日期超过一年不改变，则其在市场上的征订数将会受到严重影响。出版企业必须适应经销商与读者的这种需求心理，不断策划内容全新的高质量的出版物选题，加快出版物内容的更新速度，创造新的品牌，以满足社会发展与人们文化生活的需要，进而稳定和提高出版物的市场占有率。

读者购买出版物的心理是多种多样的，上述几种心理状态在目前具有一定的普遍性和代表性，出版企业在制定出版物定价策略时应给予足够的重视。

二、出版物定价策略

出版物定价不仅是一门科学，同时也是一种艺术。因此，出版企业在制定出版物价格时，既要遵循一定的定价规律，又要灵活地掌握定价策略，以提高出版企业对出版物的定价水平，促进出版物的销售。所谓定价策略，是指通过出版物定价的策略措施而获得一定的经营效益。我国出版业现行出版物定价策略较多，现主要介绍以下几种：

1. 高极限价格策略

高极限价格策略是指出版企业在新版出版物投放市场初期，在政策允许和读者基本可承受的范围内，将价格或是发行折扣定到高极限程度，以便在短期内收回出版物所占用的资金，并获得较多的利润。这种策略的着眼点在于：一是尽快收回垫付的资金，补偿出版企业的消耗；二是出版物属于新开发品种，而且在市场上处于独一无二的领先地位，暂时没有出现竞争者，同时对读者又具有很强的吸引力；三是如果有竞争者进入，适当降低出版物发行折扣也比较从容。一般采取高极限价格策略的出版物对象主要是指某些学术著作，经管类、科技类以及馈赠礼品的出版物等。

2. 渗透定价策略

渗透定价策略，是指出版企业在新版出版物投放市场时，将价格定得低于预期价格，以利于为市场所接受，迅速打开销路，抢占更多的市场空间，扩大出版物市场份额。它以出版企业长远获利为着眼点。这种策略的优点是，一方面可以利用低价吸引经销商与读者，迅速打开出版物发行渠道，占领市场，出版企业从较大发行量中获取利润；另一方面又可以较好地建立价格壁垒，阻止竞争者进入，有利于控制市场。但是，运用这种定价策略，出版企业的资金回收较慢，这就要求出版企业必须具有较强的经济实力。另外，实行此种价格策略，如果出版企业以后想对出版物提价也容易遭到读者的反对。一般情况下，这种策略的适应条件是：(1) 新版出版物在市场已有同类可替代品，竞争者已经存在，但出版企业凭借较强的经济实力与生产能力和畅通的分销渠道，通过出版物大批量发行来降低出版成本。(2) 出版物供求相对平衡，市场需求对出版物的价格比较敏感，低价可以吸引较多经销商与读者，扩大市场占有率。(3) 出版企业出于竞争考虑，想尽快占领市场，扩大市场份额，以求赢得在市场领先的地位。

3. 折扣定价策略

折扣定价策略，是指出版企业按照正常情况将出版物价格确定好以后，再根据各种条件给予经销商以不同的定价折扣优惠，以刺激或鼓励经销商大批量进货或连续进货。这是目前出版企业普遍采用的一种定价策略。折扣定价策略实质上是一种营销优惠策略，通常有两种方式：一种是现金折扣方式，即在出版物采取赊销方式允许客户延期付款的情况下，如果客户比原来规定期限提前付款，可按原应付款数额给予一定的折扣优惠（第二章在研究应收账款管理问题时已涉及过与此有关的内容）。采用这种方法，有利于出版企业扩大出版物发行量，加强应收账款的管理，加速资金的周转。另一种是发行折扣方式，又称数量折扣方式，即出版企业为了鼓励客户多批销本版出版物，根据其所购出版物的数量额度，给予不同的定价折扣。以上折扣定价策略的两种方式目前我国各出版企业基本都在采用，而对第二种方式的采用较为普遍。一般情况是，客户购买的出版物数量越多，其享受的折扣优惠就越大。但出版企业对出版物发行折扣的尺度必须要通过严格的成本核算来统一制定，避免造成由于折扣过低而导致入不敷出的现象。同时,要理顺操作程序,要遵守市场规则,出版物定价要讲究科学,不搞高码洋低折扣的不良竞争,避免造成出版物市场发生折扣大战的混乱局面。

4. 配套定价策略

配套定价策略是指出版企业将出版物按学科、专业、系列等组合成套,并分别制定单位价格和成套价格的做法。例如,幼儿教育读物可以按幼儿的年龄阶段出版系列丛书;高考复习辅导读物可将多门课程汇集为系列套书出版。同时,为了考虑读者的承受能力和实际需要,还可将涵盖内容较多、定价较高的单册书改版为按专题介绍的多册单行本,分别制定价格,组成系列套书。配套定价策略可提高出版物产品的竞争优势,有利于出版企业促销出版物,扩大发行量,但此种做法需要占用的出版资源(主要是指版号)较多,对于版号资源稀缺的出版企业来说应慎重考虑。

第四节 出版物定价方法与计算模型

对一般产品来讲,其定价的方法很多,如以成本为中心的成本加成定价法、目标收益定价法,以需求为中心的差别定价法,以竞争为中心的随行就市定价法、收支平衡定价法、变动成本定价法等。根据市场营销学的理论,产品的定价首先应考虑定价目标,其次要研究定价策略。出版物定价的方法就是要保证其定价策略的实施和定价目标的实现。根据出版物的特性,出版企业出版物的定价主要应采用以下几种方法。为了方便起见,这里讨论的均为不含增值税成分的出版物定价。而出版企业在现实中对出版物定价时,一般确定的是含税定价。只要利用以下公式即可求得其含税价格:

$$出版物含税定价 = 不含税定价 \times (1 + 增值税税率)$$

一、出版物盈亏平衡定价法

出版物盈亏平衡定价法，是指运用盈亏平衡原理，根据盈亏界限来确定出版物最低价格水平的一种保本定价方法。此时，出版企业的出版物定价目标主要是从收回出版物成本的角度出发的。它是在保本销售量的基础上制定的价格。使用此方法，是在出版企业已知出版某种出版物的固定成本和生产每一单位出版物所需要的变动成本的情况下，要求出该出版物在一定的销售量时，单位出版物需要达到多少价格，方可实现利润盈亏平衡（即达到保本点）。出版物的价格只有超过利润盈亏平衡点才可能获得利润。

因为要确定出版物的盈亏平衡定价，所以，此时出版物的销售利润应等于零。根据出版物本、量、利之间的平衡关系式：

$$\begin{aligned}\text{总成本} &= \text{出版物销售收入} - \text{销售费用} - \text{销售税金} - \text{销售利润} \\ &= \text{定价} \times \text{出版物计划销量} \times \text{发行折扣} - \text{销售费用} - \text{销售税金} \\ &= \text{定价} \times \text{出版物计划销量} \times \text{发行折扣} \times (1 - \text{销售费用率} - \text{销售税率})\end{aligned}$$

可求得如下定价计算模型：

$$\text{定价} = \frac{\text{总成本}}{\text{计划销量} \times \text{发行折扣} \times (1 - \text{销售费用率} - \text{销售税率})}$$

由此模型求得的定价实际上就是出版物的盈亏平衡定价。因为出版物的总成本等于固定成本与变动成本之和，所以，以上模型又可以变为：

$$\text{盈亏平衡定价} = \frac{\text{固定成本} + \text{单位变动成本} \times \text{计划销量}}{\text{计划销量} \times \text{发行折扣} \times (1 - \text{销售费用率} - \text{销售税率})}$$

在出版企业其他销售业务很少，其他业务收入可忽略不计时，讨论出版物盈亏平衡定价问题还须考虑管理费用率和财务费用率两个基本要素，则上述模型变为：

$$\text{盈亏平衡定价} = \frac{\text{固定成本} + \text{单位变动成本} \times \text{计划销量}}{\text{计划销量} \times \text{发行折扣} \times \left(1 - \text{管理费用率} - \text{销售费用率} - \text{销售税率} - \text{财务费用率}\right)}$$

模型中的销售费用率、销售税率、管理费用率、财务费用率的定义与

第四章中的定义相同。一般来讲,在成本不变的情况下,将出版物价格定在盈亏平衡价格以上,就可盈利;如果将出版物价格定在盈亏平衡价格以下,则会出现亏损。很显然,盈亏平衡定价法只说明了出版企业在出版物销售量确定为某个数量时,什么价格才能保证出版企业不亏本,但它却并没有考虑在这种价格水平上出版企业能否实现出版物预计销售数量的指标。因此,运用盈亏平衡定价法时,必须结合市场的需求情况进行考虑。

例 5-1: 某出版社计划出版一种图书。其中,该书为 5 个印张,预计销售 10 000 册,以 60% 的发行折扣批发销售。已知该书总成本为 24 000 元。另外,该出版社的其他业务收入很少,销售费用率为 6%,销售税率为 0.5%,管理费用率为 7%,财务费用率为 2%,请求出该书单位印张的盈亏平衡价格。若增值税率为 13%,请求出单位印张的含税盈亏平衡价格。

解:由题的条件假设,根据盈亏平衡定价计算模型,可求得:

$$盈亏平衡定价 = \frac{24\,000}{5 \times 10\,000 \times 60\% \times (1 - 6\% - 0.5\% - 7\% - 2\%)}$$

$$= 24\,000 \div 25\,350$$

$$\approx 0.95(元)$$

$$含税盈亏平衡定价 = 0.95 \times (1 + 0.13) \approx 1.07(元)$$

即该书每个印张的盈亏平衡定价为 0.95 元,含税定价为 1.07 元。如果将单位印张定价乘每册书的印张数,即可得出每册书的盈亏平衡定价。如果出版物总成本中未包括插页和封面的成本,可将此两项成本加入出版物的成本总额,再用上述方法求出定价,即为该书完整的盈亏平衡定价。也就是说,出版物在这种定价和销售量的水平上,发行折扣必须在 60% 以上,出版企业才能保本或盈利,若发行折扣低于 60%,则出版企业将会发生亏损。事实上,盈亏平衡定价法的最大使用价值是能够为出版企业确定出版物选题、进行成本控制、确定发行折扣、制定营销方案等经营决策提供不可或缺的重要依据。

二、出版物成本加成定价法

所谓出版物成本加成定价法,是指按照单位成本加上一定比率的其他成分要素来制定出版物价格的方法。也就是说,只要在出版物的成本因素基础上,再考虑一定比率的销售利润、销售税金、销售费用和发行折扣(即给经销商让利部分)因素,即可构成出版物的价格。此种定价方法在出版企业适用性较强。根据出版物本、量、利之间的平衡关系式,利用盈亏平衡定价计算模型的同样推导方法(此时的销售利润率不再为零),则很容易求得成本加成定价法计算模型:

$$定价=\frac{总成本}{\begin{matrix}计划\\销量\end{matrix}\times 折扣\times\left(1-\begin{matrix}销售\\税率\end{matrix}-\begin{matrix}销售\\费用率\end{matrix}-\begin{matrix}销售\\利润率\end{matrix}\right)} \tag{5-1}$$

如果出版企业的其他销售业务发生得很少,则由此产生的其他业务收入可忽略不计,此时,还须考虑“管理费用率”和“财务费用率”两个基本要素,模型(6-1)则变成:

$$定价=\frac{总成本}{\begin{matrix}计划\\销量\end{matrix}\times 折扣\times\left(1-\begin{matrix}管理\\费用率\end{matrix}-\begin{matrix}销售\\税率\end{matrix}-\begin{matrix}销售\\费用率\end{matrix}-\begin{matrix}财务\\费用率\end{matrix}-\begin{matrix}销售\\利润率\end{matrix}\right)}$$

如果需要求出一种出版物的每个印张的定价,则可用每单位出版物的印张数去除单位出版物的定价即可得出,即:

$$每印张定价=\frac{单位出版物定价}{单位出版物印张数}$$

例5-2:若例5-1中的各种假设条件不变,并确定出版物的销售利润率为12%,请求该书的定价。

解:根据成本加成定价法计算模型,可求得:

$$\begin{aligned}定价&=\frac{24\,000}{10\,000\times60\%\times(1-7\%-6\%-0.5\%-2\%-12\%)}\\&=24\,000\div4\,350\\&\approx5.52(元)\end{aligned}$$

含税定价 $=5.52\times(1+0.13)\approx6.24$(元)

这里所求得的定价为每本书的价格。如果还想了解这本书每一个印张的单位定价,则有:

每印张定价 $=5.52\div5\approx1.1$(元)

每印张含税定价 $=1.1\times1.13\approx1.24$(元)

三、出版物随行就市定价法

随行就市定价法又称市场定价法,是指出版企业按照行业的同类出版物的平均价格水平来确定出版物价格的方法。在细分的出版物市场上,当某类出版物市场处于激烈竞争的状态时,发行同类出版物的各出版企业在定价上实际并没有多少可供选择的余地,只能按照行业同类出版物的现行价格来考虑。此时,如果有出版企业将出版物的价格定得高于时价,出版物将难以发行销售;反之,如果把出版物的价格定得低于时价,也会带来其他竞争者削价竞销的风险。即使是在寡头竞争的条件下,即在某类出版物仅有少数几家出版企业出版的条件下,出版企业也倾向于与竞争对手的定价保持相同水平。这是因为,在这种条件下,出版企业彼此之间十分了解,经销商和读者对市场行情也很熟悉,对出版物的价格非常敏感,如果各出版企业的价格稍有差异,客户和读者将会立即转向价格较低的出版企业。所以说,随行就市定价法是针对在市场竞争剧烈情况下的一些出版物所采取的一种较稳妥的定价法,它可以减少风险,也容易与出版界同行和平相处。现实中,出版企业使用随行就市定价法进行出版物定价,不仅要关注市场同类出版物的定价水平,同时也要掌握竞争对手的出版物发行折扣水平,做到本版出版物二者的水平与市场平均水平趋同。因为出版物的交易最终要体现在发行折扣上,如果定价水平不同,只是追求发行折扣相同,或者是定价相同,发行折扣不同,其结果都不会达到随行就市定价的效果。

出版物随行就市定价法的基本程序是:第一,研究竞争对手,确定本单位的出版物内容质量在同类出版物品种中所处的地位,以及该出版物预计能够占有的市场份额;第二,掌握同类出版物的市场平均价格、发行折扣和平均成本水平;第三,确定本版出版物的定价与发行折扣,并根据这种出版物的市场平均成本水平来控制本版出版物的成本水平。如果出版企业的成本低于市场平均成本水平,则可以获取较高的收益;反之,则只能获得微利甚至亏损。

四、出版物差别定价法

出版物差别定价法，又称区分需求定价法，是指在特定条件下，出版企业以不同比例差异的价格出售某种出版物。出版企业采用差别定价法的主要形式是以客户为基础的差别定价折扣。即指对不同的经销商，可以采用不同的定价折扣形成不同的销售价格。主要做法是，当同一种出版物销售给经销商时，出版企业可根据他们批发数量的不同给予不同的折扣优惠或不给予折扣优惠。如出版企业开办的读者服务部或书店，为了鼓励老客户购书，在一定条件下（如累计购书款达到一定的数额），发给其购书优惠卡。当他们下次再来购书时，凭此优惠卡便可享受一定的折扣优惠。又如，加入贝塔斯曼书友会后，会员每次买书都能享受6～9折优惠，但入会的条件之一就是每3个月须至少购买其1本图书。采用差别定价法必须要具备一定的前提条件。实行差别定价法要有明确的条例，出版企业要进行统一管理，防止无原则无限度的优惠，最后造成得不偿失，甚至搞乱自己的市场。

第五节 出版物发行折扣决策方法

出版物不同于其他商品的一个重要特点是，当其定价一旦确定，只要不进行较大的内容修订，就不再会改变。因此，根据出版物市场的一般规则，当经销商向出版企业批量购买出版物时，可以享受该出版企业提供的一定价格折扣优惠政策，即出版企业将按照出版物目录价格（码洋）的一定百分比为经销商提供售货服务，这种目录价格的百分比就是我们平常所说的出版物发行折扣。经销商从中获得的折扣优惠，即出版物定价的另一个百分比称为发行让利折扣。当出版企业的某种出版物进入市场时,首先需要解决的问题是确定该出版物的批量发行折扣。出版物的发行折扣既关系到经销商积极性能否调动的问题,又直接影响着出版企业销售收入的水平和盈利水平,在出版物销售过程中起着十分重要的作用。一种好的出版物(包括纸质出版物、音像出版物、电子出版物等)不仅要保证上乘的内容质量与优质的印制质量,而且其发行折扣也必须确定得合理、科学,这样才既能够满足社会主义精神文明建设的需要,为社会提供优质的精神产品,又能够吸引更多的经销商与读者,拉动出版物的市场需求,扩大市场的份额,赢得良好的经济效益。出版企业若不按市场经济规律办事,不考虑出版物的特点和市场对它的需求情况,将发行折扣定得过高,则可能会使出版物遭受到客户的冷遇,难以尽快被市场所接受,甚至造成坐失良机、客户流失的严重后果。反之,若只是为了占领市场,将出版物发行折扣定得过低,而不考虑出版物的成本投入与收益期望,也不考虑该类出版物的市场发展前景,或者是为了满足中间商的获利欲望,采取"高码洋,低折扣"的做法对出版物进行销售,其结果或者是出版企业将随时面临陷入收不抵支困境的风险,或者是出版企业虽然从中可以获得一些收益,但却直接损害了广大读者的利益,由此将会损害出版企业在社会上的形象,降低出版物在读者心目中的地位。同时,这些做法也会遭到出版业同行的反对,甚至会引发或者助长出版物市场的价格大战,扰乱出版物市场公平竞争的秩序。因此,如何科学、合理地确定出版物发行折扣一直是出版企业经营管理者在经营决策中要探讨的重要课题,也是我国新闻出版行政管理部门进行出版物市场秩序整顿时非常关注的问题。

一、我国出版业现行出版物发行折扣决策方法简析

我国出版业目前采用的出版物发行折扣决策方法主要有以下几种形式:

1. 政策折扣

政策折扣是指国家有关部门对某些特殊性出版物明确规定的发行折扣,它关系到党的方针政策的贯彻落实。比如,为了减轻中小学生经济负担,我国有关部门自 2000 年开始,要求对中小学新课程标准教材的出版

实行降价减负，国家发改委、财政部、新闻出版总署联合发文，根据使用不同纸张材料的规格，统一对全国新课标教材核定单位印张中准价。例如，教材内文使用787mm×1 092mm规格，定量为80克胶版纸印制，双色版每印张中准价为0.672元，彩色版为0.812元；使用定量为等105克铜版纸印制，彩色版每印张中准价为1.310元。在实行过程中，再由各省（直辖市）的物价管理部门根据地方的实际情况，对教材印张单价在国家中准价上下5%的浮动幅度内进行核定（2006年国家发改委、新闻出版总署又出台了新的中小学教材降价政策）。教材发行时，在全国范围内规定统一的发行折扣标准，即黑白版教材发行折扣为70%，彩色版教材发行折扣为72%。对于这种政策折扣，出版企业只能不折不扣地执行，无权擅自变动。

2. 市场折扣

市场折扣是指出版企业根据市场上相同类出版物的平均发行折扣所确定的本版出版物发行折扣。目前，我国出版企业在确定出版物发行折扣时往往采用此方法。这种确定出版物发行折扣的方法具有许多优点，但也存在着一定的缺陷。其优点是，这种随行就市的出版物发行折扣容易被新客户所接受，也有利于稳定老客户，出版物的发行不会有太大的风险。同时，能够较好地与出版业同行在市场上和平共处，彼此之间互不影响。其缺陷是，由于出版物的出版单位不同，其成本费用的投入水平不一，且定价标准各异，若出版物发行折扣统一以市场平均发行折扣为基准，势必会造成出版企业所得收益的不平等，尤其是对于某些投入大，定价偏低的出版物，此问题将表现得更为突出。这不仅不利于保护坚持“保本微利低定价”出版原则的出版企业的经济利益，而且还会助长不遵守市场规则，任意抬高出版物定价的不良风气的滋生与蔓延。另外，由于出版物市场竞争激烈，市场秩序缺少规范化，各家出版企业的出版物发行折扣各取所需，随意设定，高低不等，在这种情况下，要确定出版物在市场上比较公平而又科学的平均发行折扣将会非常困难。

3. 比重分割折扣

比重分割折扣，是指出版企业按照出版物各有关要素（包括成本、期间费用、销售税金、销售利润、发行让利折扣）所占出版物定价（码洋）的不同比重分割后所确定的发行让利折扣。一般平衡关系式为：

发行让利折扣＋成本比率＋销售费用比率＋销售税金比率＋销售利润比率＝100%

整理后可求得发行让利折扣计算模型：

发行让利折扣＝100%－成本比率－销售费用比率－销售税金比率－销售利润比率

当出版企业其他业务收入很少发生时，其管理费用、财务费用也要由出版物的定价来分摊，因此，这时出版物发行让利折扣计算模型变为：

发行让利折扣＝100%－成本比率－销售费用比率－销售税金比率－管理费用比率－财务费用比率－销售利润比率

其中，

$$成本比率=\frac{总成本}{总定价(码洋)}\times 100\%$$

$$销售费用比率=\frac{总销售费用}{总定价(码洋)}\times 100\%$$

$$销售税金比率=\frac{总销售税金}{总定价(码洋)}\times 100\%$$

$$管理费用比率=\frac{总管理费用}{总定价(码洋)}\times 100\%$$

$$财务费用比率=\frac{总财务费用}{总定价(码洋)}\times 100\%$$

$$销售利润比率=\frac{总销售利润}{总定价(码洋)}\times 100\%$$

显然，当求出发行让利折扣以后，出版物的发行折扣也即求得：

发行折扣＝1－发行让利折扣

随着我国出版业的快速发展以及出版经营者管理水平的不断提高，以上述计算模型确定出版物发行折扣的方法越来越被更多的出版企业所采用。这种决策出版物发行折扣的方法不仅考虑了出版物的成本和期间费用的要素，考虑了为经销商让利的成本，同时也考虑了拟实现销售利润的盈利目标，避免了确定出版物发行折扣中的盲目性，降低了销售风险，既保障了出版企业的销售收益，又保护了出版物经销商的利益。当然，由此确定的出版物发行折扣还必须要结合出版物市场的实际情况进行不断修订和调整，使之能够适应出版物市场的大环境，经受住市场的考验，有利于巩固和扩大市场占有率。

但是，此方法也还存在一些不足。由于出版物成本费用的核算与出版物的销售不可能完全做到同步，即使目前使用了计算机管理，当出版物发行时，最快的结果也只是能够提供销售成本数字，至于销售费用、产品销售税金或者是管理费用、财务费用等期间费用的分摊结果还必须待到月末、季末甚至年底才能提供。所以在实际操作时，对于这些期间费用只能根据出版企业前些年的平均分摊水平或参照市场现行的平均水平来确定。如果出版物近几年的定价水平比较平稳，市场竞争比较规范，出版企业规模相对稳定，则用前几年出版物期间费用支出占出版物定价（码洋）比重的平均水平或用当前出版物市场上的平均比率作为当期出版物的相应比率，计算出来的出版物发行折扣与预期结果才不会产生较大误差，也就是说，不会造成决策上的失误，预计的目标销售利润才不会脱离实际。但是，如果市场竞争很不规范，卖方继续实施“高码洋，低折扣”，买方仍奉行“退货没商量”，出版物定价没有统一标准，随意性很大，使得出版物定价水平极不稳定，在这种情况下求得的出版物期间费用支出及获取的销售利润所占定价（码洋）的比重不具有代表性和规律性，显然也缺乏科学性。若以这样的指标作为确定当期出版物期间费用和目标销售利润比重的依据，计算出来的出版物发行折扣必然缺乏科学性与实用性，存在着决策失误的潜在风险。

二、两种新的出版物发行折扣决策模型

我们根据出版物的盈亏平衡原理和目标盈利规则，对出版物的期间费用及目标销售利润采用按出版物销售收入比重划分的方法，来探讨出版物发行折扣决策的两种新方法，并给出新的决策模型。同前面一样，这里所涉及到的出版物定价的概念仍然是不含税定价。如果已知出版物的含税定价，则出版物不含税定价可由以下公式求得：

$$\text{出版物不含税定价}=\frac{\text{出版物含税定价}}{1+\text{增值税税率}}$$

1. 出版物盈亏平衡折扣决策模型

出版物盈亏平衡折扣，是指出版企业根据盈亏界限所确定的保证出版物收支平衡的发行折扣。它是在出版物定价、预计销售数量、总成本、销售费用、销售税金等要素确定的情况下，出版企业经营管理者决策某种出版物发行折扣时所要掌握、控制的盈亏临界线。也就是说，出版物的发行折扣只有高于盈亏平衡折扣，出版企业才有可能获得销售利润；若等于盈亏平衡折扣，出版企业可实现收支平衡（保本）；若低于盈亏平衡折扣，出版企业将会亏本。因此，当某种出版物准备批量发行之前，首先求出该出版物的盈亏平衡折扣是非常必要的，对于出版企业沉着应对市场的价格竞争、合理控制出版物发行折扣、防止盲目跟风、规避风险具有十分重要的意义。

根据出版物盈亏平衡原理，出版物销售利润等于零。即：

销售收入 - 总成本 - 销售费用 - 销售税金 = 0　整理后可得：

$$\begin{aligned}\text{总成本} &= \text{销售收入} - \text{销售费用} - \text{销售税金}\\ &= \text{定价}\times\text{出版物计划销售量}\times\text{发行折扣} - \text{销售费用} - \text{销售税金}\\ &= \text{定价}\times\text{出版物计划销售量}\times\text{发行折扣}\times(1 - \text{销售费用率} - \text{销售税率})\end{aligned}$$

上式两端同时除以“定价 × 出版物计划销售量 ×（1 - 销售费用率 - 销售税率）”，则可得出如下计算模型：

$$\text{发行折扣} = \frac{\text{总成本}}{\text{定价}\times\text{出版物计划销售量}\times\left(1 - \text{销售费用率} - \text{销售税率}\right)}\times 100\%$$

由上式求出的发行折扣就是出版物盈亏平衡折扣，定义此计算公式为出版物盈亏平衡折扣决策模型。所以，上式又可写成：

$$\text{盈亏平衡折扣} = \frac{\text{总成本}}{\text{定价}\times\text{出版物计划销售量}\times\left(1 - \text{销售费用率} - \text{销售税率}\right)}\times 100\% \qquad (5\text{-}2)$$

由于目前我国有大部分出版企业的其他销售业务发生得很少，故由此发生的其他业务收入可以忽略不计。在这种情况下，照常规应由销售利润与其他销售收入共同分摊的出版企业的管理费用、财务费用将由出版物的销售利润全部承担，或者说要由出版物的销售收入全部承担。因此，在确定出版物盈亏平衡折扣时，还应考虑“管理费用”和“财务费用”

两个要素，即在模型中还应增加“管理费用率”和“财务费用率”要素。于是，模型(5-2)变为：

$$\text{盈亏平衡折扣}=\frac{\text{总成本}}{\text{出版物定价}\times\text{计划销售量}\times\left(1-\text{销售费用率}-\text{销售税率}-\text{管理费用率}-\text{财务费用率}\right)}\times 100\% \quad (5\text{-}3)$$

同样，由于出版物期间费用和销售收入总额核算的滞后性，计算模型中的销售费用率、销售税率、管理费用率和财务费用率均须参照出版企业前些年(一般是前3年)已经发生的平均水平，并结合市场和出版企业的实际经营规模来确定。如果出版企业的生产经营规模最近几年一直保持持续稳定的发展，所发生的期间费用所占出版物销售收入的比重必然相对稳定，与出版物每年的实际分摊水平不会产生太大误差；如果出版企业的经营规模、投资范围、出版物产品结构等发生了较大变化，所发生的期间费用、销售税金必然也会随之发生变化，此时出版企业在确定期间费用比率和销售税金比率时应给予适当考虑，并进行必要调整。

例5-3：某出版社出版一种图书，含税定价为9.04元，增值税率为13%，期货订数为20 000册。已知该书的固定成本为13 500元，每册书的变动成本为2.10元。若该出版社其他销售业务很少，且近3年的平均销售费用率为5%，平均销售税率为0.5%，平均管理费用率为8%，平均财务费用率为1%。试确定该书的盈亏平衡折扣。

解：出版物不含税定价为：$\frac{9.04}{1+0.13}=8$(元)，根据模型(5-3)：

$$\text{盈亏平衡折扣}=\frac{13\,500+2.10\times 20\,000}{8\times 20\,000\times(1-5\%-0.5\%-8\%-1\%)}\times 100\%$$

$$=\frac{55\,500}{136\,800}\times 100\% \approx 41\%$$

这就是说，该书发行时，如果不发生退货，其盈亏平衡发行折扣为41%。若高于此发行折扣，出版社就可以盈利；低于此发行折扣，出版社将要亏本。

2. 出版物目标盈利折扣决策模型

出版物目标盈利折扣，是指能够实现一定销售利润期望值的出版物发行折扣。也就是说，出版物按照此发行折扣销售，出版企业不仅可以收回成本费用,还可以获得所期望的目标销售利润。目标盈利折扣直接关系到出版企业财务成果与经营目标的实现。因此,科学地确定出版物目标盈利折扣非常重要。

出版物的盈亏平衡折扣与目标盈利折扣的重要区别是:前者是要保证出版物利润盈亏平衡,收支相等,销售利润为零;后者是要让出版物盈利,要追求一定的经济效益指标。因此,只要在盈亏平衡折扣计算模型的基础上增加出版物"销售利润率"(销售利润与销售收入的比率)这一要素,便可得到目标盈利折扣计算模型。其计算模型为:

$$\text{目标盈利折扣}=\frac{\text{总成本}}{\text{定价}\times\text{出版物计划销售量}\times\left(1-\text{销售费用率}-\text{销售税率}-\text{销售利润率}\right)}\times 100\%$$

同样,当出版企业的其他销售业务发生得很少时,由此发生的其他业务收入可以忽略不计。故这些出版企业在计算目标盈利折扣时,还应考虑"管理费用"和"财务费用"这两个重要影响因素。此时的目标盈利折扣计算模型变为:

$$\text{目标盈利折扣}=\frac{\text{总成本}}{\text{定价}\times\text{出版物计划销售量}\times\left(1-\text{销售费用率}-\text{销售税率}-\text{管理费用率}-\text{财务费用率}-\text{销售利润率}\right)}\times 100\%$$

例5-4:在上例中,如果增加条件"期望该书的销售利润率不低于30%",试求其目标盈利折扣。

解:根据计算模型可求得:

$$\text{目标盈利折扣}=\frac{55\,500}{8\times 20\,000\times(1-5\%-0.5\%-8\%-1\%-30\%)}\times 100\%$$

$$=\frac{55\,500}{88\,800}\times 100\%\approx 63\%$$

此结果说明,发行此书,如果不发生退货,平均发行折扣只要不低于63%,就可以实现不低于30%的销售利润率指标。

3. 不容忽视的出版物"退货率"因素

在市场经济条件下,出版物销售的包销方式正在逐步被寄销制和经销包退制所取代,随之而来的"退货没商量"现象日趋严重。出版物不同于一般商品,对于经销商的退货,由于经过长途运输及多次装卸,导致大部分出版物破损报废，或者由于时间的耽搁，造成时效性较强的出版物过期作废，出版企业承受着来自市场的全部风险。因此，出版企业在决策出版物发行折扣时，必须要考虑出版物“退货率”这个直接影响销售收入目标实现的重要因素。也就是说，被退回出版物的成本费用也要由实际销售的出版物所实现的销售收入来承担。根据盈亏平衡原理和目标盈利规则，可求得以下出版物发行折扣计算模型：

$$\text{盈亏平衡折扣}=\frac{\text{总成本}}{\text{定价}\times\text{出版物销售量}\times(1-\text{退货率})\times\left(1-\text{销售费用率}-\text{销售税率}-\text{管理费用率}-\text{财务费用率}\right)}\times 100\%$$

$$\text{目标盈利折扣}=\frac{\text{总成本}}{\text{定价}\times\text{出版物销售量}\times(1-\text{退货率})\times\left(1-\text{销售费用率}-\text{销售税率}-\text{管理费用率}-\text{财务费用率}-\text{销售利润率}\right)}\times 100\%$$

其中：

$$\text{出版物退货率}=\frac{\text{出版物退货量}}{\text{出版物总销售量}}\times 100\%$$

例 5-5：在上例中，若增加条件“出版物退货率控制在 5% 以内”，请求出出版物盈亏平衡折扣和目标盈利折扣。

解：根据计算模型容易求得：

(1) $$\text{盈亏平衡折扣}=\frac{13\,500+2.10\times 20\,000}{8\times 20\,000\times(1-5\%)\times(1-5\%-0.5\%-8\%-1\%)}\times 100\%$$

$$=\frac{55\,500}{129\,960}\times 100\%\approx 43\%$$

(2) $$\text{目标盈利折扣}=\frac{13\,500+2.10\times 20\,000}{8\times 20\,000\times(1-5\%)\times(1-5\%-0.5\%-8\%-1\%-30\%)}\times 100\%$$

$$=\frac{55\,500}{84\,360}\times 100\%\approx 66\%$$

第六节

出版物生命周期与销售利润率关系分析

在利用目标盈利折扣计算模型来决策出版物发行折扣时，最为关键的是要正确、科学、合理地确定出版物的“销售利润率”指标。出版企业在确定某种出版物销售利润率时，不仅要考虑出版物总体盈利水平的要求，更要考虑不同种类出版物自身的特点（包括生命周期、市场需求价格弹性等），以保证所确定的销售利润率科学而又切合实际，具有实现的可能。一般情况下，出版企业应根据出版物生命周期的不同阶段来确定其销售利润率。出版物生命周期是指某种出版物从投入市场开始直到退出市场为止的整个过程。出版物的一个生命周期可由4个明显的阶段加以区分，分别是出版物的“导入期”、“成长期”、“成熟期”和“衰退期”。在市场竞争中，出版物的需求与其生命周期的发展变化有着十分密切的关系，它随着出版物生命周期不同阶段的变化而发生变化，因此，出版物的盈利水平在其生命周期的不同阶段也必然有所不同。出版企业的经营管理者必须随时掌握这些变化情况，并根据具体变化情况作出正确的经营决策，对出版物确定不同的销售利润率。

一、出版物生命周期与销售利润率之间的关系分析

（1）在出版物的导入期，对某些出版物而言，竞争对手尚未进入市场，暂时没有同类替代品出现，出版物在短期内可居垄断地位，较容易占领市场。这时，在国家政策和条件允许的情况下，可以将销售利润率定得高一些，即将出版物发行折扣定得高一些，以便迅速收回投资。而对于市场规模较大、同类出版物品种较多、竞争激烈的出版物，可以将销售利润率定得低些，即将出版物发行折扣定得低些，以便尽快打开销路，夺取更大的

市场份额。但是,此时出版物发行折扣一旦确定,以后再要提高就很困难了。

(2) 在出版物成长期内,出版物已逐渐得到客户或消费者(读者)的认可,并在市场竞争中占有较为明显的优势,市场需求量逐渐增大。由于出版物此时基本上处于重印或再版阶段,其固定成本随着印数的增加而逐渐减少,总成本水平逐渐降低,此阶段出版物的销售利润率应保持较高水平,所确定的销售利润率应高于出版物整个生命周期的平均销售利润率水平。因此,出版物只要保持稳定的发行折扣,就可以使出版物销售利润率水平逐渐提高。为了延长出版物的成长期,出版企业应根据市场需求和出版物竞争的特点,对出版物的内容及版式装帧不断修订完善,使其在市场上始终保持内容新颖、特色突出的特点,同时进一步提高售后服务水平,以维持市场的最大占有率。

(3) 在出版物的成熟期内,市场需求量达到最大值,且逐渐趋于饱和状态,加之竞争对手的进入,许多具有新特色的同类出版物陆续进入市场,造成本版出版物被替代的现象日趋严重,其销售增长率逐渐下降。在此阶段,出版企业要采取措施,加强管理,努力降低出版成本,在市场规则允许的范围内,采用低折扣倾销的方法,进一步扩大出版物市场份额。

(4) 在出版物衰退期内,大量新的同类出版物进入市场,原来的客户和消费者(读者)的购买欲望纷纷转向新的同类出版物,使本版出版物的销售增长率急剧下降,市场需求逐渐减少。出版企业此时可根据具体情况对出版物的发行折扣做些微调,使其稳中有降,以保持该出版物在消费者(读者)心目中的位置。与此同时,出版企业应根据市场的需求,尽快考虑开发同类出版物的新品种,逐步以新品种替代原有出版物,保住市场的份额,并用新的品牌创造新的市场需求,以保持出版企业销售收入持续稳定地增长。

显然,出版物销售利润率在出版物生命周期的某一个阶段是个常量,而对出版物的整个生命周期而言,它又是个变量。因此,出版企业应准确把握出版物生命周期不同阶段的特点,确定与之相适应的销售利润率。

二、出版物生命周期阶段的定量测定方法

出版企业只有随时掌握本版各类出版物生命周期所处的不同阶段，才能够在激烈的市场竞争中做到心中有数，并准确地把握机遇，科学地进行经营决策，合理地配置出版资源，不断扩大市场份额，赢得市场的主动权。由于出版物的整个销售过程全部是通过市场来实现的，而处于剧烈竞争中的出版物市场往往又是瞬息万变的，因此，对出版物生命周期所处阶段的确定比较困难。事实上，研究出版物生命周期所处阶段的测定，实际上就是研究出版物的销售量在不同时期的各种变化趋势，而变化率又是理论研究工作者考核事物发展变化趋势最常用的量化指标。基于此，我们这里试图从不同时期出版物的销售变化率的角度探讨一种定量测定出版物生命周期所处阶段的具体方法，不妨定义此方法为“销售变化率测定法”。所谓销售变化率测定法，是指利用出版物销售变化率的大小来判断出版物在其生命周期中处于哪一阶段的一种方法。

设 Q 为出版物销售量，t 为出版物销售日期数，ΔQ 为某时期内出版物销售量的增量，Δt 为出版物销售日期的增量（如图 5-1 所示），则出版物销售变化率的计算公式为：

$$K=\frac{\Delta Q}{\Delta t}$$

显然，出版物的销售变化率与其销售增量正相关，表明出版物在单位时间内的销售增量。每种出版物生命周期不同阶段的基本区别在于各阶段销售变化率的变化不同。在出版物导入期，其销售量增长缓慢，销售量的增量较小，销售变化率也较小；在出版物成长期，其销售量急剧上升，销售量的增量较大，销售变化率随之变大；在出版物成熟期，其销售量增长又趋于缓慢，销售量的增量变小，销售变化率也随之变小；在出版物衰退期，其销售量明显减少，此时出版物销售量增量将出现负值，销售变化率也随之出现负值。因此，通过计算出版物不同时期的销售变化率，并比较其大小，基本上即可对出版物生命周期所处的阶段作出判断。

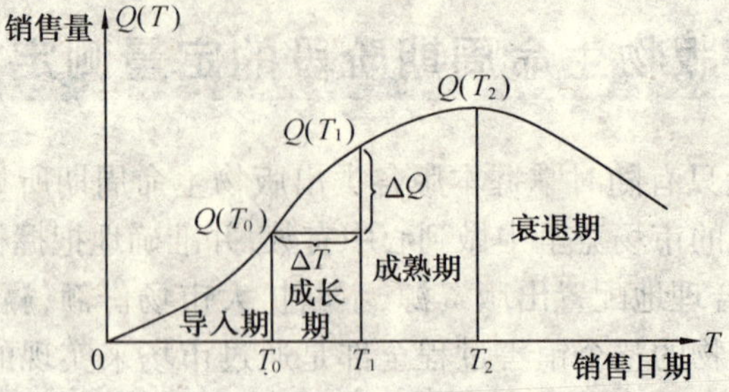

图 5-1　出版物寿命周期示意图

在求得出版物一定时期的销售变化率以后，可根据现代决策分析理论对出版物生命周期所处的阶段进行判定。一般来说，在某一时期内，如果 $0 \leqslant K < 0.1$ 时，说明出版物销售量增长表现得平稳缓慢，通常确定出版物的生命周期处于导入期或者是成熟期，而成熟期的特征是市场对该出版物产品的需求基本趋于饱和状态，出版物销售增长速度开始放慢；如果 $K \geqslant 0.1$ 时，说明出版物产品在市场上已被广泛认识，因此，市场需求量增长较快，导致出版物销量快速上升，通常确定出版物的生命周期处于成长期；如果 $K < 0$ 时，说明出版物销售量开始持续下降，也就是说，市场需求已经大部分得到满足，出版物产品在单位时间的销售量不仅没有增长，反而开始下降，故确定出版物的生命周期处于衰退期。[1]

在使用出版物销售变化率测定法进行出版物生命周期所处阶段的测定时，可以根据出版物在某一时期初和时期末发生的销售量的历史数据求得其销售变化率，再进行判断，但如果期初与期末的时间间隔较长，则由此测定的结果与实际情况相比产生的误差将会较大。比较科学的做法是根据某一个时期内所发生的多个历史数据求得出版物的平均销售变化率进行测定，即：$K = \dfrac{\sum K_i}{n}\ (i = 1, 2, \cdots n)$，其中 K_i 是该测定时期内第 i 个时间段的出版物销售变化率，$K_i = \dfrac{\Delta Q_i}{\Delta t_i}(i = 1, 2, \cdots n)$，$\Delta Q_i$ 是出版物在第 i 个时间段的销售增（减）量，n 是在测定时期内所求得的销售变化率 K_i 的个数。测定时所选取的出版物销售量的历史数据所发生的时间可

〔1〕 陈湛匀. 现代决策应用与方法分析. 上海：立信会计出版社，1994：118

以是分布均匀的，也可以是随机的，但都必须是分布在整个测定期间内的，而且对历史的数据取得越多，其求得的变化率与实际的误差就越小。只有如此，才能真实反映出版物销售量在这一时期内的总体变化趋势，也才能使测定的结果更符合实际情况。另外，如果出版物的市场需求具有很强的时间性、周期性（如教材、教学辅导读物等），则测定生命周期时应跨月度或跨季度或跨年度选取该出版物同期销售量的历史数据，求得平均销售变化率，再进行比较判断。

例 5-6：出版社出版的某种大众出版物投入市场后的某年 7 月份至 12 月份销售量情况如下：1.2 千册、1.5 千册、1.6 千册、1.45 千册、1.65 千册、1.6 千册，请确定该出版物生命周期所处的阶段。

解：可以考虑使用销售变化率测定法。根据所给数据可知，$\Delta Q_1 = 0.3$，$\Delta Q_2 = 0.1$，$\Delta Q_3 = -0.15$，$\Delta Q_4 = 0.2$，$\Delta Q_5 = -0.05$，$\Delta t_i = 1(i = 1,2,3,4,5)$，所以，$K_1 = 0.3$，$K_2 = 0.1$，$K_3 = -0.15$，$K_4 = 0.2$，$K_5 = -0.05$，$n = 5$，代入出版物销售变化率计算公式，得：

$$K = \frac{\sum k_i}{n} = \frac{0.4}{5} = 0.08 < 0.1$$

由此可知，该出版物生命周期应处于导入期或是处于成熟期阶段。一般情况下，在判定出版物某个时期的生命周期所处阶段时，还要考虑该出版物前一时期生命周期所处的阶段。

如果存在反映出版物销售量与销售日期之间关系的数学模型（函数式），不妨设 $Q(t)$ 是出版物销售量 Q 关于销售日期 t 的函数表达式，且此函数在某时间区间内连续可导，则当 $\Delta t \to 0$ 时由高等数学微分学的知识可知，出版物的销售变化率实际上就是出版物销售量 $Q(t)$ 关于销售日期 t 的一阶导数：

$$\text{出版物销售变化率} = Q'(t)$$

其几何意义是出版物销售曲线 $Q(t)$ 的切线斜率。于是，在测定某一时期出版物生命周期所处阶段时，可利用求导数的办法求得在出版物销售曲线相关点的切线的平均斜率：

$$Q(t) = \frac{\sum Q'(t_i)}{n} \quad (i = 1,2,\cdots n)$$

再据此进行判断。当 $0 \leqslant Q'(t) < 0.1$ 时（相当于切线与水平线的夹角小

于或等于 5°40′),则确定出版物的生命周期处于导入期或成熟期;当 $Q'(t) \geqslant 0.1$ 时,则确定出版物的生命周期处于成长期;当 $Q'(t) < 0$ 时,则确定出版物的生命周期处于衰退期。

显然,出版企业必须密切关注出版物在市场的销售信息,准确地掌握每个时期出版物在市场上的销售情况,及时地测定出版物的销售变化率,进行分析比较,判断出版物的销售变化趋势,进而准确地确定出版物生命周期所处的不同阶段,积极主动地采取应对策略,打造精品,使出版企业的出版物产品在激烈的市场竞争中始终保持较强的竞争优势,不断巩固和扩大其市场份额。

复习思考题

1. 出版物定价目标有几种?它与出版企业的经营目标有何关系?

2. 出版物定价策略主要有哪几种?在市场竞争中各有哪些作用?

3. 请根据出版企业的某种出版物有关资料,采用适当定价方法计算出单位价格、保本价格及目标盈利价格。

4. 我国出版业现行的出版物发行折扣方法有几种?各有何优缺点?

5. 两种新的出版物发行折扣决策模型各有哪些特点?与现行出版物发行折扣方法有何不同?

6. 请推导出带有"退货率"因素的出版物盈亏平衡折扣计算模型和目标盈利折扣计算模型。

7. 如何判断出版物生命周期各个阶段?依据是什么?

8. 根据出版物的生命周期确定其销售利润率时应掌握怎样的原则?

现代出版学丛书

第六章

出版物需求分析及应用策略

出版物同社会上其他商品一样，其需求要受到许多因素的影响，包括出版物内容、装帧质量、价格（发行折扣），售后服务水准，市场上同类出版物的价格（发行折扣），消费者（读者）的平均收入水平，消费者心理因素、需求偏好和对出版企业的忠诚度等。在市场经济条件下，了解对出版物的个人需求、市场需求和企业需求的基本规则，掌握直接或间接影响其发生变化的各种因素，分析其变化趋势，探究不同的决策方法，是出版企业为应对激烈的市场竞争，扩大市场份额，实现企业整体经营目标而进行科学决策的基础和出发点。

第一节 出版物需求结构

按照出版物需求的范围划分，出版物需求一般由出版物个人需求、出版物市场需求和出版物企业需求三个部分构成。

一、出版物个人需求

出版物个人需求是指在一定的时期内，在每个价格水平上，消费者愿意和能够购买某种出版物的数量。知识经济时代的到来和我国加入世界贸易组织，极大地推动了我国出版业的发展。出版企业在党和国家新闻出版方针指引下，每年将数万个新品种、数亿册（张）出版物投入市场，提供给消费者选择购买。面对如此令人眼花缭乱、丰富多彩的出版物，每个人在选择购买时，都面临着约束条件下的最优化问题，即在已确定收入水平（约束条件）的条件下，选择能够最大限度地满足个人需要的出版物品种与数量的组合。这种选择实际上是读者购买出版物而得到的满足与它的机会成本(即为购买出版物而舍弃的其他满足)之间的比较。在市场经济条件下,选购出版物的机会成本的度量是由出版物的价格来反映的。因此,影响读者作出购买决策的一个重要因素就是出版物的价格。价格高,需求量就会降低,价格低,需求量就会增加。这就是经济学需求理论中的需求法则(law of demand)。简单地说,需求法则是指在价格和需求量之间存在着一种反比例关系。

在讨论需求法则时,经济学家经常用替代效用和收入效应理论来做说明。所谓替代效用是指当一种物品的价格上涨时,消费者就可能使用其他物品来代替此种物品。或者说,相对价格变化,会使消费者购买便宜的物品,以此来替代价格贵的物品。比如,在同类产品大量存在的教辅读物市场,当某一种版本的教辅读物的价格(发行折扣)提高时,经销商就很可能将购买选择对象转向价格(发行折扣)较低的其他类同的教辅读物,使得该教辅读物需求量减少。所谓收入效应,是指当一种物品的价格变化时,消费者的购买力就相应发生改变。或者说,价格变化会引起实际收入的变化。具体地说,当价格上涨后,每个人在收入条件的约束下,不可能买到和原来一样多的物品。也就是说,物品价格上涨相当于消费者的收入减少。当价格降低时,每个人在原来收入水平上可以买到比原来更多的物品,这相当于消费者收入的增加。替代效用与收入效应构成了价格变化的总效应。

根据需求法则,出版物有如图 6-1 所示的需求曲线图。

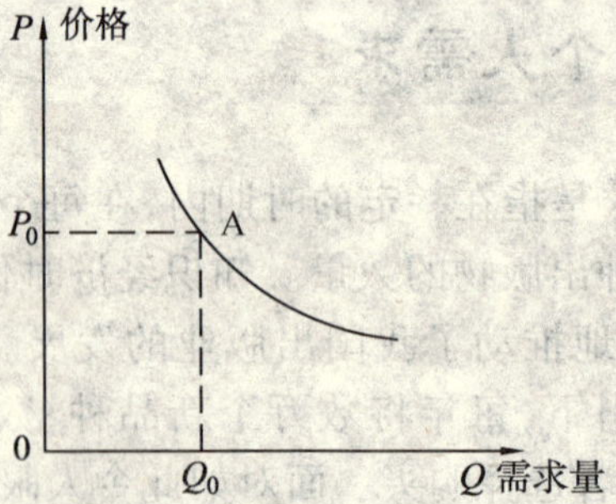

图 6-1　出版物需求曲线图

需求曲线图明确地显示,当出版物的价格(发行折扣)降低时,其需求量就会增加;反之,需求量就会减少。

二、出版物市场需求

出版物市场需求是指在一定时期内,在一定价格水平上,所有个人对某种出版物的需求量的总和。或者说,出版物市场需求是所有出版物个人需求的总和。显然,出版物市场需求量的大小取决于市场中消费者数量及个人购买力水平。在市场经济条件下,一种出版物的价格(发行折扣)是决定其需求量的重要因素,但不是唯一因素。出版企业的经营管理者只有全面了解和掌握影响出版物需求的各种因素,才能针对消费者的各种需求作出积极的反应,采取措施,开拓创新,最大限度地满足消费者对出版物的需求,为繁荣与发展我国的出版业作出最大贡献。在现实中,影响出版物市场需求的因素主要有以下三种:

1. 消费者对出版物的偏好

这是影响出版物需求的一个重要因素。所谓消费者对出版物的偏好是指消费者(读者)由于社会环境、家庭环境、生活习惯、工作职业、受教育程度、物质条件、年龄、性别、个人兴趣爱好等原因而对出版物的喜爱程度。比如,随着经济全球化时代的到来,经管类出版物受到人们的青睐,导致在很长一段时期内,经管类出版物的市场需求量居高不下;随着国民物质生活水平的提高,健身保健问题成为人们闲暇时议论的热门话题,因此,有关营养类、保健类出版物的市场需求量大增;还有,时尚类出版物广受现代城市青年青睐的现象也说明了消费者不同的兴趣偏好直接影响着相关出版物的市场需求。

2. 消费者的收入水平

消费者收入的多少直接影响着其对出版物的需求。从某种意义上讲,出版物对大多数消费者来说不是生活必需品,购买出版物的弹性较大。所以,随着消费者个人收入水平的变化,其对出版物的需求量必然也会随之发生变化。

3. 替代和互补出版物的价格

一种出版物的需求往往会受到其他出版物价格(发行折扣)的影响。

影响的性质取决于这些出版物是替代产品还是互补产品。所谓替代出版物(substitutes)是指内容基本相同的出版物。当一种出版物提高价格(发行折扣),而与其原来价格水平相当的替代出版物的价格(发行折扣)不变时,则该出版物的需求量就可能减少,而其替代出版物的需求量就可能相应增加。比如对于教辅类出版物,在市场上多种版本并存的情况下,若某种版本的教辅读物价格(发行折扣)高于市场上其他同类教辅读物,消费者购买力的兴奋点就会转向其可替代出版物,使得该种教辅读物需求量减少。所谓互补出版物(complements)是指在内容上相互补充、只能同时使用的出版物。比如,教材与教学挂图、外语教材与配套的音像带及多媒体光盘等。这种出版物中的某一种价格(发行折扣)提高,都会导致它的互补出版物需求量的减少,除非互补出版物的总体价格低于市场同类出版物的价格,或者是在市场上暂时还没有出现竞争对手,处于垄断地位。

三、出版物企业需求

出版物企业需求是指出版企业的某种出版物在市场需求中所占有的份额,一般称做市场份额。显然,出版物企业需求是出版物市场需求的一部分,其份额的大小,直接关系到出版企业经营目标的实现乃至出版企业的生存与可持续发展。

在充满竞争的出版物市场,出版物企业需求与市场需求存在着很大区别。只有在完全垄断市场中,二者才会完全一致。出版物企业需求与市场需求的区别主要有以下两种:

(1) 出版物企业需求和市场需求的一个主要区别在于出版物企业需求还有一些额外的影响因素,其中最重要的因素是竞争对手所作出的决策。最典型的现象就是当某一出版企业对一种出版物降低(提高)发行折扣时,只有出版此类出版物的所有出版企业同时降低(提高)发行折扣,才可能保证各家出版企业出版物的市场份额的相对稳定。否则,就可能导致竞争对手出版物的销售量发生变化。

(2) 出版物企业需求和市场需求的另一个区别是,消费者的偏好、收入和替代出版物、互补出版物价格等的变化对二者的影响程度不相同。

比如，由于读者偏好的原因，使得原有的武侠小说类出版物的市场需求量下降 30%，但是对于某一个出版企业来说，原来其出版销售的武侠小说只占市场需求总量的千分之一，所以，由于消费者偏好变化对该出版企业武侠小说销售量的影响程度仅是万分之三，比整个市场的影响程度要小得多。

第二节 出版物需求价格弹性的分析及应用

在市场经济条件下，出版物市场的竞争日趋剧烈，而出版企业参与竞争的焦点是如何提高本版出版物的市场竞争力，增加市场的需求量，扩大出版企业出版物的市场份额，拓展出版企业的发展空间，实现经济效益最大化。在竞争中，消费者对某种出版物的需求量取决于多种因素，如消费者的平均收入水平、年龄、受教育程度，消费者的心理因素、个人兴趣，社会潮流趋向，科技进步等，也就是说，出版物的需求将受到各方面多种因素的影响。如果需求分析要求对出版物需求的所有可能的影响因素进行分析，那么，这将会是一项极为复杂和庞大的工程，这也是经济学中经常遇到的一个难题。一般情况下，经济学家处理这种复杂多变因素问题的方法是将有关因素分门别类地归纳，并把注意力集中于一种最重要的因素，同时使其他因素保持不变。

一、出版物需求弹性

在充满竞争的出版物市场，出版企业要达到扩大市场份额，提高出版物市场占有率的目的，企业的经营管理者不仅要了解出版物的需求法则，掌握出版物价格（发行折扣）变化将会引起需求量变化的趋势，而且更应该准确地掌握由于价格变化引起的出版物需求量的变化程度。而消费者的收入水平以及对出版物价格(发行折扣)变化的反应程度则是决定出版物需求量的基本变量和重要影响因素,当这些因素(变量)发生变化时,导致出版物的需求也将发生相应的变化。经济学家在经济分析中,常借用物理学中的“弹性(elasticity)”概念来表达一个变量对另一个变量变化的反应程度。

所谓出版物需求弹性是指某种影响因素每变动百分之一,所引起出版物需求量变化的百分比。其数学模型为:

$$\text{出版物需求弹性}=\frac{\text{出版物需求量变化的百分比}}{\text{某种因素变化的百分比}}$$

根据影响出版物需求的几个主要因素,出版物需求弹性可分为需求价格弹性、需求收入弹性、需求交叉弹性等,本章将逐一研究和讨论这些问题。

二、出版物需求价格弹性及计算模型

价格是直接影响出版物需求的重要因素之一。在现实的出版物市场中,为了促销产品,许多出版企业争相对自己的出版物采取降价方式(主要是降低发行折扣方式)进行销售。在有些人看来,任何出版物,只要降低发行折扣,就一定能够拉动市场需求。但事实上并非完全如此。对有些出版物来说,有时发行折扣稍微有所变动,就会引起出版物的需求数量发生很大变动,而对某些出版物来说,即使发行折扣变动幅度很大,需求量发生的变动还是很小,甚至没有变动。这表明,出版物的市场需求量因对发行折扣变化的敏感程度不同而不同。因此,在激烈的市场竞争中,出版企业不仅要关注出版物的价格变化对需求量产生的重要影响,而且必须要准确掌握出版物需求量对发行折扣变化的敏感程度或反应程度,依此对出版物发行折扣进行科学的决策与控制。因而在进行出版物需求量对其价格(发行折扣)变化反应程度问题的研究中,引入经济学中的“需求价格弹性(price elasticity of demand)”概念就显得尤为重要。

（一）一般商品需求价格弹性

商品需求价格弹性是指在其他条件不变的情况下,某种商品需求数量随其价格的升降而变动的程度。一般用商品的需求变化率与价格变化率之比来表示。设 Q 为商品需求量,P 为商品销售价格,当商品销售价格由 P 变化至 P_1 时,商品销售量则由 Q 变化至 Q_1,此时的商品需求变化率为$\frac{\Delta Q}{Q}$,商品的价格变化率为$\frac{\Delta P}{P}$,其中,$\Delta Q = Q_1 - Q$,$\Delta P = P_1 - P$。根据商品需求价格弹性定义,商品需求价格弹性计算模型为:

$$E_p = \frac{\Delta Q}{Q} \div \frac{\Delta P}{P} = \frac{\Delta Q}{\Delta P} \cdot \frac{P}{Q} \tag{6-1}$$

（二）出版物需求价格弹性

显然,出版物的商品属性决定了它的需求同样也满足需求法则,也有着同样的需求价格弹性类型和计算模型。

但是,作为特殊商品的出版物不同于其他商品的一个显著特点是,当其定价一旦确定后,在退出市场或者改版之前就不会再改变。出版企业在与客户交易过程中发生价格变化时,一般都是通过变动出版物的发行折扣来体现的,因此,发行折扣是影响出版物需求量变化的重要因素。设出版物的单位定价为 P_0,发行折扣为 h,则实际销售价格(销售实洋)$P = P_0 h$,当发行折扣由 h 变化至 h_1 时,则 $\Delta h = h_1 - h$, $\Delta P = P_0 \Delta h$,代入公式(6-1),则得到出版物需求价格弹性计算模型:

$$E_p = \frac{\Delta Q}{Q} \div \frac{\Delta P}{P} = \frac{\Delta Q}{\Delta P} \cdot \frac{P}{Q} = \frac{\Delta Q}{P_0 \Delta h} \cdot \frac{P_0 h}{Q} = \frac{\Delta Q}{\Delta h} \cdot \frac{h}{Q} = \frac{\Delta Q}{Q} \div \frac{\Delta h}{h} \tag{6-2}$$

于是,出版物需求价格弹性可以定义为在其他条件不变的情况下,出版物的需求量变化率与发行折扣变化率之比。或者说,是出版物发行折扣每发生百分之一的变动导致出版物需求量变动的百分比。

市场上的各种出版物都存在发行折扣对需求量的影响,但不同种类出版物的这种影响程度不同,即它们的需求价格弹性不同。出版物需求价格弹性的大小取决于出版物品种的需求程度和同类可替代出版物的多寡等。根据需求法则可知，在存在竞争的市场上，当其他影响因素不变时，出版物的发行折扣越低，对经销商的吸引力就越大，该出版物的销售量也就越大；反之，出版物的发行折扣越高，其销售量也就越小。由此不难看出，在竞争条件下，出版物的需求量与其发行折扣一般是按相反方向变动的，即发行折扣上升时需求量下降，发行折扣下降时需求量上升。也就是说，此时出版物的发行折扣变化率与需求量相应的变化率始终是两个方向相反的正负值，所以，也就决定了所计算出来的出版物需求价格弹性必然是负值。为了便于比较大小，有时用其绝对值作为出版物的需求价格弹性。但是，在特殊条件下，某些种类出版物的需求价格弹性也可能是非负值，如缺乏竞争的出版物、专用馈赠精装礼品出版物、珍藏出版物等。

下面，我们讨论两种不同情况下的出版物需求价格弹性模型：

1. 出版物需求点价格弹性

当出版物需求量与发行折扣之间存在某种函数关系时，不妨设为 $Q=Q(h)$，若需求曲线上的两个点无限接近，即当 $\Delta Q\to 0,\Delta h\to 0$ 时，$\lim\limits_{\Delta h\to 0}\frac{\Delta Q}{\Delta h}$ 极限存在，则在计算出版物需求价格弹性时，所得出的结果 E_p 显然是出版物需求曲线 $Q(h)$ 上某一点 Q_0 的需求价格弹性，且具体计算模型为：

$$E_p=\lim_{\Delta h\to 0}\frac{\Delta Q}{\Delta h}\cdot\frac{h}{Q}=\frac{\mathrm{d}Q}{\mathrm{d}h}\cdot\frac{h}{Q} \tag{6-3}$$

由公式可以看出，关于出版物需求曲线上点的需求价格弹性实际上是该出版物需求曲线函数 $Q(h)$ 关于发行折扣 h 的微分和发行折扣 h 与出版物需求量 Q 比值的乘积。显然，由此公式求出的结果是评价当出版物发行折扣发生微小变化时引起其需求量变化的反应程度，我们称此结果为出版物在某一发行折扣水平上的需求价格弹性，或者称为出版物需求点价格弹性。

例 6-1：假设某种图书的需求量与发行折扣函数关系式为 $Q=30-32h$，当图书发行折扣为 75% 时，预测其需求量为 6 千册。请求出该书在此发行折扣上的需求点价格弹性。

解：根据出版物需求点价格弹性计算模型(6-3)，可求得：

$$E_p=\frac{\mathrm{d}Q}{\mathrm{d}h}\cdot\frac{h}{Q}=-32\times\frac{75\%}{6}=-4$$

2. 出版物需求弧价格弹性

如果出版物在两个不同发行折扣之间变动，且变动幅度较大时，要预测出版物发行折扣在 h_1 与 h_2 之间变动的需求价格弹性，若直接使用价格弹性计算模型(6-2)，有时会出现一些迥然不同的计算结果。

例 6-2：某出版物在 A 点的需求结果是：发行折扣为 60%，需求量为 120 千册；在 B 点的需求结果是：发行折扣为 70%，需求量为 80 千册。请求其在 A，B 两点之间的需求价格弹性。

从 A 点到 B 点，$E_p = \frac{\Delta Q}{\Delta h} \cdot \frac{h}{Q} = \frac{-40}{10} \times \frac{60}{120} = -2$

从 B 点到 A 点，$E_p = \frac{\Delta Q}{\Delta h} \cdot \frac{h}{Q} = \frac{40}{-10} \times \frac{70}{80} = -3.5$

由此得出了两个不同的结果，也就是说，此时出版物出现两个不同的需求价格弹性。在这种情况下，如何确定出版物的需求价格弹性呢？为了解决这一问题，我们不妨将预测出版物在两点之间变动的需求价格弹性理解成是要计算需求曲线上这两点之间的平均价格弹性，进而可采用数学的中点法则来确定此线段的中点，然后以线段中点的需求价格弹性代替出版物两点之间的平均需求价格弹性。具体计算模型为：

$$E_p = \frac{\Delta Q}{Q} \div \frac{\Delta h}{h} = \frac{(Q_2 - Q_1)}{\frac{Q_1 + Q_2}{2}} \div \frac{h_2 - h_1}{\frac{h_1 + h_2}{2}} = \frac{Q_2 - Q_1}{h_2 - h_1} \cdot \frac{h_1 + h_2}{Q_1 + Q_2} \quad (6\text{-}4)$$

其中，Q_1，Q_2 是与出版物发行折扣 h_1，h_2 相对应的需求量。我们将这种弹性称为出版物需求弧价格弹性。

在现实中，有时要求得出版物的需求曲线函数式是非常困难的，而利用弧价格弹性方法对出版物需求进行分析，可不必事先求出其需求曲线函数表达式，只要知道需求曲线上的两个点的数值就可以满足要求。但要求这些点的数值必须来自于出版物自身或同类出版物已经发生的历史数据。由此计算出来的出版物弧价格弹性与点价格弹性可能会存在一定的误差。

例 6-3：某种图书，当发行折扣为 75% 时，需求量为 6 千册，当发行折扣降为 70% 时，需求量为 7.6 千册，请求出该书发行折扣在 70% 至 75% 之间的弧价格弹性。

解：由已知条件可求得：$h_1=75\%$，$h_2=70\%$；$Q_1=6$，$Q_2=7.6$。根据需求弧价格弹性计算模型(7-4)，有：

$$E_p=\frac{Q_2-Q_1}{h_2-h_1}\cdot\frac{h_1+h_2}{Q_1+Q_2}=\frac{7.6-6}{70-75}\times\frac{70+75}{6+7.6}\approx-3.4$$

即，该图书发行折扣在70%至75%之间的弧价格弹性为-3.4。

三、出版物需求价格弹性的分析

根据出版物需求价格弹性绝对值的大小，我们将出版物需求价格弹性分为以下几种类型进行分析：

(1) $|E_p|>1$ 时，称为市场对出版物的需求是有弹性的或富有弹性。这类出版物在发行折扣变化时，引起需求量变动比较大。也就是说，出版物发行折扣变动1%，其需求量相应变动要超过1%。比如，市场上具有大量同类中小学教辅读物，其需求就富有弹性。

我们还可以从出版物销售收益的变化角度进行分析。因为 $\left|\frac{\Delta Q}{Q}\div\frac{\Delta h}{h}\right|>1$，所以，不等式 $|\Delta Q\cdot P\cdot h|>|Q\cdot P\cdot\Delta h|$ 成立，其中 P 为出版物定价。这表明出版物销售增量所取得的销售收入要大于出版物降低发行折扣所减少的销售收入，即亏少盈多，说明此时增加出版物的销售量还有盈利的潜力。这时，出版企业应采取通过降低发行折扣扩大出版物需求量的决策，以获取更大的收益，而不应采取再提高出版物发行折扣的策略。

(2) $|E_p|<1$ 时，称为市场对出版物需求无弹性或缺乏弹性。这类出版物在发行折扣变化时，引起需求量的变动很小。也就是说，当出版物发行折扣变动1%时，需求量相应的变动不到1%，对其影响不大。如各种学术著作、专业性很强的科技出版物和国家统编的列入全国教材目录的高等教育教材以及基础教育教材、小语种外语教材等，对读者的选择性较强，读者群比较稳定，需求量有限，竞争对手进入不多，可替代出版物较少，使得其需求缺乏弹性。

我们仍然从出版物销售收益的变化角度进行分析。因为 $\left|\frac{\Delta Q}{Q}\div\frac{\Delta h}{h}\right|<1$，所以，不等式 $|\Delta Q\cdot P\cdot h|<|Q\cdot P\cdot\Delta h|$ 成立，其中 P 为出版物定

价。这表明出版物销售增量所取得的销售收入要小于出版物降低发行折扣所减少的销售收入，说明此时降低出版物发行折扣的损失已经超出了销售增量所获得的收益，即亏多盈少。这时，出版企业不宜再降低该出版物发行折扣，而应保持稳定价格或适当提高发行折扣，以增加其销售收入。

目前，出版企业所出版的出版物的需求价格弹性基本上属于以上两种类型，也是出版企业经营决策者所关注的重点对象。

(3) $|E_p|=1$ 时，称为对出版物的需求是单一弹性或单位弹性。这类出版物在发行折扣变化时，正好引起出版物需求的相同程度上的反向变动。也就是说，当出版物的发行折扣变动1%时，其需求量相应要按相反方向变动1%。说明此时市场对该类出版物的需求是均衡的。

(4) $E_p=0$ 时，称为对出版物需求完全无弹性。这类出版物的发行折扣无论如何变动，其需求量都固定不变。

(5) $E_p=\infty$ 时，称为出版物需求完全弹性。这类出版物需求量的变动对于发行折扣的变动反应非常敏感。在完全竞争的市场中，该类出版物若以略低于市场发行折扣出售，则会立即销售一空；若以略高于市场发行折扣出售，则将无人问津。如在降价书市上某些数量不多的专业工具书，除有小部分内容过时外，其余大部分内容仍有很大使用价值。此类工具书的需求就可能具有完全弹性。当其价格与同类新版工具书持平时，可能难以销售；当低于新版同类工具书价格时，可能会很快售完。

(6) $E_p>0$ 时，表明这类出版物不遵守市场需求法则，需求量和发行折扣成正比变化，需求曲线的斜率为正值。如即将绝版的图书、精装挂历、精装礼品出版物、精装珍藏出版物等，发行折扣越高，即价格越昂贵，越可以显示出版物的珍稀贵重，从而显示出其赠送者和收藏者的地位与身份，需求量越会增加。若价格很低，就失去了其显耀作用和赠送及收藏价值，其需求量可能会下降。经济学中称这种现象为维布伦效应(Vebien effect)。

上述后4种类型的出版物的需求价格弹性现象，虽然在出版物市场中存在，但终究是一些非常特殊的情况，在现实中很少发生。因此，在进行出版物需求价格弹性分析研究中，对于这几种类型的需求价格弹性一般不予过多的分析讨论。

四、出版物需求价格弹性的应用

出版物需求价格弹性是出版企业制定出版物定价策略和发行折扣策略的基础。这是因为出版物的需求价格弹性能够直接反映出版物发行折扣变动对其需求量的影响程度，从而可以进一步判断发行折扣变动对出版物销售收入的影响程度，是出版企业进行经营决策的重要依据。因此，将出版物需求价格弹性理论运用于现实出版经营活动之中，是出版企业进行经济管理的一项重要任务。

1. 当出版物需求价格弹性和预测需求量已知时，确定出版物发行折扣

设 h_1 为预测期出版物发行折扣，Q_1 为预测期出版物需求量，则根据模型(6-2)的变形，有：

$$\Delta h=\frac{h\cdot\Delta Q}{Q\cdot E_p}=\frac{h\cdot(Q_1-Q)}{Q\cdot E_p}\text{，亦即，}h_1-h=\frac{h\cdot(Q_1-Q)}{Q\cdot E_p}\text{，整理得：}$$

$$h_1=h\left(1+\frac{Q_1-Q}{Q\cdot E_p}\right)\tag{6-5}$$

例6-4：某出版企业出版某种教辅读物，本期预计销售50 000册。已知该出版物上期执行的发行折扣为70%，销售量为35 000册。根据市场同类产品有关数据计算，该类出版物的需求价格弹性大约为-4左右。在此期间，出版物的发行折扣应控制在何种水平最为有利？

解：因为$|E_p|>1$，表明市场对该种出版物的需求富有弹性，要想扩大其销售量，就应降低出版物发行折扣。根据模型(6-5)，有：

$$h_1=h\left(1+\frac{Q_1-Q}{Q\cdot E_p}\right)=70\%\times\left(1+\frac{50\,000-35\,000}{35\,000\times(-4)}\right)\approx 63\%$$

由此可见，出版物发行折扣降低至63%时，对保证完成50 000册教辅读物的销售最为有利。

2. 当出版物需求价格弹性和发行折扣变化率已知时，确定出版物需求量变化率

由模型(6-2)可得：

$$\frac{\Delta Q}{Q}=E_p\cdot\frac{\Delta h}{h} \tag{6-6}$$

例6-5：出版企业某种出版物的需求价格弹性为 -1.5，若本期发行折扣降低幅度定为5%，本期该出版物的销售量增长幅度应是多少？

解：已知 $E_p=-1.5$，$\frac{\Delta h}{h}=-5\%$，求出版物本期需求量变化率。根据模型(6-6)，求得：

$$\frac{\Delta Q}{Q}=(-1.5)\times(-5\%)=7.5\%$$

即，该出版物本期销售量的增长幅度应为7.5%。

3. 当出版物需求价格弹性和发行折扣变化率已知时，确定出版物最优发行折扣

在计划期内，当单位定价为 P 的出版物发行折扣由 h 变动到 h_1，销售量由 Q 变动到 Q_1 时，根据一般需求法则，该出版物的销售收入 I 为：

$$I=Ph_1Q_1=P(h+\Delta h)\cdot(Q+\Delta Q) \tag{6-7}$$

其中，$\Delta h=h_1-h$，$\Delta Q=Q_1-Q$

设 X 为出版物发行折扣变化率，即 $X=\frac{\Delta h}{h}$，则 $\Delta h=Xh$。代入需求价格弹性计算模型(6-2)，有：$E_p=\frac{\Delta Q}{\Delta h}\cdot\frac{h}{Q}=\frac{\Delta Qh}{XhQ}=\frac{\Delta Q}{XQ}$，整理后，可得：$\Delta Q=E_pXQ$，将 Δh，ΔQ 两个增量等式代入(6-7)式，得：

$$I=P(h+Xh)\cdot(Q+E_pXQ)=Ph(1+X)\cdot Q(1+E_pX)=PhQ[1+(E_p+1)X+E_pX^2]$$

要使出版物销售收入取得最大值，根据高等数学的极值原理，对 I 求关于 X 的一阶导数，并令其为零，有：$I'=PhQ(E_p+1+2E_pX)=0$，即：$E_p+1+2E_pX=0$。整理，得：

$$X=-\frac{E_p+1}{2E_p} \tag{6-8}$$

也就是说，当出版物发行折扣变化率满足关系式(6-8)时，其所实现的销售收入最大。

例6-6：某出版物的单位定价为10元，上期平均发行折扣为70%，平均销售量为60 000册，但是，根据市场分析，本期将有大量同类替代出版

物出现。据测定，本期该出版物的价格弹性为 -1.5。出版企业为扩大市场份额，决定降低发行折扣，以增加销售量。问：本期该出版物发行折扣应确定在何种水平才能使其实现的销售收入值最大？

解：因为 $|E_p|>1$，所以，出版企业采取降低发行折扣策略是正确的。要取得销售收入最大值，其发行折扣降低率应满足关系式（6-8），即：

$$X=-\frac{-1.5+1}{2\times(-1.5)}\approx-0.167$$

出版物发行折扣为：

$$h_1=h(1+X)=70\%\times(1-0.167)\approx58\%$$

出版物销售收入为：

$$\begin{aligned}I&=PhQ[1+(E_p+1)X+E_pX^2]\\&=10\times70\%\times60\,000\times[1+(-1.5+1)\times(-0.167)-1.5\times(-0.167)^2]\\&=7\times60\,000\times[1+0.084-0.042]\\&=420\,000\times1.042\\&=437\,640(\text{元})\end{aligned}$$

发行折扣降低后的出版物销售量为：

$$Q_1=\frac{I}{Ph_1}=\frac{437\,640}{10\times0.58}=75\,455(\text{册})$$

销售量增加数：$\Delta Q=75\,455-60\,000=15\,455$（册）

销售收入增加额：
$$\begin{aligned}\Delta I&=437\,640-10\times70\%\times60\,000\\&=437\,640-420\,000\\&=17\,640(\text{元})\end{aligned}$$

即，当出版物发行折扣降至58%时，可增加销售量15 455册，增加销售收入17 640元，使销售收入总额达到437 640元。

在现实中，消费者对出版物的需求一般随着时间的长短不同而发生变化。若出版物价格（即发行折扣）发生变化，在长时期内，消费者将会对出版物的需求进行必要的调整，发行折扣低，需求量增大，发行折扣提高，需求量就减少。但在短期内，由于消费者对出版物的需求量已成定局，来不及进行调整，不管出版物价格做怎样的调整，消费者在短时期内很难改变原有的消费需求（如事先征订的某种非新课程标准教材或为教材配套的教学辅导读物）。因此，出版物的需求在短期中比在长期中大多缺乏价格弹性,或者说,出版物长期需求曲线比短期需求曲线更富有弹性。因此,时间因素是出版企业进行某种出版物价格决策时需要考虑的重要因素。

第三节 出版物需求收入弹性的分析及应用

出版物的价格并不是影响其需求量的唯一因素,消费者(读者)的收入水平也是影响出版物需求的一个重要因素。比如,经济发达地区的消费者与贫困地区消费者相比,前者对文艺类、时尚类、励志类出版物的需求量就要比后者大得多。这是由消费者的收入水平所决定的。出版企业在关注这种现象时,往往会更关心出版物的需求量对消费者收入变化的反应程度,从而根据不同时期内、不同的地域乃至不同的消费者群体的个人收入变化状况,预测各类出版物的需求空间,并实施不同的经营策略,采取有效的营销措施,有针对性地推出相关的出版物新品种,突出出版物的内容特色,提高服务质量,不断扩大本版出版物的市场份额。在研究分析出版物的需求对消费者收入变化关系时,运用经济学中的收入弹性(income elasticity)概念来衡量出版物需求量对消费者收入变化的反应程度是十分有效的。

一、出版物需求收入弹性及计算模型

如果影响出版物需求的价格、消费者偏好等其他因素不变,某种出版物的需求收入弹性是指因消费者收入变化百分之一而引起该种类出版物需求量变化的百分比。具体来说,出版物的需求收入弹性可定义为:

$$E_I=\frac{\text{出版物需求量变化率}}{\text{消费者收入变化率}}=\frac{\Delta Q}{Q}\div\frac{\Delta I}{I}=\frac{\Delta Q}{\Delta I}\cdot\frac{I}{Q} \tag{6-9}$$

式中，I 为消费者收入，Q 为出版物需求量，ΔQ 为出版物需求量的增量（减量），ΔI 为消费者收入的增量（减量）。

类似讨论出版物需求价格弹性一样，我们仍然讨论两种情况下的出版物需求收入弹性模型：

1. 出版物需求点收入弹性

设某种出版物的需求量关于消费者收入的函数关系式为 $Q(I)$，且连续可导，则当消费者收入发生微小变化时，即当 $\Delta I \to 0$ 时，该种类出版物的需求收入弹性计算模型可写为：

$$E_I = \frac{\mathrm{d}Q}{\mathrm{d}I} \cdot \frac{I}{Q} \tag{6-10}$$

由模型（6-10）求得的结果称为某种出版物在消费者某一收入水平上的需求收入弹性，或者说是出版物需求点收入弹性，等于需求函数 $Q(I)$ 关于 I 的微分和 I 与 Q 比值的乘积。

2. 出版物需求弧收入弹性

和出版物需求价格弹性一样，对于消费者收入水平发生变化相对较大的情况，或当出版物需求曲线函数关系式未知，只知道曲线上两个点，衡量消费者收入变化对出版物需求量影响程度时，可以直接使用出版物需求弧收入弹性计算模型。按照推导出版物需求弧价格弹性计算模型的相同方法，可以得出出版物需求弧收入弹性计算模型：

$$E_I = \frac{Q_2 - Q_1}{I_2 - I_1} \cdot \frac{I_1 + I_2}{Q_1 + Q_2}$$

其中，Q_1，I_1 为出版物需求量和消费者收入的期初值，Q_2，I_2 则为它们在消费者收入变化以后的期末值。

二、出版物需求收入弹性的分析

在价格（发行折扣）确定的情况下，出版物需求收入弹性可以是正值，也可以是负值。曲线图 6-2 给出了出版物需求量与消费者收入之间的各种变化关系。

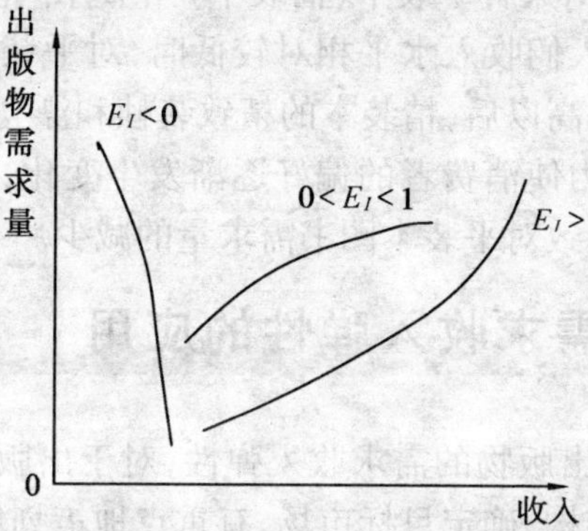

图 6-2　出版物需求收入弹性类型图

现在对出版物需求量与消费者收入之间的各种变化关系情况分析如下：

(1) $0<E_I\leqslant 1$，表明当消费者收入发生 1% 的变化时，引起出版物需求量的变化不超过 1%，或者说，需求量变化的百分比小于或等于消费者收入变化的百分比。这说明出版物需求量受消费者收入变化的影响相对较小。一般称这类出版物为消费者必读出版物。比如中小学教辅读物，其目标市场是中小学生，由于课外复习、加深理解和掌握课本知识的需要，与教材配套的相关教辅读物是他们必须具备的学习资料，因此，当他们的家长收入水平提高时，一定会有针对性地选择购买更多的教辅读物，但这种增长一般不会与其家长收入的增长成比例关系。还有各类专业技术的工具用书、各种学生教材也都属于有关消费者的必读出版物。

(2) $E_I>1$，表明当消费者收入发生 1% 的变化时，引起出版物需求量的变化超过 1%，或者说，出版物的需求量变化的百分比要大于消费者收入变化的百分比。这说明出版物需求量受消费者收入变化的影响较大。一般称这类出版物为奢侈类出版物。比如，随着人们收入水平的提高，就会有更多的可支配收入，为了满足个人追求社会时尚和进一步提高生活质量的愿望，消费者就会用其收入中的更大份额来购买时尚类、营养保健类出版物。

(3) $E_I<0$，表明消费者收入增加时，导致出版物的需求量减少，即消费者的收入变化与出版物需求量的变化方向相反。一般称这类出版物为

"经济"出版物。比如对某种平装本(简装本)图书,由于价格较其精装本要便宜得多,所以,在人们收入水平相对较低时,对平装本图书的需求量较多;当消费者收入提高以后,精装本的精致装帧和漂亮的封面以及高档次的内文用纸的诱惑力使消费者的偏好逐渐发生变化,进而将购买力转向精装本图书,最后导致对平装本图书需求量的减少。

三、出版物需求收入弹性的应用

了解和掌握各类出版物的需求收入弹性,对于出版企业根据市场的需求,及时调整选题结构,确定目标市场,有重点地策划出版物选题,制定科学的营销策略,提高市场竞争力具有十分重要的意义。比如,在20世纪80年代至90年代末期的我国出版物市场上,消费者需求量最大的是简装黑白版低价格的中小学教辅读物,因此,出版企业策划出版的各类中小学教辅读物基本上属于黑白版。但进入21世纪以后,随着人们在改革开放中收入水平的逐年提高,价格较高的彩色版教辅读物越来越受到人们的青睐,尤其是在经济较发达的地区,对彩色版教辅读物的需求量要远远大于黑白版的需求量。这种现象说明,彩色版教辅读物的需求收入弹性较大。此时的出版企业就应抓住时机,将教辅读物的选题重点逐步向彩色版转移。这样,不仅可以提高教辅读物的质量效果,而且较高的出版物价格还会给出版企业带来较好的经济效益。再比如,某出版社策划出版了一套《中老年营养丛书》,由于这类图书属于需求收入弹性高的出版物,其目标市场是那些温饱问题已经得到很好解决,并且接近或已经达到小康水平的中老年人,所以,出版社对该丛书的市场营销工作重点应集中在全国各大中城市及经济较发达地区,通过举办一些宣传推广活动进行促销,才能取得好的营销效果。反之,如果到某些贫困地区去推销此套丛书,其结果只能是无功而返,甚至造成资源上的浪费。

第四节

出版物需求交叉弹性的分析及应用

在种类繁多、数以亿册的出版物市场上，有些出版物的需求量不仅要受到自身销售价格（发行折扣）的影响，具有不同的需求价格弹性，同时也会受到与其相关的其他出版物销售价格（发行折扣）变化的直接影响。比如性质相同、内容相似、互相可替代的出版物，或彼此互相配套的出版物等。它们中的任何一种销售价格（发行折扣）发生变化，都将在一定程度上影响与其相关的一种或多种出版物在市场上的销售量。但也有些出版物的需求量与其他出版物销售价格（发行折扣）的变化无关。面对瞬息万变、竞争激烈的出版物市场，准确把握各类出版物的自身需求量与其相关出版物销售价格（发行折扣）变化的相互影响关系，对于科学调整出版物选题结构，正确制定出版物经营策略，抓住机遇，开拓市场，保证出版企业整体经营目标的实现，具有十分重要的意义。

一、出版物需求交叉弹性及计算模型

由于出版物是特殊的商品，因此，运用经济学中的需求交叉弹性（cross elasticity）概念，来剖析和判断一种出版物的需求量受其他出版物销售价格（发行折扣）变化的影响程度，是出版经济管理的一项重要任务。所谓出版物的需求交叉弹性是指一种出版物的需求量对另一种相关出版物的销售价格（发行折扣）变化的反应程度。或者说，是一种出版物的销售价格（发行折扣）每发生百分之一的变动所导致另一种相关出版物需求量变动的百分比。

设有两种相关出版物 x 和 y，Q_x 为 x 出版物的原需求量，ΔQ_x 为 x 出版物需求量的变动增（减）量，h_y 为 y 出版物的原发行折扣，Δh_y 为 y 出版物发行折扣的变化幅度，则 x 出版物的需求交叉弹性一般计算模型为：

$$E_c = \frac{x\text{ 出版物需求量变化率}}{y\text{ 出版物折扣变化率}} = \frac{\Delta Q_x}{Q_x} \div \frac{\Delta h_y}{h_y} = \frac{\Delta Q_x}{\Delta h_y} \cdot \frac{h_y}{Q_x} \tag{6-11}$$

同出版物需求价格弹性一样，出版物需求交叉弹性也有两种情况，存在两种计算模型：

1. 出版物需求点交叉弹性

当 $\Delta h_y \to 0, \Delta Q_x \to 0$ 时，x 出版物需求量的变化范围显然趋于一个点，若 x 出版物的需求曲线函数 $Q(h)$ 存在，且连续可导，则 x 出版物需求交叉弹性计算模型(6-11)可变为：

$$E_c = \frac{dQ_x}{dh_y} \cdot \frac{h_y}{Q_x} \tag{6-12}$$

称此时的出版物需求交叉弹性为 x 出版物的点交叉弹性，等于需求函数 $Q(h)$ 关于 h_y 的微分和 h_y 与 Q_x 比值的乘积。

2. 出版物需求弧交叉弹性

当 x 出版物的需求量和 y 出版物发行折扣的变化范围较大时，或者是当 x 出版物的需求曲线函数式未知，但可以确定需求曲线上两个点的坐标时，x 出版物的需求交叉弹性可用弧交叉弹性来表示。其计算模型为：

$$E_c = \frac{Q_{x_2} - Q_{x_1}}{h_{y_2} - h_{y_1}} \cdot \frac{h_{y_2} + h_{y_1}}{Q_{x_2} + Q_{x_1}} \tag{6-13}$$

其中，Q_{x_1}，Q_{x_2} 是当 y 出版物发行折扣分别为 h_{y_1} 和 h_{y_2} 时，相应导致 x 出版物的需求量，显然，x 出版物的弧交叉弹性实际上就是其需求曲线上两点之间的平均交叉弹性。

例 6-7：甲出版社出版一种计算机教材，乙出版社也出版同一种类的计算机教材，并且两出版社的教材定价水平基本相同。乙出版社为了促销，将该书的发行折扣由 63% 降至 60%，使得甲出版社该类教材全年销售量由原来的 35 000 册降至 32 000 册，试求甲出版社计算机教材的需求交叉弹性。

解：利用两种计算方法计算。

(1) 根据需求交叉弹性计算模型(6-11)，有：

$$E_c = \frac{\Delta Q_x}{\Delta h_y} \cdot \frac{h_y}{Q_x} = \frac{3\,000}{0.03} \times \frac{0.63}{35\,000} \approx 1.8$$

即甲出版社计算机教材的需求交叉弹性约为1.8。

(2) 此需求交叉弹性也可以利用弧交叉弹性计算模型(6-13)求得同样结果:

$$E_c = \frac{Q_{x_2} - Q_{x_1}}{h_{y_2} - h_{y_1}} \cdot \frac{h_{y_2} + h_{y_1}}{Q_{x_2} + Q_{x_1}} = \frac{32\,000 - 35\,000}{0.6 - 0.63} \times \frac{0.6 + 0.63}{32\,000 + 35\,000} \approx 1.8$$

二、出版物需求交叉弹性的分析

出版物不同的需求交叉弹性值具有不同的经济含义。

(1) 当 $E_c > 0$ 时,即需求交叉弹性为正值,说明 y 出版物的发行折扣 h 的变化与 x 出版物需求量 Q 的变动方向一致。如A出版社出版的某种出版物发行折扣提高,会使B出版社出版的相同类可替代出版物的需求量增加。这表明两种相关出版物是相互替代品,即两种出版物对读者具有替代效用,任何一种均可代替另一种使用。

(2) 当 $E_c < 0$ 时,即需求交叉弹性为负值,说明 y 出版物的发行折扣 h 的变化与 x 出版物需求量 Q 的变动方向相反。如出版社某种少儿英语读物发行折扣的提高,会使与之配套的动画光盘的需求量减少;反之,则会使光盘的需求量增加。表明这两种相关出版物是互补品,即这两种出版物必须合并使用,才能对读者产生更大的效用。还有,如各类教材和与之配套的教辅读物等,由于二者是相互关联的互补品,所以,其需求交叉弹性总是负值。

(3) 当 $E_c = 0$ 时,即需求交叉弹性为零,说明 y 出版物的发行折扣 h 的变化对 x 出版物的需求量 Q 没有任何影响,从而表明这两种出版物互相独立,互不相关。如不管A出版社出版的《英汉大辞典》发行折扣如何变化,都不会对B出版社出版的《微观经济学》的需求量产生任何影响。表明这两种出版物是互相独立、互不相关的。

显然,上述三种现象涵盖了出版物之间存在的销售价格(发行折扣)变化对需求量影响的各种状况。

三、出版物需求交叉弹性在经营策略中的应用

研究出版物的需求交叉弹性与研究其需求价格弹性一样,可直接用于对出版物的销售价格(发行折扣)和销售量的分析与预测。一个出版企业每年出版的出版物,少则几十种,多则上千种;而在整个出版物市场上,出版物的品种数一般要以万为单位来计量,出版物的数量要以亿为单位来计量。出版企业要在激烈的市场竞争中求得生存和发展,就必须随时对本版出版物在市场上所处的地位、市场份额以及受其他外版出版物的影响程度有比较客观的分析和科学的预测。同时,也要掌握企业内部各种不同类型出版物之间的相互影响关系。据此不断对企业的出版物选题结构进行科学的调整和完善,对市场营销作出正确的决策。对于任意两种出版物,首先要根据需求交叉弹性是正值、负值还是等于零来区分它们彼此是替代品、互补品,还是相互独立的,然后再根据它们互相影响的程度作出决策,采取有效的措施,以取得竞争的主动权。

(一)在出版企业内部制定出版物发行折扣(销售价格)策略中的应用

因为出版企业经营的目标是在保证社会效益的前提下,实现最大的经济效益,所以,如果一个出版企业出版多种出版物,而且其中含有相关的替代品或互补品,那么,在制定出版物发行折扣决策时,就必须要考虑到其替代品或者互补品之间的相互影响关系。比如,某出版企业出版两种互补的出版物,如果降低一种出版物的发行折扣可能会给出版企业带来一些损失,但由于该出版物具有较大的需求价格弹性,发行折扣降低后其销售量将会有较大幅度增加,由此还会带来未降低发行折扣的互补出

版物销售量的大幅度增加,导致出版企业总利润增加。最明显的要属教材和与之配套的相关教辅读物现象了。再如,一个出版社出版两种可替代出版物A、B,但出版物A的生命周期已进入衰退期,市场需求量在逐年减少。如果该出版社进行出版资源整合,打算将出版物A取消,则可采取提高出版物A的发行折扣,另一种出版物B的发行折扣保持不变或相对降低的做法,则原来购买出版物A的经销商或读者将会逐渐将注意力转向出版物B,使得出版物B的销售量增加,从而保持出版企业总收益水平不发生明显下滑。当出版物A的销售量趋于微利或零利润时,则可终止再版,退出市场。但是,在作出此项决策之前,还必须要了解市场上是否还存在同类替代品。如果不存在,此决策有效;如果存在外版出版物替代品,则须分别求出B出版物对A出版物的需求交叉弹性和外版替代品对出版物A的需求交叉弹性,将二者进行比较。若外版出版物替代品的需求交叉弹性大于B出版物,则提高出版物A发行折扣后,读者或经销商的购买力有可能会大部分流向外版出版物,导致出版企业原来市场的丢失。出版企业决策者在进行这种决策时应谨慎从事,采取有效防范措施,将风险降至最低。

(二)在出版企业应对市场竞争策略中的应用

1. 分析两个出版企业相同类出版物产品之间的竞争关系

如果出版物替代品分别在不同的出版企业出版,那么,需求交叉弹性可用来分析两个出版企业相同类出版物产品之间的竞争关系。需求交叉弹性越大,说明两个出版企业出版的出版物产品可替代性越强,相互之间的竞争越激烈。此时,出版企业就必须要掌握市场的主动权,密切注视另一个出版企业的经营动态,了解对方的营销策略,并及时采取相应的对策,否则就可能在竞争中陷于被动。比如,若发现其他出版企业出版的出版物替代品同本版出版物质量、销售价格等旗鼓相当,则二者的需求交叉弹性一定很大,竞争对手的销售价格一旦发生变化,将会直接影响本版出版物的销售量。此时,出版企业可以对原出版物在内容、装帧设计等方面进行改造包装,增加特色,提高出版物的差异性,以增加对经销商和读者的吸引力,从而降低外版出版物的替代性,提高本版出版物在市场的竞争力。或者加强成本管理,降低出版物的单位成本,取得成本领先的优势地位,在出版物价格上与竞争对手抗衡。

例 6-8:某出版社出版一种图书,在市场上以 60% 的发行折扣销售,而与其竞争的另一出版社随后也出版了同一种类的图书,且采取降低发行折扣策略,以 55% 的发行折扣销售。根据历史资料可计算出该出版社此类图书的需求交叉弹性为 0.6,若该出版社此种图书的发行折扣保持不变,则竞争对手降低发行折扣后,该出版社此种图书的销售量将会受到何种影响?

解:此问题实际是在竞争对手改变发行折扣后,求出版社图书销售量的变化程度,即$\frac{\Delta Q}{Q}$。所以,根据变形的交叉弹性计算模型(6-11),可求得:

$$\frac{\Delta Q}{Q}=\frac{\Delta h}{h}\cdot E_c=\frac{0.05}{0.60}\times 0.6=0.05$$

即,该出版社此种图书的销售量将会下降 5%。出版社可根据自身实际情况,作出决策反应。

2. 挖掘出版物市场需求潜力

出版企业可以利用需求交叉弹性的理论和方法,通过充分的市场调研,主动寻找和及时发现市场上某些畅销出版物、品牌出版物尚短缺或虽然存在但品种很少且市场急需的互补品出版物(如与畅销教材配套的教辅读物、课程标准解读等),在不违反市场规则的前提下,积极策划此类选题,抓住时机,投向市场。这样,既填补了出版物市场的空白或弥补了短缺,满足了读者的需求,同时出版企业又开拓了新的市场空间,获得了新的经济增长点,取得了新的经济效益。当然,策划出版此类互补出版物绝不可以是粗制滥造、东拼西凑的庸品,而必须是要经过精心策划、精心设计的高质量产品。只有如此,读者才会接受,市场才会认可。比如,在 20 世纪 90 年代末,全国掀起学习邓小平理论新高潮,为配合在校中小学生对邓小平理论的学习,北京师范大学出版社及时策划出版了《邓小平理论青少年读本》,发行量一举突破 100 万册,并获得国家图书奖,取得了显著的社会效益与经济效益。

3. 判断出版企业的主要竞争对手

随着我国出版物专业出版范围的放开以及出版物零售业、批发业市场的对外开放,出版物市场的竞争日趋激烈,出版企业能否准确判断自己的主要竞争对手,及时作出应对策略,事关企业的生存与发展。而利用需求交叉弹性对本单位出版的出版物与各竞争对手所出版的同类出版物之间的竞争关系进行分析,对出版物的平均需求交叉弹性进行比较,则出版物需求交叉弹性较大的单位就可确定为是出版企业的主要竞争对手,在竞争中需要给予高度重视,在密切关注对方经营动向的同时,积极采取应对措施(如不断提高自身出版物产品的差异性等),来增加出版物的市场竞争力。

例6-9:根据历史资料计算,某出版社3类出版物对4个竞争对手的相关类出版物的平均需求交叉弹性如表6-1所示,试判断该出版社的主要竞争对手。

表6-1　平均需求交叉弹性

竞争对手	甲类出版物	乙类出版物	丙类出版物	平均交叉弹性
A出版社	0.9	1.7	1.0	1.2
B出版社	0.5	0.6	0.4	0.5
C出版社	0.6	0.8	0.4	0.6
D出版社	0.7	1.1	0.6	0.8

很明显,该出版社3类出版物对A出版社的相关类出版物的平均需求交叉弹性是1.2,为最大值。由此即可判断A出版社是其最主要的竞争对手,其次是D出版社。

(三)在划分出版物细分市场界限时的应用

随着出版企业经营日益向科学化、专业化和精细化发展,根据企业自身的出版特点对出版物市场进行细分,整合资源,优化配置,精细化管理,越来越引起许多专业出版企业的重视。而出版企业在对市场按专业类别进行细分的过程中,如何界定各出版物细分市场之间的准确界限比较困难。利用出版物需求交叉弹性可以较好地解决划分出版物各细分市场之间界限的问题。如果出版物需求交叉弹性为正值,且较大,或出版物需求交叉弹性为负值,且较小,则它们之间存在相互替代关系或者互补关系,应当属于同一种类的出版物细分市场范畴;若出版物需求交叉弹性的绝对值很小,甚至趋于零,则它们之间没有任何关系,应当属于不同的出版物细分市场。

(四)在经营决策中对出版物需求弹性的综合应用

在出版企业的现实经营中,经营管理者经常需要对出版物自身的价格、消费者的收入和其他相关出版物价格发生的变化对其需求量的影响程度同时作出判断,并以此判断为依据进行科学的决策。

例6-10:某出版社拟策划出版一本侦探小说。在总编办公会研究决策这个选题之前,有关部门经过深入细致的目标市场调研,取得大量有关数据,并利用统计学方法,得出目前市场上对这类侦探小说的近似需求函数为:

$$Q_x = 5\,000 - 9\,000P_x + 2I + 200P_c$$

式中,P_x为侦探小说每印张的估计发行价格(实洋),I为消费者的人均年收入,P_c为另一家出版社出版的同类小说每印张的发行价格(实洋)。假定P_x,I,P_c的初始值分别是1.4元、30 000元和1.5元。总编办公会讨论此选题时,需要了解以下情况:

(1)如果将书的每个印张价格定得高于市场平均水平,会对总销售收入有何影响?

(2)当消费者收入上升时,该书的销售量将会发生怎样的变化?

(3)如果竞争对手降低发行折扣,会给此书的销售带来什么影响?

解:现在利用出版物需求弹性理论和方法来分析解决上述问题:

(1)要判断图书价格变化对总销售收入的影响,实际上是要判断价格变化对图书需求量的影响程度。通过对该图书需求点价格弹性分析可以解决此问题。当$P_x = 1.4$,$I = 30\,000$,$P_c = 1.5$时,$Q_x = 52\,700$。对需求函数Q_x求关于价格P_x的微分,得:$\frac{dQ_x}{dP_x} = -9\,000$。代入需求价格弹性计

算模型，$E_p = -9\,000 \times \frac{1.4}{52\,700} = -0.24$。由于$|E_p|<1$，表明在此时期内小说的需求缺乏弹性，提高其价格，小说的需求量不会受到太大影响，因此，提高出版物发行折扣会增加出版社的销售收入。

（2）这实际是要判断消费者收入变化对该图书需求量的影响程度，通过对图书需求收入弹性的分析可解决此问题。对需求函数 Q_x 求关于收入 I 的微分，得：$\frac{dQ}{dI}=2$。已知图书初始需求量 $Q_x = 52\,700$ 册，代入收入弹性计算模型，$E_I = 2 \times \frac{30\,000}{52\,700} = 1.14$。由于 $E_I > 1$，说明这种小说属于奢侈类出版物，因而随着消费者收入的增加，小说销售量增加的幅度将会更大。

（3）这实际是判断其他相关同类小说价格发生变化对此小说需求量的影响程度，通过需求交叉弹性分析可以解决此问题。对需求函数 Q_x 求关于价格 P_c 的微分，得：$\frac{dQ}{dP_c} = 200$。已知 $Q_x = 52\,700$ 册，代入需求交叉弹性计算模型，$E_c = 200 \times \frac{1.5}{52\,700} = 0.006$。由于 $E_c > 0$，表明竞争对手的图书价格变化对出版社小说需求量影响的方向是一致的，即当竞争对手的小说降低价格 1%，引起本出版社小说的需求量减少 0.006%。也就是说，竞争对手的小说价格变化对出版社小说需求量的影响程度很小，此时期内，出版社不必跟风降价，可以保持小说价格的相对稳定性。

第五节 出版物需求弹性的微观调控策略

面对激烈的市场竞争，人们在研究出版物需求弹性问题时，往往会把重点放在出版物的需求价格弹性与需求交叉弹性上，而且大多是基于市场已经形成的需求弹性现状，来考虑如何根据经济学的需求法则，采取必要措施，使出版物产品适应其在市场上的需求弹性。尤其是当某些出版物的市场需求价格弹性很大时，许多出版企业的经营管理者会表现得无可奈何，围绕着价格问题作出一些较为被动的应对决策，最终在出版物的销售价格上做出一些迫不得已的让步。但是，这种让步的结果，很可能会助长价格战的发生，最终导致竞争各方两败俱伤的结局。因此，如何遵循市场经济的规律，对出版物的市场需求弹性实施调控，从而达到既能有效遏制出版物价格战的发生，又能促进出版物市场的良性竞争，开拓市场，扩大出版物的市场份额之目的，是目前我国出版企业经营管理者应共同探讨的重要问题。

所谓对出版物市场需求弹性实施调控，是指为保证出版物在市场的供需均衡，并创造良好的市场竞争环境，按照市场的运作规则，通过采取必要措施或手段对出版物的需求弹性进行调节与控制。对出版物需求弹性进行调控又分为宏观调控与微观调控两种。所谓宏观调控是指国家通过颁布相关法律或政府主管部门制定相关政策对出版物的需求弹性加以调节控制。比如，国家有关部门对全国中小学教科书的定价与发行折扣的限定政策，以及对教科书出版与发行进行招投标，实行政府采购办法的规定等。而微观调控则是指为强化出版物的竞争力，出版企业在党和国家总体方针政策的指导下，遵循市场规则，通过采取必要的措施，对出版物的需求弹性施加影响。本节就出版企业对出版物需求弹性进行微观调控问题进行探讨。

一、理性选择，严控成本，应对市场需求弹性的挑战

我们在研究出版物的需求弹性问题时，很难与出版物的价格问题完全脱离开来，而且研究的对象正是那些市场需求价格弹性较高的出版物，它们的一个显著特点就是在市场上存在很多同类的可替代产品。其需求价格弹性越大，对价格变化反应的敏感程度就越高。具体表现是，对于质量水平相当的同类出版物，销售价格（发行折扣）越低，市场需求量越大，反之则市场需求量越小。在此方面，我国目前出版物市场上表现得最为突出的出版物莫过于文教类图书了。但是，出版企业的经济性质决定了它的经营目标必须要在保证社会效益的前提下，努力追求经济利润的最

大化,以保证企业在经营中实现自负盈亏,持续发展,在市场的竞争中做强做大。因此,出版企业在制定一般出版物的价格时,必须要考虑其投入的全部成本费用及盈利期望值等因素。在考虑为出版物经销商让利因素时,还需对出版物的发行折扣确定一个接近保本的下限标准,作为出版企业实现盈利的底线。在销售过程中,出版物实际的发行折扣高出下限水平越多,其盈利水平就越高。

事实上,在激烈而又残酷的市场竞争中,市场上所能接受的出版物发行折扣水平往往会紧逼出版企业预先设定的下限,使得出版物的盈利空间变得非常微小,有时甚至要低于其折扣的下限水平。此时的出版企业只有两条道路可供选择,一是自动退出市场,停止此种出版物的出版,转向其他类出版物的出版;二是面对现实,主动出击,在困境中寻找出路,创造优势,积极应对。第一种选择,对于综合类出版企业来说,由于其出版物品种较多,选题资源较丰富,存在着多种选题出版的优势,每个品种在出版企业整个出版物选题结构中所占比重可能较小,因此,中止其中某种出版物的出版,不会有较大风险;而对于专业性较强的出版企业来说,由于其出版物品种较少,且具有优势的选题种类比较集中,在其他类选题的出版上不具有明显的优势,若停止作为出版企业主导产品的出版物的出版,则会给出版企业带来很大的风险。因此,走第二条道路应是专业性较强的出版企业理性的选择。而此种选择的关键是要在出版物现有需求弹性的基础上,采取有效措施,拓展出最大的利润空间。那种"高码洋,低折扣"的做法显然违反了市场规则,属于投机取巧的欺骗行为,它不仅会扰乱市场秩序,而且会严重损害广大读者的利益,同时也将使出版企业的信誉受损。此做法已经遭到行业内的强烈反对,并被我国政府主管部门列为出版物市场整治的对象之一。这种做法是出版企业发展中的大忌,万万不可重蹈覆辙。

根据会计理论中的"销售利润 = 销售收入 - 成本费用"平衡公式不难看出,在出版物的内容、质量等类同,需求价格弹性较大的出版物市场上,出版企业加强内部控制,实施成本领先战略,强化成本管理,努力降低出版物成本费用,创造最大利润空间,应是一种最为现实可行的做法。所谓成本领先战略是指出版企业在提供的出版物产品的内容、质量与其他同类产品差别不大的情况下,通过努力降低成本,创造和维持全面成本领先地位,取得竞争优势。

出版企业在保证出版物产品质量的基础上，实施目标成本管理，将成本预算指标落实到出版物编、印、发、管作业链的每一阶段，每一环节，责任到部门，甚至到个人，精打细算，科学管理，全程监控，最大限度地利用好人、财、物等各种资源，充分发挥它们的效用。尤其是在出版物的印制阶段，材料的采购要坚持“货比三家”，统筹安排，实行批量采购，取得优惠价格；出版物印装的规格档次要根据出版物品种的不同而“量身定制”，不盲目追求或攀比；出版物印数与印次的确定既要考虑到满足市场的需求，保证市场的供应，又要做到科学合理，杜绝无计划的盲目造货或者是小数额的频繁造货。这些管理措施能否落实，直接关系到出版物直接成本消耗水平的高低。在出版物销售阶段，要树立现代营销理念，采取现代营销手段，提高服务质量，及时了解市场信息，准确掌握市场变化动态，有针对性地开拓市场。要规范和统一各类出版物的发行折扣，防止在出版企业内部发生互冲市场、自相残杀、内耗受损的现象。要加强分销渠道建设，整顿客户队伍，有重点地发展新客户，进一步在讲究诚信原则的基础上寻求与建立合作伙伴关系。在双方交易过程中，既要注重增加市场份额，扩大出版物需求量，又要对回款期和退货率有明确的要求，保证出版企业的应收货款及时到账，加速资金的周转，最大限度地减少坏账损失；同时对已发生交易的出版物的退货率要有严格的限制，应树立交易双方互相负责的责任意识，充分体现双方受益、共担风险的原则，客户以科学谨慎的态度订货，出版企业按需供货，杜绝盲目强行发货，将出版企业出版物的销售平均退货率降至最低水平。由于出版物生产经营全过程成本费用的减少，单位出版物分摊的成本费用必然降低，因而使出版企业出版物的总成本水平低于或接近市场同类产品成本的平均水平，居于成本领先地位，从而取得市场竞争优势。这样，即使出版物的需求价格弹性很大，出版企业也能够在激烈的市场竞争中保持有一定的利润空间，占有主动权，在与竞争对手相当或相对较低的折扣水平上获得优于市场平均水平的收益。

二、强化出版物核心竞争力，引导与驾驭出版物市场需求弹性

在激烈的市场竞争中，出版企业不仅要有积极应对出版物需求弹性

挑战之能力，而且还应具备引导与驾驭出版物需求弹性的本领，使自己的出版物在市场上始终保持强盛的生命力。而实施差异领先战略，强化出版物的核心竞争力则是实现这一目标的重要措施。所谓差异战略，是指出版企业在对消费者（读者）日益青睐、需求热情逐渐升温的某类出版物的选题策划方面，或在同类出版物之间的成本差距难以进一步扩大的情况下，出版比竞争对手内容更新颖、质量更优秀、售后服务更好、使读者获得价值更高的出版物产品，以显示产品及经营上的差异。

首先，在出版物的选题策划上，出版企业要始终关注国际国内出版物市场的最新发展态势，瞄准市场上刚刚展露的或潜在的出版物需求热点，勇于创新，不断推出品种独特、内容新颖、众人所盼、引领同类出版物潮流的畅销出版物新产品。这种出版物由于从选题的内容到装帧设计，从营销策略的制定、营销手段的选择到客户群体的生成都有着非常明显的特色，使其他竞争对手在短时间内很难效仿，已有的其他同类产品也难以将其取代，所以，此时该类出版物需求弹性的控制权实际上是掌握在少数出版企业的手里。

其次，当某种畅销出版物在流通领域经过一段时间的市场运营之后，出版企业要根据市场的需求、读者的偏好、知识的更新以及科学技术的发展等变化因素，对原版出版物及时地进行完善修订，使其始终保持内容常新、特色突出、亮点闪烁的状态。

同时，出版企业还应在某些产品产生的品牌效应基础上，对其资源进行深度开发，打造出在内容上与之相关、品位上与之相近、特色上更为突出的系列产品，使出版企业在该类选题领域占有更大的优势与市场空间。

另外，出版企业还须在提高服务质量上下功夫，不断完善营销策略，探索新型营销模式，细化营销过程，优化营销效果。当然，创建良好的企业文化也是出版企业核心竞争力的重要组成部分。企业优秀的领导班子，高素质的队伍建设，正确的价值观，先进的经营理念，与时俱进的创新精神，诚实守信的合作原则，雷厉风行的工作效率，热情周到的服务态度，骄人的工作业绩等，都将为其带来良好的声誉，并逐渐形成行业内公认的品牌企业。综观国内外知名出版企业的成长历程，无一不是如此。出版企业品牌地位的确立必然会增强原有客户对出版企业的忠诚度，进一步赢得客户对企业出版物产品的信任度。同时也将吸引更多的合作伙伴紧密团结在出版企业的周围,使企业的客户群体不断发展壮大,成为出版企业在激烈市场竞争中的支持者。这样,当其他竞争对手跟风而上,导致其他同类产品在市场上大量出现时,出版企业在出版物的内容质量、品种数量和销售服务质量以及企业品牌等方面与竞争对手将会保持着非常明显的差异性,始终处于领先地位,有着竞争对手难以效仿或取代的优势。即使其他同类产品的市场需求弹性急剧提高,也难以对出版企业出版物的市场需求产生太大的冲击或影响。

三、实施合作博弈战略,抵御出版物市场的不规范竞争

在出版物市场上,当某类出版物的需求价格弹性步步攀升或居高不下时,不仅说明其同类产品越来越多,可替代性越来越强,而且意味着出版商之间激烈的价格竞争正在加剧。这其中既有正规出版企业之间的价格博弈,也有民营书商的参与和国外书商的介入,还有少数不法书商乘机使用极低价格折扣的盗版图书来鱼目混珠,扰乱市场。在此关键时刻,出版企业若是单枪匹马进行拼杀,显然是势单力薄,难以持久。根据经济学中博弈论的观点,在竞争而又伴有寡头垄断成分的市场,存在着两种博弈现象,即合作博弈与非合作博弈。而合作博弈的效果明显优于非合作博弈。具体讲,合作博弈,可以实现优势互补、双方共赢的效果;非合作博弈,风险抵御能力薄弱,其结果往往是得不偿失,甚至是与竞争对手两败俱伤。在我国市场细分后的专业出版物市场,成为主流的专业出版物仍然是出自少数几个在行业内有较大影响的出版企业或集团公司,具有明显的寡头垄断特征。因此,在专业化特色较为明显的出版物市场,出版企业要应对来自国内外多方对手的竞争与挑战,就应实施合作博弈战略,积极寻找出版物品种相近、特色突出、优势互补、具有一定竞争力的出版企业或其他出版商作为合作伙伴,构建专业出版企业的联合体。如教育出版社联合体、大学出版社联合体、少儿出版社联合体等。联合体的模式有多种:可以是在项目上的合作,针对某一重大项目,几家出版企业共同策划,共同投资,共同经营运作,共同承担风险,共同受益;也可以是针对个别区域的纵向合作,出版企业与地方的出版企业或非出版企业,利用各自优势,联合开发地域出版资源,根据地域出版物市场的需求,打造具有地域特色的出版物精

品;还可以是在某个时期联合开展某个较大型的活动项目,如举办专业出版企业的图书展销月、图书订货会、向贫困地区捐赠图书活动、专业出版企业出版论坛、社店营销合作研讨会等,以发挥和显示专业出版企业的规模优势,扩大专业出版企业的团队影响;而最为理想的模式就是以资本为纽带,多家志同道合的出版企业实行实质性的组合,构建一个跨部门、跨区域的实力雄厚、竞争力强的独立经济实体,组建成专业出版集团。这种专业出版联合体使过去的竞争对手变成了密切合作的伙伴,将以往的多个分力变成了市场竞争中的强大合力,成为在市场竞争大潮中的一支"联合舰队"。这些出版企业在出版物的选题策划与编辑、出版印制、市场营销和品牌打造的整个过程中,坚守各自的岗位,发挥全方位的优势,实施统一的战略,采取统一的行动,朝着共同的航向,以出版物产品和服务质量的绝对优势应对挑战,这种竞争力是其他任何各自为战的竞争对手所难以抗衡的。在这种情况下,由于专业出版企业联合体直接影响着出版物的需求价格弹性,即使有少数人想要挑起出版物价格折扣大战,也难以寻找到更为得力的响应者,不能形成气候。在此环境之下,那些靠粗制滥造盗版图书而起家的不法书商想要乘价格战之机发不义之财的企图也就难以得逞了。

第六节

驾驭影响出版物需求的非价格因素

在当今的经济全球化时代,消费者在激烈竞争的市场上可以通过无限选择来满足自己的需求。假如一个企业不能提供优质的产品和优惠的价格,消费者会轻而易举地转向竞争对手。但是,产品和价格方面的竞争是永远不会结束的,要想以此长期保持优势是相当困难的,甚至可以说是不可能的。因为现代科学技术的高度发达,使得竞争对手生产相同类、相同质量的产品非常容易。而产品的价格又是竞争者最容易仿制的营销工具。毕竟价格是公开的事物,企业无法保护它。一旦企业降低产品的价格,竞争者就可以决定同样降价,甚至把价格降得更低。企业要想在价格战中领先,必须要付出很大的代价。即使产品的需求量有所增加,但其销售收入和利润都会下降,使得资源必须重新分配,企业管理层将经常面临着重新制订预算的压力。严重者,企业将会陷入价格战的恶性竞争中而不能自拔。尤其是目前的出版物市场,随着市场竞争的日益加剧,出版物的价格越降越低,利润空间越来越小,可以说,在我国出版领域,相当部分出版物的经营即将进入微利时代。面对这种残酷的现实,仅凭降低价格来拉动出版物需求的做法显然效用甚微。这在大量同类出版物的市场竞争中,表现得尤为突出。尽管目前价格战仍在无休止地进行,但其结果大多是以竞争各方利益受损而告终(盗版、盗印、粗制滥造者除外)。这种竞争一方面造成出版企业收不抵支,或仅是保本;另一方面,大量的滞销出版物使得出版企业存货积压现象越来越严重,大批量的退货使出版企业应接不暇,出版物的生命周期越来越短,数以吨计的出版物被化为纸浆。因此,寻找在保持价格相对稳定的情况下提高出版物需求量的有效途径是出版企业发展进程中急需解决的重要问题。

一、解决问题的基本思路

根据经济学需求法则可知,在其他条件相同(其他变量不变)的情况下,某类出版物的价格(发行折扣)越低,对经销商和读者的吸引力就越大,该出版物的销售量也就越大,反之,则出版物的销售量就越小。但是,出版物市场竞争的现实说明,价格是影响出版物需求量的重要因素,但不是唯一的因素。除了价格这一重要因素外,诸如读者的收入水平、偏好,或科学的营销策略和独到的营销技巧、出版物的品牌和其在同类产品中的差异性、客户情感等因素都可以不同程度地对出版物的需求量产生影响。如果积极创造条件,因势利导,充分利用好这些非价格因素,发挥其积极作用,就有可能在保持价格相对稳定的情况下提高出版物的需求量,达到出版物的销售量与销售收入同比增长之效果。反映在曲线图形上,就是使出版物的需求曲线向右整体平行移动(图 6-3 所示)。

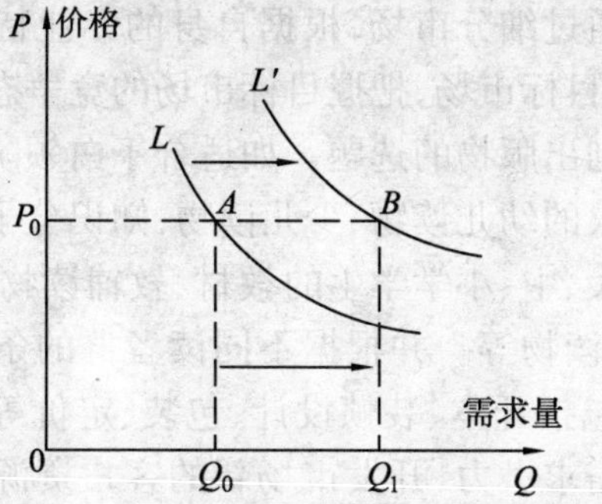

图 6-3　需求曲线向右平移示意图

从图 6-3 可以看出，出版物的需求曲线从左向右进行了整体平行移动，原来需求曲线 L 上的点 A 在纵坐标 P_0 不变的情况下平移到新的需求曲线 L' 上的点 B，表明在非价格因素的作用下，出版物的需求量在价格 P_0 保持不变的情况下由 Q_0 增加到 Q_1，从而保证了出版企业销售收入的稳步增长。也就是说，出版企业要想拉动出版物的市场需求，提高经济效益，“以价格取胜”在某种情况下并不是最好的策略，“降价促销”也不是唯一有效的办法，出版企业不应只是专门在价格上做文章，而应从市场和自身的实际情况出发，下功夫认真研究影响市场需求的一些非价格因素，采取措施，激发活力，挖掘潜力，进而增加出版物的市场份额。比如，上海外语教育出版社多年来充分发挥自己的出版特色，实施品牌战略，提高营销水平，虽然出版社的生产经营规模逐年扩大，自 1997 年开始至 2003 年，连续 6 年以年均 6 000 万元发行码洋的幅度递增，但出版物销售价格（发行折扣）却顶住了来自出版物市场价格战的压力，始终保持着稳定的水平。2003 年，全社发行码洋 5 亿多元，实现销售利润 1. 16 亿元，销售码洋利润率达 20% 以上。2004 年，该社出版物的发行折扣继续保持较高水平，大专教材发行折扣为 78%，一般图书发行折扣为 69%，统编教材发行折扣为 73%，从而实现了出版社的规模经济。

二、驾驭影响出版物需求非价格因素的几项措施

1. 准确地确定目标市场

我国加入 WTO 以后，面对来自国内外激烈的市场竞争和严峻的挑

战，出版企业必须通过细分市场，根据自身的专业特色与优势，准确确定有利于自身发展的目标市场，把握目标市场的竞争态势，根据目标市场的需求，有重点地策划出版物的选题。如适合于白领阶层的文学、艺术等休闲类读物，未成年人的幼儿读物、少儿读物，知识分子阶层的社科类、科技类专业学术著作，大、中、小学学生的教材、教辅读物，服务于“三农”的科普读物和实用技术读物等。并根据不同读者群的条件，有针对性地制定科学的营销策略，包括开本、装帧设计、包装、定价等，采取有力的营销手段，努力挖掘市场需求潜力，开发市场新的客户资源，用优质的出版物产品和高质量的服务吸引更多的经销商和读者，并最大限度地将市场潜在的购买力变成现实的购买力，从而达到不断扩大市场份额，保证出版物的需求量持续稳定增长之效果。实践证明，某些出版企业的浮躁与急功近利，不注重发挥自身优势，不瞄准适合于自身发展的目标市场，热衷于“追风”出版，盲目出击，“打一枪换一个地方”，以品种数量追求码洋的做法，最终难以形成自己的特色，也不可能打造出具有核心竞争力的“拳头”产品，其结果往往是使自己笼罩在产品价格战的阴影之中，始终处于被动的地位。出版企业经营决策者们对此必须给予高度的重视，避免重蹈覆辙，陷入困境。

2. 坚定不移地实施品牌战略

出版品牌是出版企业的生命线，它的内涵既包括一个出版企业的品牌，也包括一套出版物或者一种出版物的品牌。在出版物市场上，品牌是受法律保护的无形资产，是一个出版企业形象的标志，也是该出版企业的出版物在读者心目中被认可的标志，它可以为出版企业带来巨大的商业利益和无限的商机。而出版企业品牌建设主要是由精品出版物的出版来体现的。所谓精品出版物，并不取决于其装帧是否超级豪华，也不限于必须是获奖出版物，更不仅仅是那些在更高层次上满足了读者阅读需要的大众出版物，关键在于其内容的高质量、高层次、高品位。出版企业只要肯于在出版物的内容打造上下功夫，坚持以社会效益为首位，以内容为王，视质量为生命，任何种类的出版物都可以成为精品，也都可能创造出品牌。而且，由于品牌出版物在相对短期内能够在市场上占有绝对优势，其他同类出版物尚未出现，或者即使存在也立足未稳，难以产生替代效用。品牌出版物此时的需求价格弹性很小，出版企业在此期间可享有较丰厚的利润和较充足的发展空间，将给出版企业带来非常好的积累资金、增加经济实力、扩大规模、实现经济规模的发展契机。

3. 完善出版物产品，延长出版物的生命周期

目前，我国出版物的生命周期越来越短，究其原因，主要是：出版业发展速度加快，使得出版规模扩大，出版物种类繁多，重复出版（包括出版企业“追风”出版）增多，市场上的畅销出版物、常销出版物很快被别人效仿，造成出版物的同构化、同质化现象严重，出版资源严重浪费，还有不规范的市场竞争（盗版、盗印、粗制滥造等），使得价格战一触即发；随着信息技术日新月异的发展，知识更新的速度不断加快，无情地缩短了出版物的生命周期，造成市场上常销出版物的稀缺；随着社会价值观的改变和生活节奏的加快，人们对出版物的需求偏好随时都在发生着变化，再加上流通领域中的障碍（新华书店展架上的新品种出版物更换频繁）等，都直接加快了出版物进入衰退期的速度。由此也造成了读者对出版物的需求变得有些浮躁和急功近利。要解决好上述问题，关键是出版企业首先要形成自己独特的选题结构，下功夫策划出好的选题，使其内容具有前瞻性，不容易过时，且具有显著的特色，不容易被同类产品替代，在产品设计与制作工艺上有独特的创意，不容易被竞争对手迅速模仿。同时，对于已经进入市场的出版物，出版企业更要时刻关注其销售动态，在品种特色、内容结构、知识更新、出版质量、营销策略等方面，应不断进行完善与提高，保持与市场需求的同步，发挥优势，保持特色，更好地满足广大读者对出版物新的需要和偏好，从而达到延长出版物的成长期，稳定出版物的成熟期，推迟出版物的衰退期之目的。只有如此，出版物才会有成为品牌、精品的可能，才会保持畅销和常销，出版企业也才会取得很好的社会效益和经济效益。

4. 坚持以人为本，实施情感营销策略

坚持以人为本，是我国出版业实践党的十六届三中全会提出的科学发展观的首要任务。在出版物市场上，不论是出版物的选题策划、组稿、排版制作，还是流通交易，最终都需要出版企业与客户（作者、制作单位、经销商、读者等）的代表双方进行业务洽谈，签订合同，征订，供货，销售，结算等，因此，出版企业与客户之间的情感因素是当今市场营销策略中不容忽视的重要成分，是直接影响市场开发、市场份额和出版物需求量的重

要因素。目前,在“以顾客为中心”这一市场营销准则指导下,“情感营销”已经成为西方国家各大公司、企业市场营销策略中不可或缺的重要内容。所谓情感营销,是指企业将市场营销建立于顾客的情感之上。企业通过关系管理、信用承诺、优质的营销服务来为顾客创造更多的价值,提高顾客对企业的忠诚度。美国人维基·伦兹所著的《情感营销》一书的“序”中明确指出:“情感是成功的市场营销的惟一的、真正的基础,是价值、顾客忠诚和利润的秘诀。”[1]在短期内,虽然可靠的、合理的价格是出版物品牌进入市场的必要成本,但是,从长远来看,出版物品牌并不总是能够通过产品和价格来取胜。竞争者会竭力在这些方面采取各种措施,把它们变成自己的优势。出版企业要想获取真正的长久的竞争优势,关键是要实施情感营销策略,使出版企业与客户之间建立一种持久的更深层次的联系,这种联系使客户感觉自己是如此有价值,感觉自己被如此关心,以至于他们将会忠诚于出版企业。这种情感联系,是其他竞争对手几乎不可能复制的,出版企业在市场上所形成的竞争优势是其他任何竞争对手不能取代的。而这种情感联系的建立,首先要求出版企业必须牢牢树立“顾客至上”的观念,在出版物营销过程中,坚持服务质量第一,对客户提供优质服务,想客户所想,急客户所急,不断增强客户对出版企业的信任感,提高对出版企业的忠诚度。出版企业可对信用度较高的客户在进行交易时提供更优惠的信用政策(包括折扣优惠、货款回款期优惠、出版物地区销售代理授权等);对于完成本版出版物销售业绩突出,并为出版企业赢得较好声誉的客户应给予物质和荣誉奖励,召开大会进行表彰,颁发荣誉证书;为鼓励读者购买本版出版物,出版企业可将以往打折送礼或有奖销售的促销活动方式改为对客户和读者提供增值服务,读者只要购买本版出版物,即可在本出版企业网上登陆,免费享受与该出版物内容有关的服务,如网上课堂教学或答疑服务、免费下载资料等。若使用本版教材,出版企业免费负责教师的培训,免费选派培训专家授课,免费赠送培训教材、光盘、培训资料等;为及时、详细和真实地了解市场信息,掌握读者资源以及他们的建议与需求,以便有重点地维护和开发市场,完善出版物产品,改进服务,出版企业可采取向读者发放信息反馈卡的服务

[1] [美]斯克特·罗比内特.情感营销·序.北京:华夏出版社,2001

措施,设立部分幸运读者奖,定期抽取,从而调动读者购书和读书的积极性,增加读者的忠诚度。还有,出版单位与客户经常组织多种形式的联谊活动也是非常必要的。如举办各种类型的座谈会、研讨会,及时沟通信息,交流经验和体会,通报出版企业不同时期的工作规划,研讨出版企业的发展策略。对合作的新华书店、民营书店的业务员组织业务培训,双方共同策划选题,开展合作项目等。这样,使客户真正感受到自己的价值得到了对方的认可,体会到出版企业对自己的真诚关切,很自然地将自己融入出版企业之中,将自己所从事的事业与出版企业的整体发展紧密联系在一起,使以往出版企业与客户之间存在的单纯的商品买卖关系升华成休戚相关的合作伙伴和情感友谊关系。对于老客户,要保持联系,在不断加强营销合作的基础上,要注重维系友谊,加深情感。同时更要大力加强新渠道的开发,结识和发展更多的新客户,积极创造条件,加强与他们的相互了解与合作,在合作中增进友谊,在共同应对市场竞争中建立情感。出版企业只要在全国各地甚至在世界各国建立一支庞大的忠诚的客户队伍,不管市场风云如何变幻,也不管国内外竞争对手发起的攻势如何猛烈,出版企业都将会与忠诚的客户队伍紧密地团结在一起,形成一股强劲的合力,共同应对,直至取得胜利。这种效果是价格战策略根本无法实现的。

第七节

中国书业长尾现象的思考

在现实的商品市场中,当我们分析某类产品在市场中的销售量或者说热销程度时,就会发现,有一小部分产品的销量很大,即少量几个热销产品;此外就是销售量不大的大量品种的产品,但它们销售量的总和有时要大大超过热销产品的总量。反映在产品销售量坐标图上,则如图 6-4 所示。

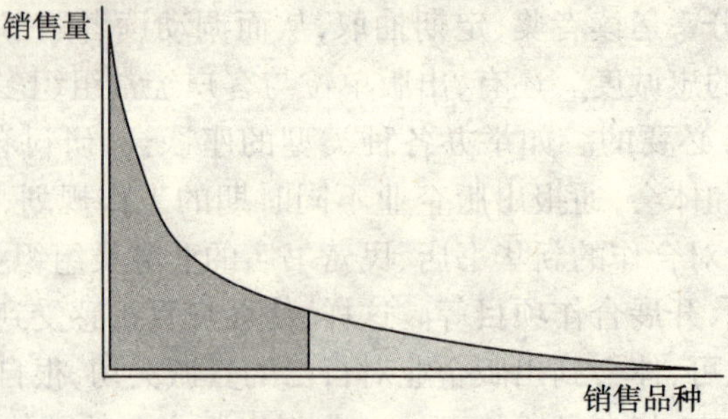

图6-4　产品销售市场份额分布图

图6-4几乎能反映目前任何一种产品的市场销售量的分布情况。在统计学中,图形外沿所形成的曲线被称作“长尾分布”,因为相对于头部来说,它的尾巴特别长。2004年,美国《连线》杂志主编克里斯·安德森(Chris Anderson)正是由于受到产品销售图表上那条长长的尾巴的启发而首次提出了长尾(Long Tail)和长尾理论的概念。他认为,在过去传统的商品销售模式下,世界上大多数市场向零售商供货的成本都非常大,货物的储存、物流、渠道或者中转站的使用成本都非常昂贵,当销售量低于一定水平时,商家必须停止出售此类产品。也就是说,当产品的销售量低到一定的程度时,商家将会自动掐断产品销售图表中由无数种小于某一指标的产品构成的长尾巴。然而,在当今知识经济全球化、科学技术日新月异的时代,网络传播和网络销售得以迅猛扩展,展现在人们面前的是一个全新的市场,商家的货架几乎是无限的,商品储存、物流、渠道等的成本已经不再是影响商品销售的主要因素,根本没必要切断小销量商品的供应,相反,由这些小销量商品构成的长尾市场充满着各种需求。人们有史以来第一次得以看到完整的产品销量曲线,可以看到所有的商品,包括热销商品与小众化商品,原有产品与新生的产品,正在开发的产品与尚待开发的产品,从中可以计量市场对数百万种产品的需求情况,使很多在以前根本无法进入销售渠道的小众化商品的销售成为可能,企业在长尾市场中大有可为。因此,他认为,“只要存储和流通的渠道足够大,需求不旺或销量不佳的产品共同占据的市场份额就可以和那些数量不多的热销产品所占据的市场份额相匹敌,甚至更大。”这正是长尾理论的基本原理。长久以来,人们对所有销售产品在市场份额的分布一直信守“二八定

律”,即20%的少量商品的销售量占据着80%的市场份额,而80%的众多商品的销售量仅占据20%的市场份额。长尾理论的诞生,是对“二八定律”的新挑战,使人们看到了“二八定律”即将失效的可能性。研究出版业图书销售市场中的长尾现象,对于了解和掌握目前图书市场的需求分布和销售渠道变化情况,抓住机遇,制定与实施正确的市场营销策略,具有非常重要的现实意义。

一、中国图书市场的长尾现象

数字网络技术日新月异的发展和广泛的运用,使人们获取信息的途径更加广泛而便捷,人们的视野由此变得更加广阔,对工作、文化生活的新追求与偏好不断涌现。体现在图书需求方面的特征就是读者群体加剧分化,图书品种的市场需求趋于差异化、多元化,最后导致图书市场的不断细分。目前,我国出版的图书品种逐年上升,2005年,全年出版的各类图书已经突破了20万种,2006年达到24.5万种,居于世界首位。而图书销售总量增长幅度却相对滞后,有时甚至出现下降势头。据有关资料显示,1978年我国出版图书品种约为1.5万种,销售量为37.7亿册(张),每种平均销售量为25万册(张);2003年出版图书品种约为17万种,销售量为67.96亿册(张),每种平均销售量为4万册(张),只及1978年的16%。以往单一品种图书销售量高达成百万册的现象(具有政府垄断性的中小学教材及政治性读物除外)越来越少,而且评价畅销书对销售量指标的要求也在逐步降低。而导致图书出版经济规模扩大的主要因素是被提高了的图书价格。据统计,2003年全国出版图书总印张为462.22亿张,是1988年269.02亿张的171.82%,即增长了71.82%,2003年出版图书总定价为561.82亿元,平均每印张定价为1.22元,1988年出版图书总定价为62.22亿元,平均每印张定价为0.23元,前者定价是后者定价的530.43%,即增长了430.43%。图书定价增长幅度远远超出了总印张的增长水平。随着基础教育课程改革的深入,市场上多种版本的中小学教材并存,导致教辅读物市场竞争的白热化、复杂化,由此引起教辅读物市场上折扣大战硝烟弥漫,迫使许多过去曾经依靠出版教辅读物赚得盆满钵溢的出版社纷纷退出,或是压缩教辅产品,将经营重点转向其他出版领域,经管类、人文类、时尚类、励志类、营养保健类、社科类、少儿类、青春读物类等图书细分市场随之被深度开发,相关产品的市场需求不时掀起新的浪潮,此起彼伏。这些现象足以说明,我国图书市场原来趋于“二八定律”的销售格局(即20%的畅销书占据着80%的市场份额,而有80%的非畅销书仅占20%的市场份额)正在受到严重的挑战,并且开始发生着微妙的变化。在全球信息网络化热潮的猛烈冲击下,以往图书市场版图上由20%的畅销书品种所形成的80%销售量的冰峰正在开始融化,逐渐向那些曾经被经销商不屑一顾的80%的长尾产品(有需求但非畅销的图书产品)区域倾斜,使得该部分图书细分市场纷纷露出水面,图书长尾市场区域得以扩展,长尾现象在我国图书市场已经初见端倪。

我国出版业长尾现象的发生绝非偶然,它是时代进步、社会发展的必然结果。随着我国社会主义物质文明与精神文明建设的深入开展,人们的文化生活水平不断提高,对图书的需求变化也开始加快,专业化、个性化的需求丰富多彩,与日俱增,从而也就孕育了出版大市场中通常被大型强势出版企业与图书经销商们忽略了的有着一定需求潜力的诸多细分市场,这些市场中的图书产品构成了出版业整个图书销售市场的长尾。

在以往传统销售渠道的模式下,图书产品的宣传推广主要依靠报刊杂志、电台、电视等媒体方式来进行,这种方式由于成本过高,只能成为大型强势出版企业或有明显畅销趋势的图书独享的特权,对于那些需求量不集中的图书产品来说,是根本不可能承受的。若是将这些产品摆放到零售商(包括国营、民营书店)的书架上展销,由于受到成本支出的限制,存储空间与书架空间有限,所有销量不大、流通不快的图书必须要为畅销书让路,造成此类图书难有容身之地,或者即使是被摆上书架,但由于销量不佳,也会很快被置换成其他类图书,成为匆匆过客。由于销量小,图书经销商们对这类图书更是毫无兴趣。图书传统销售渠道的“瓶颈”造成了大量有市场需求但销量不大的图书产品的出版信息受阻,市场滞销,由此也严重制约了图书长尾中利基市场的生成与崛起。

随着信息时代的到来,数字网络技术得以空前发展,据中国信息产业部统计,2006年全国互联网网站总数达84.3万个,域名总数达410.9万个,由此也打破了图书出版业传统销售渠道的“瓶颈”。由于数字网络平台的完全开放式,而且准入门槛极低,使得全国大、中、小型出版企业的图书产品都可以用最低的成本进入到任何一个开放的市场,从而摆脱了传统销售渠道的控制。网络所具有的无限发展空间,使得网络中的图书货架空间变得用之不竭,各出版企业纷纷借助于商业网站或者是建立自己的网站,精心粘贴自己所有的图书产品,自如地投放网络广告,展示、宣传、征订、销售自己的产品。而被改革的浪潮推向市场前沿的全国各大新华发行集团为了应对市场的竞争,也纷纷利用数字网络技术,建立现代图书发行网络中盘,主动与上游出版商、下游零售商联网链接,在出版商、经销商、客户之间搭建了图书信息与图书交易的桥梁,逐渐形成一张几乎覆盖全国各个地区的信息高速公路网。广大读者通过数字网络平台,可以很轻松地查询到自己所需要的图书出版信息,按需购买,或是在出版网站发出图书需求的信号。比如,在2006年4月23日开张的《博库书城网群》,由浙江新华书店集团有限公司的主门户和该集团在浙江、江苏、上海、沈阳等省市70余家连锁成员的二级门户网站共同组成。读者从该网站任何一个二级门户网进入,均可享受43万个品种现货和80余万种可供产品信息的查询、预订,并可就近选择博库总部或各连锁店送货上门、邮寄或自取货物等服务。[1] 网络中盘的建立,较好地解决了数万种图书和上亿读者的个性化需求对应问题。除了价格和成本的优势,还有品种储存、检索等方面的优势。同时,出版企业通过这些网络中盘,可以在最短的时间内全面了解经销商及终端读者对图书需求的各种信息,及时向市场提供各种需求产品,并随时掌握图书市场需求的最新动态,从而根据自己所具备的资源和能力条件,寻找和定位适合自己发展的细分市场,正确制定图书选题策划与市场营销策略,及时开发相关的具有较大需求潜力的图书产品,占领市场,拉动需求。这不仅极大地提高了图书市场营销的效果,降低了交易成本,更重要的是激活了沉睡多年的各类细分图书市场,为以往被打入冷宫的大量图书产品提供了重新复活的机会,使图书最大限度地满足读者专业化、个性化的需求成为可能,这也给许多长期游离在图书市场主流产品之外的中小型出版企业带来了发展契机。比如,多年来,由于图书出版信息流通渠道不畅通,造成我国上万家图书馆获取图书出版信息滞后,配书进货渠道狭窄,导致图书馆的重要图书品种短缺,科技类图书更新滞后,许多劣质图书混杂其中。最近几年,随着国家对图书馆投资力度的加大,全国各大图书馆(包括

〔1〕 吴小莉.分销商培育新的市场增长点.出版商务周报,2006年12月31日

1 000 余家高校图书馆）对各类图书的需求量逐年增加，它们更多是借助于数字网络平台，收集国内出版企业已出版的各类图书的完整信息，通过馆配商、图书订货会，甚至深入到出版社进行采购，尤其是各类有影响的经典著作、高水准的学术著作、新编高校教材、各种学术工具用书等图书备受图书馆的青睐，争相购买，这些曾在市场上被认为是难销的图书成为图书馆配书选购的热销品。许多出版企业抓住时机，在积极推广和提供已有图书的基础上，积极策划出版需求的新书，并且认真清理自己多年前出版过的图书，把一些有价值的绝版图书重新进行修订再版，通过网络进行宣传推广，使其成为馆配图书商的选购对象。这些绝版图书产品的重新面世，也吸引了大批有着个性化需求的读者，使一些图书的狭窄专业销售市场逐步向全国延伸，形成许多利基市场，从而促进了图书市场长尾经济的生成。

二、出版企业的数字出版刻不容缓

在传统的销售模式下，出版企业的主要精力是追求少数出版物单品种销售量的最大化，以实现高市场份额的目标，而长尾战略追求的是多品种出版物销售量总和的最大化，以实现高市场份额的目标。对于大型的强势出版企业，若能够做到首尾兼顾，齐头并进，则会获得更大的盈利空间与更多的盈利。对于中小型出版企业来说，若实施长尾战略，则可以避免与强势出版企业发生直接冲突，在出版物的长尾领域充分发挥自身的优势，开拓与培育自己的市场，为众多的读者差异化、个性化需求提供服务，从中获取最大的效益。在这些细分市场中，有的甚至可以形成利基市场，使出版企业以极低的成本从非主流市场进入主流市场。对长尾理论的任何怀疑与观望，都有可能使出版企业丧失机遇，甚至被市场所淘汰。

显然，实施长尾战略对所有出版企业的发展都至关重要。而决定出版业长尾现象的核心是数字化，由此产生的长尾经济是利用网络优势实现的。通过互联网的促进作用，可以把出版物的一些冷门产品转化为相对的热销产品，可以使非主流中小出版企业共享出版物的主流市场，经济驱动的模式呈现从主流市场向非主流市场转变的趋势。据有关部门统计，目前全国一般图书全年零售总额约 170 亿元，而网上图书零售不到 5%，这个市场还处于培育期，还有着巨大的发展空间。展望我国出版业未来发展趋势，在日新月异的信息网络时代，出版物市场的长尾现象将日益凸现，那些受众面狭窄，市场需求量不大，销售成交额过低，占市场出版物总品种数80%的产品的销售必将借助于网络平台的迅速扩展而得以快速增长，形成占据出版物总市场份额半壁江山甚至更大的市场格局已经为期不远，数字出版已成为出版业一个不可逆转的发展趋势。我们出版人对此必须要给予极大的关注，要提高认识，转变观念，抓住时机，实施长尾战略，找准目标市场，主动出击，创建新的出版与销售模式，搭建数字化平台，开发数字内容，打通信息流、物流、营销等网络渠道，为消费者提供更大价值的服务，开创出更广阔的出版空间与盈利空间，真正掌握市场竞争的主动权。这是时代为出版业的发展创造的机遇，是社会文化的发展赋予现代出版人的重任，是保证现代出版企业可持续发展的重要条件，也是当今出版企业发展战略中一项刻不容缓的任务。

复习思考题

1. 什么是出版物个人需求、市场需求和出版企业需求？三者之间有何关系？

2. 为什么说价格（发行折扣）是影响出版物需求的重要因素，但不是唯一因素？

3. 什么是出版物需求价格弹性？它与一般商品的需求价格弹性有什么区别？在出版物经营的实际应用中主要解决了哪几个问题？

4. 什么是出版物需求收入弹性？在出版企业的市场竞争中有哪些应用？

5. 什么是出版物需求交叉弹性？它在出版企业研究市场竞争对手时有何重要作用？它与出版物需求价格弹性有何区别？

6. 请推导出出版物需求弧收入弹性和需求弧交叉弹性计算模型。

7. 为什么要对出版物需求弹性进行调控？

8. 进行出版物需求弹性微观调控应采取哪些策略？

9. 影响出版物市场需求的非价格因素主要有哪些？

10. 激活非价格因素拉动出版物市场需求的基本思路是什么？怎样实施？

11. 何谓情感营销？出版企业在竞争中应如何实施情感营销策略？

12. 长尾理论的基本原理是什么？形成长尾理论现象的基本条件是什么？

13. 你是怎样看待中国书业的长尾现象的？

第七章 出版企业机遇与风险管理

随着社会主义市场经济体制的逐步完善和加入WTO后的规则要求，我国出版企业在计划经济时代所享受的国家在政策上提供的诸多优惠条件，正在逐步被市场竞争的规则所取代。也就是说，我国出版企业的发展已与充满激烈竞争的市场融为一体，正面临着“市场经济不同情弱者，适者生存，强者发展，优胜劣汰”的严峻考验。抓住机遇，与时俱进，开拓创新，及时调整经营战略，应对竞争与挑战，已成为我国出版企业的战略共识。进行出版资源优化配置，实施内涵式扩张或强强联合等发展战略，组建出版集团，打造现代出版“航母”，实现规模经济等资本经营模式正在被越来越多的出版企业探索与实践着。通过实践，人们越发深刻地感受到，不管市场竞争多么激烈与残酷，只要能够遵循市场经济的规律，坚持科学发展观，在竞争中及时地全方位地了解和掌握市场信息，发现市场机遇，根据出版企业自身的特点和优势，采取及时、正确的战略决策并能够准确地预测与识别经营过程中潜在的各种风险，就可以牢牢掌握市场竞争的主动权，就能够战胜困难，冲出重围，取得事半功倍之效果。反之，若是对市场信息反应迟钝，对市场机遇熟视无睹，有了机遇又不能准确地把握，仅是盲目地跟在别人后面跑，或是对机遇中潜在的风险一无所知，毫无心理准备，更无防范应对措施，盲目冒险，其结果不仅是事倍功半，有时甚至会错失良机。孙子兵法说：“善战者，胜于易胜之地。”[1]因此，在出版物市场竞争中，如何遵循市场经济规律，理性地分析出版物市场在不同时期的发展态势，实施正确的经营战略，寻找或及时地发现机遇，准确地把握机遇，开拓性地创造机遇，对风险采取科学的防范和应对措施，是目前我国出版业共同关心和探讨的重要问题。

---

〔1〕《孙子兵法十家注》卷六·《虚实篇》.北京师范大学馆藏本，嘉庆二年校刊

第一节 出版物市场机遇的特征与作用

有关机遇的概念，一般有广义与狭义之分。广义的机遇是指为实现某种特定的目的，客观形势在最集中的一段时间和空间内提供的各种有利因素、有利条件的总和。狭义的机遇是指在市场经济条件下，企业在经济活动过程中形成和产生的一种有利于企业经营成功的、具有偶然性但能够被经营者认识和利用的各种有利因素的总和。机遇是影响企业经营决策的重要因素。在充满竞争的出版物市场上，总会存在着各种不同的机遇，并且对每个参与市场竞争的竞争者来说都是非常公平的，它是一种社会公共资源，任何人都有资格利用和享受。但是，机遇本身又是一种没有实物形态的稀缺资源。市场中的机遇总是在无声地向每一个竞争者招手，而竞争者并非轻而易举就能发现它，有时即使发现了也不一定能够得到它和利用它。

出版企业怎样才能够捕捉到真正的机遇，并充分地利用市场机遇，以提高自身的市场竞争力呢？出版企业经过长期的探索与实践认识到，面对激烈的市场竞争，必须根据市场的发展现状和发展趋势以及所处的社会环境，审时度势，全面系统地分析那些直接影响市场变化且在市场竞争中起决定性作用的各种因素和条件，从中找出最符合出版企业自身的出版特色，最有利于发挥出版企业自身的优势，最有利于促进出版企业持续健康发展的因素和条件，而集中体现这些条件和因素的总和，就是出版企业发展进程中需要抓住和利用的机遇。这种机遇称为狭义的出版物市场机遇，在市场营销学中又称为“企业机遇”。出版企业只要抓住这些“企业机遇”，经过精心策划，采取有效措施，朝着既定目标主动出击，就会获得预定的效果。出版企业的机遇管理就是通过组织和改变内部的资源配置来主动适应不可控制的外部环境，以达到内外的最佳衔接。由此看来，对出版物市场机遇进行细化梳理和系统分析，是出版企业寻找、发现、捕捉和利用企业机遇的关键所在。

一、出版物市场机遇的特征与分析

既然出版物市场机遇是一种资源，它就必然具有一定的特征。出版物市场机遇的特征主要有四种，即时效性、随机性、潜在性和选择性。出版企业只有掌握市场机遇的这些特征，才能对市场机遇中的各种因素和条件有比较清晰的认识，也才能够在激烈的市场竞争中及时地发现机遇，正确地选择机遇，准确地抓住机遇，开拓性地创造机遇，充分地利用机遇，从而达到占领市场、开拓市场、扩大市场份额之目的。而对出版物市场机遇的特征给予透彻的分析，又是出版企业对出版物市场机遇进行细化梳理和系统分析的重要内容，也是出版企业能够掌握和利用机遇的必要条件。

1. 出版物市场机遇的随机性分析

所谓出版物市场机遇的随机性，是指出版物市场机遇的存在以及发现和利用市场机遇没有固定的模式，也没有固定的结果。也就是说，出版物市场机遇是一种随机资源。尽管如此，出版物市场机遇终究是存在于市场的变化与发展之中的。我国著名概率学专家王梓坤院士曾经说过："事物的发展，是多层次的随机事件与必然事件相互交替和相互作用的过程。"[1]这就是说，事物发展的过程是偶然与必然的相互交替和相互作用，是通过人们主观能动性的作用，经历着由可能变成现实，由偶然（随机）到必然的转化过程。对于出版物市场机遇这一随机事件，通过人们的积极努力，创造必要的条件，必然也会经历由可能变成现实，由偶然现象变成必然现实的转化过程。例如，北京科利华公司当年曾利用学生与家长迫切需要解决学习方法问题的机会，经过精心策划，推出了《学习的革命》一书，并投以巨资，在出版物销售市场发起立体式宣传攻势，最后居然将一本当初人们并不看好的非常普通的读物卖出了天文数字。科利华公司也因此而名扬全国，扩大了影响（也相应产生了副作用）。此例深

〔1〕 王梓坤.概率论基础及其应用.北京:北京师范大学出版社,1996:337

刻地说明,正是由于出版物市场机遇的这种随机性存在,才为每一个竞争者提供了公平竞争的平台。在市场机遇面前,弱者贻误战机,使可能化为乌有;强者抓住机遇,创造条件,让可能变成现实;智者不仅能够抓住机遇,利用机遇,而且还能够主动创造机遇。所谓利用机遇,创造机遇,实质上就是指出版企业通过努力,创造条件,促进市场机遇由随机事件到必然现实的转化,形成出版企业的竞争优势。

2. 出版物市场机遇的时效性分析

所谓出版物市场机遇的时效性,是指出版物市场机遇只是在一定时间内起作用。若是错过了时间,原来的机遇将不复存在。也就是说,市场机遇具有“过时不候”的特征。这是由市场机遇的随机性所决定的。由于市场机遇的存在没有固定模式,故在市场中就不会是常态,它仅是在特殊环境下出现的偶然契机,往往是稍纵即逝。例如,根据惯例,每当国家或地区某些大的政治、文化、经济等活动开展之前或开始之际,总需要有一定数量的相关内容的出版物进行舆论宣传。尤其是那些全国性的活动,对宣传出版物的需求数量有时会大得惊人。出版企业若能及早发现并抓住这个良好契机,主动联系有关部门,有针对性地精心策划相关选题,适时出版,一定会取得较好的社会效益与经济效益。在此类问题上,出版物市场机遇的时效性表现得非常突出。因此,出版企业在激烈的市场竞争中,应具有超前意识,在各种错综复杂、瞬息多变的环境中,冷静地观察和预测可能出现的各种机遇。一旦确认企业机遇到来,应紧抓不放,并立即采取措施,把有利的机遇及时转化为现实优势,为我所用。如作家出版社在推出《马语者》一书前,得知根据该书改编的电影参加了奥斯卡电影奖的角逐,并极有可能胜出。为此,该社提前做好各项工作,包括市场营销计划。当奥斯卡奖揭晓时,作家出版社从印刷到发行、运货,都已做好了充分准备,第二天一早,《马语者》就摆到了书店柜台,赢得了第一销售时间,取得了先入为主的效果。市场机遇的时效性要求出版企业必须培养敏锐的观察力,重视信息资源开发,善于抓住事物的苗头,提前思考,快节奏,高效率。因为机遇只与捷足先登者结缘,在利用机遇、开发机遇方面,总是“先下手为强”。

3. 出版物市场机遇的潜在性分析

所谓出版物市场机遇的潜在性,是指出版物市场机遇这一无形资源始终蕴藏在市场的发展过程之中,或隐而不露,或时隐时现,或处于有待开发的朦胧状态。尤其是在事物发展的突变阶段,察觉市场机遇的难度就更大。市场机遇的潜在性要求出版企业必须充分发挥人的主观能动作用,按照认识事物的基本规律,去粗取精,去伪存真,透过现象看到本质,进而抓住机遇,变市场机遇为企业机遇,以达到预期的目的。例如,中国教育部2001年进行基础教育课程改革,学生教材的编写与出版工作引入了竞争机制。北京师范大学出版社认真分析了当时国家课程改革的发展趋势,认识到课程改革是我国基础教育改革的重要组成部分,是今后若干年内基础教育改革的重要任务之一。随着我国新的课程标准的确定与实施,与之相应的新的国家课程标准教材必然要逐步取代原有的旧教材。编写与出版新课程标准的中小学教材,对于推动我国基础教育改革,发挥该社在基础教育教材建设方面的作用,增强出版社的竞争实力,扩大出版社的经营规模具有重要意义。尽管编写中小学教材将会发生人力、财力等的巨大投入,而且面临着时间紧、任务重、周期长、试验区情况复杂、利润空间微小、投资风险大等诸多挑战,但北京师范大学出版社有百年名校作为依托,具有得天独厚的作者和教材科研成果等出版资源。而且北京师范大学出版社本身就属于以出版教育类出版物为特色的出版社,建社20多年来,积累了一定的出版各类教材(包括中小学教材)的经验。同时,在职工队伍建设、经济实力、出版能力、售后服务等方面都具有先天的优势条件。出版新课程标准教材,北京师范大学出版社具有明显的优势。于是,领导班子当机立断,决定抓住这个机遇,参与竞争。经过一年多的实验阶段,北师大版的中小学新课程标准教材在全国各实验区立刻受到广大教师和学生的欢迎,使用此教材的人数逐渐增加。目前,北京师范大学出版社已成为我国出版中小学新课程标准教材的重点出版社之一,其所出版的中小学新课程标准教材已经成为国内中小学基础课程的主流教材之一。

4. 出版物市场机遇的选择性分析

所谓出版物市场机遇的选择性,是指出版物市场机遇对出版企业而言是相对存在的。同一事件所提供的各种条件,对不同的出版企业及其不同目标来讲,可能是有利的因素,也可能是不利的因素。有利者才能称其为机遇。或者说,一个出版企业的机遇,对其他出版企业而言,可能就不是机遇。这就是市场机遇的选择性特征。市场机遇的选择性要求出版企业必须从实际出发,根据对预定目标的有利程度及出版企业自身的特点来评价、选择和利用自己的企业机遇。出版企业外部机遇与其内部条件、特点和优势的最佳结合,是决定机遇利用成果的关键。例如,近年来教辅读物在出版物市场上的份额一直居高不下,许多出版社认为这是获取经济效益的好机遇,于是不顾出版社自身的条件和出版特点,纷纷上马出版教辅读物。但是,在市场上眼花缭乱的各种教辅读物中,受到广大读者青睐的仍然是教育类、师范类出版社的相关产品,大量的品牌教辅读物基本上也来自于这些出版社。而某些非教育类或非师范大学类出版社所出版的教辅读物在市场上尽管形成了一些品牌,但是大多数反响平平,有的甚至无人问津,给出版社带来惨重损失。究其原因,就是这些出版社忽略了市场机遇选择性的特征,忽略了出版社自身所具有的优势条件和特点,盲目地把其他社的机遇视为自己的机遇来利用。出版物市场上教辅读物的热销不衰,对于具有先天出版优势的教育类和师范大学类出版社而言,无疑是一个大好机遇,它所提供的各种条件都是可以利用的,当然也必须要解决好不断创新的问题。只要精心策划,合理利用,都可以为这些出版社带来可观的经济利益。而对于那些在出版教辅类出版物方面既无优势又无品牌的出版社而言,可能就不是机遇。如果非要利用它,不仅不能获得良好回报,而且还可能因此而影响了自身出版优势的发挥和出版资源的有效利用,其结果是得不偿失。北京外研社李鹏义社长把此类现象比喻为“种了别人地,荒了自家田”。当然,出版企业出版优势的形成并不完全来自于先天,大多是出版企业在应对市场的竞争中不断创新而形成的。因此,若是安于现状,不求进取,不思创新,依赖先天优势或地区的垄断政策吃老本,结果不仅会贻误时机,丧失机遇,而且随着行业体制的改革和国家政策的调整以及市场发展态势的变化,出版企业原有的某些优势将会自动消失,甚至可能会成为市场竞争中的劣势。而一些原来不具备出版优势的出版企业如果遵循市场经济规律,根据出版物市场的需求,更新观念,调整经营战略,积极创造条件,坚持改革创新,就可能成为出版物市场中某些领域的佼佼者。在此方面,广西师范大学出版社由原来侧重于教辅读物出版转变为出版人文科学类出版物,并在出版业产生了一定影响就是一个非常典型的案例。

二、出版物市场机遇的作用

纵观古今中外,任何优秀企业的成功都与善于发现和利用机遇有关。机遇对现代出版企业的经营管理有着重大而独特的价值。机遇的作用主要表现在以下四个方面:

1. 机遇是现代出版企业的稀有无形资产,具有放大和倍增效应

任何企业进行经营实践活动,必须拥有各种资源作为经营活动的投入。如有形资产和无形资产,包括原材料、设备、办公场地、作者队伍、选题、著作权、专有出版权、管理经验、营销技巧、发展机遇等。而机遇又是出版企业经营中最为重要的资源,且是稀有的无形资产。说它重要,是因为机遇资源的投入,能够放大其他资源配置的功能,产生倍增效应,促使出版企业经营快速成功。说它稀有,首先是因为一个出版企业的其他资源经过努力都可以得到,如资金可以贷款,人才可以招聘,设备可以购置,环境可以改变,而机遇则是在特定的时空和特定条件下生成的,极其稀少,并且具有稍纵即逝的特点。其次,机遇从发现到捕捉十分困难。有时机遇就在身边,但却不能捕捉到,即使捕捉到,也可能因为没有马上利用而错失良机。因此,及时发现、捕捉并能马上利用机遇,使其产生经济效益,就显得格外珍贵。再次,与其他资源比较,机遇具有特殊作用。出版企业总是根据客观条件和经营目标来配置各种有形资源,但有时即使付出几倍的努力也难以取得较好的经营效果。而出版企业一旦捕捉到重大机遇,乘势而上,经营状况就可能出现重大转机,原来投入的各种资源就可能被激活,产生放大效应,出版企业可能在短时间内即可获得巨大成功。在我国500余家出版社中,许多以前名不见经传的小出版社之所以能够异军突起,成为业内公认的后起之秀,其中最为关键的一个原因就是在市场的激烈竞争中捕捉到并充分利用了当时的发展机遇,通过资源配置,强化了各种资源的优势,增强了市场竞争力。

2. 机遇是出版企业开发出版物新品种的突破口

考核一个出版企业经营是否成功,在市场竞争中是否具有竞争力,是否具有可持续发展潜力,一个十分关键的指标就是对出版物优质新品种开发的数量。随着知识经济时代的来临,人们对文化生活追求的期望值

越来越高,导致出版物更新换代的速度越来越快,出版企业要在竞争中求得生存和发展,就必须在保证原有出版物的再版率和重印率的基础上,源源不断地向出版物市场推出优质新产品,打造新品牌,以此满足读者新的需求,从而扩大市场份额,扩充出版企业新的经济增长点。而机遇对出版物新品种开发的作用突出表现在:机遇有助于打开出版物新品种开发的突破口。每个出版企业在竞争中都在不断地策划新选题,开发出版物的新品种,但究竟怎样做到根据市场的需求和读者偏好的变化,及时而又有针对性地进行开发,使开发出的出版物新产品能够标新立异,特色突出,在市场上形成新的品牌,这是每个出版企业都在努力探索的热点问题。而出版企业一旦发现和捕捉住市场机遇,就会给编辑人员、营销人员带来灵感,迅速找到突破口,进而以绝对的优势抢先占领市场的制高点,取得市场竞争的主动权。

3. 机遇有助于出版企业迅速占领市场,提高市场占有率

一个出版企业要在激烈的市场竞争中取得经营成功,其中很重要的因素是让出版物产品迅速占领市场,不断提高市场占有率。许多出版企业的经营者为了占领市场,扩大市场份额,采取各种措施,甚至不惜投入巨大人力和资金等生产要素进行市场开发,如通过各种媒体进行新产品宣传,通过出版物降价扩大出版物销售量等,但其效果往往并不明显。如果出版企业在经营过程中能够发现和捕捉到市场机遇,采取措施,为我所用,优先取得市场的主动权,就有可能在很短的时间内迅速占领市场,取得先入为主、事半功倍的效果。

4. 机遇有利于出版企业摆脱困境走向成功

在市场经济条件下,出版企业的发展始终面临着竞争和挑战,有时竞争是非常残酷的。在出版企业改革与发展进程中,既有顺境,又有逆境。出版企业一旦处于逆境,往往会问题丛生,矛盾加剧,困难重重。出版企业要想迅速摆脱困境,也许有多种途径,多种方法,多种措施,但实践证明,只有抓住机遇,充分利用机遇,迅速行动,才是最为快捷、有效的途径。北京师范大学出版社 2001 年以前,其出版的出版物品种基本上是以教育教辅读物为主,由于出版物品种单一,在市场竞争越来越激烈的情况下,出版优势逐渐减弱,抗御风险的能力明显不足。自 2001 年开始,该社正是抓住了我国基础教育课程改革,国家打破以往中小学教材独家出版局

面,建立出版竞争机制的机遇,积极参加我国中小学新课标教材的研发、出版和实验工作,并很快得到全国各地中小学教材实验区师生的认可,从而推动了该社快步而又稳健的发展。截至2005年,全社出版物总销售额一举突破10亿元码洋大关,并且北师大版中小学新课标教材在全国已经确立了主流教材的地位。

第二节 出版机遇的价值链管理

我国加入世界贸易组织以后,作为我国文化产业重要组成部分的出版业既面临着竞争和挑战,又面临着千载难逢的发展机遇。我国改革开放的总设计师邓小平同志曾经讲过:"什么错误都可以犯,但丧失机遇的错误千万不能犯!"如何加强机遇管理,主动创新,积极寻求发展机遇,是出版企业当前亟待研究解决的重要课题。根据管理经济学的观点,出版企业的机遇管理可划分为寻机、乘机和创机三个层次。[1] 而出版机遇价值链管理就是指在经济学和管理学理论的指导下,把寻机、乘机和创机作为一个有机整体,探索以最小的成本最大限度地利用机遇创造经济效益的科学方法。下面分别讨论出版企业寻机、乘机和创机的方法。

一、寻机

寻机即寻找机遇和捕捉机遇。任何一个出版企业都生活在一定的社会环境中,出版企业机遇的最大价值就是实现出版企业内部条件与外部环境的最佳衔接。加强寻机管理是当今出版企业资源管理与配置从有形资源向无形资源转移的发展趋势的需要。寻机管理也一直是当代管理科

〔1〕 李宝中. 管理经济学. 北京:中国人民大学出版社,2002:295

学重要的研究内容之一。出版企业寻机管理的方法是：

1. 超越常规，敢于求异

这种方法是指敢于标新立异，以超越常规的方式去捕捉机遇。在现实的出版企业经营活动中，各种机遇往往是在非常规、非传统的挑战之中诞生的。因为产生机遇的各种条件是随着经营环境的变化而变化的，具有极大的不确定性，因而机遇的产生便具有很大的偶然性。若是按照僵化的传统思维方式和传统的行为方式，既难以发现机遇，又捕捉不到机遇。这就要求出版企业的经营管理者必须不断更新观念，敢于超越常规，勇于创新，以适应外部环境变化的新形势，应对市场新的挑战。比如广西师范大学出版社为了抢占全国人文类出版物市场，以全国主要大城市和地区为突破点，建立贝贝特公司的做法；北京师范大学出版社为推广中小学新课程标准教材而在全国各地建立教材售后服务中心的做法等，都是在此方面进行开拓性尝试并取得良好效果的典型案例。

2. 善于观察，处处留心

这是许多成功的出版企业经营者在捕捉经营机遇时经常采用的方法。机遇的随机性特征决定了其在何时、何种空间范围、以何种形式出现都带有很大的不确定性和偶然性，这就要求出版企业经营者必须善于观察，处处留心。一是要有很强的洞察力，在纷繁复杂的经营环境中，能够发现机遇；二是眼力敏锐，反应快，因为机遇是变化的，许多机遇稍纵即逝；三是能在经营中发现一些别人看不到的机遇；四是能看到机遇在利用中所带来的未来发展变化前景，了解其开发潜力。

3. 注意细节，见微知著

许多机遇是通过细微变化显现出来的，在发现和捕捉机遇时，经营者特别要注意对细节的观察，能够见微知著。任何机遇在产生之前，总会有先兆性反应，而这些先兆性反应则是通过细节表现出来的。所以，要求经营者：一是要时时处处留心细节，并善于把发现的细节与经营中相关问题紧密联系起来进行研究分析，从中发现问题的本质。二是要特别注意那些能够反映本质变化、可导致机遇产生的细节。这些细节往往容易被人忽视，也容易与其他细节混淆在一起，这就要求人们必须进行认真细致的梳理、分析、辨别。特别是对于某些意外的、意义不同寻常的细节进行分析，往往会捕捉到一次重大机遇。三是要有很强的判断能力。所谓判断能力,就是在周到和必要的观察或洞察基础上,把各种观察材料连贯起来思索判别的能力。通过经营者的判断,能使我们分清事物中肯定与否定的因素,以及二者的区别与联系,从而得出一般的结论。

4. 出其不意,捷足先登

所谓出其不意,捷足先登,一是指在别人尚未发现和想到的时候能够捕捉到机遇,捷足先登,形成企业的竞争力;二是指要以别人意想不到的方式、新颖独特的办法捕捉到机遇,出其不意,抢在别人前面,赢得竞争的优势;三是指要在机遇产生周期的开始就能够捕捉到机遇,而不是在别人发现之后。

5. 通力合作,取长补短

在捕捉机遇的时候,特别是捕捉影响全局的重大机遇时,需要出版企业各部门相互配合,通力合作,取长补短,集思广益,最后形成企业的核心竞争力。这是经过中外无数企业经营者的实践所证明的行之有效的方法。

二、乘机

乘机即利用机遇。所谓乘机,是指出版企业的经营者根据所捕捉到的机遇,结合本企业经营的实际情况,制定新的经营战略,有组织有计划地开展经营活动,以获取最大的经营业绩。由于机遇具有时效性,当经营者捕捉到机遇时,必须果断决策,迅速行动,有效而又充分地加以利用,方能取得成效;否则,尽管发现了机遇,却犹豫不决,迟迟不采取行动,那么机遇将会从手中溜掉,错失良机。乘机的方法,主要是指在出版企业经营活动中利用机遇所采用的形式。乘机的方法一般有如下几种:

1. 整体多级利用

一个出版企业,特别是一些规模较大的出版企业,其经营活动是多层次的,有时又是多元化的。当某种机遇一旦出现,出版企业中多层次的经营活动将分层次利用,这就是经营机遇的整体多级利用。一般情况下,出版企业的机遇可分为三级利用:一级是出版企业最高领导层的利用,这主要是指经营决策中对经营机遇的利用;二级是经营业务部门负责人在实施整体战略决策过程中对机遇的利用,以制定相应的战术决策;三级是指具体经营业务人员在自己的经营业务活动中执行本部门战术决策时对机遇的利用。

2. 优化利用

这是指运用科学的决策方法，对出版企业重大经营决策问题提出多种方案，进行可行性比较，从中选择一个能够有效利用机遇的最佳方案。在出版企业进行战略决策和战术决策时，要努力把决策业务内容与决策优化分析方法结合起来，并把机遇利用的成效作为评价决策的重要标准。为此，出版企业应设立专门机构，根据社会环境、国家政策以及市场的变化态势对企业机遇的优化利用进行分析研究，提出经营决策方案，为企业领导层制定经营决策提供重要依据。

3. 整合利用

这是指多部门、多方面经营对某种机遇的共同利用。在经营活动中，有的机遇功能多，作用范围大，适用范围广，只有在联合利用中才能更充分地发挥其作用。比如，为扩大市场份额，出版企业与新华书店或地方系统发挥各自优势，共同开发合作项目等。企业出版的出版物在全国各地发行，而各地的社会环境和市场都具有不同的特点，因此，存在的机遇也就有所不同。出版企业必须密切关注全国各地的出版物市场，哪里出现了机遇，就应该到哪个地方去，利用已捕捉到的机遇进行经营活动。有的机遇内容虽不是本企业的经营范围，但只要能够为企业带来收益，并且有较大的发展潜力，同时不影响主营业务的开展，就可以跨行业利用，进行多元化经营。

三、创机

创机即创造机遇。所谓创机，是指在出版企业的经营过程中，通过人为的主观因素作用于可以形成机遇的各种客观因素，使之产生有利于成功经营的契机和关键的新环节。它是机遇价值链管理中最高级的形式。美国管理大师德鲁克曾经指出："成功的企业家不是坐等灵感的降临，寻求突然的灵机一动"，而是要"系统地分析创新机遇"，并"有组织地加以运用"。也就是说，一个成功的企业家不是坐等灵感的降临，而是要有目的、有组织地探索机遇的变化，系统地分析哪些机遇是可能提供经济效益或创造新的利润空间的。在现代出版企业经营管理中，经营者只有充分发挥内在的主动性，采取多种方法，营造有利于企业发展的各种有利条件，有组织地加以应用，创造各种各样的机遇，才能使企业经营获得巨大成功。因此，探讨创机的方法就成为出版企业经营者的重要任务之一。

所谓创机的方法，主要是指在系统分析创新机遇的基础上，有组织地对其加以应用。具体方法是：

1. 善于研究国家的政策法规，利用各种机遇

一个精明的出版企业经营者总是在密切注视国家的政治动向，研究国家的新闻出版方针政策，主要是关于文化产业和经济方面的方针政策法规等。所谓利用政策，就是经营者利用新政策所带来的客观条件，再人为地创造一些相关条件，从而引发出新的机遇。比如，充分利用国家为发展出版事业、推动出版业体制改革而在税收方面所提供的诸多优惠政策，积累资金，增强持续发展的经济实力等。

2. 借助国家重大政治活动，创造消费环境，形成创机

一个国家在各个不同的发展时期，都有不同规模的政治活动。精明的出版企业经营者总是以睿智的眼光，巧妙利用那些规模大、影响面广的政治活动来创造机会。从经营者角度来看，在重大的政治活动中或活动后，人们的思想观念、价值追求等都可能发生变化，从而使消费心理、消费需求、消费方式等发生变化，就可能产生一些可以形成经营机遇的客观条件。比如，在2003年12月下旬举国上下隆重纪念毛泽东诞辰110周年之际，中央文献出版社抓住时机，出版了《毛泽东传(1949～1976)》(上下两册，约130万字)，该书一面市，就倍受读者的青睐，销量遥遥领先。该社同时推出的黄金版《毛泽东诗词手迹》虽然定价高达18 600元，限量发行，但其制作精美，极具珍藏价值，仍有不少读者慷慨解囊。

3. 借助新闻媒体，广造社会舆论，形成创机

这是出版企业经营者创造经营机遇最常用、也是最容易成功的方法。新闻媒体主要是指电视、广播、报纸、杂志、网络以及各种广告媒体等。这些新闻媒体的主要特点是数量多、影响面广、传播及时、形式多样。全国数以千计的电视台、数以万计的报刊杂志和各种网站，已经是人们生活中不可缺少的部分。众多的出版企业经营者正是看到新闻媒体的作用及影响，而采取多种形式大加利用，创造了一个又一个的经营机遇。比如召开

新书出版新闻发布会，通过各种媒体进行出版企业形象宣传、新版出版物的宣传等。

四、企业机遇的抉择依赖于市场机遇的评价

在当前激烈的市场竞争中，出版企业为了掌握主动权，应对竞争与挑战，不仅要善于寻找、捕捉和创造市场机遇，而且还要善于对所发现的各种市场机遇给以正确的评价，从中精选出那些有可能转变成企业机遇的市场机遇。

在市场经济条件下，某种出版物市场机遇能否成为一个出版企业的企业机遇，不仅要看利用这种市场机遇是否与该企业的任务和经营目标相一致，而且取决于该企业是否具有利用这种市场机遇的条件和能力，取决于该企业是否在利用这种市场机遇时比其潜在的竞争者有着更大优势，因而能够享有更大的"差别利益"(differential advantage)。所谓差别利益，是指在利用市场机遇时，出版企业所享有的利益是其潜在竞争者所不能够得到的。或者说，是出版企业唯一能够享有的利益。比如，一般情况下，出版外语教材教辅类读物，外语大学类出版社可享有较大的差别利益；出版中小学教材教辅读物，教育类、师范大学类出版社可享有较大的差别利益；等等。这就是说，出版企业评价各种市场机遇的基本任务，就是要评价这些市场机遇与本出版企业的任务、目标、优势资源条件、出版特色等是否一致，从而优选出使出版企业比其潜在竞争者有更大的优势并能够享有更大差别利益的市场机遇，将其确定为准企业机遇。然后，出版企业应对这些准企业机遇进行细分评价，进一步调查研究这些机遇所处的外部环境及出版企业利用这些机遇所具备的内部条件和优势。如出版企业在论证利用市场机遇策划某种出版物的选题时，需要事先调查了解读者对相关出版物的兴趣程度和购买力、市场对出版物的预计需求量、本版出版物在市场上的影响力和可能占有的市场份额、出版物投放市场后将会出现的竞争对手、出版企业自身的出版能力与竞争优势等。此外，出版企业的营销、财务和生产(出版)、物流等部门还应对未来出版项目的销售收入和成本费用进行科学的预测，以便最后确定可为出版企业带来盈利的最佳企业机遇和出版企业新的目标市场。

第三节 出版企业的风险分类与特征

风险在辞典中的解释是"可能发生的危险",或者是"损失或伤害的可能性",因此,国内有经济学者对风险给出这样的定义:"在某项事件的未来发展中,可能出现多种不同的结果,其中某些结果将对事件主体产生损失。这种损失的可能性就称为风险。"[1]管理经济学理论认为,"风险是指某一特定策略所带来的结果的变动性的大小。"[2]微观经济学理论认为,"风险是指那种结果不确定,但每种可能的结果出现的概率是可知的或是可被估计出来的。"[3]由风险的上述定义可以明确得出这样一个结论:风险是指事件(策略)未来结果的不确定性,但各种可能结果的概率是可知或可估计的,它是一种事前概念。具体到出版企业而言,我们可以这样定义:风险是指出版企业在其生产经营活动的各个环节和各个过程中可能遭受到的损失与威胁,是收益偏离期望值或平均值的可能性。风险与出版企业的生产经营活动密切相关,它潜藏于出版企业的各项经营决策行为当中,并具有不同的表现形式。而出版企业各项经营决策行为风险的总和构成了企业风险。

一、出版企业风险的种类

风险贯穿于出版企业生产经营活动的全过程,经常遇到的风险主要有以下几种类型:

〔1〕 李宝山. 管理经济学. 北京:中国人民大学出版社,2002:308

〔2〕 [美]克雷格·彼得森. 管理经济学. 北京:中国人民大学出版社,2003:407

〔3〕 [美]曼斯费尔德. 微观经济学. 北京:中国人民大学出版社,1999:129

1. 信用风险

信用风险是指合同的一方不履行义务的可能性。主要表现在出版物市场交易过程中交易对方违约所带来损失的风险。具体包括拖欠应收账款风险、退货风险、作者书稿风险（包括拖延交稿时间、书稿存在质量问题等）、材料质量风险、印制风险（包括印制质量不达标、拖延交货时间等）、货物运输方不负责任的野蛮装卸可能造成的货物毁损风险等。

2. 市场风险

市场风险是指因市场波动而使投资者不能获得预期收益的风险。主要表现在出版物选题项目投资、对外投资等方面。在选题投资方面，由于市场需求形势发生变化，如读者需求偏好变化、同类可替代出版物产品提前进入市场，或者由于出版企业市场竞争力不强、营销策划失误等原因，造成投资项目的出版物产品滞销，资金难以收回。由于纸张材料的涨价而加大成本费用的支出，也可能造成预期利润的减少等。在对外投资方面，由于市场原因可能造成对外投资项目所在行业发展不景气，经营困难，产品滞销；或由于受到金融市场通货膨胀、经济周期、利率波动的影响，可能发生银行利率下降、股票价格下跌等情况，造成资本经营收益的减少等。

3. 运营风险

运营风险是指出版企业的运营机制可能失灵，导致预期的生产经营计划不能实现，造成企业经济损失的风险。它通常是由于生产计划失误、信息系统失灵、生产流程发生错误或控制失效导致作业链条断裂、生产环节脱节而引起的风险。其具体表现及其可能出现的后果是：供货延迟，可能造成退货；超量造货可能造成出版物库存积压，不仅加大资金占用量，而且有可能造成资源浪费；为追赶出版物生产时间进度而降低对书稿的审校质量要求，或是受企业过分追求降低成本的压力，降低了出版物耗材标准及印制质量的要求，造成了风险隐患。比如，可能由于出版物内容存在严重的政治问题而受到上级管理部门的通报批评及削减书号的制裁，严重者甚至责令停业整顿，也可能由于出版物印制质量存在问题而造成客户的大批量退货，从而造成不必要的经济损失，严重时将会影响出版物的销售量及市场份额。

4. 环境风险

环境风险是指出版企业活动于其中的自然、法律、政策和社会环境发生变化可能造成的经济损失。主要包括自然环境风险、法律风险、政策风险等。

(1) 自然环境风险是指由于火灾、地震、水灾等自然灾害可能造成出版企业的经济损失。

(2) 法律风险是指出版企业因违规、违法经营而承受的风险，如买卖书号，出版思想反动、宣扬封建迷信、淫秽、暴力等内容的非法出版物，出版假书、伪书，进行偷税、逃税等不法行为可能给出版企业带来的经济损失。

(3) 政策风险是指国家政策的变化对出版行业和出版物产生的影响。随着国内外政治形势的变化，政府不得不随之调整政策，甚至会发生剧烈变革，并且这种变革不是预先确定的。具有双重属性的出版企业的生产经营活动难免不受到冲击，操作风险也随之加大。如关于宣传党和国家某一时期有关方针政策的出版物的出版，带有一定政府保护政策的各种政治读物的出版，中小学新课程标准教材的出版，教育主管部门指定使用的大中专学生公共课教材的出版，各行业的政府主管部门指定使用的各种成人培训教材的出版等，对国家政策变化的反应都非常敏感，其存在的风险也就非常大，很可能由于国家某项新政策的出台而导致出版企业曾畅销一时的出版物滞销作废，使出版企业原有的竞争优势顿时消失。另外，在市场经济条件下，由于受价值规律和竞争机制的作用，出版企业之间竞相争夺市场资源，希望获得更大的自由度，从而很可能会触犯国家某些政策，如吸引业外资金进入出版领域、书号使用采取一号多用等，导致出版企业受到经济制裁。

5. 企业整合风险

企业整合风险是指出版企业在实施资源整合，企业合并、并购等规模扩张战略时可能产生的负面效应。由于历史和制度的原因，有些出版企业与其他企业的合并、并购等可能不是按照市场经济原则进行的。对拟进行合并的每个目标企业或对并购的目标企业(公司)没能进行系统完整的评估，对合并、并购活动缺乏全面设计和整体规划，对合并、并购活动能否产生相应的竞争优势缺乏应有的理解，对整合以后的出版企业是否具备经营管理能力缺乏详细论证，对整合后企业的经营管理和发展战略更是心中无数，往往是为追求企业规模、赶时髦而机械效仿，草率上马。合并、并购完成后，企业的领导层所关心的问题不是如何进行资源的优化配置，创造竞争优势，以应对市场的竞争和挑战，而仅仅是满足于规模扩张，只关心职位分配等利益问题。这种现象使得许多企业的合并、并购活动未能实现预期的目标，甚至造成企业原有的一些竞争优势被削弱，创新能力被束缚，大量的资源被浪费等后果，产生许多负面效应，造成事与愿违的结果。

6. 财务风险

财务风险是指由于出版企业经济活动发生意外变动给企业造成困难而引发的风险。这类风险一般是由于企业经营管理不善，造成现金流量受阻、资金周转困难影响生产经营活动正常运行而引起的；或是因资产负债率过高，不能及时偿付到期债务，如应付材料费、印制费、作者稿酬等，使企业信誉受损，新交易业务受到影响；或是因投资项目失败，使企业投入的资金无法收回，造成严重的经济损失等。

二、出版企业的风险特征与分析

出版企业风险是指企业在其生产经营活动过程中可能遭受到的损失与威胁，是收益偏离期望值或平均值的可能性。风险与出版企业的生产经营活动密切相关，它潜藏于出版企业的各项经营决策行为当中，并具有不同的表现形式。出版企业风险具有客观性、多变性、突发性、风险与机遇并存性、损失与收益对称性 5 个特征，现作如下具体分析。

1. 风险的客观性分析

风险的存在是不以人们的意志为转移的，它蕴涵在出版企业的整个经营过程中，可以说是无处不在，无时不有。如存货资金占用率过高，影响资金周转，进而影响了生产经营的正常运行；出版物选题与市场上已有的同类产品撞车，造成出版物滞销或大批量退货；由于对客户提供出版物赊销信用而造成坏账损失等。风险的客观性要求出版企业必须承认风险，接受风险，并以理性的态度，采取合理的措施来防范和应对风险，以此达到削弱和化解风险影响的目的。

2. 风险的多变性分析

风险的多变性是指风险本身具有极强的不确定性。它的种类、大小、性质等均会随着出版企业内、外部条件的变化而呈现动态变化的特征。在事物发展的过程中,原有的主要风险可能变成次要的,甚至消亡;原有的次要风险也可能变成主要的,还有可能会出现新的风险。比如,国家有关部门于2004年对西部贫困地区提供的中小学新课程标准教材进行发行招投标试点,规定在几个试点省内有资格应标的单位应是具有发行资质的国有企业,这样一来,省新华发行集团在仅有的几个有资格参加应标单位中具有绝对的中标优势。也就是说,在进行教材发行招投标活动中,能够中标的单位非省级新华发行集团莫属,基本不存在太大风险。但是,2006年国家有关部门对免费提供的中小学教材发行招标活动又明确规定,具有教材发行资质的国有及非国有企业都有应标资格,非国有发行企业的介入,将构成对新华发行集团发行教材中标的威胁,从而出现了新的风险。而且非国有发行企业在经营理念、运行机制、工作效率等各个方面都具有一定的优势,因此,新华发行集团原来的非风险因素变成了竞争的主要风险。风险的多变性主要和其产生的条件有关,由于风险本身就是源于企业内、外部环境的不确定性,因而它难以具有稳定的形态。把握风险的多变性特点,要求出版企业在应对风险威胁时,应该事先准备多种不同的备选方案,一旦风险要素发生改变,就应选择相应的应对策略。

3. 风险的突发性分析

风险的爆发往往是偶然的,具有极大的随机性。因此,当人们面对风险时,常常会有一种突如其来的感觉。风险的突发性是指风险的实际发生时间很短,以至于人们尚未意识到就已处于风险状态之中。比如,20世纪90年代初期,出版物消耗的纸张材料价格连续几年处于低迷状态,以"跳楼价"抛售材料的现象时有发生,市场呈现供大于求的买方格局。许多出版企业由此淡化了危机意识。进入21世纪以后,由于国际木浆的突然涨价,且相当长一个时期内居高不下,而国内市场对纸张材料的需求不断增加,造成国内纸张材料的市场供应价格迅速攀升,搞得许多出版企业措手不及。一方面,由于出版企业当年的出版耗材计划已经确定,但材料没有足够的储备,造成出版物生产成本迅猛增长。而另一方面,出版物市场的竞争日趋激烈,折扣大战迭起,出版物成本的提高及发行折扣的降低，导致出版企业的利润空间急剧缩小，在竞争中处于非常被动的地位。此教训告诫人们，既然风险具有突发性特点，出版企业在防范风险时就应该特别关注和识别风险的变化前兆，及早发现和判断事物发展过程中的风险诱因，以便提前做好防范准备。一旦风险突发，就要及时采取补救措施，最大限度地减少企业可能遭受的风险损失。

4. 风险与机遇的并存性分析

一般情况下，机遇中潜藏着风险，风险也伴随着机遇，二者总是形影不离、相伴相生的。风险和机遇并存是每个企业共有的生存条件，出版企业也不例外。机遇对出版企业的发展越有利，相应存在的风险也就越大。出版企业往往在抓住机遇与减少风险中取得快速发展和良好的双效益。但是，如果在抓机遇时遇到无法避免的巨大风险，则会遭受巨大损失，甚至破产。例如，我国于2001年进行基础教育课程改革，为具有中小学教材出版资质的出版企业带来了新的发展机遇。但同时也存在着政治性强、社会效益要求高、前期投入大、利润率低、教材推广困难、教材培训等售后服务任务艰巨等问题，加上多种版本教材在市场同时存在，加剧了教材市场的激烈竞争。据有关部门的资料统计，截至2005年4月，全国共有77家出版单位编写出版了26个学科、215套义务教育课程标准实验教材。[1] 各家出版单位在打造主流教材的较量中始终面临着优胜劣汰的残酷考验，在国家实施的省级教材出版招投标中也存在着落选出局等诸多风险。在这种形势下，一些具有教材出版优势资源的出版企业抓住机遇，通过拼搏，在教材品种和市场占有率等方面不断扩大，成为我国基础教育教材出版的生力军。但是，也有一些出版企业由于出版教材资源的先天不足，对教材出版给企业带来的未来收益估计得过于乐观，而对风险估计不足，导致在竞争中始终处于被动地位，教材出版举步维艰，难以发展，有的甚至痛失血本而自动退出市场。这就要求出版企业在制定经营决策时，必须解决好这样几个问题：如何确定企业未来的目标？目标里面有何种风险和机遇？作出决策的主要依据是什么？诺贝尔奖获得者、经济学家蒙塞对此讲得很精彩：第一，正确理解目标和现实的区别，目标不对，越迈进越糟糕，所以作决策前必须深思熟虑；第二，问题就是风险，

〔1〕 古隆媛．增强教材竞争力，做好明年发行招标．新闻出版报，2005年11月8日

风险问题解决了，就是机遇，风险和机遇是不可分割的；第三，靠风险获取机遇，只能靠信息，不是拍脑袋，不是靠权力。

5. 风险的损失与收益对称性分析

风险会对事物造成损失，但根据辩证法原理，任何事物都有两面性，既有不利的一面，也存在着有利的一面，风险也是如此。与风险相伴随的，不仅有潜在的损失，也有获益的可能。对于出版企业来说，风险具有双重影响，一方面，它会对企业的发展产生不利作用，因而人们格外小心，惟恐避之不及；另一方面，它又隐藏着获取高额利润的可能，吸引一些有魄力的企业经营决策者为了追求高额利润而愿意去冒险。出版企业对待风险应遵循这样一个规则：风险是利益的代价，利益是风险的回报。出版企业在建立利益机制的同时，也必须要考虑风险的防范措施，使两者相互平衡。

第四节 出版企业风险管理

随着出版物市场竞争的加剧，出版企业的生存与发展所面对的形势越来越严峻，各种危机或风险对企业发展的影响表现得越来越明显，因而对出版企业应对竞争与挑战的战略所提出的要求越来越高。在出版企业抓住机遇、快速发展的进程中，如何不断提高企业的风险管理水平，遵循事物发展的客观规律，运用科学的方法，正确识别风险，评估风险，分析风险，评价风险价值，防范和应对风险，监控风险，确保企业各项经营目标的实现，是目前我国出版企业亟待解决的问题，同时也是出版经济管理的重要内容。所谓风险管理，是指出版企业根据自身发展状况，通过了解市场情况，掌握风险的特点，进而识别风险、分析风险、评价风险，设计与实施解决风险的应对方案，并不断监控和处理企业面临的各种风险的过程。

一、出版企业风险管理特征

出版企业的风险管理具有以下基本特征：

(1) 风险管理的本质特征是事前管理。由于风险是一种事前概念，因此，事前管理决定了风险管理是一种积极、主动的管理，表现为认真分析风险、有意识地承担风险、科学地管理风险、稳妥地获取风险收益。事前管理也决定了风险管理比损失管理、危机管理和成本管理更加困难和更具有挑战性。

(2) 风险管理是使出版企业在风险最低的前提下，追求社会效益与经济效益的统一；或是在保持社会效益与经济效益良好结合的前提下，追求风险最小化。它是一种机制，通过这种机制可以发现、评估出版企业生产经营过程中存在的主要风险，然后制订、实施相应的对策，将风险控制在企业所能接受的范围内。

(3) 风险管理是个持续的过程。风险的特点决定了出版企业的风险管理必须贯穿于出版企业生产经营活动的全过程。在变幻无常的出版物市场上，任何一项管理措施都不可能解决出版企业生产经营全过程的所有风险问题，也不会取得一劳永逸的结果，因此，出版企业的风险管理必须伴随着各项经营活动的始终，并根据风险的变化情况不断调整和制定各种防范风险的措施。

二、出版企业风险管理的执行过程

风险管理一般包括风险识别、风险评估、风险分析、风险价值评价、风险应对、风险监控这几个过程。

(一) 风险识别

风险识别指识别整个生产经营过程中可能存在着的风险。由于风险存在于出版企业生产经营过程中的每个环节和进行决策的每个项目，所以，必须以每个决策项目作为风险识别的主体，或者称为决策主体对象。要根据决策主体对象的性质，从潜在的事件及其可能产生的后果和潜在的后果及其原因方面来检查风险,收集、整理决策主体可能存在的风险,并充分征求各方意见,从而形成决策主体的风险列表。

(二)风险评估

风险评估是指在风险识别的基础上,对出版企业可能发生的某类风险的预计、度量和估测工作。

1. 风险的定性评估

由于风险的不确定性很大,有的可测性很小,因此,对于出版企业有些经营决策中的风险一般采用定性分析的方法来评估。目前最常采用的是专家意见汇集法,它主要是借助于有关专家的知识、经验和判断来对企业风险加以估计和分析。具体做法如下:

(1) 首先邀请对所需研究的风险问题能够提出意见的经济专家、管理专家、出版专家、营销专家(包括新华发行集团老总、民营发行集团老总)、咨询专家等,请他们以匿名方式参加某项风险的书面分析。

(2) 向各有关专家提供所需研究的风险问题的相关资料,或按专家要求提供各种补充资料。

(3) 拟定关于某项风险分析的调查提纲,请专家各自回答有关调查问题,并各自提出意见和依据。

(4) 由组织者对专家意见进行统计整理,然后将汇总情况再反馈给专家,请他们在此基础上对企业风险作新一轮的判断分析。这一过程可以反复进行多次,直到总体意见的分布离散度达到某一确定标准为止。

(5) 组织者根据专家的最终意见进行归纳总结,提出企业风险的分析报告。

运用此方法有三点必须要求做到:一是为保证风险评估的客观性,在调查过程中,发表意见的专家互相匿名,避免公开发表意见造成对专家们的心理影响;二是对各种反应进行数据统计处理,将各种意见尽量客观、准确地反馈给专家;三是带有反馈地进行意见测试,使各种意见相互启迪,集思广益,得到比较正确的估计。

2. 风险与回报的度量及评价

风险与回报的度量及评价又称定量评价,是指从定量上对决策的风险和回报进行度量,并进行分析评价。在出版企业的生产经营过程中,需要不断地作出各种经营决策。如果是在已经确定的条件下作决策,与决策相关的所有信息都是已知的(如出版物市场需求量、本版出版物可占市场份额、出版物盈亏平衡点、主要竞争对手将要采取的策略等),则得出的决策结果是唯一的,并且能够达到预期目标。但在激烈的出版物市场竞争中,这种情况基本上是不存在的。如果决策是在不确定条件下作出的,则决策的结果必然会有几个或许多个,并且不知道每一个结果发生的概率。例如,出版企业考虑引进某种出版物版权,由于国内出版物市场尚未有同类品种的出版物,也就无法估计未来读者对它的需求,尽管市场营销部门可组织人员进行各种市场调查,来估计会有多少读者购买这种出版物,但其可信度是值得怀疑的,只能算是对需求的一种粗略的猜测。如果通过科学的方法和手段可求得或估计出所有结果的风险程度及发生的概率,那么这种决策就是在有风险条件下作出的。显然,明智的出版企业经营管理者总是希望在有风险条件下作出各种理性的决策,而理性的决策要求出版企业必须对决策未来的回报和风险进行科学的度量与评价。经济学研究中一般利用统计学中的有关统计量的概念作为工具来解决这一问题。

(1) 三个统计量概念。如果已知某事件的一组结果$\{X_i\}$和每个结果发生的概率$P_i(i=1,2,\cdots,n)$,则可求得以下统计量:

期望值:$\mu = \sum_{i=1}^{n} p_i x_i$

标准差:$\sigma = \sqrt{\sum_{i=1}^{n} p_i (x_i - \mu)^2}$

变差系数:$v = \dfrac{\sigma}{\mu}$

(2) 三个统计量在出版企业决策风险与回报评价中的应用。如果已知出版企业某一经营决策可能出现的各种结果及其可能发生的概率,则可用三个统计量来评价其未来的回报额和风险程度。其中,期望值是对决策方案的期望回报金额的度量,数值越大,说明未来可能获得的收益越大;标准差是对决策方案风险程度的度量,数值越大,说明决策未来结果偏离期望值程度越大,其存在的风险也就越大;变差系数是对决策方案每

1元期望回报的风险度量，数值越大，说明期望回报的单位金额风险越大。

例7-1：某出版社策划出版某种出版物，设计出两个市场营销方案，其销售收入的实现水平取决于同类出版物竞争者进入市场的情况。经过多方面的市场调查、分析和判断，得出如表7-1所示结果。

表7-1 两种营销方案的有关结果

营销方案	竞争者进入市场情况	进入市场概率	销售收入结果
第一方案	无竞争者进入	20%	400万元
	少数竞争者进入	30%	200万元
	大量竞争者进入	50%	100万元
第二方案	无竞争者进入	20%	250万元
	少数竞争者进入	30%	200万元
	大量竞争者进入	50%	150万元

现在利用三个统计量计算模型对两个营销方案进行分析评价。

$$\mu_1 = \sum_{i=1}^{3} p_i x_i$$

$$= 0.2 \times 400 + 0.3 \times 200 + 0.5 \times 100 = 190(\text{万元})$$

$$\sigma_1 = \sqrt{\sum_{i=1}^{3} p_i (x_i - \mu)^2}$$

$$= \sqrt{0.2 \times (400-190)^2 + 0.3 \times (200-190)^2 + 0.5 \times (100-190)^2}$$

$$\approx 133.6$$

$$v_1 = \frac{\sigma_1}{\mu_1} = \frac{133.6}{190} \approx 0.70$$

$$\mu_2 = \sum_{i=1}^{3} p_i x_i$$

$$= 0.2 \times 250 + 0.3 \times 200 + 0.5 \times 150 = 185(\text{万元})$$

$$\sigma_2 = \sqrt{\sum_{i=1}^{3} p_i (x_i - \mu)^2}$$

$$= \sqrt{0.2 \times (250-185)^2 + 0.3 \times (200-185)^2 + 0.5 \times (150-185)^2}$$

$$\approx 39.05$$

$$\upsilon_2=\frac{\sigma_2}{\mu_2}=\frac{39.05}{185}\approx 0.21$$

方案风险评价：

比较两个营销方案中相对应的统计量，第一方案的未来期望回报金额是190万元，高于第二方案的185万元。但是，第一方案的风险值是133.6，高于第二方案的风险值39.05，并且第一方案的单位期望回报风险值0.70高于第二方案的0.21。显然，第一个营销方案虽然期望回报额较高，但存在的风险较大。

（三）风险分析

风险对出版企业将会带来不利影响，甚至造成经济损失。但是，风险是如何产生影响的，其影响范围及影响程度有多大等，这些问题都需要出版企业作出正确分析和评价。风险分析是指对已经识别出来的风险逐一进行量化估计后，根据市场变化及出版企业未来发展目标，对决策未来结果中每个风险发生的概率及其对该企业的影响进行具体分析，为最后确定出版企业的决策方案提供科学依据。如何选取决策方案，取决于出版企业承受风险的能力，同时与出版企业决策者对风险的偏好也有直接关系。风险寻求型（risk seeking）决策者总是刻意追求风险的挑战，往往习惯于冒险而采取高风险决策行为，以期获取高回报；而风险厌恶型（risk averse）决策者则对风险怀有恐惧、抵触的心理，一般会采用低风险决策行为，仅是满足于能够获得稳定的收益而已；风险中立型（risk neutral）决策者只是追求决策期望回报价值的最大化，而不考虑风险，所以在选择决策方案时，只对决策的期望回报价值感兴趣，而对决策行为是否有风险不太关注。[1] 但是，在出版企业现实的经营活动中，风险是客观存在的，并且伴随经营活动的每一个环节，这是不以人们的意志为转移的。因此，出版企业经营决策者面对各种风险时不应是逃避，而是要勇敢面对，认真分析，积极防范，根据出版企业的自身条件与外部环境的具体情况，利用风险中潜在的机遇，采取措施，迎接挑战，化险为夷，取得效益。

---

〔1〕［美］曼斯费尔德. 微观经济学. 北京：中国人民大学出版社，1999：137

（四）风险价值评价

出版企业风险管理的一项重要任务就是要不断降低风险成本，提高风险管理的效果，取得较好的收益。因此，对出版企业各项决策行为的风险价值作出客观、正确的评价是非常必要的。风险价值是指出版企业在风险条件下的各项决策行为或经营活动所创造的价值。风险价值评价是指通过风险成本与风险收益的比较来衡量风险所创造的新增价值。

1. 风险成本

出版企业的风险成本概念有广义和狭义之分。广义风险成本是指风险本身所造成的实际损失费用与企业前期预防费用以及风险发生后处置费用的总和，即：

广义风险成本 = 风险预防费用 + 风险实际损失 + 风险处置费用

广义风险成本是一个着眼于整体的概念，它从风险的发生过程入手，将前期预防费用、实际损失、后续处置费用全都包括在内，从而反映了风险对出版企业的全部影响。

狭义风险成本是指风险本身所造成的实际损失，即：

狭义风险成本 = 风险实际损失

狭义风险成本的大小主要取决于风险本身的性质，如风险的影响强度和影响范围等。如果风险对出版企业造成的损失较大，则风险成本就高，反之，风险成本就小。它是建立在风险的实际损失基础上，以局部为着眼点的。在风险的防范管理中，大多是从广义角度来理解风险成本的，而在衡量比较出版企业的实际成本时，则主要将狭义风险成本作为考虑对象。

2. 风险收益

风险收益一般是指出版企业由于承担了动态风险而获得的收益，是不确定性的产物。当出版企业的决策者在风险条件下制定某项决策时，不仅希望能够获得正常的收益，而且还希望在正常收益基础上额外获得用于补充风险的收益。企业额外获得的收益称为风险溢价。因此，风险收益的概念也有广义和狭义之分。将决策所获得的正常收益与溢价收益之和称为广义风险收益，即：

广义风险收益 = 正常收益 + 风险溢价

将决策的风险溢价称为狭义风险收益，即：

狭义风险收益＝风险溢价

一般而言，风险越大，出版企业的风险溢价可能就越高，反之则越小。这也说明，出版企业的风险收益与风险成本是成正比例关系的，风险成本越高，风险收益就越大；风险成本越低，风险收益也就越小。

3. 风险价值评价

由于风险成本与风险收益的概念都有广义和狭义之分，所以，风险价值评价也相应有广义和狭义两个概念。其评价价值可用以下公式来表示：

广义风险价值＝广义风险收益－广义风险成本

狭义风险价值＝狭义风险收益－狭义风险成本

显然，广义风险价值评价是对决策行为风险的整体价值评价，既考虑到正常收益和风险溢价的因素，也考虑到风险的前期预防费用、实际损失和后续处置费用等各种成本因素。而狭义风险价值评价只是评价风险本身，仅考虑风险溢价和风险实际损失两个因素，具有较强的针对性。两者在对风险管理中各有其作用和特点。在对风险价值评价时，如果风险价值大于预期标准，则表明该项活动达到了目标要求；若风险价值小于预期标准，则说明该项活动方案不可取，应当加以调整和改善。具体计算时，必须注意风险成本与风险收益内涵的一致性。一般来说，在进行风险应对的管理中，较多运用广义风险价值评价概念来评价风险整体价值，而在具体衡量与比较风险条件下决策行为各个环节的净收益时，则应采用狭义风险价值评价概念来评价。

例7-2：出版社为了应对市场竞争，决定对某种出版物销售实施促销策略。具体方案是：对经销商全部提供赊销信用，并且延长付款期，同时将发行折扣降至低于市场平均水平。另外，出版社还允许客户有占销售实洋4%的退货比率。出版社由此可实现销售实洋350万元。但是，降低发行折扣将减少15万元的销售实洋，延长回款期，将使应收账款增加1%的坏账风险。出版社若不实施此促销方案，按正常情况销售，预计可实现销售实洋250万元。请对此促销策略进行风险价值评价。

分析：风险预防费用＝降低发行折扣损失＝15万元，风险损失＝坏账风险＝350×1%＝3.5（万元），风险后续处置费＝退货损失＝350×

4% =14(万元),出版物正常收益 =250 万元,广义风险收益 =350 万元,风险溢价 =350 - 250 =100(万元)。因为要对策略风险的整体价值进行评价,于是有:

广义风险成本 =15 +3.5 +14 =32.5(万元)

广义风险收益 =350(万元)

广义风险价值 =350 - 32.5 =317.5(万元)

显然,对该出版物实施此销售策略可实现风险价值为 317.5 万元,超出了原来常规收益 250 万元,达到了目标要求。

(五) 风险应对

风险应对是指在确定了决策主体经营活动中存在的风险,并分析出风险概率及其风险影响程度的基础上,根据风险性质和决策主体对风险的承受能力而制定的相应防范计划。制订风险应对策略主要应考虑四个方面的因素:可规避性、可转移性、可缓解性、可接受性。风险应对策略在某种程度上决定了一项经营活动采用什么样的决策方案。最后编制出风险应对计划,主要内容有:已识别的风险及其描述、风险的影响程度及发生的概率、风险应对策略及行动计划、风险应急计划、风险应对的责任人等。

(六) 风险监控

风险监控是指在决策主体的运行过程中,对风险的发展与变化情况进行全程监督,并根据需要进行应对策略的调整。因为风险具有多变性的特点,是随着内外部环境的变化而变化的,在决策主体经营活动过程中可能会增大或者减小乃至消失,也可能由于环境的变化又生成新的风险。所以,风险监控必须做好两个层面的工作:其一是对已识别的风险列出监控表,跟踪每一个风险的发展变化情况,分析风险产生的条件和导致的后果,衡量实施风险减缓或强化计划的需求;其二是根据风险的变化情况及时调整风险应对计划,并对已发生的风险及其产生的遗留风险和新增风险及时识别、分析,并及时采取应对措施。对于已发生和已解决的风险应及时从决策主体的风险监控表中调整出去。进行风险监控一般可采用

“前10个风险列表”法。这是一种简便易行的风险监控活动，是按“风险值”大小将决策主体的前10个风险作为控制对象，进行密切监控。每次风险检查后，形成新的“前10个风险列表”。

三、出版企业风险管理的几项措施

出版企业在进行风险管理时，主要应采取以下几项措施：

(1) 建立风险管理的组织体系。出版企业可以设置独立的风险管理委员会以及相应的职能部门（如审计部、风险管理部等），配备专门的人才，使用专门的风险信息管理系统，负责企业的风险管理。目前，设立专门风险管理部门的出版企业在我国还是凤毛麟角，即使存在，大多也没能真正发挥应有的作用，这一问题应引起出版企业决策领导层的高度重视。国务院国资委研究中心的一位负责人于2007年年初曾指出，目前中国企业严重缺乏风险管理专业人才，预计中国将需要数以万计的风险管理专业人才。2007年年初，来自央企、国有银行等单位的138位各高层管理人员获得高级企业风险管理师（CSERM）证书，标志着企业风险管理师这一新职业在我国正式诞生，也预示着中国企业进入全面风险管理时代。[1] 我国出版企业应趁此机遇，加强风险管理专业人才的培养，建立和完善风险管理组织体系，将风险管理工作纳入企业经营管理的重要内容。

(2) 进行内部控制。出版企业要将风险的内部控制纳入生产经营的整个流程，提出明确的控制目标，建立科学的规章制度，确定具体工作任务，包括控制环境、风险评估、控制活动、信息与交流、监督与评审等，制订可行的工作计划，采取可行的实施办法。内部控制工作的重点要以预防为主。

(3) 企业通过采取购买保险、材料期权，对经销商退货率进行限制，启动应收账款的银行托收承付和汇票等银行结算业务，要求对方企业进行资产担保或抵押等措施，将出版企业的部分信用风险和市场风险进行转嫁或化解。

(4) 实施多元化经营战略，分散主营业务的风险。出版企业在经过充分研究论证的基础上，将投资用于多种不同的出版业务领域或其他非

[1] 柴韬. 我国首批企业风险管理师“诞生”. 中国财经报，2007年2月2日

出版业务领域。当某种出版专业领域出现风险造成损失时，就有可能被另一项出版业务或其他非出版业务获取的高回报所抵消。也就是说，出版企业的多种经营可以减少风险而不减少期望回报率。同时，通过企业的多元化经营可实现范围经济，降低出版物产品成本，提高出版企业的经济实力，进而增强出版企业抵御风险的能力。

(5) 实施规模效应战略。在一定条件下，出版企业通过适度扩大生产经营的规模，可极大提高生产要素的利用效果，以较低的单位成本，生产出更多的出版物产品，以满足市场的需求，实现规模经济。这实际上也相当于出版企业在市场竞争中取得了出版物价格竞争的优势，构成竞争对手进入市场的壁垒，在一定时期内可以起到缓解和降低企业风险的作用。另外，由于出版企业扩大生产经营规模，采取自我发展、纵向扩张的战略，将形成企业的规模优势，强化了应对或处理各种风险的实力。

(6) 采取合作博弈策略。出版企业在激烈的市场竞争中，利用各自的优势，在经营项目上进行横向、纵向的联合，使以往的竞争对手变成今日的合作伙伴，通过整合多方的优势资源，形成合力，共同开拓市场，这无形中形成了化解风险、抗击风险的强大力量。

复习思考题

1. 出版物市场机遇有哪些基本特征？

2. 出版物市场机遇有哪些作用？

3. 出版企业应如何寻找、捕捉、利用和创造企业机遇？

4. 出版企业要获得更大的差别利益，应采取哪些措施？

5. 出版企业风险有哪些特征？与机遇是何关系？

6. 出版企业风险管理有哪些基本特征？一般要经过哪几个执行过程？

7. 出版企业进行风险管理应采取怎样的策略？

8. 进行风险评估有哪些方式？具体使用什么方法？

9. 出版企业进行风险管理应采取哪些措施？

10. 进行风险与回报的定量评价时，求得的三个统计量表示风险的哪些指标？说明了什么？

8

第八章

出版企业资本经营决策行为

目前，我国出版业为了应对加入WTO的竞争与挑战，正在党的新闻出版方针指引下，积极采取措施，对改革资本经营方式进行有益的尝试。所谓资本经营，是指以资本增值为目的，将企业所拥有的全部有形和无形资产作为可以增值的价值形态资本，通过流动、裂变、组合、优化配置等方式，对其进行有效营运的经营模式。那么，我国出版企业应采取怎样的经营策略和资本经营方式才能保证在进行结构调整后，向集约化、规模化经营方向发展，增强整体规模经济效能，提高市场竞争能力，实现资本增值、资本价值最大化目标呢？本章对此问题进行探讨。

第一节 出版企业对外投资决策

随着我国社会主义市场经济体制的逐步完善，尤其是加入WTO以后，我国的出版资源，即出版选题资源、人才资源、资金资源、客户资源、品牌资源、产品资源等得到极大丰富，从而为我国出版企业进一步开发、利用和运作资源创造了大好机遇。而对外投资就是出版企业充分利用出版资源，使之转化成出版产业优势的一项重要措施。所谓出版产业优势是指出版企业形成出版物产品优势后，选择开发相关产业而形成的优势格局。出版企业对外投资，是指将资金投放于出版企业外部以获得投资收益的一种投资方式。对外投资对于规避、降低出版企业出版物单一经营的风险，增加投资收益，提高经济效益具有十分重要的意义。

一、出版企业对外投资的目的

1. 优化资源配置,提高资产利用效率

“资产是指出版企业过去的交易、事项形成并由出版企业拥有或者控制的资源,该资源预期会给出版企业带来经济利益。”出版企业的生产经营活动就是运用资产取得收益,使资本不断增值的过程。因此,出版企业必须充分利用现有的资产,提高资产的利用效率,以增加出版企业的收益,任何资产的闲置都是一种浪费。但是,在出版物的生产经营过程中,由于市场变化的周期性及出版物的时效性,或者由于出版企业管理的原因,有时可能会出现资产较长时间闲置的现象,或者资产报酬率下降的情况。在这种情况下,出版企业就可以考虑利用现有的资产对外投资,进行资产的重新组合,以优化资源配置,将不动资产或闲置资产变成能动资产,增加出版企业的收益,或者是寻找合作伙伴,共同投资开发利用出版资源,以应对市场的竞争,实现双赢。在保证社会效益的前提下,追求经济效益最大化,是企业资产固有的属性,而资本从低收益领域向高收益领域发展是市场经济的一般规律。出版企业对外投资正是在这一市场经济规律支配下的一种能动的反映。因此,发挥出版产业优势,充分开发利用出版资源,提高资产的利用率,增加更多的收益,扩充经济实力,满足再生产的需要,加速出版业的发展是出版企业对外投资的首要目的。

2. 优化投资组合,规避经营风险

有时,出版企业并不是因为出现了资产闲置或者资产报酬率下降才进行对外投资,而是出于规避经营风险的考虑。随着出版物市场竞争的加剧,我国出版企业目前所从事的某些出版物经营领域正逐步趋向微利发展,出版物的资产经营报酬率越来越低,同时也潜伏着较大的风险,一旦市场情况发生重大变化,便可能会给出版企业造成经济损失。如出版物选题与市场上同类出版物撞车,造成批量出版物滞销;国家政策对教材、政治读物等出版物的价格进行限制;多年畅销的出版物突然被市场上的同类出版物所取代;外国图书经销商为抢滩中国图书市场而采取的让利倾销措施等。在这种情况下,出版企业就需要考虑在积极策划双效益

出版物选题的同时,将一部分资产投放于外部,用于企业并购、价值链延伸项目以及股票、国债等资本经营项目的投资,以优化投资组合,降低经营风险。当然,这种对外投资一定要在国家政策允许的情况下进行,而且最好是与出版业相关联的投资项目。规避风险是出版企业生产经营中时刻应该考虑的一个问题,而对外投资就可在此方面发挥较好作用,这有利于出版企业持续、稳定的发展。

3. 稳定与改善客户的关系,创造企业生产经营的良好条件

在社会主义市场经济条件下,出版企业面临着日益激烈的市场竞争。当印制出版物需求的纸张等原材料紧缺时,出版企业可以通过对某些造纸厂进行投资,对该厂的生产经营活动施加影响,以稳定本单位的纸张材料供应。有时,出版企业为巩固原有的发行渠道和销售网点,或者占有新的出版物市场,也需要对重点客户进行股份投资或控股,以保证扩大本版出版物的销售量,提高其市场占有率,增强出版企业的市场竞争能力。从这一目的出发,出版企业对外投资不是为了取得投资收益,而是为了保证出版物正常的供应、生产和销售渠道的畅通以及扩大出版物的市场份额,其最终目的还是增加出版企业的收益。

4. 提高资产的流动性,增强出版企业的偿债能力

资产的流动性是衡量出版企业偿债能力的一个重要财务指标。出版企业为了增强偿债能力,降低财务风险,必须保持资产良好的流动性。在出版企业的资产中,长期资产的流动性较差,一般不能直接用于偿还债务,流动资产中的现金可直接用于偿还债务,可以列为一级储备。但是,出版企业储备现金过多,会降低出版企业的资产报酬率。出版企业的证券投资的流动性仅次于现金,可以列为二级储备,证券投资可以随时出售转变成现金,用于偿还债务,既保持了资产的流动性,又可以使资产增值,增加出版企业的收益。目前,我国许多出版企业正在证券投资领域进行大胆尝试,并取得了一定的经验,获得了较好的收益。

二、出版企业对外投资的特点

出版企业对外投资的种类较多,投资的形式也多样化。各种投资在投资收益、投资风险、投资的变现能力等方面都有较大的差异,每一种投

资都各有其特点。归纳起来，出版企业对外投资主要有以下几个特点：

1. 对外投资的对象多样化，决策程序比较复杂

出版企业对外投资与内部投资相比较，投资的对象更加多样化。对外投资包括对外直接投资和证券投资。对外直接投资是指把资金直接投向被投资企业，并参与其经营管理活动。这也是本章要重点研究讨论的内容。对外直接投资又可分为对外合作投资、对外合资投资和对外合并投资。证券投资是指通过购买被投资企业的证券所进行的投资，证券投资又可分为股票投资、企业债券投资、国债投资、短期融资券投资等。这种投资的多样化，决定了投资决策的复杂化。出版企业在对外投资时，必须充分考虑到影响投资的各种因素，依据科学的投资程序进行投资决策，尽可能避免决策失误给出版企业带来更大的经济损失。

2. 对外投资的收益与风险差别较大

出版企业对外投资的种类不同，其投资的收益与风险也各不相同。一般来说，高风险的投资项目，也要求高回报，高收益；低风险的投资项目，投资收益也较低。投资收益与风险受多种因素的影响，投资的回收期、投资的形式、投资的性质都会影响到出版企业的投资收益与风险。投资的回收期长，未来的不确定性因素较多，则其风险就较大，投资收益的期望值也就越高。权益性投资比债权性投资的风险大，投资收益的期望值也较高。出版企业在选择对外投资时，必须综合考虑投资收益与风险之间的关系，在收益与风险之间权衡利弊，择优选择。

3. 对外投资的变现能力差别较大

不同种类的对外投资变现能力具有较大的差别，证券投资比直接投资的变现能力强，在出版企业急需现金时，可以随时将证券出售兑换成现金，而对外直接投资的资金一般是投在某些固定项目上，将被长期占用，在短期内转变成现金比较困难。因此，出版企业在选择对外投资时，必须根据出版企业近期、中期和长远发展规划，并考虑到投资的变现能力，以满足出版企业未来对现金的需求。

4. 对外投资回收的时间和方式差别较大

对外投资按其投资期限长短可分为长期投资和短期投资。长期投资的回收期限较长，需要几年、十几年甚至几十年，短期投资一般在一年以内就可以收回。对外投资回收的方式也有较大的差别，证券投资只需要

在证券市场上卖掉证券就可以收回投资,而直接投资的回收方式则比较复杂。因此,出版企业在对外投资时,应考虑未来现金的流动情况,根据本单位的未来发展规划来安排投资组合。

三、出版企业对外投资的原则

出版企业在对外投资时,为了保证投资取得预期的效果,应当遵循以下原则:

1. 效益性原则

在社会主义市场经济条件下,出版企业只有在保证社会效益的前提下,提高经济效益,获取更多的利润,才能实现出版企业总体的经济目标,满足出版企业生存与发展的需要。出版企业在进行对外投资时,必须考虑到该项投资的经济效益,以及对出版企业整体经济效益的影响。在综合考虑其他因素的同时,应尽可能选择一些经济效益最好的项目。尤其是在证券投资的情况下,可供选择的投资对象很多,出版企业必须广泛收集有关的投资信息,了解市场发展的趋势,以便作出正确的投资决策。

2. 安全性原则

出版企业的对外投资一般都会面临许多风险。一般来说,对外投资的报酬与风险并存,并且存在正相关的关系。风险越大,报酬率越高;风险越小,报酬率也就越低。因此,出版企业必须在投资报酬和风险之间权衡利弊。所谓安全性原则就是指投资能够按期收回本金和应得的投资收益。通常投资于资金雄厚的大企业要比投资于小企业安全;投资于基础产业要比投资于高科技产业安全;债权性投资要比权益性投资安全。出版企业在对外投资时,要全面考虑被投资企业的财务状况、经营成果、行业特点以及发展前景等,以便保证对外投资的安全性。

3. 流动性原则

出版企业对外投资因其目的不同,投资的性质也各异。有的对外投资期限很长,一般不考虑在近期变现;有的对外投资只是为了充分利用现有的闲置资金,这部分资金以后很可能会有其他的用途,这种投资就应当考虑资金的流动性,以便在将来需要现金时能够及时变现。一般说来,证券投资的流动性比直接投资的流动性要强。因此,出版企业如果要提高对外投资的流动性,可以考虑以证券投资为主。

4. 整体性原则

出版企业的对外投资活动是其整体经营活动的一个重要组成部分,是企业主营业的重要补充。因此,对外投资必须服从出版企业的整体经营活动,对外投资的目标应与出版企业总的经营目标一致。尽管出版企业对外投资的目的有许多,但都要服从出版企业的整体目标,为出版企业的主营业务服务。只有这样,才能提高出版企业的整体经济效益,才能有利于出版企业长期稳定的发展。

四、出版企业对外投资的控制

国家财政部最新修订并于 2007 年 1 月 1 日起施行的《企业财务通则》规定:"企业对外投资应当遵守法律、行政法规和国家有关政策的规定,符合企业发展战略的要求,进行可行性研究,按照内部审批制度履行批准程序,落实决策和执行的责任。"[1]因此,出版企业必须加强对外投资的控制,具体可采取以下控制措施:

1. 对外投资可行性研究、评估与决策控制

出版企业应当加强对外投资可行性研究、评估、决策环节的控制,对投资建议的提出、可行性研究、评估、决策等作出明确规定,确保对外投资决策合法、科学、合理。出版企业首先对拟投资项目编制对外投资建议书,由相关部门或人员对投资建议项目进行分析和论证,并对被投资单位资信情况进行调查或实地考察;由相关部门或人员或委托具有相应资质的专业机构对投资项目进行可行性研究,重点对投资项目的目标、规模、投资方式、投资的风险与收益等作出评价,写出可行性研究报告;然后由相关部门或人员或委托具有相应资质的专业机构对可行性研究报告进行独立评估,形成评估报告。评估报告应当全面反映评估人员的意见,并由所有评估人签章。对外投资实行集体决策,决策过程应有完整的书面记录。严禁任何个人擅自决定对外投资或者改变集体决策意见。

---

〔1〕 中华人民共和国财政部. 内部会计控制规范——对外投资(试行). 财会[2004]6 号

2. 对外投资执行的控制

对外投资决策确定后，出版企业应当制定对外投资实施方案，明确出资时间、出资金额、出资方式及责任人员等内容。对外投资实施方案及方案的变更，应经出版企业最高决策机构或其授权人员审查批准。对外投资业务需要签订合同的，应征询出版企业法律顾问或相关专家的意见，并经授权部门或人员批准后签订。以委托投资方式进行的对外投资，应当对受托单位的资信情况和履约能力进行调查，签订委托投资合同，明确双方的权利、义务和责任，并建立相应的风险防范措施。出版企业应加强对资产(含现金和非现金资产)投出环节的控制。要指定专门的部门或人员对投资项目进行跟踪管理，掌握被投资单位的财务状况和经营情况，定期组织对外投资质量分析，发现异常情况，应及时向有关部门和人员报告，并采取相应措施。对于资产数额较大的投资，企业可根据需求和有关规定向被投资单位派出董事、监事、财务或其他管理人员。企业应对派驻被投资单位的有关人员建立适时报告、业绩考评与轮岗制度。出版企业要加强投资收益的控制，对外投资获取的利息、股利以及其他收益，均应全部纳入企业会计核算体系，严禁设置账外账。出版企业应当加强对外投资有关权益证书的管理，指定专门部门或人员保管权益证书，建立详细的记录。未经授权人员不得接触权益证书。财会部门应定期和不定期地与相关管理部门或人员清点核对有关权益证书。出版企业要定期或不定期地与被投资单位核对有关投资账目，保证对外投资的安全、完整。

3. 对外投资处置控制

出版企业要加强对外投资处置环节的控制，对投资的收回、转让、核销等的决策和授权批准程序作出明确规定。对外投资的收回、转让与核销，应当实行集体决策，并履行相关审批手续。对应收回的对外投资资产，要及时足额收取。转让对外投资应由相关机构或人员合理确定转让价格，并报授权批准部门批准；必要时，可委托具有相应资质的专门机构进行评估。核销对外投资，应取得因被投资单位破产等原因不能收回投资的法律文书和证明文件。出版企业财会部门应当认真审核与对外投资处置有关的审批文件、会议记录、资产回收清单等相关资料，并按照规定及时进行对外投资处置的会计处理，确保资产处置真实、合法。

第二节 出版企业对外直接投资的决策行为

对外直接投资，是指出版企业根据投资协议以货币、实物资产、无形资产对其他企业进行直接投资，以取得投资收益或者实现对被投资企业控股的目的。其中，实物资产是指固定资产、低值易耗品、产成品、半成品和材料物资等资产。在市场经济条件下，对外直接投资是出版企业在政策允许的情况下，广开财源，增加收益，扩充经济实力，增强市场竞争力的一种重要的投资方式。它通常是一种长期的战略性投资，具有投资期限较长、耗资多、不经常发生、变现能力较差、风险系数高等特点。

一、影响对外直接投资的因素

出版企业对外直接投资活动是为实现一定的投资目的服务的，它所具有的投资期限长、金额大、风险高的特点，决定了其投资的成败必然会对出版企业的长远发展产生重要影响。因此，在进行投资决策时，必须充分考虑各方面的因素。

1. 出版企业当前的经济状况

出版企业对外进行投资，首先必须考虑本企业当前的经济状况，如资产的利用情况、偿还债务的能力、未来几年的现金流动状况以及出版企业的筹资能力等。出版企业当前的经济状况是制约其对外投资的一项重要因素，如果出版企业的资产利用情况较好，而且正面临着资金紧张、偿债能力不足、筹资渠道较少的情况，即使有较好的投资机会，也没有投资的能力。反之，如果出版企业的资产没有得到充分的利用，有大量闲置的资金，就可以考虑进行对外直接投资。

2. 出版企业整体的经营目标

出版企业对外直接投资必须服从其整体的经营目标，对外直接投资的目标应与其整体的经营目标一致，或者有利于实现出版企业的整体经营目标。出版企业的对外直接投资必须根据其经营的需要来选择投资项目和投资方式，根据不同的投资目的作出相应的投资决策。例如，出版企业为了保证纸张材料供应对上游造纸厂的投资；为维护或扩大出版物市场占有份额，对下游某些出版发行（分销）集团或股份有限公司的投资等。

3. 投资对象的收益与风险

对外直接投资虽然目的不同，但是，任何一种对外投资都期望获得更好的投资收益。出版企业进行对外直接投资时，要认真考虑投资对象的收益和风险，在保证实现投资目的的前提下，要尽可能选择投资收益高、风险小的投资项目。

二、出版企业对外直接投资决策应注意的问题

出版企业对外直接投资具有明显的特点，所以在进行投资决策时，还应注意以下几个问题：

（1）出版企业对外直接投资应遵循完备的法律程序。对外直接投资不仅涉及单位自身的经济利益，同时还涉及到与被投资企业之间的关系，这种关系既是经济关系，也是法律关系。因此，必须履行相应的法律手续，以免以后发生法律纠纷。特别应注意产权要清晰，责任要明确。

（2）在不能取得完全控股地位的情况下，对外直接投资不易为出版企业所控制，对被投资方具有较大的依附性，因此，其投资的回报也比较难以预测，具有较大的不确定性。这就要求在投资决策时，应当充分考虑到可能发生的各种因素，对投资的风险和收益进行慎重的分析、评价、比较，以免发生投资失误。

（3）对外直接投资一般期限都较长，决策时应当考虑资金时间价值（如政府债券等无风险投资收益）的影响和资金成本。

（4）对外直接投资的变现能力较差，因此，在投资决策时必须对被投资企业的信用状况、未来的发展前景、市场上的形象、经营能力等各方面情况有充分的了解，不可在未全面了解对方的情况下进行盲目投资，以免

造成投资失误，给企业带来经济损失。

三、出版企业对外直接投资的决策程序

对外直接投资是出版企业的一种长期的战略性投资，对出版企业的发展会产生深远的影响，因此，必须按照科学的程序进行分析论证，以免因决策的失误而造成重大的经济损失。对外直接投资的决策一般可按照以下程序进行。

1. 投资目的是出版企业提出投资方案的依据

出版企业进行对外投资时，必须认真分析本企业出版物的生产经营状况，明确投资的目的，根据出版企业的实际需要，提出投资方案。出版企业对外投资的目的可以是单纯地为了取得投资报酬，也可以是为了分散经营风险或者控制被投资企业。不同的投资目的，决定了出版企业选择投资对象的不同标准，因此，出版企业必须首先明确投资的目的，然后才能以此为依据提出投资方案。

2. 对投资方案进行分析、评价，选出最优投资方案

对外长期投资应该由专业部门或组成专家小组拟定多种投资方案，然后，对拟定的投资方案进行比较分析，从中选出最优方案。选择投资方案时，不仅要考虑投资项目的盈利能力和发展前景，而且要考虑各种投资项目在投资期限上的合理配合以及对投资风险的抵御能力。分析、评价各种投资方案时，主要比较分析其收益与成本，计算其现金流量等，更要考虑其存在的风险程度。

3. 拟定投资计划，选择合理的出资方式和时间

出版企业在选出最优投资方案之后，就要作出投资决策，拟定相应的投资计划。投资计划是出版企业进行投资活动的具体依据，它详细地规定了投资预算总额、出资方式、出资时间、投资的进度和期限等。出版企业在选择出资方式和时间时，必须综合考虑其总体现金流量以及筹资能力（包括出版物生产经营活动在内），避免因资金短缺而影响出版企业主营业务生产经营活动的正常进行或投资项目的进度。

4. 投资方案的实施

出版企业投资计划拟定以后，就应该由具体的业务部门来实施。在

执行过程中，必须严格按照投资计划进行，财务部门要进行财务监督，对投资活动加以控制，以便及时发现和解决问题。

5. 对投资效果进行评价

在投资计划执行过程中和投资完成以后，都应该及时地对投资情况和投资结果进行分析评价，及时反馈各种信息，如发现问题，应尽可能进行弥补。对投资效果及时进行评价，总结经验教训，分析利弊得失，为以后新的投资决策提供依据。

四、出版企业对外直接投资决策的净现值法则

出版企业在考核一项投资效果时，不仅要关心其每年的收益率，而且还要考虑投入资金的时间价值。而净现值法则就是人们在进行对外投资决策时经常采用的考核投资效果的方法。所谓净现值，是指将投资项目投入使用后的未来净现金流量（收益）按资本成本收益率或出版企业期望达到的收益率折算为现值，减初始投资额以后的余额。或者说，是指投资的收益现值减初始投资额以后的余额。即：

净现值 = 未来总收益的现值 − 初始投资额

如果一项投资初始投资额为 X_0，且预期它 1 年后获得收益为 X_1，2 年后获得收益为 $X_2, \cdots, n$ 年后获得收益为 X_n，r 为资本成本收益率或出版企业期望的收益率，也称贴现率[当一种利率被用于计算一项投资的净现值时，称此利率为折（贴）现率]，则该项投资的未来总收益的现值 C 为：

$$C = \sum_{i=1}^{n} \frac{X_i}{(1+r)^i}$$

此计算公式可由未来值计算公式 $X_i = C_i(1+r)^i$ 推导得出。其中 C_i 为第 i 年投资收益的现值。显然，投资净现值计算公式为：

$$\text{投资净现值} = C - X_0 = \sum_{i=1}^{n} C_i - X_0 = \sum_{i=1}^{n} \frac{X_i}{(1+r)^i} - X_0$$

净现值实际上是投资未来收益的现值与投资成本之差，是衡量投资方案优劣的指标。投资决策净现值法则的核心内容是：在只有一个投资备选方案的决策中，净现值为正者则采纳，净现值为负者则不采纳。在有

多个备选投资方案的互斥选择决策中,应选用净现值正值中的最大者。

例 8-1：某出版社欲向某仓储中心一次性投资 100 万元,以解决 5 年的部分出版物存货问题。在此期间,第一年的存货量仓储费用若按一般仓储费的支付标准计算可达 20 万元,以后每年出版物的存储量按 8% 比率递增。假设当年政府 5 年期国库券年利率为 6%,请问,此投资方案是否可取?

解：利用净现值法解决此问题：

由条件可知,$X_0 = 100$,$X_1 = 20$,$X_2 = 20 \times (1 + 8\%) = 21.60$,$X_3 = 20 \times (1 + 8\%)^2 = 23.33$,$X_4 = 20 \times (1 + 8\%)^3 = 25.19$,$X_5 = 20 \times (1 + 8\%)^4 = 27.21$,$r = 6\%$,根据净现值计算公式,利用复利现值系数表,可求得净现值为：

$$\sum_{i=1}^{5} \frac{X_i}{(1 + 6\%)^i} - 100$$

$$= \left(\frac{20}{(1+6\%)} + \frac{21.60}{(1+6\%)^2} + \frac{23.33}{(1+6\%)^3} + \frac{25.19}{(1+6\%)^4} + \frac{27.21}{(1+6\%)^5}\right) - 100$$

$$= (20 \times 0.943 + 21.60 \times 0.890 + 23.33 \times 0.840 + 25.19 \times 0.792 + 27.21 \times 0.747) - 100$$

$$= (18.86 + 19.22 + 19.60 + 19.95 + 20.33) - 100$$

$$= 97.96 - 100 = -2.04$$

因为此投资净现值为负值,也就是说,按照一般仓储费标准计算,5 年支付的仓储费总额的现值不足 100 万元。所以,根据投资净现值法则,出版社不宜采取此方案,或要求对方提高每年递增的出版物仓储率。

关于考核投资决策效果的指标还有很多,如内部收益率、获利指数等。另外,在选择确定投资收益率时,还应考虑通货膨胀率,在此就不再逐一介绍。

五、出版企业对外直接投资的方式

出版企业在进行投资决策、拟定投资计划时,必须要确定对外投资的具体方式。通常出版企业对外直接投资的方式主要有以下几种：

1. 合资经营方式

合资经营方式是指出版企业通过与其他企业共同投资组建合资经营企业所进行的对外投资。合资经营企业是由投资各方按照共同投资、共同经营、共享利润、共担风险的原则而设立的企业。合资经营企业是由两个或两个以上的投资者共同出资设立的有限责任公司,它具有独立的法人资格,以其全部财产作为企业从事经营活动的经济担保,合资各方以其出资额为限对企业债务承担有限责任。合资经营企业的投资各方必须将出资折成相应的股份,并根据各自出资额在注册资本中所占的股权比例对企业享受权利和承担义务,共享利润,共担风险。比如,出版企业与印刷企业合资开办印务公司,与新华书店合建出版物物流公司等。

2. 合作经营方式

合作经营方式是指出版企业与其他企业组建合作经营企业所进行的对外投资。合作经营企业是一种契约式的经营企业,它是指投资企业与其他企业通过签订合同、协议等形式来规定各方面的权利和义务而组建的企业。合作经营企业在法律形式上可以是法人,也可以不是法人,各方所投入的资本不必折成股份,投资各方的责任完全由投资协议来确定。这种投资方式比较灵活、简便,但不像合资经营企业那样规范。比如,出版企业与其他出版企业共同投资合作开发重大选题项目,合作出版成套出版物等。

3. 购并控股方式

购并控股方式也称合并经营方式,是指通过兼并其他企业或者购买其他企业的部分股权以实现对被投资企业控股的目的所进行的对外投资。购并控股是出版企业对外投资的一种方式,也是出版企业资本经营的重要方式之一。它可以通过出资购买被投资企业资产的方式进行。出版企业通过购并可以扩大生产经营规模,补充稀缺资源,实现资产重组,取得规模效益,增强出版企业的经济实力和市场竞争优势。

第三节

我国出版业资本扩张经营模式的思考

加入世贸组织以后，面对滚滚而来的经济全球化浪潮，出版业的资本经营问题受到出版界内外的广泛关注。组建集团进行资本重组、股份制改造、兼并与收购、上市经营、合资经营、无形资产经营、主辅分离、内部分离、资本扩张经营等，已成为我国出版界目前最热门的话题；并且，不少出版企业已在积极进行资本经营方式的探索。通过改革实施资本扩张经营就是我国出版界积极研究与探索的重要课题之一。

一、出版业实行资本扩张经营的主要模式

所谓资本扩张经营，是指通过采用合并、兼并、收购等方式扩大企业的资本规模，实现企业资本增值的最大化。出版企业实行资本扩张经营主要有以下几种模式：

1. 集团性合并

它是指两个或多个出版企业依照法律的规定组合在一起，原有的出版企业都不以法律实体存在，法人资格取消，而建立一个全新的出版集团公司。新的出版集团公司吸纳各合并单位的资产，并将合并后的总资产进行优化、整合。同时，出版集团公司也可以根据自身发展和市场的需要建立若干个分公司或子公司。这种合并一般是在出版企业之间进行的，是同行业的合并。它可以消除出版企业重复设置机构，减少出版资源的消耗与浪费，降低成本，提高生产效率，取得规模效益。目前，此种合并方式在我国还只局限在同一主管部门的出版企业之间。

2. 集团性兼并（又称吸收合并）

它是指在组建出版集团公司的过程中，两个或多个出版企业依照法

律实行合并时,其中一个出版企业作为新建集团公司的主体继续存在,而其他被合并单位则不再以法律实体的形式存在,变成集团公司的组成部分,其资产转给继续存在的出版企业。或虽保留其法人资格,但已经变更了投资的主体。这种兼并一般是以具有一定生产规模和持续发展潜力,有较强的市场竞争优势,有较先进管理水平的出版企业为龙头主体,对一些具有潜在资源优势,由于经营管理不善或外部环境的制约等因素造成难以发挥资产优势效能,通过机制改革和科学管理即可在市场上产生效益的出版企业进行组合兼并,用主体出版企业的雄厚经济实力、优质经营品牌、高效率生产技术和先进管理理念及高水平管理方法的优势,带动被兼并单位经营运作,提高效益,实现规模经济。2003 年,高等教育出版社与中山大学出版社、吉林大学出版社、天津大学出版社以资本为纽带组建的出版集团就是集团性兼并的有益尝试。此兼并虽然由于体制的原因最终搁浅,但终究是向我国出版业旧的管理体制和管理机制发出了挑战的信号,成为我国在非同一主管部门范围内跨区域实施资本经营的先行者。

3. 集团性收购

它是指以购买全部或部分资产(或称资产收购)的方式购买一个或多个出版企业或企业的全部或部分所有权,或者以购买全部或部分股票(或称股份收购)的方式购买其部分或全部所有权。收购的目的是获得对目标企业(即被收购企业)的控制权。此类收购,一般是在出版企业实行内涵式发展,组建出版集团公司时或出版集团公司组建后,为了弥补公司自身发展中的资源短缺或生产经营项目及生产程序之不足,为了满足扩大经营规模、拓展市场之需要,而对产权非隶属于同一主管部门的企业的部分或全部资产所进行的收购。如收购一个印刷厂、一个制版工作室、一个光盘制作公司或一个发行企业等,将其变成集团公司属下的部门,使其价值链得到延伸。

4. 集团之间战略合作

它是指两个出版集团为实现强强联合、优势互补,双方在自主自愿基础上,按照市场经济的规律,以资本为纽带,以资源为基础,以项目为带动,以共赢为目的而进行的全面战略合作。双方以各方集团本级为主体,签订战略合作框架协议。在框架协议下,按照对等的原则,以资产为纽带,具体项目合作以成员单位为主分别签订。双方根据合作需要,采取适当模式,如成立研发机构、开展项目合作、组建新公司,还包括整合双方现有资源、进行资本运作、实行股份制以及进行资产置换、上市等。这种以资本为纽带的实质上的战略合作,有利于实现出版业的强强联合和优势互补及出版资源的进一步整合;有利于出版业打破条块分割、地区封锁,尽力统一开放竞争有序的现代出版业市场体系;有利于运用市场机制,以资本为纽带,实行联合、重组,重点培育发展实力雄厚、具有较强竞争力和影响力的大型文化企业和企业集团。

比如,2006年1月19日,中国唯一的"国字号"出版集团——中国出版集团与经济规模和整体实力位列全国第三的河南出版集团在河南郑州举行签字仪式,正式启动全面战略合作。合作范围重点包括以下几个方面:一是以发行为突破口,建立物流中心。发挥双方优势,依托可供书目数据库,建立以北京、河南为中心,辐射全国的出版物流中心。二是图书出版。中国出版集团与河南出版集团所属出版单位进行紧密合作,双方共同投入编辑、策划、营销人员,组成项目组,按照项目制的方式,联合出版各类出版物,共同确定营销模式,制定营销策略,在出版主业上开展广泛合作。三是渠道建设。两个集团在出版物市场渠道建设上可采取设立专柜、营销合作、折扣优惠等多种手段。以物流中心为依托,中国出版集团系统与河南出版集团系统进行发行合作,共享发行渠道,共享市场,建立双方发行合作的"最惠国"待遇和有效的市场开拓方式、发行模式等。四是电子音像和新兴媒体。两个集团在音像电子出版物出版、市场开发和网络出版、动漫出版、游戏出版等新兴媒体出版领域具有较大的互补优势和广阔的合作空间,在资源和市场两个方面实现共享。五是对外合作及版权贸易。充分利用中国出版集团公司的翻译、引进、输出优势,拓展两个集团在对外合作、进出口贸易及版权贸易领域的紧密协作,围绕"走出去"战略,在版权贸易和海外连锁建设方面进行实质性合作。两大出版集团跨地域的战略合作堪称繁荣发展我国出版业的创新之举,在出版集团之间进行实质性的强强联合及优势互补的探索中迈出了坚实的步伐。[1]

---

〔1〕 金霞.两大集团跨地域战略牵手.中国图书商报,2006年1月20日

二、出版业实行资本扩张经营是改革发展的必然选择

出版产业改革的根本目的就是要通过整合优质资源,实现资本聚集,增进出版企业的综合实力和整体竞争力,增强承受和抵御风险的能力,提高创新能力和发展速度,从而实现社会效益与经济效益的统一。出版企业实行资本扩张经营的意义也在于此。

(1) 在人、财、物的管理上和经营战略的规划上能够协调一致,避免分散、粗放、小规模经营,为出版企业的集约化、规模化经营创造了有利条件,可达到资本集中经营,获取规模经济效益的目的。

(2) 可以获取出版产业多种资源,包括有形资产与无形资产,如人、财、物、专有出版权、著作权、品牌等出版资源,实现多种优势互补,迅速形成新的生产力,以竞争的绝对优势开拓市场,规范市场,引导市场,占领市场。

(3) 在资金运营领域,可以发挥资金的使用效率,减少生产经营过程中资金供给短缺的可能性,抓住有利的投资机遇,合理调剂横向、纵向资金。对于一些投入少、见效快、效益高的投资项目,或虽然投资回报周期较长,但回报率高且盈利寿命周期长的重大投资项目,可以保证其资金的需求,及时投入,积极运作。

(4) 由于出版企业的资源得到了优化与重组,出版企业的资本结构得到了科学的调整与整合,使出版企业增强了拓展市场的能力,在市场中能够掌握更多的主动权,从而增强了出版企业防御和抗击风险的能力。

(5) 由于现代企业的先进管理方式取代了被合并企业以往的传统经营方式,从而提高了企业的管理效率。另外,由于集团公司新的激励和约束机制的建立,使得出版企业经营管理者个人权益的增加取决于单位的发展,从而调动了管理者全力以赴抓好管理的积极性。

三、警惕出版业实行资本扩张经营的风险

由于资本扩张经营对于我国出版业而言还是一个较为陌生的事物,我国出版企业的经营者大多还不善于从事资本经营,许多锐意改革的经营管理者虽然已经在此方面开始探索,但终究是缺乏经验,且同时要受到

社会环境、市场变化、经营理念与管理体制等多种因素的影响，因此，在资本扩张经营中，主观预期与客观实效二者之间的距离导致风险的必然存在。比如，系统风险，即由于全局性的事件波动所导致的在各系统中的风险；经营风险，即由于出版企业在资本扩张经营过程中发生决策失误而引起的损失；商业风险，即由于资本扩张经营的各个关联方违约、关联企业经营活动出现重大变化而导致的风险；管理风险，即由于出版企业的快速扩张或被兼并企业长期形成的理念、文化的不同，导致管理无法进入轨道所造成的负面影响；等等。目前，在我国出版业进行资本扩张经营探索的过程中，一些出版企业事先不认真考察操作对象，乱收购、乱兼并者有之；不顾企业的发展定位与竞争优势，为追赶潮流而无目的地进行资本扩张经营者有之。这些草率行为，都增大了出版企业资本扩张经营的风险，甚至为出版企业今后的发展带来无穷的隐患。也就是说，资本扩张经营是一把双刃剑，操作得法，可以使出版企业获得超常规发展；但如果不考虑出版业的实际情况及主客观条件而盲目实施，则有可能给出版企业带来巨大风险，使企业陷于危险的困境。因此，出版企业在实行资本扩张战略的过程中，如何提高防御风险的能力是企业必须要关注和解决的重要问题。

四、出版企业实施资本扩张经营，体制改革是关键

我国加入 WTO 以后，出版业已经融入经济全球化的潮流之中，出版产业实施科学的资本扩张经营，打造“航母”，组建大的出版（发行）集团，应对激烈的市场竞争已势在必行，而且是当务之急。根据党中央国务院近年来提出的有关进行文化体制改革和发展文化产业的一系列指示精神，中宣部和新闻出版署统一部署，全国各省市都在积极筹划与运作出版体制改革和组建出版集团、发行集团工作。2004 年中国出版集团公司的诞生正式拉开了全国性组建出版集团和经营性出版单位转制的序幕。但是，目前我国出版业的资本经营在实施过程中还存在诸多阻碍因素。一方面是外部环境的原因。由于我国出版企业行政隶属关系的多元化，出版企业的产权所属也呈多元化格局，分别隶属于不同行业、不同地方的主管部门。管理层过分强调出版行业的特殊性，没有树立起大出版产业的

概念,他们从自身利益角度出发,不愿意所属出版企业被兼并;出版业垄断与竞争并存,有时垄断的成分要远超过竞争成分,因而缺乏资本扩张经营的动因。另一方面是出版企业自身的原因,产权不明晰、出版经营实体缺乏财产权的现象较为普遍,从观念上和实践上都无法摆脱对政府的依赖。因此,出版企业的管理体制问题不解决,如果要在全国对隶属于不同主管部门的出版企业实行联合、合并、兼并,组建大的出版(发行)集团公司,即实行资本扩张经营是根本不可能的。我国目前部分省市出版集团的组建也仅仅是在隶属于同一主管部门的出版企业之间进行的。而且在它们当中,有些还仅仅是形式上的组合,被组合的出版企业依然是各自为战,未能真正实行以资本为纽带的实质上的资源整合,没有充分发挥协同整体效能和规模经济效益,实际上是一个松散的联合体,还需要进一步完善制度,建立规则,加强管理。

因此,我国出版产业要想组建全行业最强大的出版集团及相应的出版集团公司群体,使之成为国内一流和国际上有影响的出版产业的龙头,现有的出版企业管理体制与运行机制就必须要进行彻底改革,必须做到产权清晰,权责明确,政企分开,管办分开。全国出版企业要逐步与原行政主管部门剥离,实施资产授权经营,在中宣部及国家新闻出版总署的宏观调控下,社会效益集中管理,打破区域、部门的界限,出版经营全部推向市场,接受考验,真正形成优胜劣汰的竞争机制;进而在市场的竞争中实行跨区域、跨部门、跨系统的联合、合并、兼并、重组,组建起充分体现"产权清晰,权责明确,政企分开,管理科学"的现代企业制度的出版集团及其核心经济实体——出版集团公司,使之真正成为市场的主体,并在市场的竞争中不断发展壮大自己。这样组建的出版集团公司才会具有旺盛的生命力,才会在市场的竞争中充分发挥协同效能和规模经济的优势,才能够与时俱进,不断创新,才能够经受住加入 WTO 以后经济大潮所带来的巨大冲击,始终立于不败之地。可喜的是,为贯彻《中共中央、国务院关于深化文化体制改革若干意见》,推动全国出版发行体制改革向纵深发展,新闻出版总署于 2006 年制定了《新闻出版总署关于深化出版发行体制改革工作实施方案》,其中对构建统一、开放、竞争、有序、健康、繁荣的现代出版物市场体系提出了具体措施。例如,鼓励出版集团公司和发行集团公司相互持股,进行跨地区、跨部门、跨行业并购、重组,建立必要的经营性分支机构;推动有条件的出版、发行集团公司上市融资;鼓励非公有资本以多种形式进入政策许可的领域。[1] 该《实施方案》的出台,为推进我国出版业体制改革,进行资本扩张经营,增强出版企业市场竞争力创造了有利条件。

五、加强企业内部控制,提高资本扩张经营效率

所谓企业内部控制,是指为了实现出版企业的计划目标而对企业的运营活动进行监视并纠偏矫正,以确保企业的计划与实际运行状况动态适应的行为。它是实现出版企业目标的手段,可使出版企业的各项活动衔接紧密,有计划地进行,且便于经营管理者针对控制过程中出现的问题,及时采取科学的控制措施。

出版物市场的激烈竞争,既为出版企业进行资本扩张经营带来了机遇,同时也潜藏着各种风险,迫切要求出版企业必须加强内部管理,完善企业的内部控制,努力提高企业的内在质量,这是出版企业提高竞争力、应对挑战、实现可持续发展的内在要求。但是,在我国一些出版企业进行资本扩张经营时,企业决策管理层往往是把主要精力放在企业的合并、并购或者是组建出版企业集团上,而缺乏加强企业内部控制的理念,忽视了对进行资本扩张经营的出版企业加强内部控制。主要表现为:不制定明确的企业内部控制制度和有关部门控制标准;或者内部控制制度制定以后束之高阁,不闻不问,造成企业集团不了解成员企业的运营情况,对成员企业的重大经营和财务活动缺乏必要的控制,子公司资金严重失控,资产流失,成员企业之间关系涣散;或者是决策层领导不能带头执行内部控制制度,甚至超越制度之外,或是以人治代替内部控制制度,导致出版企业内控制度信誉的丧失。因此,加强内部控制是出版企业实施资本扩张经营战略过程中非常重要的工作内容。出版企业实施资本扩张经营战略,应从以下几方面加强企业内部控制:

1. 要建立企业内部控制环境

任何企业的控制活动都存在于一定的控制环境之中,控制环境的好

[1] 金霞.新一轮体制改革启动政策扶持更加务实.中国图书商报,2006年7月18日

坏，直接影响到出版企业内部控制制度的执行以及企业经营目标与整体战略目标的实现。所谓控制环境是指对建立、加强或削弱特定政策和程序效率发生影响的各种因素。出版企业内部控制环境主要包括：员工的诚实性和道德观、员工对工作的胜任能力、高层管理者的经营管理哲学和经营风格、企业组织结构、企业集团董事会或审计部门发挥的职能、责任的分配与授权、人力资源政策及实务、影响本企业业务的各种外部关系等。控制环境构成了出版企业集团的整体氛围。首先，出版企业集团全体员工尤其是出版企业集团和各成员企业的决策管理层应当树立内部控制理念。内部控制能否有效，关键是看企业员工有没有内部控制观念，特别是经营管理层是否重视内部控制制度的建设。其次，完善出版企业集团和成员企业的公司治理，使董事会、监事会、总经理三者相互制衡，尤其要理清集团与各个成员企业之间的产权关系。第三，建立统一的人事政策，并加强人力资源投资，提高企业员工素质。第四，提高风险意识，制定强有力的风险防范措施。第五，建立积极向上、相互协作的出版集团企业文化。只有建立良好的内部控制环境，才能保证制度的真正落实，才能实现内部控制的目标。

2. 要选择在集权基础上适度分权的模式

实行资本扩张经营的出版企业进行内部控制应选择在集权基础上适度分权的模式。它具体包括两个方面的内涵：一是集权，这是首要的和根本的；二是分权，这是适度的和有条件的。

一方面，出版企业集团首先应适当强调集权，即出版企业集团总部或核心企业应当对成员企业有强大的控制力。如果没有必要的集权，就会导致成员企业从各自的利益出发进行相关决策，甚至为了本企业的利益不惜损害集团整体利益或其他成员企业的利益，从而导致出版企业集团无法实现预期的目标，也与组建出版企业集团以降低交易成本、取得协同效应、实现规模经济的初衷相违背。因此，出版企业集团总部或核心企业应当协调集团内部各成员企业之间的关系，并在对一些重大问题的决策上拥有相当程度的集权。具体包括：(1) 集团的战略性决策，如组织制定和实施集团的经营目标、发展战略和远景规划等。(2) 重大的投资决策，包括重大有形资产与无形资产的产权买卖、收购、兼并、合并和改组等。(3) 重大的筹资决策，如巨额贷款等。(4) 重要、关键资产处置权，如企业的关键设备、成套设备、重要建筑物等的处置权应掌握在出版集团总部,以保证集团全局资产结构的合理性。(5) 重大的人事权。集团总公司可以通过行使股权的方式,向集团公司成员企业派遣董事会、监事会主要成员以及财务总监等高级管理人员,从而实现对成员企业的控制,出版集团内部还可以制定统一的人事政策。(6) 建立业绩评价体系,合理制定内部转移价格。集团总部对成员企业业绩的有效评价和监督,是整个企业集团顺利运转的基础。

另一方面,出版企业集团应实行集权基础上的适度分权。权利的集中与统一固然可使集团各成员企业步调一致,有利于企业集团整体战略及决策的贯彻实施,但是,随着集团规模的不断扩大,经营管理复杂性日益增加,管理层次和部门增多,协调的难度加大,集团总部很难及时全面地掌握成员企业的运营信息。决策权的过分集中,将会延误决策时间,降低决策效率,还会因情况不明、信息失真而导致决策失误。同时,有些成员企业是独立的法人,享有自主经营权,因此,出版企业集团在适当强调集权的基础上还要实行适度的分权。具体地说,可考虑将以下权力分解给成员企业管理者:(1) 投资权。对于非全局性、一定限额以内的投资,在不违背企业集团整体战略的情况下,可赋予下属企业一定程度的投资决策权。但是,应当严格规定权限。(2) 筹资权。在企业集团控制成员企业负债规模的前提下,可适当放松对其筹资的约束。(3) 一般人事权。(4) 工资奖金分配权。在遵守企业集团有关规章制度、实现集团下达的经营目标的前提下,成员企业可自行决定自己员工的工资、奖金总额及浮动的幅度,还可以确定具体的分配形式。(5) 一般资产处置权。除了关键设备、成套设备及重要建筑物等资产以外,在遵循资产保值增值原则下,成员企业可以自行处置规定范围内的资产。

3. 要加强出版企业集团的内部审计工作

出版企业集团总部董事会应成立审计委员会(部、室),负责领导、协调整个企业集团的内部审计工作,并向集团最高管理层报告。集团的内部审计机构在集团审计委员会(部、室)的领导下,对集团总部和核心企业、成员企业进行内部审计。出版企业集团内部审计的主要内容可以包括:(1) 成员企业对财务计划或者单位预算的执行和决算情况;(2) 对外财务报表和内部财务报告的真实性;(3) 成员企业财务收支及其有关的经济活动的合法性;(4) 集团和成员企业的融资、投资的经济性和有效性;(5) 集团和成员企业内部控制制度的有效性;(6) 企业集团范围的风险预测和管理;(7) 成员企业经营管理者的经济责任。

六、关于国内媒体业一个成功并购案例的分析

2006 年 1 月 9 日,国内媒体业有史以来金额最大的并购案浮出水面。分众传媒公司与聚众传媒公司(以下简称“分众传媒”和“聚众传媒”)采用境外公司换股方式,分众传媒以总计约 3. 25 亿美元的价格取得聚众传媒 100% 的股权,其中 9 400 万美元以现金支付,剩余 2. 31 亿美元以股份方式支付,交易于当年的第一季度完成。此案一出,原本在全国 70 余个城市互拼互赶的“竞争对手”转瞬间变成了携手并肩作战的“兄弟”,共同掌握了全国 98% 的楼宇视频广告市场份额。交易完成之后,新公司仍沿用分众传媒名称,分众、聚众两大品牌仍保留,上市公司分众传媒旗下将拥有 3 个独立品牌,即分众传媒、框架媒介、聚众传媒。

分众传媒和聚众传媒几乎是在将近 3 年的“战争”中同步迅速扩张起来的,而它们之间的竞争之所以如此旷日持久和激烈,是因为创立伊始,他们就选择了几乎完全相同的盈利模式:在高级商务楼宇、公寓楼以及酒吧、影院、酒店等场所悬挂高清晰液晶电视,循环播放媒体广告。疲劳的“战争”之后,本来水火不相容的两个行业巨头,终于放弃了已经打到台面上的竞争,选择了竞合战略,造就了一个“多赢”的局面。倘若双方继续分而竞争,则竞争双方这种几乎同质化的业务,必然导致彼此之间非理性的扩张和经营成本上升,从而导致双方从整个蛋糕分得的部分会越来越缩水。而两家合并把网络做大,广告主单一媒体投放的效率将得到很大提高,而且,合并后的新公司可以把更多精力转移到提高服务质量、提供更多增值服务上来,将会取得持久竞争优势,从而给股东带来更大的利益。事实也是如此,来自分众传媒的统计数字显示,整合以后的“分众”网络覆盖 100 个城市(其中大型城市 75 个)、6 万多栋楼宇、4 000 多个卖场终端、10 万部公寓电梯的媒体,每天覆盖 1. 3 亿都市主流消费者。这无疑将有益于两家公司抵御外来竞争者的入侵。分众传媒与聚众传媒的联合也导致其股价飙升,两家公司合并的消息宣布之后,当日股价一路走高上涨,上涨 14. 65% ,报收于 42. 42 美元;次日,分众传媒股价继

续攀升至45.01美元。按该价格计算,分众传媒市值已达17.86亿美元,仅次于网易和百度。此案例还说明,企业在市场竞争中,不一定要把对手消灭掉再插上“红旗”才是唯一的胜利方式,有时多一些“合”的精神,少一些“争”的成分,天空会更加晴朗。[1]

第四节

实现出版企业规模经济效益的思考

加入WTO以后,为了增强出版企业的竞争力,应对市场的竞争与挑战,我国出版业坚持走集团化发展道路,扩大企业的规模,实现出版企业的规模效应,并以此作为新时期的重要发展战略。近年来,扩大经营规模,组建大型出版集团已经成为国内出版业发展的一个主要趋势。全国各地以各种方式组建的大型出版集团纷纷挂牌亮相。它们按照现代企业制度的要求,改革旧的体制,转换市场运行机制,做强和做大出版企业,通过资源整合,打造出版企业市场主体的身份,强化企业的市场竞争优势。在这些集团当中,有的实行外延扩张式发展战略,整合多家出版企业的资源,优势互补,打造强势的经济实体——出版集团;有的实行内涵式发展战略,整合与挖掘自身的资源,增加投入,扩大规模,扩展经营范围,建立出版集团。这些出版集团的建立,在整合优质资源,实现规模效应,提高出版企业的竞争力,应对日趋白热化的市场竞争,与境外出版媒体抗衡等方面,显示出一般出版企业所无法比拟的优越性。

那么,是否出版企业只要增加了投入,或者是合并或兼并了几家企业,扩大了规模,建立了大型出版集团,就一定能够增强竞争力,取得规模效应,进而实现最大经济效益呢?这是出版企业在深化改革,制定规模扩

〔1〕 竞合造就多赢.国际航空报,2006年12月10日

张发展战略时必须要解决的重要问题。

一、出版企业规模扩张与规模经济之关系

在当前我国出版业大张旗鼓地推进规模扩张,组建大型出版集团的形势下,一些人对企业规模扩张与规模经济之间的关系还存在着一些模糊认识,片面地认为,出版企业规模越大,竞争能力就越强,就越能获得更多的规模收益,在竞争中就能够立于不败之地。他们将以往我国出版业的发展与国外大型出版企业集团(公司)之间存在的差距完全归结为没有进行规模扩张,没有组建大型出版企业,从而得出结论:要使我们的出版企业实现规模经济,重要的途径就是要搞规模扩张,组建大型出版集团。只要规模上去了,规模经济也就水到渠成地实现了。这实际上是对经济学中规模经济概念的误解。

经济学理论认为,一定的资本和人力的投入量决定了企业的生产规模,同比例地改变这两种要素的投入量就导致了企业规模的改变。而企业产品的生产和销售成本又主要取决于企业经营的规模。在经济学中,将由于企业规模的变化导致产品产量变化的大小称为规模收益(returns to scale)。当企业规模变化(资本和人力投入量的变化)导致其产品产量发生同比例的变化时,称为规模收益不变;当产品产量的变化大于企业规模的变化比例时,称为规模收益递增;当产品产量的变化小于企业规模的变化比例时,称为规模收益递减。显然,规模收益递增的效果必然会带来企业产品单位成本的降低或收益的增长。所以,精明的出版企业经营决策者总是把实现规模收益递增作为增加投入、扩大企业规模的最终效果。在经济学中,将企业规模收益递增的效果称为规模经济。

所谓规模经济,是指由于大规模生产带来的生产效率和收益的提高。或者说,是指生产要素的增加不仅会为企业的产出水平和服务质量带来更大程度的提高,而且产品的平均成本将随着生产产品和服务内容数量的增加而下降,产生边际效益。所以,规模经济一般指的是企业的规模与成本之间的关系。若企业的规模扩大带来了产品单位成本的下降和总收益的大幅度提高,则称企业实现了规模经济。比如,出版企业印制出版物所需消耗的纸张材料,若委托印制厂家采购,除了需支付购买材料的实际

费用外,还要支付厂家一定比例的管理费用。若出版企业增设专门的材料采购机构,直接与材料生产厂家进行材料采购交易,这既可以通过材料的批量采购,在保证质量的前提下得到较低的价格优惠,又可以免去委托印制厂采购材料所需额外支付的管理费用。尽管出版企业由于增设材料采购机构而增加了人员经费、办公费、差旅费等费用的支出,但与材料采购中所节约的巨大交易成本相比,却是微不足道的。这种现象说明,出版企业通过增加企业机构设置,扩大了企业的规模而降低了成本,实现了规模经济。具体到单品种出版物来说,由于出版企业采取了较好的市场营销策略,在维护市场、开发市场方面加大了人力、财力的投入,使得该出版物的市场需求量持续增长,出版物多次重印,因而造成了该出版物较大规模的生产,由此必然导致其固定成本被大批量的出版物产品所分摊,使出版物的单位成本大幅度下降,其结果显然是实现了规模经济。

经济学中,将使收益达到最大值的规模经济现象称为经济规模。反之,由于企业规模太大而引起生产效率下降,产品成本上升,导致收益的降低,则称为规模不经济。比如,目前我国印刷业快速发展,现代化印刷设备逐步取代了原有的陈旧设备,使得生产能力空前提高,出版企业出版物的印制业务呈现供不应求状态,进而也加剧了出版物印刷市场的激烈竞争,出版物印制工价水平明显偏低,印刷利润空间十分微小,这对于出版企业降低生产成本来说非常有利。假如出版企业此时只是单纯以追求企业的大而全为目的,去兼并某一个生产能力不强的印刷厂,很明显,此决策虽然扩大了出版企业的规模与生产功能,但结果不仅不能为出版企业带来新的经济增长点,获得新的收益,反而会由于活源不足导致该印刷厂生产效率低下,设备维护与设备更新问题急需解决,加上各类人员经费、管理费用等项目支出,导致出版物生产成本加大,企业期间费用增加,成为企业的沉重负担,其经营效果显然是规模不经济的。现实中存在的最明显的规模不经济现象就是某些出版企业不考虑市场需求的实际情况,也不考虑自身的竞争优势和出版特色,盲目增加投入,跟风出版,重复出版,图书品种逐年增多,大多内容质量平平,缺乏特色,不能吸引读者,也就难以形成畅销品牌,单品种销售不能形成规模,造成书号、人力、物力和财力等出版资源的浪费;或者是错误地估计市场需求形势,扩大出版物的造货数量,造成出版物供大于求,导致出版物大量积压,最后大部分被作为废品处理，出版物单位成本不仅未能降低，反而大幅度提高，造成资源的严重浪费，使出版企业蒙受不必要的经济损失。出版企业扩大规模，最终决不希望出现规模不经济，也不仅仅是满足于实现规模经济的效果，而是应努力追求实现经济规模之目标。

二、出版企业规模经济是重要的进入壁垒

所谓进入壁垒是指相对于已有企业而言新进入者的弱势。在激烈的市场竞争形势下，出版企业为求得生存与发展，就必须使自己的产品在市场占有一定的份额，并且想尽办法进行市场维护及市场开拓。同时，利用产品价格优势来阻止潜在竞争对手的进入也是一些已在某一出版领域占有一定市场份额的出版企业经常采用的策略，这种策略实际就是构建进入壁垒策略，而出版企业的规模经济就是一种重要的进入壁垒。当出版企业实现了规模经济时，即使潜在竞争对手能以相同的成本进行出版物编、印、发等的生产经营活动，也很难进入市场。尤其是在市场正当竞争的情况下，当在出版物市场上已经取得规模经济的出版企业以产品价格优势控制出版物发行折扣，形成了既可保证自己有一定的盈利空间，又令竞争对手难以承受的局面时，更是如此。如果潜在竞争对手想要达到与市场上已有的出版企业相同的出版物单位成本水平，他们就必须拥有很大的规模，这需要有足够的原始资本积累，这对许多出版企业来说很难做得到，只能是望洋兴叹。即使有的出版企业有能力做到这一点，但由于要适应市场环境的变化，需要进行资源的重新配置，要取得经销商和读者的认同等，在短时期内实现规模经济也有一定的难度。另外，在出版物市场需求规模已经基本确定的情况下，如果竞争对手进入，就意味着出版物产量将大幅度增加，造成出版物市场供应过剩而引起价格的竞争，造成出版物发行折扣的降低。当出版物发行折扣降到使其价格低于平均成本的水平或者是远离出版物的盈亏平衡点时，竞争对手即使进入市场也将无利可图，难以实现预期的收益效果，最后不得不自动退出市场。目前我国中小学新课程标准教材出版的市场竞争就已经呈现出这种格局。整个教材市场大部分被少数几个规模较大的出版企业所占领，几套主流教材正在逐渐形成，教材的大规模生产使得他们逐步取得了成本优势，实现了规模经

济，形成了较强的竞争力。他们在面对国家出台的一系列低价格策略和教材出版发行实行招投标进一步削减价格策略时具有较强的承受能力，而一些只是出版一两个学科教材品种的出版企业则难以承受这种市场竞争压力而陷入困境。一些潜在竞争对手想要再进入教材市场就更加困难了。

三、发展规模适度是出版企业实现规模经济的关键

辩证法告诉我们，世界上任何事物的发展总有一个度，超过这个度，事物就会发生质的变化。企业的发展规模也是如此，当企业的生产规模超出生产能力的限度，生产要素的投入超过一定点后，企业的边际产出将会减少，即生产要素投入的增加只能得到产出水平的更小比例的提高，造成规模收益递减，此时企业便要从规模经济走向规模不经济。这是因为，随着企业规模越来越大，企业内部信息收集、整理、审核等交易活动的成本和人员经费、管理费用也会随之上升，其增长速度往往要比产量的增长快得多。中外企业发展中得出的经验教训也提醒我们，扩大规模并不是万能的，而且存在着很大的“规模风险”。一旦把巨大的规模当作解决一切问题特别是规模经济问题的灵丹妙药，就可能误导出版企业为了迅速地把企业规模做大，不计后果，盲目扩大投入，或增加经营项目，或兼并大量企业，结果规模固然扩大了，但风险也随之增大。因为出版企业规模办得越大，组织结构的层次就越多，信息反馈的渠道就越长，如果企业的现代化管理水平不能相应提高，管理措施又不配套，企业内部激励机制弱化，各部门之间、各工作环节之间很可能会出现协调困难的问题，资金流、物流受阻，信息传递不畅甚至扭曲导致企业丧失活力，结果势必会造成资源配置的低效率和管理人员工作的低效率，这种症状就是被中外企业界所称的“大企业病”。同时，在同等条件下，大企业集团经营运作的灵活性与中小企业相比要差得多，关键时刻，难以对瞬息万变的市场变化作出敏锐快速的反应，甚至导致机遇丧失。如果上述问题没能得到及时正确的解决，出版企业只是盲目地扩大规模，追求表面上的繁荣，其结果不仅不能取得规模收益，甚至会陷入“越大越笨，越笨越死”的被动局面。在这方面，曾在 1997 年其销售收入总额被列为世界 500 强第 18 位的韩国大宇集团因无限制地、盲目地进行“章鱼足式”的扩张，大搞“世界化经

营”，经不起亚洲金融风暴的冲击而分崩离析，最终导致破产的结局可谓是最典型的案例了。

当然，分析大企业集团存在的弊端和失败的教训决不是说出版企业的规模不能扩张和规模经济不能实现。在当前我国进行文化体制改革，大部分出版单位由完全事业单位向企业单位转型的大背景下，发展是永恒的主题，追求社会效益和实现规模经济始终是出版企业发展的一个重要目标。我国出版业属于知识密集型的文化产业，正处于新的历史发展时期，从出版企业的经营规模、产品结构、资源配置、市场竞争力生成以及企业实现可持续、快速发展等方面看，客观上存在着扩大规模，实现规模经济的巨大潜力。因而，我们应积极提倡和鼓励一些有条件的出版企业扩大规模，组建符合现代企业制度要求的大型出版集团，增强市场竞争力，以获取更大的规模收益。但是，出版企业实行规模扩张战略，必须认真总结中外企业集团发展中的经验教训，从实际出发，充分意识到“规模风险”的存在。规模大并不一定等于规模经济，大规模很可能同样是低效的。如果不顾条件和环境的许可，拼命追求规模，反而会欲速则不达，难以实现预期的经济目标。在出版企业进行规模扩张的同时，必须要解决好规模扩张适度的问题。

由于各出版企业外部条件与自身条件的不同，所以，确定企业适度扩张规模不可能有统一的标准，而且这是一项做起来较为复杂的系统工程。这就要求出版企业的经营决策者和管理者始终保持清醒头脑，对企业规模扩张的规律有统一的正确认识，切忌被浮躁情绪和急功近利思想冲昏头脑而对形势作出错误的判断，导致作出错误的决策，使企业蒙受巨大损失。确定一个出版企业适度的发展规模，不能仅简单地考虑其投资规模。一个经济实力很强的出版企业兼并几个小的相关企业，或者通过增加投入扩展几个出版经营项目，做起来并不困难，但关键要看是否有适应这样大规模企业生存和发展的社会环境，是否有能够消化其大量出版物产品的市场需求，兼并的企业是否具有优势资源，是否蕴涵着一定的发展潜力，企业是否具有经营管理扩展后的大规模企业的能力，更确切地说，是否具有善于驾驭大型出版企业的管理人才。如果具有良好的社会发展环境，又存在着出版物市场需求的巨大潜力，同时拥有管理大型出版企业的优秀人才，而没有在规模上与之相匹配的大型出版企业，对已有的出版资源来说，将是一种极大的浪费，对出版企业发展将是机遇的贻误。但是，如果出版企业不具备上述外部发展条件，或者出版企业管理层还不具备管理一定规模的大型企业的能力，却硬要将出版企业规模无限制地扩大，同样也是一种对资源的极大浪费，而且这种浪费表现得更为直接，所付出的代价会更加惨重。

因此，出版企业要实现规模经济，在确定自身的发展规模时，必须充分考虑各种限制性条件，也就是经济学理论中所说的约束条件，尊重客观规律和市场经济的规律。从经济学的角度看，企业规模本质上是社会生产力水平和生产社会化程度的反映。在实践中，出版企业要保证确定的扩张规模科学适度，就应以市场为导向，以实现社会效益与经济效益的统一为目标，综合考虑管理、财务、人才、出版物品种结构、出版品牌等企业内部资源制约因素以及国家宏观政策、产品的市场需求弹性、目标市场的竞争程度等外部约束条件；坚持科学发展观，确定近期、中期和远期的发展战略目标，并为实现这些目标而积极创造条件，建设队伍，培养人才，整合资源，打造品牌，开拓市场，使出版企业集团化规模的发展具有坚实可靠的基础和厚积薄发的动力。只有这样，出版企业才能通过规模扩张取得规模效应，实现规模经济，最终实现企业的可持续发展。

四、提高市场竞争力是出版企业实现规模经济的根本保证

出版企业扩大规模，只有在具备一定的内部和外部条件时才能够实现规模经济。而在影响和制约出版企业规模效益乃至生存与发展的诸多因素中，企业的市场竞争力又是起着决定性作用的重要因素。

出版企业的市场竞争力是指出版企业为生存和发展而争夺有限出版资源所表现出的一种状态和能力。具体地说，是指出版企业在出版物选题策划、编辑、印制、营销等经营活动领域以及在出版物内容、价格、质量、服务和满足读者需求等方面所具有的竞争优势。[1] 出版企业竞争力表现在多个方面，如获取资源的能力、掌握某种重要技术的能力、创造低成本的能力、开拓市场的能力、构建市场营销网络的能力等。

---

〔1〕 刘丽华，姚德海.出版社竞争力评介指标体系探究.出版经济，2004(4)

试想,一个没有竞争力的出版企业,必然是管理水平与协调能力低下,信息反馈滞后,对市场变化反应迟钝,优势资源匮乏,产品特色平平,经营方式与技术手段落后,面对激烈的市场竞争表现得无能为力,面对关键的市场发展机遇无所作为,习惯于跟随别人亦步亦趋地效仿。这样的企业即使将经营规模扩展得再大,也无法取得规模效应,就更谈不上实现规模经济了,结果只会给企业带来更大的风险,甚至将企业推向破产倒闭的边缘。反之,一个有着强劲竞争力的出版企业,由于具有丰富的优势资源、畅通的最新市场信息、快速的反应与应变能力、超强的创新能力和优质的服务水准等优势条件,面对市场的激烈竞争和挑战,必然会凭借自身的优势,采取积极应对、主动出击的策略,遵循事物发展的客观规律和市场经济规律,抓住机遇,瞄准目标市场,整合优势资源,增加投入,打造品牌,提高服务质量,快速占领市场,扩大市场份额,追求规模效益,实现规模经济,从而进一步强化企业的核心竞争力,在市场经济的大潮中搏风击浪,发展壮大。总结国内近年来一些知名的出版社做大做强和大型出版企业集团迅速崛起的成功经验,充分证明了这样一个定律:竞争力必然带动出版企业的规模扩张,而规模优势又强化了出版企业的竞争力。因此,出版企业扩张规模只有基于竞争力的不断提高才有实际意义,二者的紧密结合才能显示出真正的规模优势,新增加的生产要素的投入才能创造出更高的价值,出版企业的规模经济才能真正得以实现。

第五节

出版企业实施多元化经营战略的思考

出版物市场的激烈竞争,缩短了出版物的寿命周期,加快了其更新换代的速度,由此也给出版企业造成了生存与发展的巨大压力,以往计划经济时期那种只依靠多年不变的单个或者少数品种出版物便可以舒舒服服过日子的时代已经成为过去。在市场经济条件下,出版企业要求得生存与发展,就必须更新观念,实施新的发展战略,以应对白热化的市场竞争。目前,根据市场需求,挖掘潜力,调整选题结构,在突出主营业务的前提下,进行多元化经营,正在成为我国出版企业实施内涵式发展战略中努力探索、积极实践的一种模式。

一、出版企业多元化经营是对出版主业的必要补充

所谓出版企业多元化经营是指出版企业为开辟新的经济增长点,规避企业的经营风险而同时进行与出版主业相关或不相关产品的生产经营活动。出版企业的多元化经营使得出版物品种多样化,生产经营和服务项目多元化。企业的多元化经营一般通过两种途径,一是内部通过挖潜向新的业务领域进军,二是外部通过企业兼并扩大经营范围。世界上大多数国家主要是通过企业兼并实现多元化经营的,国外许多大型文化产业集团(如时代华纳公司)、新闻集团等都是跨行业、跨媒体的大型集团,旗下企业涉及多个领域。但由于中国目前的出版企业还是国有企业,主管部门不一,部门利益、地方利益错综复杂,以企业兼并形式实现多元化经营尚有一定的难度,内部挖潜相对更有可行性。综观全国出版企业多元化经营的发展现状,有不少企业都在积极探索多元化经营模式,试图通过多元化经营减轻出版企业的经营风险,扩大经营规模,获取最大经济效益,使企业走上快速、持续发展的道路。有的出版企业根据市场的需求,在增强原有出版物产品特色,打造出版物品牌,提高服务质量,强化市场竞争力的基础上,进一步挖掘资源潜力,延伸品牌资源的开发与利用,扩大选题范围,研发或引进新的出版物品种,形成出版企业新的资源优势,并将其转化成市场竞争优势,从而进一步强化企业的市场竞争力,以此来创造市场的新需求,扩大市场的新增量;有的出版企业瞄准国际出版物市场,实施"走出去"战略,通过版权贸易或设立驻外出版分公司等方式,开展出版业务,开辟市场,将自己的优秀出版物产品推向海外、国外,扩大影响,取得经济效益;有的出版企业为增加生产服务功能,强化对出版物生产与营销的能力,实施"前向一体化"或"后向一体化"战略,收购或兼并一些小发行公司、排版公司、印刷企业或物流公司等;有的出版企业还抓住高科技产品全面进入出版业的时机,积极拓展新的经营领域,将音像、

电子出版物和网络出版等多元化媒体形态的出版乃至跨媒体的经营作为新的发展平台,将大量的出版资源由过去的一次性使用变为多次开发,多次利用,多次产生价值,从而为出版企业创造出更大的经济效益。同时,由于出版企业多种相关产品的开发,扩大了出版产品的品种范围,增强了产品的互补性,进而强化了出版物产品的差异性,在一定程度上形成了进入壁垒。还有的出版企业在保证突出出版主业、发展主导产品的基础上,将眼光投向其他行业,涉及多个领域,来寻求自己的经济增长点,如组织资本运作,对外进行投资,组织专业培训,提供物业服务,进行房地产开发等。我国出版企业多元化经营的尝试,丰富了企业赖以生存和发展的优势资源,为企业带来了经济增长的活力,拓展了盈利空间,强化了企业的市场竞争力,反过来对出版主业形成必要的补充,增强了企业抵御经营风险的能力,促进了出版主业的可持续发展。例如,《知音》杂志社于1996年开始,通过品牌产品优势资源的延伸带动多元化产业的发展,产业由期刊出版延伸到网络媒体、广告经营、书刊发行、印刷制版、物业开发、高等教育等领域,逐渐形成多元化、规模化格局,至2004年年底,《知音》集团除品牌《知音》杂志以外,又新开发出7种子刊、2家子报,新建了5个子公司、1个网站和一所从事大专学历职业教育的信息传播职业技术学院。全集团共有员工208人,全年实现营业额2.7亿元,利税收入7 000余万元,净资产2.3亿元,实现了《知音》文化产业的跨越式发展,成为我国期刊产业改革与发展中的一面旗帜。《知音》集团多元化发展使《知音》杂志的核心品牌的主体地位更为突出,影响力倍增,2003年月发行量增长到450万份,2004年月发行量突破了500万份,居世界综合性期刊最新排名第五位。

二、人力资源优势是企业实施多元化经营战略的首要条件

出版企业的多元化经营首先要具备人力资源优势。一个经营项目能否在风云变幻、竞争激烈的市场取得成功,关键取决于项目的准确定位和科学的经营战略的制定与实施。而二者实现的关键又取决于具有现代经营管理理念和熟悉专业、精通管理、了解市场、开拓市场、化解风险能力的专业人才。有了这样的人才,出版企业才能够遵循市场经济规律和事物

发展的客观规律，科学地运作项目，遇到风浪才会临危不惧，运筹帷幄，化险为夷，才能够保证预定目标的实现。否则，即使再好的经营项目，其财力、物力投入再多，如果人才不到位，出版企业在经营项目领域处于完全生疏的境地，不能掌握项目的运营规律，则不能适应市场的各种变化，不能及时准确地发现或利用发展机遇，造成发展契机的贻误，更不可能去主动开拓市场，创造机遇。一旦遇到突发情况，可能会处于措手不及、无力应对的被动地位，许多好端端的经营项目最后很可能会出现惨淡经营，甚至中途夭折、前功尽弃的结局。因此，具备相关的专业人才是出版企业进行多元化经营、实现预期目标的首要条件。

三、出版企业相关优势资源是实施多元化经营战略的基础

无数成功的经验告诉我们，出版企业实施多元化经营策略，必须要以相关的优势资源为基础，根据这些资源去选择好的经营项目，通过项目的科学运作，使资源生成最优的价值，为企业带来更大的收益。

出版企业的多元化经营一般不应完全脱离其具有绝对优势资源的出版主营业务及出版物主导产品，更不要造成对它们的削弱或取代，而是通过对出版企业现有出版资源的合理配置，深度开发，全方位拓展，并借助于出版企业在业内的良好形象、出版物品牌的影响力和现有的编辑、出版、营销、管理方面的人才优势以及市场、采购供应、售后服务等渠道优势进行出版物新产品（服务）的研发与经营。大量事实说明，出版企业实施多元化经营战略，与主营业务相关的多元化投资项目不但投资效率高，而且成功的概率也比较大。这是因为，相关的多元化经营既实现了出版企业优势资源共享，提高了企业相关资源的使用效率，扩充了经济实力，为出版主营业务分担了风险，又扩大了出版企业新的经营领域和范围，完善、扩充了原有的出版物品种，有利于打造出版物系列主导产品的品牌，增强企业主营业务市场竞争力，为出版企业的持续发展注入新的活力。比如，北京师范大学出版社在进行新课标教材推广过程中，为了方便广大中小学教师更好地理解和使用本版教材，在编写出版了“伴你教”系列教师教学指导用书的基础上，同时制作了与之相配套的多媒体教学课件，借用多媒体方式将教材编写组的专家们解析教材和全国各地中小学教师在

使用本教材过程中编写的优秀教案以动态的形式展示给大家。该课件与“伴你教”系列丛书的同时出版,一起发行,既补充完善了北师大版新课标教材教学指导出版物的品种,强化了出版社对教材服务的功能,又有助于提高教师的教学效果,进而调动广大教师使用教材的积极性,增强了教材的竞争优势,有利于新课标教材的进一步推广,而且实现了出版社新课标教材资源的再次开发和利用,增加了“伴你教”系列出版物的产品特色,为出版社取得新的经济效益创造了条件。

四、实现范围经济应是出版企业实行多元化经营追求的效果

经济学家经常使用范围经济(economy of scope)的概念来判断企业实施的多元化经营战略是否能为其带来竞争优势。所谓范围经济,是指企业通过扩大经营范围,增加产品种类,同时进行多种产品的生产而引起产品单位成本降低,收益增加的效应。反之,则称为范围不经济(diseconomies of scope)。出版企业实施的多元化经营战略方案能否实现范围经济,与自身的管理、资本、人力、生产能力、资源优势、经营特色等内部条件和国家宏观政策、社会环境、市场需求、科学技术的进步、消费者的偏好等外部条件的影响有着直接的关系。同样一个多元化经营战略实施方案,在一个企业实施能够实现范围经济,而在不具备内部或外部条件的出版企业实施,其结果就可能是范围不经济的。比如,外语教学研究出版社的主导产品是以大中小学外语教材为主的外语类出版物,具有庞大的师资培训对象群体,出版社又具有雄厚的经济实力,因此,该社实施多元化经营,投巨资建立国际外语培训中心,作为举办大型国际国内学术会议、组织各种类型的外语师资培训等活动的场所,使出版社成为一个融教学、科研、出版业务为一体的综合性平台,在扩大出版社的影响,宣传自身出版物产品,拉动市场需求的同时,还会带来较好的“会议经济”收益。但是,如果一个文学类出版社也非要效仿投资建立外语培训中心,由于自身的各方面条件尤其是主营业务与此脱离甚远,其结果显然是给自己缚上了沉重的枷锁,最后很可能会在激烈的市场竞争中被严重的收不抵支或巨额亏损的结局所拖跨。因此,不考虑自身的条件与所处的外部环境,盲目效仿别人搞多元化经营的做

法是万万不可取的。

另外，随着出版企业外部环境和内部条件的变化，一个多元化经营方案的实施结果也会随之发生变化，原来的范围经济可能会随着内外部条件的变化而转化为范围不经济，原来的范围不经济也可能会转化为范围经济。也就是说，随着时间的推移和条件的变化，出版企业多元化经营所实现的范围经济现象并不是一成不变的，出版企业对此的投入也不可能是一劳永逸的。比如，某种畅销出版物刚一面世就受到广大读者的青睐，市场需求数量急剧上升，且发展势头迅猛。为了满足市场的需求，保证服务质量，出版该出版物的出版企业一般不应采取让利的方式在全国各地寻求代理商，而应是增加投入，扩大规模，在各省招聘工作人员，设立办事机构，专门负责在该地区的征订业务，出版企业直接与客户沟通，了解情况，帮助客户解决实际问题。此举可解决旧有营销方式存在的服务战线长、中间环节多、市场信息反馈滞后、行动迟缓、服务质量低等问题，使出版企业可直接了解掌握市场的变化情况，并迅速作出反应，掌握与控制对各地图书市场维护、巩固与开拓的主动权。显然，出版企业采取在各地设立办事机构的做法所获取的收益将远远大于委托代理商做法的收益，或者说，此时出版物的单位成本费用比委托代理商的做法将会大幅度降低，从而实现范围经济。但是，如果出版物经过几年的出版，市场上同类出版物大量出现，使得该出版物的需求量逐年减少，其寿命周期逐渐进入衰退期时，该出版企业既没有相继开发出新的相关出版物进行替换，也未改变原来的营销策略，继续实施在外地设办事机构的做法，这必将造成出版物的成本费用大幅度提高，其经营结果也将会由原来的范围经济变成范围不经济了。所以，出版企业在进行多元化经营时，必须根据约束条件的不断变化来调整自己的经营策略，及时修订已经实施或正在实施的多元化经营战略，确保其实现范围经济的持续性。

显然，出版企业为追求市场竞争的优势，实施出版物品种多样化、服务项目多元化的经营策略，必然导致出版企业规模扩张的结果。而出版企业实现的范围经济是在企业经营多元化的基础上所形成的。所以，它实际上是出版企业实现规模经济的一种新的形态。或者说，出版企业实现的范围经济是其实现规模经济的一种新的表现形式。

五、一个度量出版企业实现范围经济程度的有效方法

既然范围经济是出版企业实施多元化经营战略的最佳效果,那么,对于出版企业所实施的每一个多元化经营方案的范围经济效果就应该有具体度量的科学方法。根据经济学的方法,可利用以下数学模型度量出版企业进行多种产品生产的多元化经营方案的范围经济程度:

$$S=\frac{\sum_{i=1}^{n}T(Q_i)-T(Q_1,Q_2,\cdots,Q_n)}{T(Q_1,Q_2,\cdots,Q_n)}$$

其中,T 为生产出版物(包括相关产品)的成本函数,$Q_1,Q_2,\cdots,Q_n$ 为 n 种出版物(相关产品)的生产数量,$T(Q_1),T(Q_2),\cdots,T(Q_n)$ 为分别出版(生产)某种出版物(相关产品)的成本函数,$T(Q_1,Q_2,\cdots,Q_n)$ 为同时生产 n 种出版物(相关产品)的成本函数。

如果 $S>0$,说明单独生产各出版物的成本之和要大于同时生产各出版物的成本,即多元化经营方案存在范围经济,并且 S 的值越大,说明出版企业所实施的多元化经营方案存在范围经济的程度越高,出版企业从中获取的收益也就越高。如果 $S\leqslant 0$,则说明单独生产各出版物的成本之和要小于或等于同时生产各出版物的成本,出版企业实施的多元化经营方案的效果是范围不经济的,若实施此方案,将给出版企业造成经济损失,故此方案不宜采用。

例 8-2:某出版社出版小学英语教材,需配制磁带,已知印制每册教材的成本费用为 7 元。对于磁带的制作有两种选择,若委托其他音像出版社制作,出版社需按每盘磁带 3 元的标准支付费用;若自己申请成立音像部,取得音像出版发行权,则制作磁带的成本费用仅需 2 元,且随着需求量的不断增加,磁带的单位成本费用将逐步下降。显然,出版社应选择后者,自己建立音像部,组织磁带的生产,这样能够实现范围经济。其范围经济的程度为:

$$S=\frac{(7+3)-(7+2)}{(7+2)}\approx 11\%$$

也就是说,出版社成立音像出版部,自己组织制作磁带比委托其他音像出版社生产至少可以降低 11% 的成本费用。

六、出版企业多元化经营的负面影响

出版企业进行多元化经营可以为企业带来新的发展机遇,扩大企业的规模,带动企业的扩张式发展。但同时也存在着不利的一面,处理得不好,将会对出版企业的发展产生负面的影响。具体表现是:

1. 多元化经营将会发生较高的投资成本

出版企业实施多元化经营战略,必然要进行多元化投资,在其转移投资方向、进入某一特定的领域、开发新项目、开辟新市场时,都将会发生相当高的投资成本。当企业想要进入某一特定经营领域,开辟新市场时,将会面临很高的进入风险成本。比如,出版企业为攻破市场壁垒需与强大的竞争对手进行产品差异、服务质量与特色、价格水平等多方面的抗衡,最终是双方经济实力的较量。同时,由于企业新的经营领域的开辟,出版企业管理层的精力将会因此而分散,多领域的涉足及多种产品的开发经营,将会导致企业的整体市场优势与产业优势得不到集中体现。在出版企业转移投资方向、开发新项目、组织新机构、配置新资源时,也将会发生巨大的开发成本、管理成本。此投资很可能会影响企业对主导产业和产品的继续投入而削弱主导产业和产品的市场竞争力,形成较大的机会成本。出版企业一旦进入新市场,将会面临尽快收回巨大投入成本的沉重压力,高额的沉没成本将把企业逼上背水一战的境地。此时,出版企业如果想要退出市场将非常困难,因为退出市场的代价将是牺牲企业的全部高额投入成本。

2. 多元化经营将会影响企业的核心竞争力

由于出版企业所有的资源(包括人力、财力、物力及无形资产等)都是有限的,有些甚至是稀缺的,如书号等资源,当一个出版企业进行多元化经营时,在一定程度上就必须要舍弃部分原有的出版业务,拿出部分资源以投入新的领域,去从事与原来出版业务不相干的陌生业务,使企业原来已经形成的竞争优势被削弱。而出版企业在新进入的经营领域里往往是既没有经验,又缺乏专业人才,这样做的结果,有时不仅不能扩大企业的盈利空间,降低企业的风险,反而会把企业的宝贵资源白白浪费掉,造成企业的巨大经济损失,直接影响出版企业的核心竞争力。

3. 警惕跌入企业多元化经营的陷阱

实践证明，在出版物市场风云变幻、市场竞争愈演愈烈的形势下，出版企业并不是进行任何多元化经营都一定能够获得丰厚的收益或者形成企业竞争优势的。现实中，在企业多元化经营的道路上潜藏着许多风险。许多企业由于不遵循事物发展的客观规律与市场经济规律，对市场变化形势估计不足，甚至被一些虚假繁荣现象所迷惑，搞非相关多元化经营，或者脱离自身的实际情况，热衷于扩大经营范围，在自己完全不熟悉且又没有资源优势的领域盲目扩大经营项目而跌进风险的陷阱，结果或是未能实现预期收益，或是得不偿失，或是前功尽弃，血本无归，最后导致企业陷入财务危机的困境，甚至走上破产之路。近年来，此种现象在我国出版界屡有发生，其沉痛教训值得我们引以为戒。

综上所述，不难看出，在出版企业进行多元化经营的道路上存在着发展机遇，同时也有潜在的巨大风险。运作好了，可以形成企业新的经济增长点，为出版企业带来规模经营的巨大收益，强化企业的核心竞争力。运作得不好，也将会给企业带来损失，甚至是灭顶之灾。出版企业在实施多元化经营战略、涉足多元化经营领域时，必须要始终保持清醒的头脑，认清多元化经营问题的两面性。认真总结正反两方面的经验，遵循市场经济的规律，根据自身的经济实力和管理能力以及对拟投资的新扩展项目领域的熟悉程度等实际情况，认真考察拟投资项目的盈利潜力和发展前景，更要洞察其潜在的各种风险，谨慎权衡，科学决策，千万不要凭感觉或盲目效仿他人而草率行事，以免跌入多元化经营的陷阱，给企业造成难以挽回的经济损失。出版企业在改革和发展的进程中，只有在主导产业日益发展和出版物主导产品逐渐形成规模的基础上，以积极、稳妥、科学的态度制定企业的多元化经营战略，并遵循市场经济规律和事物发展的客观规律加以实施，才能实现多元化经营的预期目标。

第六节 出版企业合并的决策行为

出版企业要进行全面改革，要应对“入世”的挑战，就必须进行出版产业结构的调整，优化出版资源配置，走规模化、集约型发展道路，由此必然会导致出版企业之间合并现象的发生，从而引起出版企业在经营活动过程中发生业务范围、财产关系、组织结构、资本结构等的变化。出版企业的合并对出版企业的经济活动有较大的影响。

一、出版企业的合并

出版企业合并，是指两个或两个以上的出版企业在平等、协商、互利的基础上，按法定程序变为一个出版企业的行为。出版企业合并既是一种经济行为，也是一种法律行为，因此需要对有关的变更事项依法进行变更登记。在激烈的市场竞争中，出版企业合并可以实现资源的优化配置，扩大市场占有率，增强竞争实力，避免由于对资源的相互竞争而造成两败俱伤的风险。自20世纪90年代以来，随着我国国营企业改革的深化以及企业合并浪潮的兴起，对出版界也带来很大的震撼。尤其是我国加入WTO以后，面对国外出版商咄咄逼人的强大攻势，“出版业必须打造航母，以集约化经营、实现规模经济效益来应对市场的竞争”已经成为出版界的共识，在全国各地，出版(发行)集团公司纷纷组建，并显示出强大的生命力。随着出版体制改革的深入，加上外国出版商的陆续介入，加剧了出版物的市场竞争，优胜劣汰的严酷事实已不可避免，出版企业实行资本扩张经营，走内涵式发展道路，或者是相互合并，实现优势互补、强强联合，已经成为今后我国出版产业发展的必然趋势。

二、出版企业合并的类型

1. 按行为方式分类,出版企业合并可以分为吸收合并和新设合并两种类型

(1) 吸收合并,是指由一个出版企业吸收一个或一个以上出版企业或其他企业加入本单位,吸收方存续,被吸收方解散并取消原法人资格的合并方式。

(2) 新设合并,是指两个或两个以上出版企业(包括其他企业)合并成一个新的出版企业,原合并各方解散,并取消原法人资格的合并方式。

2. 按合并范围分类,出版企业合并可以分为横向合并、纵向合并和混合合并

(1) 横向合并,是指两个或两个以上出版企业的合并。横向合并的目的是消除竞争,强化优势,扩大市场份额。横向合并是出版企业之间的合并,它通常是优势出版企业兼并劣势出版企业,从而形成规模经营,实现规模经济效益,增强出版企业的市场竞争优势。

(2) 纵向合并,是指与能够直接为出版企业提供服务的上下游企业或客户的合并。如和印刷厂、装订厂、装帧工作室、排版公司、校对公司、出版物经销公司的合并等。这种合并通常是优势出版企业将与本单位生产经营紧密相关的企业兼并,从而形成纵向生产经营一体化的作业链,延伸了出版企业的价值链。纵向合并可以扩大出版企业的生产经营规模,发挥整体优势,优化资源,加强生产过程各个环节的密切配合,有利于协同化生产,缩短生产周期,节约费用,抓住机遇,拓展市场。

(3) 混合合并,是指与本出版企业生产经营活动无直接关系的企业的合并。混合合并既不是与同行业的竞争对手合并,也不是与上下游的供应服务厂商或客户合并,它通常是为了扩大生产经营范围,减少长期经营单一业务事项所带来的风险而进行的合并,如和物资供应、房产、物业管理、餐饮业、教育培训等产业的合并,从而实现范围经济。

3. 按出资方式分类,出版企业合并可以分为出资购买资产式合并、出资购买股票式合并和出版企业兼并

目前,由于体制改革尚未到位,我国出版企业进行此类合并的,被合并或兼并单位只能是非出版企业。

（1）出资购买资产式合并，是指某出版企业使用现金购买另一企业的全部资产进行的合并。这种合并属于吸收合并，被收购的企业并入收购出版企业，被收购企业原有的法人资格被取消。对于产权关系、债权债务关系清晰的企业，采用这种合并方式能够做到等价交换、交割清楚，不会遗留纠纷。

（2）出资购买股票式合并，是指出版企业通过出资购买被收购企业股票的方式进行的合并。这种合并方式要求被收购企业必须是股份公司，它可以通过二级市场来实现合并，比较简便易行。但是，这种合并方式要受到有关证券法规信息披露的制约。目前，我国上海新华发行集团和湖南出版集团在此方面正在进行积极探索，并已取得初步成效。

（3）出版企业兼并，是指一个出版企业购买其他企业的产权，使其他企业失去法人资格或虽然具有法人资格，但是已改变其法人实体的一种行为。也就是说，这种兼并是通过购买其他企业的产权实现的，这种行为可以使被兼并方失去法人资格，也可以使被兼并方仍然具有法人资格，但是改变了法人实体。因此，出版企业兼并包括出版企业的吸收合并，也包括取得其他企业的控制权。

三、出版企业合并的动因

出版企业合并的动因很多，其中主要有以下几种：

1. 为取得规模经济效益

根据出版物生产经营活动的一般规律，出版企业的市场竞争力和它所取得的经济效益与出版物品种及数量密切相关，当被社会公认的出版物的品种和数量达到一定规模时，才是最为经济的。如果出版企业的规模太小，且出版物品种单一，单位出版物负担的固定成本较高，就必然会增加出版物的单位成本，在与市场上同类出版物进行竞争时，很难以价格优势去扩大出版物的市场占有率。此时要保持出版物市场份额，必然会导致降低出版物盈利水平，影响出版企业的经济效益。出版企业通过合并，可以扩大生产经营规模，增加出版物的品种和销售数量，进而降低单位出版物应分摊的固定成本，提高出版企业的经济效益，实现规模效应。

2. 为降低竞争风险,扩大市场占有率

在社会主义市场经济中,出版企业之间的竞争日益激烈,为了避免在竞争中两败俱伤,同行业同专业性质的出版企业在双方自愿的基础上可以合并,这样,使原来的竞争对手变成了共同合作的伙伴,既避免了相互竞争的风险,又可以扩大市场占有率,增强竞争能力。

3. 为实行多元化经营,分散经营风险

出版企业通过混合合并,可以实行多元化经营,有利于减少单一化经营的风险。出版企业长期只从事单一的出版物生产经营活动,在市场情况发生变化的时候,可能会使其经营活动受到较大的影响,无法规避经营风险。出版企业进行混合合并,实行多元化经营,就可以分散风险,稳定利润来源,同时,也能提高出版企业的信誉。

4. 为抵免税金

有盈利的出版企业与有累计亏损但具有发展潜力的出版企业或其他企业进行合并,可以得到比正常合并更多的好处。原亏损出版企业或其他企业的亏损额可以在续存出版企业盈利中得到抵补,这样,就可以少缴甚至不缴企业所得税。同时,通过合并,原来管理完善的出版企业可以改善被合并企业的内部管理问题,使企业资源能够得到优化配置,形成竞争的优势,使企业转亏为盈,取得新的经济效益。

5. 为提高对市场的控制能力

出版企业通过横向合并、纵向合并,都可以增加其对市场的控制能力。横向合并,特别是把竞争对手合并过来,可以减少竞争,增加市场份额。纵向合并可以延伸企业的价值链,减少交易成本,可在某种程度上提高出版企业对市场的暂时垄断性。

四、出版企业合并的经济可行性分析

出版企业合并必须从技术、经济和管理等各方面进行论证,这里仅就经济上的可行性进行分析。出版企业的合并只有当取得的收益超过合并所付出的代价时,在经济上才是可行的。合并后的收益主要是合并后出版企业的利润或现金流量净额。合并的代价主要包括为合并而支付的收购费用、合并的手续费、合并后额外增加的债务以及合并前各被合并单位

的收益。出版企业合并的经济可行性分析主要是对合并前后的现金流量的净现值进行比较分析。

由于采用吸收合并方式,吸收方向被吸收方支付收购价款,因此,收购价款便构成了合并代价的主要部分。由于新设合并的合并各方都要解散,因此,其经济可行性分析应是站在合并各方所有者的立场上进行。只有合并各方都认为在经济上是可行的,合并才能顺利进行。新设合并一个非常重要的问题是对合并各方资产的合理估价,以及各方在新设出版企业中所占股份的确定。这直接影响到合并各方以后的收益。新设合并的经济可行性分析,也要比较合并各方在合并前后各自的现金流量的增减情况。只有各方在合并后的现金流量均大于合并前的现金净流量时,合并方案才是可行的。

例 8-3：隶属某省新闻出版局的甲出版社和乙出版社拟合并,组建成新的出版集团。经有关资产评估部门进行资产评估,甲出版社的资产估价为 6 000 万元,乙出版社的资产估价为 9 000 万元,合并后双方均以评估价值投入新出版企业,即原甲出版社的所有者占 40% 的股份,原乙出版社的所有者占 60% 的股份。经测算,今后若干年甲、乙两个出版社的现金净流量现值分别为:甲出版社为 20 640 万元,乙出版社为 24 750 万元。预计合并后的新出版集团今后若干年的现金净流量的现值为 58 500 万元。

根据以上资料,可以分别计算出甲、乙两个出版社的所有者在合并前后所得到的现金净流量。原甲出版社所有者合并后得到的现金净流量为 23 400 万元(即 58 500 × 40%),大于 20 640 万元;原乙出版社所有者合并后得到的现金净流量为 35 100 万元(即 58 500 × 60%),大于 24 750 万元。可见,合并后双方所得到的现金净流量均超过合并前的各自现金净流量,因此,此合并方案是可行的。

第七节 出版企业分立的决策行为

在改革与发展的进程中,我国出版业适应市场经济发展的需要,进行产业结构调整,优化出版资源配置,走规模化、专业化、集约型发展道路,导致出版企业发生重大变化的另一种现象就是出版企业的分立。

一、出版企业分立

出版企业分立是指一个出版企业依法分成两个或两个以上单位的经济行为,也是出版企业在改革发展中的另一个重要变化方式。出版企业分立的形式有新设分立和派生分立两种。

新设分立,是指出版企业将其全部资产分别归入两个或两个以上的新设出版企业,原单位解散。派生分立,是指出版企业以其部分财产和业务另设一个新的出版企业或非出版企业,如设立出版分社、图书发行公司、物流中心、印务公司、物业中心等,原出版企业存续。

二、出版企业分立的动因

出版企业分立的原因主要有以下几种:

1. 提高出版企业的运营效率

出版企业的生产经营达到适度规模时,才是最为经济的。生产经营规模太大或太小,都不利于提高出版企业的经济效益。出版物生产经营规模太小,会使单位出版物分摊的固定成本太多,从而影响出版企业的经济效益,而且势单力薄,难以抵御经营风险;生产经营规模过于庞大,往往由于管理能力未能与企业规模发展同步提高而造成管理效率低下,管理部门易滋生官僚主义,患“大企业病”,最后影响出版企业的经济效益。此时应对企业进行适当的分立,这有利于加强出版企业的管理,提高运营效率,调动多方面的积极性,充分开发利用出版资源,更好地适应市场的变化,实现“1 +1 >2”的经济效果。

2. 出版企业的内涵式扩张

出版企业分立是出版企业进行内涵式扩张发展的一种重要手段。在出版物市场竞争日益激烈,专业化、个性化的要求异常迫切的情况下,出版企业要将经营业务范围扩张到其他地区或其他经营领域,可以采用分立的形式,充分利用已有的条件和各种资源开展经营活动。这样比重新进行投资要节约资金,可以提高经济效益。

三、出版企业分立的经济可行性分析

出版企业分立是一种经济行为,它是为了在保证社会效益的前提下谋求经济效益的最大化。因此,需要对出版企业分立进行经济可行性分析。出版企业分立的经济可行性分析,也就是应用净现值法对分立前后的出版企业现金净流量进行比较分析。只有当分立后的出版企业现金净流量的现值总额大于分立前出版企业的现金净流量的现值总额时,其分立方案才是可行的。

例 8-4:某出版社为了实行内涵式发展战略,提出拟分立成甲和乙两个出版社的方案。经过预测,分立前的出版社今后 10 年出版经营活动产生的现金净流量的现值为 29 120 万元;而分立后甲和乙两个出版社今后各年现金净流量如表 8-1 所示。

表 8-1 甲、乙两个出版社现金净流量表 单位:万元

	第一年	第二年	第三年	第四年	第五年
甲出版社	1 040	1 160	1 280	1 400	1 500
乙出版社	1 120	1 280	1 360	1 500	1 600
合 计	2 160	2 440	2 640	2 900	3 100

从第六年起,甲出版社每年的现金净流量为 1 700 万元,乙出版社每年的现金净流量为 1 800 万元。假定适用的贴现率均为 10%,在分立过

程中没有发生分立费用。

根据以上资料,对分立方案进行可行性分析如下:

(1) 根据复利现值系数表可查得相关系数,分立后,甲出版社和乙出版社现金净流量的现值 V 为:

$$V = \sum_{i=1}^{10} \frac{X_i}{(1+10\%)^i} = 2\,160 \times 0.909 + 2\,440 \times 0.826 + 2\,640 \times 0.751 + 2\,900 \times 0.683 + 3\,100 \times 0.621 + 3\,500 \times 5.867 \times 0.621$$

$$= 2\,2619.24(\text{万元})$$

(2) 比较分立前后现金净流量的现值。分立前该出版社的现金净流量现值为 29 120 万元,比分立后多 6 500.76 万元(即 29 120 − 22 619.24),因此该分立方案在经济上是不可行的,不宜采用。

复习思考题

1. 出版企业对外投资有哪些特点? 应坚持什么原则?

2. 对外直接投资决策的净现值法则核心内容是什么?

3. 出版企业直接对外投资的方式有哪些? 执行中会遇到哪些具体问题?

4. 什么是出版企业的资本扩张经营? 出版企业实行资本扩张经营有何现实意义?

5. 什么是出版企业的规模经济? 出版企业如何扩大经营规模才能实现规模经济?

6. 在出版企业进行规模扩张时,为何强调企业应适度地发展规模?

7. 为什么说出版企业进行与主营业务相关的多元化投资效率高,成功概率高?

8. 出版企业的竞争力与出版企业实现规模经济有何关系?

9. 什么是出版企业范围经济? 如何理解出版企业范围经济是动态的?

10. 出版企业合并与分立的动因是什么?

11. 出版企业合并与分立的经济可行性分析主要分析何种财务指标? 在什么情况下方案才是可行的?

第九章

出版企业竞争战略定位与战略决策行为

出版企业要想在激烈的市场竞争中求得生存和发展,就必须准确地识别业内存在的各种竞争力量,时刻关注各种竞争力量的态势,通过科学的分析来了解每种竞争力量在市场竞争中的作用,掌握它们变化的一般规律,确定在当前出版业中决定和影响各种竞争力量的基本因素及条件,认清出版企业自身在整个生存与发展环境中所具有的优势和劣势,所面对的各种竞争威胁,从而寻求出版企业改革与发展的有利地位,积极构建和培育企业的核心竞争力,根据实际情况作出企业竞争战略的正确选择,并采取相应的战略决策行为,全面实现企业的预期战略目标。

第一节 出版企业竞争威胁分析

美国哈佛大学著名管理学家迈克尔·波特教授认为,行业的竞争情况由五种基本的竞争力量决定:潜在竞争者进入的威胁、替代品的威胁、购买方的议价能力、供应方的议价能力和行业内竞争对手的竞争强度。这五种竞争力量共同决定着行业市场竞争的强度和获利的能力。在我国出版业同样也存在着这五种竞争力量,并且由它们决定着出版业内部竞争的激烈程度,也考验着出版企业应对竞争与挑战的能力。但是,各种竞争力量在其中所起的作用是不同的,常常是最强的某种力量或几种力量处于支配地位,起着决定性作用,而且各种情况并不总是固定不变的,而是随着市场的结构变化而处于动态变化之中。因此,一个优秀的出版企业经营决策者必须对出版业存在的这五种竞争力量的构成因素及生成的条件进行正确、清晰的分析,从而在激烈的市场竞争中制定出正确的经营战略,采取相应的策略措施,防御、抗衡所面对的竞争力量,或者对其施加影响，形成出版企业在整个出版物市场或者某个细分市场中的持久竞争优势，保证出版企业预期战略目标的顺利实现。

一、潜在竞争者进入威胁的分析

对于出版物市场来说，潜在的竞争对手或新进入的竞争对手会带来新的出版物生产能力，带来出版物产品新的物质资源，从而对已有的市场份额格局提出重新分配的要求。由于我国新建立出版单位必须经由国家行政主管部门审批，并且控制得非常严格，所以，潜在竞争者进入的范围主要是指出版业内部的细分专业出版领域或者是一些非出版物出版领域。我国加入 WTO 以后，出版业首先在出版物批发、零售领域实行对外开放，外资及非出版行业的资金纷至沓来，一些外资企业和民营书商采取与国内正式出版单位合作出版的方式，以合法的身份进入出版业某些专业出版领域。新的竞争者进入市场以后，他们已有的资源优势和新的经营理念以及所采取的新的营销手段往往会对所进入的业务领域产生强有力的冲击。结果是，造成出版业内出版物产品价格下跌或出版企业的内在交易成本增加，导致出版业内总体获利能力降低，利润空间缩小。目前，在我国出版物市场上，哪些种类的出版物畅销，便会立即吸引许多出版商蜂拥而上，相同类出版物随之在市场上大量出现，使得在此细分出版物市场上原有出版企业的市场遭受猛烈冲击，造成其盈利能力和未来盈利潜力严重受挫。因此，阻止新竞争者的进入便成为现有出版企业必然要采取的防御行为。通常的做法是设置市场进入壁垒（进入障碍）。

出版企业潜在的竞争对手或新的竞争对手能否进入某一出版业务领域并对该领域构成威胁，取决于该业务领域所存在的进入壁垒，即进入新业务领域的困难程度。如果进入壁垒设置得较高，新进入的难度就大，该业务领域现有出版企业受新竞争者进入的威胁便会减小。在市场竞争中，能够构成市场进入壁垒的主要因素有：

1. 出版物产品差异化

它是指由于客户或读者对出版企业出版物产品的质量或信誉建立的忠实程度不同而形成的出版物产品之间的差别。当一个出版企业的出版物产品或服务形成的特色得到了客户和读者的认可，形成市场进入壁垒时，新竞争者往往需要花费很长的时间，付出比现有出版企业更大的代价来攻克这一壁垒，甚至需要以企业的暂时亏损作为进入竞争市场的代价。

2. 规模经济

它是指在一定时期内，出版企业生产要素的增加不仅会为企业的产出水平和服务质量带来更大程度的提高，而且产品的平均单位成本将随着出版物产品数量和服务内容的增加而下降。出版企业的规模经济可以形成市场的进入壁垒，迫使想要进入市场的潜在竞争对手在考虑进入时面临着两种选择：或者以更大的生产规模进入新的出版领域，并且冒着现有出版企业强烈抵制的风险；或者以较小的生产规模进入新领域，承受出版物生产成本过高的压力，最终可能是以亏本的结局而被迫退出市场。而对于已经实现规模经济的现有出版企业来说，在竞争中无疑是处于绝对优势的地位。

3. 资金的需求

资金也可以形成一种重要的进入壁垒。当潜在竞争对手计划进入竞争领域时，如果需要大量的投资，则会考虑是否进入或者如何进入的问题。特别是对于资金密集型的业务领域，初始进入所需要的大量投资往往会使许多经济实力不强的潜在竞争者望而却步。比如，2004 年国家有关部门在对申报图书总发行权单位规定的资质条件中，要求单位注册资本必须在 2 000 万元以上。这样，现有具有总发行权资质的企业所面对的威胁只是少数几个实力雄厚的新的竞争对手。在 2005 年全国有关省市进行的中小学新课程标准教材的出版发行招标中，对于投标单位的资产总额或注册资本的最低要求标准都在 1 000 万元以上。仅此一项条件，就将许多规模较小的潜在竞争对手拒之于门外。

4. 转换成本

它是指出版企业从一个出版专业领域转向另一个出版专业领域或从一种出版物产品转向另一种出版物产品时所需要支付的成本。出版企业的转换成本包括新业务领域的市场开发、新选题策划、新品牌的打造、新的材料供应商、产品制作商的寻求和新的分销渠道的开辟以及为适应新业务领域生产经营活动和新产品研发、编辑、出版、营销等需要提供的必要条件而发生的成本费用。如果转换成本过大，企业在短时间内又不能在内部完全抵偿掉，必然会成为出版企业转向新的业务领域或生产新出版物产品的进入壁垒。摆在出版企业面前的只有两种选择:或者冒着巨额转换成本的风险,转向新业务领域,开发出版物新产品,充分做好经营亏损的心理准备;或者是改变原来策略,取消转向。这主要取决于竞争者的经济实力与管理能力,取决于企业在新转入的业务领域所处的优势地位和新出版物产品在市场需求中所具备的优势条件。

5. 原材料、作者资源与技术的优势

出版业中或某一专业出版领域已有的出版企业可能会凭借自己在获得原材料方面的优势,或者拥有的作者资源优势,或出版物产品已形成的品牌、先进的出版工艺技术、独特的营销手段等方面的优势,为潜在的和新进入的竞争者设置进入壁垒。新进入的竞争者在这一陌生的业务领域即使付出比现有出版企业更大的投入代价,在短时期内也难以消除这种壁垒。

6. 国家政策

由于我国出版业的意识形态和产业的双重属性,使得国家政策、法规和法令等都会在出版业中成为新的潜在竞争者的进入壁垒。新出版企业成立必须由国家新闻出版总署严格审批的规定和出版物书号资源统一由政府主管部门控制配发的管理办法的实施,以及国外、业外资本不得进入出版业的出版领域的规定,都成为潜在竞争者进入出版领域的壁垒;政治性、公益性出版物统一由相关专业性出版社出版的规定,为全国少数政治性、公益性出版社设置了"安全防线",任何其他出版企业都不可触犯。全国中小学教材出版由国家教育主管部门集中审批,由全国新华发行单位或具有总发行权资质的发行企业发行的严格规定,也成为许多蓄意进入中小学教材出版发行领域的其他企业和个人的进入壁垒。

但是,我国出版业的盗版和非法出版的现象目前依然存在,仍然在干扰着出版物市场秩序,成为严重影响全国出版业改革和发展的久治不愈的顽症。因此,急需国家行政主管部门制定、完善和健全相关的法律、法规制度,进一步加大打击盗版和非法出版的力度,为遵守市场规则、遵纪守法经营的出版企业创造有利的生存和发展条件,为我国出版业的健康发展提供良好的市场环境。

二、出版物替代产品威胁的分析

出版物替代产品是指那些与本出版企业的出版物产品属于同一种类,并且具有相同功能或类似功能的出版物产品。在产品质量相当,而特色与出版时间差异较大的情况下,出版物替代品的销售价格(发行折扣)会比被替代产品的价格更具有竞争力。因为替代产品进入市场后,双方展开的价格竞争会造成原出版企业产品的价格降至较低水平,导致产品的收益降低。由于生产出版物替代产品的出版企业总结了原有出版企业的经验,采取必要措施,既突出了产品特色,又降低了出版物生产成本,并采取新的营销手段,所以,不论是出版物替代产品价格低于被替代产品的价格(发行折扣),还是二者的价格水平相当,生产替代出版物的出版企业在盈利方面都占有一定的优势,其竞争的结果必然要冲击原有出版企业的市场份额,而导致其市场份额减少,出版物产品收益降低。为了抵制出版物替代品对原出版物产品的威胁,原有出版企业往往采取集体博弈行动,开展持续的广告宣传,也相应改进出版物产品的质量,降低出版成本,或者是增强本产品与替代产品之间的差异性,提高售后服务水平,改善市场营销手段等。

当然,有些出版物替代品是为适应出版物市场需求、满足消费者偏好的变化趋势而开发出的新产品,在价值、功能、知识内容更新等方面具有绝对的特色优势,如果原有出版企业不花费很大代价对被替代的出版物产品进行彻底修订打造,则很难弥补其先天之不足。因此,出版企业在制定与替代品进行抗衡的策略时,一定要考虑双方出版物产品生命周期所处的阶段和出版物市场需求的变化趋势,同时权衡为弥补或强化双方出版物产品差异性所需付出的成本代价,最后再作出理性的抉择,绝不能脱离实际而盲目地参与竞争。

三、现有竞争者之间抗衡强度的分析

出版业现有竞争者之间的抗衡强度是指出版业内现有出版企业之间的竞争关系与竞争程度。他们之间的抗衡手段一般包括价格战、广告战,开发或引进出版物新品种,增强对客户售后服务的力度,为读者提供更高

价值等。出版企业之间的激烈抗衡是由许多相互作用与相互制约的因素引发的。这些因素主要包括:

1. 为数众多或势均力敌的市场竞争者

在某一出版业务领域,当存在的出版企业较多或竞争日益加剧时,一些出版企业为了及早取得相对的竞争优势,很可能凭借其规模、成本或经济实力等有利条件,率先采取行动,如组织战略联盟、降低出版物价格、组织多种促销活动等,使本来均衡的市场竞争格局发生逆转,以便取得行业或区域范围的领先地位。但是,假如一个竞争领域集中受控于少数几个出版企业,其他竞争者一般不会采取进攻性的竞争策略。

2. 出版业中的某一细分专业出版领域发展缓慢

在这种情况下,一些出版企业为了改变现状,寻求进一步的发展,便会把竞争的注意力转移到扩大现有市场占有率上面来,他们或者采用降价让利的方式吸引客户,或者以高质量的售后服务改善与客户及读者之间的关系,提高对自己的忠诚度,或者以强大的宣传攻势扩大出版企业及其出版物产品的影响等,从而引发竞争。这种竞争的变化较大,而且比在行业快速发展情况下的竞争表现得更为激烈。但是,在出版业务领域快速发展的情况下,出版企业的注意力一般会集中在出版物选题的开发以及扩大产品的差异化等方面。

3. 固定成本或库存成本居高不下

出版企业不断增多,企业的规模迅速扩张,加之现代化生产技术水平的不断提高,这既为出版企业实施规模经济战略提供了有利条件,同时也容易造成出版业生产能力的过剩,大量的人员经费、管理费用支出,使得出版物成本中的固定成本急剧上升,比重过高,出版企业将面临巨大的市场压力,由此导致出版物重复选题、重复出版、追风出版、盲目印制等现象严重。出版物产品的过量生产和产品的严重同质化,打乱了出版物市场的供需均衡,造成出版物大量滞销积压,从而又导致出版物库存量急剧上升,造成大量的资金占用。因此,这些出版企业为了提高出版物销售量,减少库存成本,加快资金周转,往往会采取让利低价促销、倾销的策略,无限制地降低出版物发行折扣,造成出版企业盈利水平的大幅度降低。如果大多数出版企业都卷入降价的行列之中,则残酷的价格战便会随之发生,最终导致两败俱伤的严重后果。

4. 缺乏产品差异化

在竞争中,如果出版企业的出版物产品与市场上同类产品相比缺乏差异化,经销商或消费者购买出版物产品的选择重点则是出版物的销售价格或者是售后服务水平。在这种情况下,各出版企业之间就会出现激烈的价格竞争、售后服务水平的竞争以及企业形象的竞争。但是,如果出版物产品具有明显的差异性,经销商就会根据市场的需求作出订货决策,读者也会根据自己的消费偏好和品牌对出版物作出购买的决定。

5. 不同的竞争战略

在如何竞争以及如何在竞争中保持领先地位的问题上,每个参与竞争的出版企业的目标和战略都会有所不同。那些选择了正确的竞争战略的出版企业便会很快取得竞争的优势地位,而选择了错误竞争战略的出版企业必然会处于劣势地位。比如,在竞争中,一些实力较强的出版企业为了扩大市场份额,实施抢占市场的战略,不惜以出版物销售在1~2年维持保本甚至以亏损为代价抢占出版物市场。目前,我国中小学新课标教材出版的竞争在此方面表现得最为突出。参加全国中小学新课程标准实验教材出版的许多出版单位为了在全国各地扩大本版教材的使用份额,在投巨资编写教材的基础上,继续在教材的宣传推广、教材培训及提高教材质量等方面进行新的投入,加上政府对教材价格的严格限制、教材出版发行实行招投标等政策的相继出台,造成出版企业获利的空间微乎其微,对于那些教材发行量较小的出版企业来说,出版教材的利润可能是负值。而在这种情况下,市场竞争将会变得更加残酷无情。鹿死谁手,就看谁能够坚持到最后。

6. 退出壁垒高

在激烈的市场竞争中,全国500多家出版单位在出版规模、经营能力、经济实力、发展潜力等方面的优势与劣势逐渐显露,强弱差距逐渐拉大,马太效应日益突出。但是,由于我国出版企业所处的生存与发展环境仍然未能完全摆脱计划经济的影响,时至今日,出版企业数量一直保持着只增不减的状态,有相当数量规模较小的出版单位只是依靠政府的政策扶持或变相出售书号等方式维持生存,但即使经营惨淡,也没有被淘汰出局的风险。出版业的退出壁垒使过剩的生产能力不能脱离开本行业,那些在竞争中失败的出版企业也不愿轻易放弃经营。结果造成了那些经营不善的出版企业不得不继续消耗有限的出版资源，最终导致整个出版业出版资源的低效使用、企业获利能力降低和出版物质量不能得到保证。

四、出版物经销商议价能力的分析

对于出版企业来讲，购买者包括读者个体或读者群体、出版物经销商等，其中出版物经销商（包括国营新华发行集团、民营书商）是出版企业出版物的主要购买对象，也是一个不可忽视的竞争力量。经销商所采取的手段主要有：向出版企业提出比较苛刻的条件，如要求降低出版物发行折扣，要求更高标准的出版物产品质量和最新的出版时间以及更高价值的销售服务等，甚至通过挑起出版企业之间的价格大战而从中渔利。经销商所有这些做法都会不同程度地加大出版物的交易成本，降低出版企业的获利能力。经销商对出版企业所具有的竞争能力取决于他们的购买活动在整个出版物市场交易活动中的重要程度。当具备以下条件时，出版物经销商就会有较强的竞争能力：

（1）经销商的购买力集中，或者对于出版企业来说是一笔很可观的出版物产品交易。如果出版企业的大部分出版物产品为某几个固定的经销商所购买，则这些经销商的重要性就会更加突出。一般来说，出版物的大批量购买者具有很强的竞争实力。比如，按照出版物发行的一般市场规则，经销商对出版企业单批次订货所享受的让利折扣与订货批量正相关。订货批量越大，经销商要求出版企业让利的折扣水平就越高。但是，如果经销商的订货批量很小，对出版企业的影响无足轻重，则在价格上很难构成对出版企业的威胁。

（2）如果经销商购买的出版物产品在市场上存在很多同类产品，且差异性不大，则他们对出版物的选择性就很大。他们确信自己总能够找到可以挑选的产品，并可以通过讨价还价挑起出版企业之间的竞争，从中得利。但是，如果出版物产品在价格、质量、服务等方面存在较大的差异性，使得经销商的转换成本较高，迫使经销商不得不固定地购买某个或某些出版企业的出版物产品，则对出版企业产生的威胁就不会太大。

（3）如果经销商充分掌握了有关出版物的市场需求、价格、制造成本等方面的详尽信息，他们就会具有较强的讨价还价能力，在进行出版物交易中便会与出版企业讨价还价，获得较优惠的价格。

(4) 出版物经销商具有形成行之有效的“后向生产一体化”能力的威胁。经销商为降低出版物产品的生产与交易成本，往往会采取“后向一体化”和“交易内部化”策略，即通过与出版企业结成合作伙伴，采取共同投资、共同策划出版物选题、共同出版、共同营销、共同盈利的方式进入出版物的出版领域。由于他们通过实际参与出版物产品的全部生产过程，对生产出版物的成本费用有了更加清晰的了解，反过来便会对合作的出版企业或对直接提供同样出版物产品的出版企业提出更高的优惠获利待遇。经销商这种“后向一体化”战略对提供出版物产品的出版企业必然会产生一定的威胁和冲击。反之，出版企业如果在某些出版领域（如高校教材出版发行）实行“前向一体化”经营战略时，即发展出版物直销业务，增加零售和终端消费者客户比重，也会直接削弱经销商讨价还价的威胁或影响。2006 年 9 月 26 日，机械工业出版社投资创建的大型书城——北京百万庄图书大厦的开业，开创了我国出版企业独资办大书城的先河，在实施“前向一体化”经营战略方面进行了大胆尝试，从而延伸了出版企业的产业链，增强了出版企业的竞争力。[1]

随着时间的推移和市场需求形势的变化以及出版企业战略的不断调整完善，出版物经销商的竞争能力也在发生变化。出版企业应将对经销商的选择作为一项具有决定性的战略决策。要时刻关注出版物市场形势的发展态势，了解经销商采取的各种方法手段，分析这些方法和手段将会给出版企业带来的竞争威胁与影响，寻求和选择那些对本出版企业影响最小的出版物经销商。

五、供应者议价能力的分析

出版企业的供应者包括各种出版物原材料供应商、出版物生产厂家、作者、物流公司等。供应者可以通过提高价格和稿酬标准或降低其产品和服务的质量水平等交易条件，对出版企业进行威胁，以发挥他们讨价还价的能力。当具备以下条件时，供应者就会有较强的竞争能力：

---

〔1〕 王丽琼. 上游独资办大书城，出版社延伸产业链. 中国图书商报，2006 年 9 月 29 日

(1) 出版物所需要的原材料和排版、制作、物流等服务的供应由少数几家供应商所垄断,使得出版企业没有太多的选择余地。供应商向较为分散的出版企业销售产品时,由于这些出版企业无法形成相对独立的市场地位,导致供应商在产品的质量、价格、交易条件和供货期限等方面占有优势地位,而出版企业始终处于被动地位。

(2) 供应方的产品差异性较大,没有替代产品竞争的压力。比如,享誉世界的畅销出版物的版权引进、能够集中满足广大读者偏好并且特色突出的出版物书稿、印制出版物需求的不可替代的某些特殊原材料、提供最先进的出版物制作工艺技术的服务等都具有很强的竞争能力。但是,如果有替代品参与市场竞争,则此时供应者即使再强大有力,其竞争力也会受到牵制或制约。

(3) 供应方的产品紧缺,供不应求,出版企业购买时没有任何选择的余地。这样的供应商将处在“皇帝的女儿不愁嫁”的优越地位,具有很强的议价能力,迫使出版企业不得不接受其提出的某些较为苛刻的条件。这种现象在一些知名畅销书作者的书稿出版上表现得最为突出。如《品三国》、《于丹〈论语〉心得》等书稿,出版社在获得这些图书出版权时都必须要接受作者提出的高版税率、高保底发行量的招标条件。

(4) 作为购买者的出版企业不是供应方的主要客户。供应商向这些出版企业所提供的产品或服务在其总业务量中所占比重较小,不论其发生何种变化,对供应商的总体业务都不会产生太大的影响,则供应商将很容易发挥其竞争能力,对出版企业在产品价格、服务质量等方面施加压力。但是,如果某些出版企业是供应商的重要客户,供应商的命运与这些客户的命运息息相关。在这种情况下,供应商为了自己的发展,则将会采用公道的价格、精心组织研究开发、热情周到的服务来满足购买者的需要。比如,一些生产规模较大的出版企业,始终是材料供应商和出版物印制厂家们青睐与寻求合作的对象,这些出版企业可享受价格、质量、服务等方面的优惠待遇。

同经销商的情况一样,供应者的讨价还价能力也会不断发生变化。比如,由于造纸业的快速发展,过去紧缺的某种纸张材料突然出现生产过剩的趋势,曾经具有很强竞争力量的供应商的优势地位将会立刻消失。出版企业在经营过程中,应审时度势,通过制定正确的战略来改善自己的处境,不断提高自身在供应商心目中的地位,掌握竞争的主动权。

第二节 出版企业竞争战略的选择

出版企业为了更好地应对市场竞争,就必须正确地进行企业的战略定位。所谓出版企业的战略定位,是指出版企业在赖以生存的出版物市场上,为与竞争对手抗衡而对竞争战略的选择。那么,在当前出版物市场竞争中,出版企业要取得竞争优势,应该选择怎样的竞争战略呢?根据我国出版业目前改革与发展的大环境以及出版物市场竞争的特点,出版企业在根据自身的条件参与市场竞争中,大体有以下5种竞争战略可供选择。

一、成本领先战略

成本领先战略是指出版企业主要依靠追求规模经济、专有技术、优惠的原材料,以及在编辑、出版、营销等生产经营过程每个环节及日常管理中严格控制成本,以低于竞争对手的成本提供出版物产品,来获得较大的市场份额和较高的利润。在这种战略指导下,出版企业的目标是要成为出版行业中的低成本生产企业,也就是在同类品种的出版物市场上,出版企业在提供的出版物产品性能、质量差别不大的情况下,通过努力降低成本来取得竞争优势。如果出版企业能够创造和维持全面的成本领先地位,则在与出版同类可替代出版物的竞争对手进行竞争时必将处于非常有利的地位,当出版物产品价格与竞争对手相当或相对较低时,相对宽裕的利润空间或市场占有率的提升将会使企业的低成本优势转化为高水平的收益。因此,出版企业只要将出版物价格(发行折扣)控制在市场上的平均水平或接近平均水平,就能获取优于平均水平的经营业绩。成本领先战略的逻辑要求出版企业真正是成本领先者,而不应定位为竞争这一地位的几个企业之一。所以,成本领先是一种格外强调先发制人策略的一种战略。当然,出版企业要赢得成本领先的地位,通常要求其必须具有较强的经济实力,出版物产品具有较高的市场份额或其他优势。出版企业成本领先战略可通过较大规模生产、现代化经营理念的建立、针对市场需求的选题策划和先进的市场营销手段的采用、人员素质和企业管理技术水平的不断提高、严格的成本控制来实现。这就要求出版企业必须善于发现、深度挖掘和全力开发所有的成本优势资源。比如,根据某一时期的出版计划,将耗用同种材料的出版物所需材料进行集中批量采购,以享受供应商的优惠政策,实现原材料的低价位供应;在保证质量的前提下,通过对出版物耗用材料的选择、版式的精心设计等优化产品制作工艺的手段而降低直接生产成本;以保证提供出版物生产项目或出版物大批量集中印制为条件,寻求工价优惠的出版物生产厂家;有时为了获取市场份额,在不违反市场规则的情况下,经过充分的市场调研与论证,以低于竞争对手的价格(发行折扣)发行某种出版物。由此可能会造成企业的初始亏损,但这种亏损只是暂时的,它为出版企业的未来所带来的高市场份额可引起材料采购和出版物产品多印数的经济性,从而使成本进一步降低和销售利润率不断提高。

但是,出版企业在选择成本领先战略时,还必须注意可能发生的以下风险,以便及早采取防范措施:

(1) 竞争对手可能选择更低成本的出版物生产、营销等办法,形成新的低成本优势,使得出版企业原来的成本优势变为劣势。

(2) 当出版企业的出版物产品或服务具有成本竞争优势时,竞争对手往往会采取模仿的方法,形成与出版企业相似的出版物产品和低成本,与出版企业进行新的抗衡。

(3) 如果出版企业过分追求低成本,容易导致出版物产品和服务质量的降低,对客户的需求产生负面影响。结果会适得其反,出版企业非但不能获得竞争优势,反而会处于劣势。

二、差异领先战略

差异领先战略是指出版企业在行业范围内,根据市场需求变化趋势,在出版物选题结构、内容策划、品牌打造、生产技术、客户服务、销售渠道等一个或几个方面创造独特性,在行业内独树一帜,即通过标新立异吸引客户,形成企业相对竞争优势。比如,在成本差距难以进一步扩大的情况下,推出比竞争对手质量更优秀、特色更突出、功能更全面、服务效果更好、为读者带来更大价值的出版物产品,以显示出版企业的经营差异。当然,这种差异应该是市场稀缺的,也是大多数经销商及读者所期望或乐于接受的。比如,南京大学出版社 1999 年出版的《大学语文》系列教材,经过几年时间的发展,成为国内 1 403 种同类教材中使用量最大的教材之一,先后获得多种国家级奖项,并申报成为普通高等教育"十五"、"十一五"国家级规划教材,相应还开发出教材配套网站"大学语文·中国网"和配套光盘,使这个系列成为包含主题教材、教参、教辅、网络课件等产品的立体化教材。这不仅健全了教材产品的功能,而且突出了产品的差异性,增强了产品的竞争优势。如果出版企业能够获得差异领先的地位,就可以赢得客户对品牌的忠诚,使之对出版物价格的敏感性下降,从而保证了出版企业的出版物产品在市场上能够保持相对稳定甚至较高的发行折扣和份额,给出版企业带来超常收益。即使在出版物价格大战来临之时或者在周期性、季节性出版物的市场萎缩期间也能获得诸如客户忠诚等相应的利益。出版企业差异领先地位的确立构成了竞争对手的进入壁垒,使得他们想要效仿和进入都必须付出一定的努力和代价。当竞争者进入,使出版企业的出版物产品面临被替代的威胁时,出版企业所处的地位也会比其他竞争对手更为有利。差异领先战略的逻辑要求出版企业选择那些有利于竞争并能使自己的经营独具特色的各种出版资源,重在创新。因此,出版企业实施差异领先战略,需要具有很强的选题策划能力和市场营销能力的相关人员,出版企业需要具有从总体上提高某一个或几个方面的经营业务质量、创立出版物品牌、保持先进技术和建立完善分销渠道的能力。以差异取得竞争优势的代价一般较高,它不能直接降低成本,但可以通过出版物较高水平的发行折扣或增加出版物的销售量而相对降低总成本。只要出版企业获得的收益超过为追求经营差异而增加的成本,经营差异就会使出版企业获得较强的竞争优势。

但是,出版企业在实施差异领先战略时,也面临着两种主要的风险:一是出版企业采取措施并付出较大代价,但未能在市场上形成出版物产品或经营上的差异化；二是在竞争对手效仿和进攻的同时，出版物的市场需求情况又发生变化，导致出版企业已经形成的差异优势不能保持长久。尤其是第二种风险，在瞬息万变的出版物竞争市场上会经常发生，必须要引起准备或已经实施差异领先战略的出版企业的高度重视。

三、目标集聚战略

目标集聚战略是指出版企业主攻某个特定的客户群或某出版物产品系列的一个（一组）细分市场，以取得在某个目标市场上的竞争优势。在市场竞争中，如果出版企业能同时取得成本领先和差异领先的竞争优势，则差异领先会带来高水平的出版物发行折扣，而成本领先意味着成本的降低，收益的增长。二者收益累加，将使出版企业获得巨额回报。但由于受资源、经营能力、专业特色、外部环境等各种条件的限制，一个出版企业要想在市场竞争中全面、长期地同时取得成本领先和差异领先的地位是不现实的。尤其是一些中小型出版企业，面对强大的竞争对手，如果仅有了战略，但不能体现集中使用有限资源的战术原则，而是分散配置企业的资源，企业则难以在决定性方向、关键性领域里造成比竞争对手更为强大的优势，就会更加不堪一击，丧失目标市场，动摇甚至瓦解企业生存的根基。而目标积聚战略的前提是出版企业能够在特定的出版领域和特定的细分市场上集中有限资源，以更高的效率、更好的效果为某一狭窄的战略对象服务，从而超过在出版物市场上更广阔范围的竞争对手，形成具有优势的攻击力量。出版企业目标集聚战略可借助于其在目标市场上所形成的成本领先优势或差异领先优势来实施。前者是寻求在目标市场上的成本优势，后者则是追求目标市场上的差异优势。出版企业的目标集聚战略通常选择对可替代出版物产品最具抵抗力或竞争对手最薄弱之处作为其战略目标。采用目标集聚战略的出版企业同样具有取得超过行业平均收益水平的能力，如果企业能够在某个目标市场上获得成本领先或差异领先的地位，并且这一目标市场的出版物产品结构很具有吸引力，那么实施该战略的出版企业将会获得超过其行业平均水平的收益，而且市场份额也将随之不断得以扩大。在此方面，国内许多专业出版社进行了积极探索。如高等教育出版社和一些大学出版社等，他们根据本单位出版资源的优势及出版物品种的特色,确定好目标市场,集中力量,立足于某一专业出版领域,精耕细作,打造品牌,既增强原有名牌出版物产品的生命力,又注重新选题的开发,同时采用现代化管理手段,提高售后服务质量,逐步形成了出版企业的竞争优势,使得出版企业的影响力日益提高,出版物的品牌效应逐步增强,市场占有率不断增长。目标积聚战略的实施,为这些出版企业带来社会效益和经济效益的双丰收。

但是,应当指出,出版企业实施目标集聚战略时,尽管能够在其目标细分市场上保持一定的竞争优势,获得较高的市场份额,但由于目标市场相对狭小,出版企业的市场份额总体水平是较低的,造成目标集聚战略在获得市场份额方面存在局限性。因此,出版企业选择目标集聚战略时,应在出版物获利能力和出版物销售量之间进行权衡和取舍。

同时,出版企业实施目标集聚战略时,将会面临以下风险:

(1) 以较宽的市场为目标的竞争对手可能会采取同样的目标集聚战略,或者竞争对手从出版企业确定的目标市场中找到可以再细分的市场,并以此为目标同样实施目标集聚战略,从而使已实施目标集聚战略的出版企业失去了竞争优势。

(2) 由于技术进步、替代出版物产品的出现、价值观念的更新、读者消费偏好变化等多方面原因,导致目标市场与总体市场之间在产品或服务的需求上差别变小,出版企业原来赖以形成目标集聚战略的基础也就逐渐消失,失去了原有的效用。

四、生命周期战略

生命周期战略是指出版企业针对出版物生命周期不同阶段所采取的策略。在出版物生命周期的不同阶段,出版企业会面临不同的机会和挑战,因而需采取不同的阶段策略。出版物生命周期战略可以很好地指导出版企业的战略成本管理。在出版物生命周期的导入期和成长期,出版企业可采取发展战略,以提高市场份额为战略目标,加大投入,重视创造差异领先的竞争优势,甚至不惜牺牲短期收益和现金流量。比如降低出版物发行折扣,延长应收账款的回款期等。在出版物生命周期的成熟期,出版物需求步入高峰阶段,由于向市场提供的出版物产品基本上是重印供货,所以也是出版物低成本高回报的收获时期。在此阶段,出版企业可采取固守战略,以巩固现有市场份额和维持现有竞争地位为目标,重视和保持成本领先的竞争优势,并积极创造条件,尽可能延长出版物在该周期的时间。在出版物生命周期的衰退期,出版企业可采取收获与撤退战略,以预期收益和现金流量最大化为战略目标,甚至不惜牺牲(有时是主动退出)市场份额。如采取紧缩政策,限制应收货款发生额,催收出版物历史应收货款;适当降低出版物发行折扣,倾销库存出版物等手段。与此同时,出版企业还应未雨绸缪,及时推出更具特色、更能满足读者需求欲望的同类出版物新品种,以此逐步取代已进入衰退期的出版物产品,避免原有出版物市场及客户资源全部流失的现象发生。

五、整合战略

整合战略是指出版企业通过资源整合来扩张其价值链活动,进而重构出版企业价值链,提高企业的整体盈利水平。整合战略又分为横向整合战略与纵向整合战略两种。横向整合战略可以扩大出版企业规模,纵向整合战略则往往会超出出版企业的经营业务范围,将出版企业的经营活动范围后向扩展到材料供应及出版物印制环节,或者是前向扩展到出版物经销零售环节,实现价值链向前方或向后方延伸整合。出版企业的一项价值活动的成本常受制于规模经济或规模不经济。出版企业的规模经济产生于以不同的方式和更高的效率来进行更大范围的生产经营活动的能力,意味着出版企业的生产经营活动在较大的规模上效率会更高,使得出版物单位产品的成本更低。

横向整合可以扩大出版企业的规模,但规模与经济并不总是成正比例相关。随着企业规模的无限扩大,由于部门设置的增多,功能分解过细,造成部门之间信息沟通的不顺畅以及内部交易成本的加大,必然会造成出版企业协调的复杂性和非直接成本的跳跃式增加,甚至有可能导致某项价值活动中的规模不经济。正确运用横向整合战略,科学地控制规模适度,可以取得成本优势及最佳成本效益比。

纵向整合战略又称为垂直一体化战略。出版企业纵向整合的程度也会影响其某项价值活动中的成本,如有关出版企业的功能发展定位问题,是追求“大而全”,还是坚持“有所为,有所不为,突出重点,发展优势”的战略决策就涉及到前后整合的选择问题。纵向整合战略可以避免为应对强有力的竞争供应方或买方而加大市场成本所付出的代价,也可以带来联合作业的经济效应,从多方面降低成本,实现企业的范围经济。如收购印刷厂、光盘生产车间、出版物装帧设计工作室等。纵向整合不可避免地要有成本支出,也有利益期望,在任何经营战略决策中,成本和利益都是必须要同时考虑的。但是,当纵向整合导致某项价值活动的成本大于收益时,说明此整合的结果是范围不经济的,出版企业应及时进行战略调整。

当由于资源条件的限制,或更加有利可图、更加容易实现时,出版企业也可采用有限整合或准整合战略。所谓有限整合战略是指在纵向相关的业务间建立一种关系,可以在不发生全面成本的情况下取得纵向整合的部分利益。如出版企业为保证新开发的出版物新产品的生产,在生产厂家资金比较困难的情况下,可考虑与生产厂家联合投资建立新产品生产线,出版企业从中可以享受出版物产品优先印制和低标准印制价格的优惠待遇,同时年底还可以享受利润分成,双方实现共赢。为建立与客户双方的共同利益关系,在充分调研论证的前提下,对省级新华发行集团股份公司投资入股,直接参与出版物发行中盘的经营。有限整合战略对供应商与客户设立了严格的限制,择优选择,由此可以避免为抵消其议价实力而进行完全整合的投入风险。当内外部环境发生变化时,出版企业须根据企业现有内部职能及时进行战略目标调整。若解除(或部分解除)整合时能够降低价值链活动成本而又很少影响企业收益时,则解除整合或部分解除整合也是一种可选择的方案。整合战略充分体现了战略成本管理的全局性思想。

第三节

出版企业利基战略的选择与实施

我国加入 WTO,推动了出版业体制改革的快速发展,全国大部分出版单位由过去的事业型单位逐步转制为企业,在保持意识形态属性不变的前提下,将成为真正的市场主体,其生存与发展也将面临着更为激烈的竞争和挑战。这种竞争和挑战,一方面是来自国内出版企业之间的竞争或者与进入我国出版市场的外国出版商之间的竞争;另一方面则是国内出版企业走向世界,直接与国外出版商相抗衡,抢占国外市场份额的竞争。面对竞争和挑战,应该选择怎样的竞争战略,才能充分发挥自身的优势,这是国内每一个出版企业必须要思考和解决的重要问题。然而,现实的问题是,我国出版企业目前发展得还很不均衡,全国 500 多家出版单位,真正形成规模且具有强势竞争力的大型出版企业还屈指可数,而且这些出版企业与国外大型出版商相比,也还存在着很大的差距。因此,在国内,如果中小型出版企业与少数大的强势出版企业进行面对面的交锋,则存在着规模与实力的先天不足;在国外,国内出版企业短期内更是无法直接与国外大型出版商进行抗衡。在如此严峻的形势下,我国一些出版企业,尤其是一些中小型出版企业要求得生存和发展,就必须选择适合自己的战略,最大限度地降低竞争成本,尽力避开与强势竞争对手进行正面交锋的风险,充分发挥自身的资源优势,让资源优势变成出版物产品的优势,通过市场的不断扩张,逐步形成整个市场竞争的优势,取得市场的领先地位。而现代经济学中的利基战略则是出版企业应对这种竞争,创建市场竞争优势的重要选择。

一、出版利基市场

随着时代的进步，社会的发展，人们的文化生活水平不断提高，对出版物的需求变化开始加快，导致出版物市场的无限细分。当一些大型强势出版企业在出版物主战场上进行激烈拼杀与较量时，必然会出现一些被他们忽视或无暇顾及或不屑一顾的小众读者群体的市场，包括对出版物新产品的需求和服务的需求，从而形成了大型出版企业难以覆盖的市场缝隙，正是这些市场缝隙中存在着读者与日俱增的个性化需求，从而也就孕育了在大市场中通常被忽略的细分市场，经济学中称此细分市场为缝隙市场。对于那些具有资源优势，又具备为读者的个性化需求提供优质产品和增值服务能力的出版企业来说，缝隙市场恰恰是能够充分发挥企业竞争优势，大显身手，获取最大收益的利好市场。根据现代经济学理论，可称这类市场为相关出版企业的利基市场(niche marketing)，或简称为出版利基市场。出版利基市场中的出版物产品称为利基产品，进入开发利基市场的出版企业称为利基出版企业。

"niche"一词来源于英文，原义为"壁龛"，比喻为"一个狭小、合适的空间或位置"。20世纪80年代，由美国经济理论研究的学者们将其引入市场营销领域。一般来说，理想的出版利基市场应具有以下特征：(1)该市场范围狭窄，差异性较大，初始利润空间不大，以至于强大的竞争者对该市场不屑一顾；(2)该市场具有足够的规模和购买力，能够盈利；(3)该市场具备持续发展的潜力；(4)出版企业具备所必需的能力和资源，以对这个市场提供优质的产品和服务；(5)出版企业已在客户及消费者中建立了良好的品牌声誉，能够以此形成坚固的市场进入壁垒，抵挡强大竞争者的入侵。

在当今社会经济迅猛发展，人们的文化生活丰富多彩，消费者个性化需求不断更新的时代，不仅出版利基市场大量存在，而且新的出版利基市场仍在不断地涌现，这就为出版企业的发展带来了诸多良好契机。

二、出版企业实施出版利基战略的现实意义

出版企业在激烈的市场竞争中，如果能够及时地抓住市场机遇，善于

寻找、发现并开发这些层出不穷而尚未引起强势竞争对手注意的出版利基市场,实施出版利基战略,就必然能够迅速地找准市场的突破口,找到适合自己生存与发展的盈利空间。所谓出版利基战略,是指出版企业以某个狭窄的业务范围为战略起点,集中资源和力量进入,成为一个地域市场的领先者,通过不断扩展地域市场范围,采取多种途径建造竞争壁垒,分阶段、分层次地获取并巩固出版企业在整个市场中的持久强势地位。不难看出,出版利基战略的主要内容包括:(1) 战略起点,即选择某个业务范围狭窄的利基市场;(2) 目标,即以成为某个细分市场的领先者为战略目标,以成为整个市场的强势者为最高目标;(3) 主要战略行动,即步步为营地进行地域市场扩张和多种途经地建造竞争壁垒。因此,出版利基战略是出版企业成长的整体性战略,是以专业化为基础的复合战略,是出版企业实施目标聚集战略的重要组成部分。在我国出版企业进行改制、转型的关键时期,出版企业决策层能够审时度势,更新观念,把握机遇,实施出版利基战略,具有非常重要的现实意义。

从国际市场角度来审视,我国现有出版企业不论是大型出版企业,还是中小型出版企业,在人力、物力、财力、技术能力、营销力、打造品牌能力、管理能力等方面的资源与跨国出版企业相比都要稀缺得多。而从国内市场角度来审视,各出版企业所具有的出版资源情况也存在很大差异,大型出版企业可使用的资源明显优于中小型出版企业,而且这种差异正在随着市场竞争的加剧而不断扩大。如果出版企业在本身资源有限,且在大规模的市场竞争中不占有明显优势的情况下,再分散使用这些稀缺的资源,与国内外的强势竞争对手直接抗衡,则会更加不堪一击。因此,如何充分利用既有的资源,进行合理的资源整合,以达到资源增值的效果,便成为一些出版企业重大的战略问题。在强大竞争对手威胁存在的前提下,对于资源有限、整体竞争优势不强的出版企业来说,若选择利基战略,在被竞争对手忽视或不屑一顾,而消费者的需求却没有得到很好满足的一些特定领域和特定的狭窄市场上,集中配置和使用已有的优势资源,则能凸显企业自身的专业化和核心专长,形成与竞争对手抗衡的力量,并可迅速占领该市场的至高点;也能够得到窄众目标市场更深刻的认同和接受,从而有力地防御、阻击竞争对手的进攻,有效地巩固企业在市场中的强势领先地位,通过不断扩张市场的地域范围,扩大市场份额,获取整个市场的最大占有率。

三、出版企业实施出版利基战略的策略行为

（一）寻找出版利基市场

出版企业应根据出版利基市场的基本特征和自身的资源优势来寻找和选择一个细分的消费群体，通过专业化经营来占领这个市场，即利基市场，从而获得最大的边际收益。出版企业寻找和选择出版利基市场主要应从以下两个方面来进行：

1. 捕捉市场的盲点，精心谋划，创造全新细分市场

所谓市场盲点，是指竞争者尚未开发的潜在出版物需求市场。在当今快速发展的知识经济社会，人们对出版物产品或服务的需求也在不断地发生变化，而且这种变化是无限的，是与时俱进的。但是，由于读者日益增长的消费需求与相关出版物产品的开发滞后，导致出版物市场始终存在着盲点。而这些市场的盲点正是出版企业进入市场、占领市场的商机。出版企业在强势竞争对手的高压态势下，只要保持冷静的心态，进行缜密的市场调研，有组织地搜集市场信息，通过科学的分析，就能够发现目标读者未能得到满意服务的需求和欲望，进而捕捉到市场的盲点；然后再综合考虑周边环境、社会时局、市场动态以及出版企业自身的资源条件等竞争因素，正确判断本企业的经营能力、资源优势状况，了解竞争对手采取的市场竞争战略及其发展趋势，及时调整自身的经营战略，选择与确定目标市场，也就是利基市场，迅速进入，凭借企业具有的资源优势与经营实力，去开辟与创造一个全新的出版细分市场，逐步取得市场竞争的优势。这一全新细分市场的特点是：目标市场以前未曾开发过，且足够大，具有盈利空间；具有很好的持续成长的潜能；出版企业在该市场中具有开拓及驾驭的资源和能力。比如，随着数字时代的到来，我国出版产业也迎来了新的发展机遇。《大连日报》社抓住机遇，于 2006 年 11 月 1 日率先在全国推出“动码”战略，即通过“报联动码”与手机的联动，把互联网、电视、广播几种媒体串连成一体，让报纸变成了一个全新的综合媒体。读者

通过用手机拍摄动码,可看到比报纸报道更加精彩的、文字不能展现的内容,从中获得更多的增值服务。通过“报联动码”服务技术,《大连日报》社迈出了报业数字化的第一步,开辟了全新的报业数字化细分市场,扩大了自身的发展空间,为主动应对市场竞争增添了新的活力。[1]

2. 瞄准竞争者的弱点,乘虚而入,最后取而代之

所谓竞争者弱点,是指竞争者在满足该领域的读者需求时所采取的手段和方法与读者最高满意度之间存在的差异。也就是说,竞争者的服务没有很好地满足读者的需求。而该领域正是出版企业向竞争者发动进攻,实现取而代之效果的最好市场机会。美国著名战略管理学家迈克尔·波特认为:“最好的战场是那些竞争对手尚未准备充分、尚未适应、竞争力较弱的细分市场。”出版企业竞争对手的弱点就是企业理想的市场切入点和攻击点,也最可能成为该企业未来利润的增长点。如果出版企业在该细分市场有能力向读者提供比竞争对手更好、令读者更满意的出版物产品或服务,即能够有力地打击竞争对手的弱点,那么,该市场就可以作为出版企业的目标市场,即出版利基市场,这正是“避实击虚”的军事思想在出版市场竞争战略上的应用。因此,对竞争对手弱点的利用,寻找被强势者忽视的读者群,以自己的优势攻击对手的劣势并取而代之,无疑是出版企业寻找和占领出版利基市场的良好策略。比如,“入世”以后,我国出版业开始向国际化发展。面对世界上的强大竞争对手,外语教学与研究出版社瞄准了世界华文教育领域,针对世界各国学习汉语热潮兴起,但对外汉语教材建设相对滞后的现状,将目标市场确定为对外汉语教材出版,这是国外出版商的先天弱点。该社发挥自身对外汉语教材出版资源优势,制定了“对外汉语出版工程”规划,成立了汉语出版事业部,建立了作者队伍,并联合世界上一些大型的学习与教育出版集团,积极组织策划出版对外汉语教材。截至2006年,该社先后出版了一批如《汉语900句》、《汉语世界》、《我和中国》、《经理人汉语》、《走遍中国》等优秀汉语教材,深受海外读者的喜爱。其中,该社与汤姆森学习出版公司于2006年合作出版的《汉语900句》刚一问世,就得到了世界各地出版商的青睐,当年就同多个国家的出版社达成了版权输出意向。该书将以14个

[1] 王坤宁. 大连日报首推“动码”战略. 中国新闻出版报,2006年11月6日

语种出版,在世界50个国家推广发行。在实施"走出去"战略,开辟和占领世界汉语教材出版市场方面该社取得了领先地位,成为最先受益者。而更重要的是,该社通过对外汉语教材的出版,为继承和弘扬中国传统文化,加强文化宣传,努力向世界传播中国传统文化作出了积极的贡献。

(二)扩大出版利基市场份额

出版企业一旦成功地切入某个利基市场,也就相当于找到了企业在市场的立足点。但是,出版利基市场在开始阶段最明显的特点是细微弱小,经营起来本小利微。所以,利基出版企业进入利基市场后的首要任务就是通过对市场的不断开拓与精耕细作,以实现使企业的市场份额由小到大,使企业的市场竞争优势由弱变强,使出版市场的盲点变成出版企业的经济增长点的战略目标。

1. 准确定位,精耕细作,深度扩张

利基出版企业进行准确的市场定位,寻找和确定了可以满足市场需求的某个出版物产品以后,就要持之以恒地进行运作和经营,苦练内功创品牌,切忌浮躁和急功近利思想的滋生或"打一枪换一个地方"的战法。当所提供的出版物产品被某一特定读者群体所认可时,证明它能够满足目标市场的需求,出版企业就要对该产品的价值做进一步的提升,对客户的服务质量做进一步的改进,并采取相应措施加大宣传力度,让更多的读者了解这个出版物产品的存在和它所能带来的价值,使产品的销售区域不断扩大。比如,在教学辅导读物市场产品同质化日趋严重,教师和学生的需求难以得到满足的情况下,北京师范大学出版社精心策划与打造品牌教辅,于2005年组织专家编写出版了一套高中新课程标准教材辅导读物《专家伴读》。该教辅在内容设置上跳出旧有模式,既注重新教材的模块特点,更注重学生的学习习惯,帮助解决学习中容易发生的问题。出版社首先在山东选择一个市进行推广使用,通过组织教师培训、专家讲座及打造新课标教辅精品研讨会等多种活动对该套教辅进行宣传和对使用者进行个性化服务,深受广大师生的欢迎,也很快得到了认可,占领了该市的高中教辅市场。一年以后,出版社在认真总结经验的基础上,将此套教辅进一步向山东省内其他地区和全国10个进行高中新课标教材实验的

省份推广，通过相关媒体和借助现代化工具，对该教辅进行大张旗鼓的宣传，组织更多的专家学者和已经使用该教辅的第一线教师开展教师培训、研讨等服务活动，在扩张教辅使用区域、扩大市场份额方面取得了非常明显的效果。出版企业在占领某个细分利基市场后，同时还应注重对市场的深度开发，以促进和发展自身在细分市场的主业为目标，通过精耕细作，研发出更多的出版物品牌产品，提供更多的服务项目，让现有读者的需求偏好能够得到最大的满足，以此吸引更多潜在的读者加入到现实的读者群体中来，从而优先占领市场的制高点，成为该市场领域的排头兵。比如，《读者》杂志在已确立中国期刊界第一品牌地位时，提出进一步实现品牌扩张的发展战略：守成莫如开拓，《读者》必须要在"原创"上显示真功！他们借2003年8月甘肃文博会之机，举行了与全国著名作家的签约仪式；2004年开始，杂志上开辟了栏目刊登原创文章；2004年第4季度，《读者·原创版》推出，首期即发行50多万份，创下中国新办期刊的发行纪录。2005年，《读者·原创版》由双月刊变为月刊后，月发行量仍保持在50万份左右，成为又一个经济增长点，同时也推动了主刊《读者》的需求，其发行量连年增长。[1]

2. 坚持个性化优质服务，赢得客户的忠诚

目前，市场上流行着一种说法："三流企业卖产品，二流企业卖服务，一流企业卖品牌，而超一流企业卖的是客户的满意度。"利基出版企业必须在已经确定的利基市场上，选择一个读者群体，建立起自己的出版物品牌或产品的根据地，坚持提供个性化优质服务，最大限度地满足读者的需求。由于提供个性化服务的对象是特定的窄众，在这一领域，利基出版企业的产品或服务优势具有很强的不可替代性，对客户来讲，无疑形成了很高的转移成本，从而也就增强了客户对企业及其出版物产品的忠诚度。忠诚的客户趋向于购买更多的出版物产品，他们对产品的价格表现得不太敏感，而且还会主动为企业传递好的口碑，为企业带来更多的新客户，从而提高了利基出版企业出版物产品重复印制和重复销售的数量，扩大了市场份额。因此，客户的忠诚是出版企业取得竞争优势的源泉，是出版企业非常宝贵的无形资产，是利基出版企业扩大市场份额的重要条件。

[1] 王立强，彭长城. 一生只干一件事. 中国新闻出版报，2006年11月6日

比如,面对教辅市场折扣大战硝烟弥漫,利润空间降至底线甚至低于底线的残酷竞争局面,北京师范大学出版社并不随波逐流,而是根据省级以下地市区域使用新课程标准教材版本相对集中的特点,重新调整战略,将教辅出版重心下移,以地市区域为教辅读物的目标市场,根据当地教师和学生的具体需求,为其"量身定制",策划出版具有地方特色的教辅读物。出版社这种提供个性化服务的做法深受地方教育部门、广大中小学师生的欢迎,出版社出版的教辅读物特色突出,针对性强,极大地满足了当地教师教学与学生学习的需要,从而提高了他们对该教辅读物的忠诚度,出版社由此也赢得了信任,取得了这一利基市场的优势地位,为出版社进一步实施教辅市场扩张战略打下了坚实的基础。

(三)捍卫出版利基市场

在出版利基市场中,开始时的竞争对手相对较少,这也是利基出版企业能够取得成功,获得高额收益的原因之一。但是,按照经济学的规律,任何一个市场领域一旦具有足够的利润空间,就必然会吸引不同市场主体的进入。当利基市场开始做大,丰厚的利润空间逐渐生成时,一定会引起强大竞争对手的关注和青睐,他们会快速调遣"兵力"来争抢利基市场的胜利果实,其中最惯用的方法就是相应划小业务范围,组织专业经营单位,试图挤进和服务于这些利基市场。所以,捍卫利基市场,构建有效的市场壁垒,是利基出版企业必须要解决的重要课题。根据出版行业的特点,利基出版企业可采取以下策略行为构建有效市场壁垒:

1. 树立差异化优势

出版企业在市场竞争中,只有提供与竞争对手有差异并且能够给读者带来更大价值的出版物产品或服务,才能站稳脚跟。利基战略实质是差异化战略,而最具竞争性的差异化是那些竞争对手模仿起来难度较大或者代价高昂的产品或服务。传统竞争取胜的主要利器是规模经济,而现代竞争的主要利器则为"差别优势"。所谓差别优势,是指出版企业在出版物产品质量、价格或者服务、营销等方面选择具有特色的竞争手段与方法,形成与竞争对手明显的差异,使之在短期内难以效仿和取代,成为本企业市场竞争的优势。这就要求利基出版企业在市场竞争中所选择的差异必须有竞争价值，且具有资源与能力可以实现。比如，华东师范大学出版社的教学辅导书一直以门类齐全和质量优秀深受教师、学生和家长的欢迎，其中的《一课一练》几乎主导着上海市的教辅市场。随着近几年教辅图书市场竞争的日益激烈，市场上同类教辅图书的发行折扣降到了正规出版社难以接受的程度，该社出版的教辅图书《一日一练》的发展同样遇到了“瓶颈”，其在市场的主导地位受到严峻挑战。在此关键时刻，该社独辟蹊径，于2004年开通了《华东师大版一课一练》网站，一举开创了学生在网上复习功课、做作业的先河，也使得教辅图书从纸质产品成功延伸到电子产品。2005年，该社又开通了《华东师大版一课一练》游戏网站，学生可以在做游戏的过程中复习功课，巩固知识，这种寓教于乐的形式不仅得到广大中小学生的欢迎，也得到各位教师和家长的充分肯定。这两个创举不仅拉动了该社教辅图书的需求，同时也进一步扩大了市场需求的范围，增强了出版社的产品与服务的差别优势，使该社在教辅市场上突出重围，巩固了市场主导地位。[1] 一般情况下，利基出版企业可在四个方面树立差异化优势：一是降低读者的使用成本；二是为读者提供新的价值；三是为读者带来持续的精神上的愉悦或满足；四是真正做到人无我有，人有我新，人新我优。这里主要是指出版物产品种类、产品内容、装帧设计技术、组织活动、企业文化等方面的差异性优势。

2. 用创新捍卫出版利基市场

创新是保证出版企业生存与发展的重要途径，也是利基出版企业捍卫自身在利基市场上已经取得的垄断地位的重要壁垒。创新包括思想理念的创新和技术的创新，利基出版企业要以市场潜在的需求为导向，针对出版物市场中目标读者偏好热点的变化，使出版物产品的创新与服务质量的创新紧贴市场需求，在读者最重视、需求欲望最需要得到满足的地方寻找新的突破口。这就要求利基出版企业必须时刻关注市场的变化态势，建立专门的信息管理机构，及时收集整理来自于经销商、读者、竞争对手、合作伙伴等各方面的信息，以便于决策者准确地把握市场的脉搏，进而对未来出版物市场的发展趋势作出正确的判断，从中发现市场潜在的需求，包括对出版物产品性能和服务质量的需求。然后，利基出版企业一

---

〔1〕 金鑫. 功到自然成. 中国新闻出版报，2006年10月31日

方面要对现有的利基产品性能和服务质量进行不断的改进,造成竞争对手进入市场的困难,以维护和巩固其在利基市场的领先地位;另一方面,还应积极实施复合利基战略,即多种利基同时并举,或者说是发展利基多元化,以积极的进攻替代消极的防守,这是利基出版企业捍卫利基市场,保持其持续成长的最佳方案。在商品社会中,利基市场总是客观存在的,在其中,既有一些是因市场需求发生变化而产生的未开垦市场,也有一些是竞争对手或者是出版企业自身曾经涉足过,但或因开发的时机不成熟、或是培育市场的方法失误、或是采取的技术手段落后等原因而导致其无功而返。比如,某些反映世界科技尖端知识的出版物选题,由于国内当时尚未全面引入该类知识而遭搁浅,但在现实中又有新需求。因此,利基出版企业不应满足于已经实施并获得成功的单一利基战略,将盈利空间局限在单一的利基市场上,集中全部力量为其提供单一的出版物产品或服务,还应主动地去寻找适合于充分发挥自身资源优势的新的利基机会,开辟出多个新的利基市场,开发出多种利基产品,使其成为出版企业新的经济增长点,以此来增强企业抵御竞争对手攻击的能力,分解企业经营中的风险。比如,对于进入高职高专教材出版市场并已取得领先地位的出版企业来说,在继续巩固和培育现有纸质教材市场的基础上,还应积极涉足音像、电子、网络出版领域,对高职高专教材的资源进行全方位、多层次的开发,以满足社会信息化高速发展所引发的新教材细分市场的需求,从而在对该类教材的资源深度开发与利用上取得先入为主的优势,成为后来竞争者进入这一细分市场的壁垒。再比如,出版企业某种出版物在细分市场上取得领先地位后,将自己过去曾经出版的可以与现在出版物在内容上相互补充的相关绝版图书进行修订,重新出版,推向市场,则可以增加该类出版物的特色,更好地满足读者的需求,扩大市场份额。这不仅使自己过去的出版资源得到了再次利用,而且还可以进一步巩固出版企业在该细分市场的优势地位,增加新竞争者进入市场的困难。

总之,出版企业无论规模大小,利基战略已经成为一种生存的重要选择。持之以恒的利基观念,再加上不断创新的利基策略行为,才是出版企业持续成长并基业长青的根本法则。

第四节

出版企业经营中的博弈与战略决策行为

面对来自国内外市场的剧烈竞争，我国出版企业经营中存在着许多博弈现象。如何利用博弈论中的决策模型选择最佳出版战略决策，实现企业的经营战略目标，在市场竞争中立于不败之地，是直接关系到出版企业生存与可持续发展的重大问题。因此，在市场经济体制日益完善，出版物市场结构变化速度加快，市场竞争日趋剧烈的形势下，运用博弈论来研究出版企业经营中的战略决策行为问题具有十分重要的现实意义。

一、博弈论在出版企业竞争中的内涵

博弈论，又称对策论。其准确的定义是指在一定的条件约束下，一些个人、团体或其他组织依靠所掌握的信息，从各自有利的角度选择自己的行为或策略，并加以实施，从中取得相应结果或收益的过程。在由少数几个具有绝对优势产品的企业所控制的寡头垄断市场中，企业之间既相互竞争，又高度依存，每个企业在决定采取某一策略之前，必须对同行业其他企业可能的反应有充分的估计，并相应地制定下一步的行动。这就是目前经济学理论研究中最吸引人的博弈论。在寡头垄断市场，博弈是一种竞争态势，在该态势中，两个或更多的企业都在追求他们各自的利益，但没有人能够支配最后的结果。在充满激烈竞争的出版物市场也是如此。比如，在全国图书订货会上，许多家出版企业都在组织召开同一种类图书的新书发布会活动，每家出版企业都力图通过大张旗鼓的宣传，将自己的新书推向市场，从而得到更多读者的喜欢和购买，或者说，希望自己的图书占有更大的市场份额。但最终的效果要取决于该新书是否能够满足读者的偏好和市场的需求，新书的内容质量、装帧设计与印制质量、价

格及销售服务质量等是否比其他竞争对手有更大的优势,而不是每个召开新书发布会的出版企业原来所设定的预期愿望,这就是一种博弈。每个企业在竞争中都可以选择自己认为是最好的策略,但最后所得到的利益却是由所有参与竞争者所采取的策略组合共同作用的结果。对这些企业而言,有时可能会实现共赢,但赢多赢少不等;有时可能会有赢家,也会有输家;有时还可能会出现全盘皆输的现象。各企业在相互竞争中,假设一个企业确定好一个策略(行动)以后,在没有合谋协议的情况下,其他竞争对手都分别相应地采取某一策略,且该策略被其确认是有利于自己的最佳选择,则这一策略组合所导致的结果称之为博弈的均衡,又称为纳什均衡。这种均衡是一种理性的预期均衡,这种策略行为称为战略博弈。换言之,在战略博弈中,每个参与企业采取的最佳策略行为取决于其他参与者的预期行为。因此,为了实现自己预期目标,参与企业有时可能试图诱使竞争对手朝着有利于自己的方向选择策略行动。这种策略行动称之为战略行动。比如在出版物价格竞争中,某一出版企业为了维护自己的市场份额,凭借低成本的优势,设立进入壁垒,将发行折扣降至竞争对手的成本水平,使其进入市场无利可图,迫使其作出退出竞争的决策,从而达到该出版企业的预期目的。但是,也不能排除另外一种可能,即某些实力较强的竞争对手为了进入市场,达到占领市场的目的,不惜以销售实洋低于成本的代价进行博弈。在这种情况下,看谁能坚持到最后,这实际上是竞争企业之间相互实力的一种较量。

在任何一场博弈中,既存在着对竞争各方都有利的结果,也存在对各方均不利致使两败俱伤,或者对一方有利而对另一方不利的可能(如价格战、不守信用的欺骗行为)。在博弈中,如果一方得到的利益总是基于另一方的相应损失,则称这种博弈为零和博弈;如果参与竞争者从中都可获得较大的利益,则称这种博弈为非零和博弈。

二、出版物市场细分中的博弈与决策行为

在我国出版业,由于国家直接控制着建立出版企业的审批权,出版物的书号、版号资源还在由国家有关部门统一控制,因此,在出版物市场各专业领域,寡头垄断是一种常见的市场结构现象。尤其是在当今的出版

物市场细分中，面对不同的读者群体，专业化特色表现得越来越明显，如教育类出版物市场、少儿类出版物市场、财经类出版物市场、电子类出版物市场、化工类出版物市场等，每种市场都是由为数不多的出版企业的产品所构成的（一些出版物产品不多的出版企业可以忽略不计）。这些出版企业基本上控制着该类出版物市场，彼此之间均存在相互依存、相互竞争、相互影响的关系，只要某一家出版企业出版物的价格或发行量发生任何变化，都可能影响其竞争对手出版物的发行量和利润。因此，任何一个出版企业的最佳经营战略决策都取决于其他出版企业将要采取的决策行为，且冲突与合作的机会并存。比如，某出版企业要对某种出版物作出提高发行折扣决策，若该出版物在市场上独一无二，则该出版物处于垄断地位，它的需求量就是市场的需求量，提高发行折扣后必然会给出版企业带来更高的收益。因此，实施精品战略，打造出版物品牌，不断推出优质出版物新品种，是出版企业在出版物市场细分中应对竞争的重要选择。若该出版物在市场上同时存在着多种可替代产品（如教辅类出版物），则出版企业在作出提高发行折扣决策之前，必须要考虑到出版该类出版物的其他出版企业将要作出的反应。当发行折扣提高时，只有这些出版企业能够给以响应，相应地提高同种出版物的发行折扣，该出版企业才会实现预期的盈利效果；否则，出版物经销商的购买兴趣将会立即转向发行折扣低的可替代出版物产品，原有的出版物市场份额将会面临丢失的危险，风险较大。此问题正是出版经营中的一种博弈现象。它建立了这样一个考虑问题和制定战略决策的模型：在竞争激烈的出版物市场，出版企业在制定经营战略之前，必须充分考虑和估计共同参与竞争的其他出版企业可能会采取的策略行为，权衡利弊，最后再确定自己的最佳策略，才有可能达到预期效果。正所谓“知己知彼，百战不殆”。

三、进行集约化经营和规模化经营中的博弈与决策行为

“入世”以后，随着出版业改革的日益深化，我国出版企业面临着来自国内外的竞争与挑战。为了应对这些竞争与挑战，近些年来，国内多家大型出版集团相继组建，有实力的出版企业也坚持走内涵式发展道路，自我扩张，自我发展，积极创办大社、强社，或组建专业出版集团，从而实施

集约化经营和规模化经营的发展战略,使国内出版行业内的竞争呈白热化。优胜劣汰的残酷现实造成的马太效应日趋明显,市场竞争逐渐表现为几个大型出版集团之间,大社、名社、强社之间,出版集团与大社、强社之间的直接抗衡。这些出版集团或大社、强社在出版物市场中处于主导地位,出版物市场也将逐步形成以这些大的出版集团和大社、强社为主要参与企业的寡头垄断市场。在这种情况下,任何一个出版集团(大社、强社)都将面临同样的问题,即所有的经营总体战略决策和一般战略决策的确定只有在充分掌握竞争对手的有关信息和经营策略的情况下进行,才有可能达到预期目的。要正确解决和处理好这一博弈问题,参与市场竞争的任何一方都必须利用现代化管理手段,分析研究市场,掌握市场对各类出版物的需求现状和可以挖掘的潜力以及市场需求的未来发展走向等准确信息,分析和研究竞争对手的经营策略,从中发现它们的弱点,进而立足于出版物市场,发挥自身的比较优势,确定科学的目标市场,并在出版物市场中善于寻找机遇,利用机遇,创造机遇,开拓创新,采用先入为主的策略,即在竞争对手尚未策划或尚未行动之前,主动出击,推出新产品,或实施独特的营销策略,抢占市场,成为博弈中的"领头羊",从而建立和发展自身的核心竞争力,以赢得更大的市场占有率。然而,实施先入为主的策略是要冒风险的。假若市场信息掌握不准确,市场需求潜力变成现实的速度没有预期的那么快(或根本不存在需求潜力),或者是市场环境发生了突然变化,使市场需求目标向其他方向发展,则出版企业新推出的产品在市场上可能会遭受冷遇,造成企业的直接经济损失。因此,出版企业在采取这一策略时,必须十分谨慎,充分估计可能发生的各种风险,并提前做好充分的应对准备。

四、出版物价格战的博弈与决策行为

随着出版物市场竞争的加剧,市场上一些出版企业低价竞销出版物、相互之间展开价格战的现象时有发生。这主要表现在可替代产品大量存在,且由少数几家大型出版企业直接控制的出版物市场上,如教辅读物等。导致价格战的主要原因是:事情的发起者的主观愿望是想采取低价倾销策略,利用降低出版物销售价格的做法而增大销售量,这既可以通过薄利多销的方式获取利润，又可以扩大市场份额。而直接受到影响的一些出版企业则会担心如果自己的出版物不采取降价策略，将会造成原有客户的流失，这不仅会减少出版物的销售量，影响销售收入，而且还存在丢失市场的危险。因此，他们可能采取比前者更大力度的降价策略来倾销自己的出版物，力图在市场占有率上胜过竞争对手。由于降价各方都从维护自身最大利益的角度考虑问题，总是担心由于对方降价幅度大于自己而丢掉市场，为保住自身的市场份额，往往会以更大的倾销代价进行竞争，经过如此反复，造成恶性循环，最终导致价格战的生成。这种现象也是出版物市场竞争中的非合作博弈现象。而出版物价格战的最后结果是：参与价格战的出版企业都不可能得到预先期望的最大利益，往往是以竞争各方销售利润为零甚至亏损而结束（盗版书商和为降低成本而进行劣质装帧设计与印制的单位以及人为制造高码洋低折扣欺诈行为的单位不在其列），而出版物经销商却是真正的受益者。这种结果对参与竞争的出版企业而言是灾难性的。正如经济学家所指出的："价格战对厂商而言意味着自杀。"试想，如果出版企业之间采取的不是削价竞争的策略，而是制定共同遵守的市场约束规则，采取正常的价格策略销售出版物，以出版物的品牌、特色和优质服务等非价格竞争策略参与竞争，各方不是都能够获得应有的利润吗？由此，我们可以悟出这样一个基本道理：合作是有利的"利己策略"，双方从中都可以获得最大利益。只有考虑了他人的利益，使对方愿意按照同样的方式行事，才能保证自己获得最大的利益。这也正是我们平常所说的"在竞争中强强联合，优势互补，实现共赢"的道理。

五、出版企业之间合作过程中的博弈与决策行为

面对日趋激烈的市场竞争，国内许多出版企业在许多大的出版项目运作上实行多家联合，发挥人、财、物、品牌等多方面资源优势，共同开发经营，在出版物市场上实现共赢。这就是在局部范围内化干戈为玉帛，将有共同利益的出版企业之间的非合作博弈转化为合作博弈，使以往的竞争对手变成今日的合作伙伴，进而实现出版物市场整体的均衡。这也是"入世"以后出版企业应对来自国内外残酷竞争与挑战的一种策略，是目

前出版业实施集约化经营的一种重要方式,也是快速开发和利用现有出版资源,推动我国出版业整体持续快速发展的重要途径。当然,合作各方要使最后实现的均衡真正达到获取最大利益之目的,前提是各方必须诚实守信,共同遵守合作协议确定的各项约束规则。

如果每一出版企业都按照如下思路思考问题：不论对方是否违背协议,我不遵守协议而私自使用这一出版资源,就可独自享有所得的收益。如果对方不遵守协议,不仅会得到私自使用资源所获得的全部收益,而且还会分享到遵守协议方所带来的部分收益。反之,如果其他各方都遵守协议,我违背协议将会获得双重的收益。那么,由此失信行为所带来的后果将会削弱合作各方共同形成的资源优势,使出版资源的利用效果降低,造成资源的浪费,最终实现的均衡结果只能是损人不利己,或者合作各方利益受损,难以达到各方实现最大利益之目的,导致卡特尔自然解体消失。此种博弈现象及均衡结果在目前的出版物市场竞争中时有发生。比如,两个出版企业共同投资合作出版某种图书,共同发行,分享收益,但某一方违反双方协议,擅自降低发行折扣,或者隐瞒销售数字及销售利润,或者超范围、跨区域发行等;再如,出版企业与图书经销商合作销售图书,经销商故意或者恶意拖欠货款,或者在协议执行期间要求降低发行折扣,不负责任地大批量退货;等等。由于出版物市场上竞争对手之间的博弈是在多次重复进行的,所以,那些曾经不讲职业道德,不讲信用,使用欺诈策略的竞争者,在新的博弈中必将会遭到竞争对手的严厉报复与制裁而被淘汰出局,在今后的竞争中将永久失去与别人合作的机会。这在当前各出版企业制定经营战略决策,扩大规模,拓展发展空间,增强市场竞争力,扩大出版物市场份额的关键时刻,必须引起出版经营者的高度重视。决不做丧失职业道德、背信弃义、投机取巧的玩火自焚者,同时也要善于识别那些形形色色的市场骗子,防止上当受骗。

六、出版物选题策划中的博弈与决策行为

随着社会主义市场经济体制的确立,出版企业在进行选题策划时必须与出版物市场需求紧密联系。以往计划经济时代那种纸上谈兵、闭门造车式的做法已根本不能适应当今社会发展的需要。出版企业所策划的

出版物只有以适应社会主义先进文化事业发展的需要为导向，以满足广大读者的需求和购买欲望为出发点，始终把握出版物市场变化的脉搏，适应其发展趋势，最后才能实现社会效益与经济效益的统一。目前我国出版界之所以有大量选题内容雷同、质量平平、缺乏特色的出版物充斥市场，其原因有二：一是许多出版企业脱离社会，脱离市场，脱离读者，脱离实际，凭感觉，想当然，使出版物选题与市场大量同类出版物"撞车"，或者是由于出版物缺乏特色、背离市场需求而难以吸引读者，在市场上无人问津。二是许多出版企业看到其他出版企业出版的某种出版物畅销，就片面认为，不管是谁，只要出版此类出版物，就一定能够盈利，于是不顾自身条件，不分析市场需求潜力的大小，蜂拥而上，追风效仿，盲目投资。上述两个原因必然会造成出版物产品的滞销和积压。一旦此种情况发生，这些出版企业为了减少损失，又不得不采取削价倾销策略，若其他出版企业不能给予有力的抵制，控制不住整个市场局面，就有可能导致出版物折扣大战的发生。其结果不仅使自已单位的经济利益受到损失，而且也扰乱了正常的出版物市场秩序。由此看来，选题策划不当也是导致出版物价格战的一个重要原因。出版企业在进行出版物选题决策时，为避免此类结果的发生，就必须深入做好市场调研，准确掌握该类出版物在市场的已有占有率，全面了解、科学预测出版物市场对该类出版物现有的和潜在的需求空间，发挥自身出版资源的优势，采取优势策略，突出出版物在同类出版物品种中的特色，增强差异性，打造出版物品牌，做到人无我有，人有我新，人新我优，使新出版的出版物产品具有强盛的生命力，在出版物市场上常销不衰，从而达到出版物选题策划的最佳效果。

七、出版物市场壁垒中的博弈与决策行为

由于我国目前管理体制的原因，在进行出版物市场竞争时，某些地区搞起了地方保护主义。为了保护本地区行政、出版、印刷及发行等部门的利益，不惜采取行政手段，对外部出版企业出版的出版物设置重重壁垒，使其难以进入本地区市场。这种现象在目前的中小学教材、教辅发行上表现得尤为突出。而许多具有一定出版实力的出版企业或经销商为了能够在该地区出版物市场占领一席之地，则采取多种措施，发起强劲攻势。

他们有的利用地方有关部门谋求自身利益的心理,不惜牺牲部分利润空间,以提供重要出版资源(如书号、准印授权、发行授权等)为条件,与地方教育、出版、发行等部门联手合作,组织当地作者编写书稿,利用地方企业排版、造货,实现出版物本土化战略,使地方与出版企业共同分享当地的出版利润。还有的抓住地方某些管理中的薄弱环节,利用当地基层单位享有某些自主权的条件,采取降低发行折扣或现金折让的方式推销出版物,从基层打开缺口,进行各个击破。前一种方式,虽然保证了当地有关部门的某些利益,但是由于受当地作者水平、企业印制能力等条件的限制,出版物的内容质量及印制质量很可能要受到一定程度的影响。由此还造成了高质量出版物被拒之门外、市场上出版物品种匮乏、平庸或低水平的出版物统领市场的严重后果,最终受害者将是当地广大读者。尤其是中小学教材教辅,面对的读者对象是广大中小学生,出版物的质量高低直接关系到对新一代人才的培养,使用低水平的教材教辅,其后患无穷。后一种方式,不仅使出版企业降低了盈利能力,而且也打破了该地区有关部门的整体规划,扰乱了出版物市场秩序,使监督难以实施,最重要的是出版物的质量难以保证。严重者,由于某些人在市场经济大潮中意志不坚定,经不起金钱的诱惑而丧失原则,个人私欲膨胀,利用手中的权力,向出版企业或经销商索贿受贿,走上犯罪的道路。所以,人为建立出版物市场壁垒,其最终结果是弊大于利。解决好这一博弈问题的唯一办法就是彻底打破地方保护主义,铲除壁垒,对外开放出版物市场,允许各种优质出版物进入本地市场,进行公平竞争,或者是发挥出版企业和地方的各自优势,实现真正意义上的优势互补。这样,既可以全面保证出版物的质量,对读者负责,又可以使国内外各种优秀出版物不断丰富当地出版物市场,促进当地文化事业的繁荣和发展。

例 9-1:A、B 两个出版社先后出版同一种类出版物,在市场销售中进行博弈。此时,由于 A 是首先向市场推出出版物产品的,所以具有优先作出决策的条件,B 只能随后再作出相应的决策。A 有容纳 B 进入市场及阻止 B 进入市场两种策略选择。而 B 对 A 的任何一种策略选择,都可相应作出新开辟市场或争夺市场两种策略的选择。当 A 采取容纳策略时,B 可选择新开辟市场策略,此时,A、B 分别可获得净收益 50 万元和 30 万元;若 B 选择争夺市场策略,则 A 可获得净收益 45 万元,B 可获得净收益25万元。当A采取阻止策略时,B可选取新开辟市场策略,此时,A为了阻止B的进入,需对产品的改良或环境营造进行投入,最后可获得净收益40万元,B可获得净收益20万元;若B选择争夺市场策略,则A可获得净收益30万元,B可获得净收益15万元。据此我们可用图9-2的博弈树来对此博弈进行分析,并选择最优策略方案。

由此博弈树图不难看出,当A选择容纳策略时,B的最佳选择是新开辟市场策略;当A选择阻止策略时,B的最佳选择是新开辟市场策略。由于A是首先选择策略的,显然,最优选择方案是:A选择容纳策略,而B选择新开辟市场策略。

当然,实施上述博弈策略及其所采取的策略行为必须要建立在竞争各方理性思维的基础之上。在现实的市场竞争中,某些出版企业为了达到某种目的,往往会采取一些非理性的过激行为,以破坏其他出版企业所采取的博弈策略。也就是说,在出版企业之间进行博弈的过程中,所采取的策略行为始终存在着风险。这就要求出版企业在制定博弈策略时,必须充分考虑可能存在的各种不确定因素和可能发生的风险,提前制定出防御风险的方案,掌握主动权,以保证企业经营目标的实现。

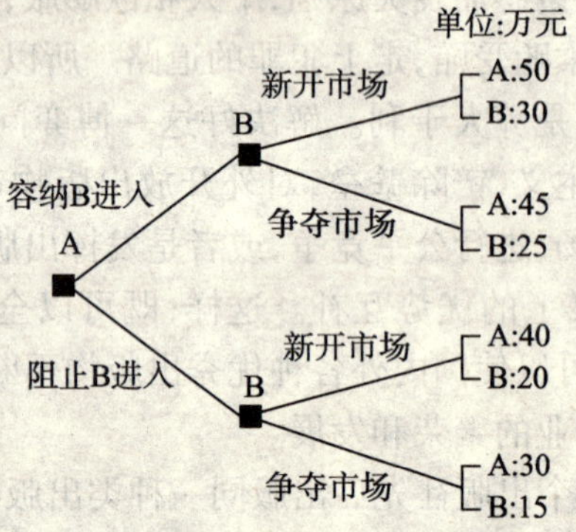

图9-2　博弈树

复习思考题

1. 出版业有哪几种竞争力量?各种竞争力量的构成因素有哪些?

2. 什么是市场进入壁垒？在竞争中的作用是什么？

3. 出版业中的潜在竞争者进入威胁主要指的是什么？

4. 引起出版业内部出版企业之间竞争的主要动因是什么？

5. 出版物替代品出现后，现有出版企业如何应对？必须要考虑的因素有哪些？

6. 相对出版企业来说，供应方和购买者的讨价还价能力主要指的是什么？

7. 出版企业战略定位一般有几种战略可供选择？每种战略各有哪些特点？

8. 什么是出版利基市场？它有哪些基本特征？

9. 出版利基战略的主要内容包括哪些？为何说它是出版企业成长的整体性战略和以专业化为基础的复合战略？

10. 出版企业经营中的博弈现象主要表现在哪些方面？应采取哪些决策行为？

10

第十章

出版企业战略成本管理思考

现代企业管理已经开始全面进入以战略管理为中心的时代,而企业战略管理则是运用战略观念对企业进行管理,将企业日常业务决策同企业长期计划决策相结合,最终形成企业的竞争优势。随着我国文化体制改革的不断深入,既为出版企业的发展带来大好机遇,同时也使出版企业面临着巨大挑战。出版业发展的形势变得十分严峻,环境变得异常复杂,市场竞争日趋激烈。为了争夺生存和发展空间,出版企业必须要适应瞬息万变的外部市场环境,取得持续性的竞争优势,把重点放在制定竞争战略上来。目前,从市场细分的角度看,有许多出版物品种(如教辅读物等)的销售已经进入微利时代,加强成本管理越来越成为企业经营管理的核心任务。但是,传统的成本管理大多是把眼光仅局限于单纯降低成本上,无法适应企业战略管理的需要。因此,引入战略管理新理念,顺应当今知识经济全球化的新潮流和我国文化体制改革的外部环境,将成本管理导入企业战略管理并与之相融合,无疑是出版企业的传统成本管理顺应时代发展潮流的重大变革,也是目前我国出版企业在改革与发展的进程中对成本管理更新观念、变革技术而提出的新要求。

第一节 出版企业成本管理的新变革

一、出版企业战略管理对传统成本管理的挑战

“战略”一词原属于军事术语。《辞海》(1979 年版)对战略的定义是“对战争全局的筹划和指导”,“泛指重大的、带全局性或决定全局的谋划”。美国学者霍弗和申德尔认为,“战略是企业目前的和计划的资源配置与环境相互作用的基本模式。该模式表明企业该如何实现自己的目标。”[1]而将战略观念运用于企业的管理就形成了企业战略管理。近年来,战略管理通常被视为将企业的战略规划、战略实施、战略控制与调整过程中相关战略要素(经营范围、资源配置、竞争优势、协同作用)综合而成的一种经营管理方法,是企业管理者确立企业长期目标,在综合分析所有内外部相关因素基础上,制定达到目标的战略,并执行和控制整个战略的过程。[2] 我们由此可以明确,出版企业战略实际上是指出版企业面对竞争激烈、挑战严峻的经营环境,为求得长期生存和不断发展而进行的总体性谋划。所谓出版企业战略管理,是指对出版企业的生产经营活动实行的总体性管理,是企业制定和实施战略的一系列管理决策与行动,其核心问题是使其自身条件与环境相适应,求得企业的生存与发展。出版企业战略管理的目标就是要寻求企业持之以恒的竞争优势,创造其核心竞争力。

加入 WTO 以后,随着我国出版业改革的深入及市场竞争程度的日

[1] 徐二明. 企业战略管理. 北京:中国经济出版社,1998:9

[2] 孙茂竹,文光伟,杨万贵. 管理会计学. 北京:中国人民大学出版社,1999:462

益加剧，战略管理理论与方法越来越受到出版业经营管理者的青睐，并在实践中逐步得以应用。与此同时，人们也发现，以往只强调以企业内部价值耗费为基础的传统的成本管理系统，没有能够及时适应企业外部管理环境的迅猛变化，不能够充分为出版企业的战略管理决策提供全面有用的成本信息。在战略管理的大背景下，传统成本管理的诸多缺陷表现得越来越明显，与出版企业在市场经济条件下全面实施的改革和发展战略很不适应，有的甚至成为制约出版企业改革和发展的"瓶颈"。出版企业实行多年的传统成本管理面临着严峻挑战，亟待进行变革与完善，这必须引起出版企业经营管理者的高度重视。

（1）在激烈的市场竞争环境中，出版企业战略管理强调的是知己知彼。出版企业既要关注自己，又要了解别人。在准确掌握党和国家对出版业改革与发展的各项方针政策的基础上，既要了解不同时期上游作者、材料供应商的情况，又要掌握下游经销商与终端客户等目标市场的需求变化情况，并协调好与他们之间的合作关系，同时更需要对竞争对手的基本状况进行分析研究。而传统成本管理关注的主要是出版企业内部生产经营活动的价值耗费，对企业外部环境的分析则考虑较少，从而表现得与企业的战略管理很不适应。由于出版企业传统成本管理的范围大多开始于出版物的组稿及材料采购，结束于出版物产品的销售，而且将重点放在出版物的生产制作环节，实质上执行的是"增加价值"的单纯经营思想，而不是"竞争优势"观念。从出版企业战略管理角度看，单纯的"增加价值"的经营思想至少存在四个方面的不足：一是成本管理从组稿开始，如果稿酬标准定得过低，将会影响作者的积极性，造成获得高质量稿件的困难，甚至造成优秀作者流失现象，影响优秀畅销出版物新品种的开发与企业的市场份额，而这对于出版企业出版物品牌的打造和保持出版物总成本低水平优势的形成是至关重要的。二是在材料采购后进行成本管理，将失去同上游供应商进行长期战略合作的机会，如项目合作、股份投资等。由于时代的快速发展，读者对出版物的偏好不断发生变化，因而对纸介出版物装帧设计及开本规格的要求越来越苛刻，给纸张材料的供应带来新的难题。在过去传统成本管理模式下，对于一些特殊开本出版物所需的纸张材料，出版企业往往采取根据所需材料要求的规格裁切其他规格纸张的做法，由此必然会加大纸张材料的消耗量，造成资源浪费，提高了出版物的生产成本水平。当出现材料供应紧张、市场价格发生大幅变化情况(尤其是价格提升)时,传统成本管理模式将很难形成低成本供应商的优势。若出版企业与造纸厂家实行战略合作,共同投资,帮助造纸厂改进生产工艺或改进生产设备,从而提高造纸厂的生产能力,扩大生产功能,这样,对出版企业来讲,既可以保证纸张材料的及时供应,满足出版物生产的要求,又避免了由于特殊规格纸张需求而裁切纸张造成的材料浪费和人工与设备使用的有关费用。即使最初的投资很可能会造成出版物短期内成本费用的提高,但从企业的长远发展和生产需求来看,出版物的成本费用会越来越低,很快会显示出低成本的优势,最终的受益者仍是出版企业本身。如果特殊纸张材料需求量较大,造纸厂本身就有生产的积极性,根本不需要出版企业进行投资。三是由于成本管理不考虑竞争对手的成本情况,也就不能揭示本企业同竞争对手相对的成本地位,难以准确地确定企业自身的成本目标,在与竞争对手进行价格博弈时,容易造成参与市场竞争的盲目性,加大经营风险。四是只限于出版企业内部的成本分析,而没有从出版行业价值链的角度出发,分析作者、供应商、本企业和经销商之间,甚至是某些竞争对手之间的关系,研究双方进行长期战略合作、实行合作博弈的可能,寻求出版企业在日常工作范围以外降低成本的最佳途径。

(2)出版企业战略管理的目标是要通过战略的制定与实施来形成企业的竞争优势,创造企业的核心竞争力。从战略管理的角度来看,出版企业只有适应市场的需求变化,依靠出版物新品种的不断开发与完善的售后服务,才能够取得竞争优势。尽管降低成本对于企业来说在任何时候都是不可忽视的,但从战略上讲,有时增加成本也是必要的。比如,上海世纪出版集团试图为21世纪中国提供最基本的文化景观和精神资源,于2005年实施一项重大出版规划项目,将投巨资,利用10年时间出版一套《世纪人文系列》丛书,旨在把人文教育、学术研究以及人类思想的传承和普及勾连起来。在10年中,该丛书将以每年100~200种的出版速度陆续推出1 500~2 000种。[1] 对出版企业来说,此重大选题规划项目的实施及陆续投入,必然要加大出版企业的成本费用,而且周期长,见效慢。

---

〔1〕 晓流.上海世纪“彩虹计划”启动.中国图书商报,2005年7月15日

但是,从出版企业发展战略的角度看,此重大选题项目的启动,必然会在给出版企业带来良好社会影响的同时,逐步带来可观的经济效益,并将逐渐形成企业的竞争优势,为企业可持续发展打下良好基础。而传统成本管理的目标是通过最大限度地降低出版企业各种经营活动的成本,来谋求成本的最小化和利润的最大化,这是难以同企业的战略管理目标相协调的。由于管理目标的局限性,使得传统成本管理总是把目光过多地集中在为降低成本而降低成本上,没有很好地将成本管理与形成长久的竞争优势联系起来,就可能使出版企业丧失良好的发展时机,影响其竞争力的形成。比如,出版企业在对待研究开发问题的态度上,是加大研究开发投资力度还是减小投资总量,就明显反映出两种截然不同的管理观念。从战略管理的角度看,研究开发是出版企业价值链中最重要的组成部分,企业加大对研究开发的投资更可能为企业提供独特和持续的竞争优势,其对企业的长远发展所产生的效果将远远超出实物上的投资和人力资源的投资。但从传统成本管理角度看,加大研究开发投资将会增加出版企业当期的经营成本,影响企业盈利水平的提高。我国出版业研究开发经费的投入近些年来为何一直未引起企业经营管理者的高度重视,最根本的原因就是被传统成本管理观念所禁锢。

(3)出版企业战略管理从本质上来说是一种前瞻性管理,即我们通常所说的"站得高,看得远",战略管理中的战略决策往往要比战略实施更为重要,它对成本信息的提供有着更高的要求。而传统成本管理所采用的管理手段只是对出版企业现实生产经营活动的指导、规范和约束,执行的是基于现实生产经营活动过程中实时实地控制的管理思想。无论是早期的标准成本控制,还是后来的固定成本、变动成本成本性态分析以及相应的本-量-利分析等,它们都是以出版企业日常的经营管理活动为基础而进行的约束性管理,所产生的成本信息也是为日常的经营决策服务的,并没有考虑出版企业战略管理对多种成本信息的需要。比如,在决策出版物作者稿酬支付方式时,可采用基本稿酬加印数稿酬与版税制两种做法。若从传统成本管理角度考虑,显然是采用前者,因为这种方法可以节省稿酬支出,降低成本,而使用版税制方法支付稿酬,在出版物的整个生命周期都要按固定的码洋百分比向作者支付稿酬,显然要大大超过前者的支出水平。但是,若从战略管理角度看,实施版税制方法可以将出版物的销售数量与作者的切身利益紧密结合起来，销售量越大，作者的稿酬收入就越多。因此，不仅可极大地调动作者编写优质出版物的积极性，而且作者还会与出版企业一道，共同关注出版物市场的需求变化情况，及时修改完善出版物的内容，以维护、巩固及不断扩大出版物市场份额，延长出版物的生命期。同时，利用作者自身的渠道资源，与出版企业共同参与市场营销。这样，出版企业从中获得的将是相对长久的收益。

实践证明，在市场竞争中，仅是依靠传统成本的管理方法和手段不能为出版企业提供战略决策所需要的更为完整的成本信息。

(4) 出版企业战略管理要求对企业进行全面的分析，进而产生各种方案供战略决策选择，而作为提供成本信息的成本管理系统则应该把对企业成本产生影响的一些关键因素挖掘出来，并通过对关键因素的分析和处理，为战略决策提供信息支持。但是，传统成本管理对成本因素的分析不全面，有形无形地遮挡了管理者的视野，约束着各种潜在的、可能的成本管理模型的创新和运用。传统成本管理只重视外显的成本因素，如稿酬、材料费、印制费、人员经费、管理费用、销售费用、财务费用等，而忽视了隐含的成本因素，如市场开发、大型选题策划项目立项、投资机会成本、企业的规模、内部结构调整、员工队伍建设、企业文化建设等，没有能够全面地揭示出版企业成本的真正构成。利用这样的成本信息不但不能够帮助出版企业的管理者有效地进行战略决策，反而会影响战略决策的正确性。

由此不难得出这样的结论：战略管理理论与方法在出版企业经营管理实践中的应用对多年的传统成本管理提出了挑战，需要出版企业按照战略管理的要求对传统成本管理进行适应性的变革与完善，使其更好地满足战略管理对成本信息的需求。这种变革的基本出发点至少包括这样三个方面：一是拓宽成本管理的空间范围，将成本管理的对象从单纯的关注企业内部活动延伸到企业外部；二是拓宽成本管理的时间范围，将成本管理的时间跨度由原来的编、印、发时段向前后两端延伸，将以往只停留在企业日常经营管理的层次提升到战略管理的更高层次；三是创新成本管理的方法和手段。

二、出版企业战略成本管理的内涵

成本管理是出版企业管理的一个重要组成部分,出版企业成本管理的基本功能定位就是要为企业的经营管理者提供成本信息,并帮助他们利用成本信息进行各种各样的决策。为了满足企业战略管理对企业全面成本信息的需要,战略成本管理概念便应运而生。即在成本管理中导入战略管理思想,实现战略意义上的功能扩展,这就是战略成本管理。战略成本管理(strategic cost management,SCM)是20世纪80年代在英美等国的管理会计学者倡导下逐步形成的,进入90年代以后,这一思想与相关方法被日本和欧美的企业广泛实践,在降低产品成本和提高企业竞争力方面取得了良好效果。目前,在英、美、日等发达国家,战略成本管理已成为企业加强成本管理,取得竞争优势的有效方法。

那么,如何来界定出版企业战略成本管理的内涵呢?首先,战略成本管理是对传统成本管理的发展,而不是否定。当企业管理伴随竞争环境的变化进入战略管理新阶段时,要求传统成本管理也必须向战略成本管理转变。其次,战略成本管理的提出是基于战略管理的需要,它的理论与方法体系是和战略管理的理论与方法体系相匹配的。最后,战略成本管理就是将成本信息的分析与利用贯穿于战略管理整个循环过程之中,为战略管理的每一个关键性步骤提供战略性成本信息,以有利于企业竞争优势的形成和核心竞争力的创造。因此,出版企业战略成本管理的内涵可表述为:出版企业如何利用成本信息进行战略选择,以及在不同战略选择下如何组织成本管理。出版企业的战略成本管理可定义为:将成本管理置于出版企业战略管理的广泛空间,与影响战略的相关要素结合在一起,通过从战略高度对出版企业成本结构和成本行为的全面了解、分析、控制与改善,寻求长久的竞争优势。这种竞争优势被美国哈佛工商管理学院的迈克·波特教授称为"成本优势"。建立成本优势是出版企业战略成本管理的核心内容。

事实上,战略成本管理所涉及的一些思想对中国出版企业来说并不是全新的。在实践中,不少出版企业也在自觉或不自觉地实践着这些类似的理念,如成本领先思想(包括目标成本管理策略)、出版物产品差异化策略、市场细分与目标市场确定等，但很少形成一个体系，形成统一的思想，并利用一套可操作的办法，根据一个清晰的流程去贯彻。而出版企业战略成本管理却提供了这样的思想体系和操作技术，让人们从朦胧中走出来，让成本管理的方向更加明确。

总而言之，出版企业战略成本管理是传统成本管理与战略管理有机结合的产物，是传统成本管理对竞争环境变化所做出的一种适应性变革与改善，是出版企业成本管理发展的必然趋势。

三、出版企业战略成本管理的目标

战略成本管理的目标规范及其思想体系，制约着其方法与措施体系的建立。由于成本与各因素之间错综复杂的关系，使得判断成本的标准由于考虑问题的角度和观察问题的视角不同而有所不同。条件不同，观察问题的角度不同，战略成本管理的目标就有所不同。一般情况下，战略成本管理的目标定位应当考虑以下几点：

(1) 由于战略成本管理是服务于企业战略管理的，它要以出版战略管理为基础而加以展开，所以，出版企业的战略成本管理目标应服从于企业的战略管理目标。战略管理目标是出版企业通过战略管理活动所要实现的结果。从出版企业战略管理活动本身去考察，不难发现，战略管理的整体目标就是要形成企业持久的竞争优势。战略成本管理作为企业战略管理的一个决策支持系统，其各项活动的开展应该有助于企业战略管理目标的实现，从这个角度讲，战略成本管理目标就是要借助成本管理的基本功能去赢得并保持出版企业的竞争优势。

(2) 出版企业战略成本管理目标要符合成本管理系统的功能性特征。成本管理系统自身的基本功能就是产生和利用成本信息，以满足决策者的管理需要。尽管战略成本管理是在传统成本管理系统的基础上，按照战略管理的要求而发展起来的新的成本管理系统，但其基本的功能并没有改变。战略成本管理的基本目标就是为决策者提供真实可信的战略性成本信息。

(3) 出版企业战略成本管理的终极目标还是应该落实在企业成本的持续降低上。尽管出版企业在不同的时期，由于要实现和维持竞争优势所采取的成本管理目标、方法和手段有所不同，但从企业的整个生命周期的角度来看，战略成本管理目标的定位主要还是追求成本的持续降低，以尽可能少的成本支出，获得尽可能多的使用价值，从而为获取最大经济效益创造良好条件。这也正是战略成本管理与传统成本管理具有耦合性的一面，只不过战略成本管理更强调在企业内部营造一种有利于成本持续降低的环境。

综上所述，可得出结论：出版企业战略成本管理的目标就是通过战略性成本信息的提供与分析利用，来促进出版企业成本持续降低环境的建立与竞争优势的形成。

四、出版企业实施战略成本管理的现实意义

出版企业实施战略成本管理的实质是寻求成本优势，增强出版企业的核心竞争力，因此，研究和应用战略成本管理具有很强的现实意义。

(1) 出版企业战略成本管理的形成和发展，是建立和完善现代成本管理体系，加强出版企业成本管理的必然要求。战略成本管理突破了传统成本管理把成本管理局限于微观层面，而把管理的重心转向企业整体战略这一更为广阔的空间，有利于企业正确地进行成本预测、决策，从而正确地选择企业的经营战略，正确处理企业发展与加强成本管理的关系，提高企业整体经济效益。

(2) 出版企业战略成本管理的形成和发展有利于更新成本管理观念。成本不仅是决定出版企业盈利水平的重要因素，也是决定出版企业出版物产品能否取得市场份额以及占有多少份额的关键因素，而直接影响着出版企业经营战略与发展战略的核心是出版企业的战略成本，而非传统的经营成本。在传统成本管理中，成本管理的目的被归结为降低成本，节约成为降低成本的基本手段。不可否认，在成本管理中，节约作为一种手段是不容置疑的，但它不是唯一的手段，战略成本管理的目的是以尽可能少的成本支出，获得尽可能多的使用价值，从而为企业获取最大经济效益提供尽可能好的基础，以此实现成本效益原则。出版企业采用何种成本战略，取决于企业整体的经营战略和竞争战略，成本管理必须为出版企业整体经营战略服务。

(3) 战略成本管理是实现出版企业经营和发展战略的工具。战略成本管理与出版企业外部环境及内部管理之间是相互促进、相互制约的辩证统一关系,它促使出版企业统筹兼顾,以局部利益服从整体利益,以当前利益服从长远利益,并努力改变企业自身状况,以减少环境对企业的不利影响,从而更好地实现出版企业经营和发展的战略目标。

第二节

出版企业战略成本管理的基本分析框架

由于对企业内部条件与外部环境的全面分析是出版企业制定战略决策、寻求竞争优势的基础,是出版企业实施战略管理不可或缺的重要内容,而出版企业的战略成本管理是以战略管理理论为基础,通过对传统成本管理系统的功能拓展而成的新的管理领域,因此,构建分析方法体系同样也是出版企业战略成本管理的重要内容,而且其主要分析方法必然要来源于战略管理的分析方法体系。从战略高度将战略管理的分析方法同成本信息的产生和利用做合理的嫁接,就构成了战略成本管理的基本分析框架。在这方面,美国管理会计教授桑克(shank)创建的以"价值链分析"、"战略定位分析"和"成本动因分析"构成一个相互联系、密不可分的分析体系,为企业的成本管理提供了战略上的透视工具,得到理论界与企业经营管理者的充分认可。现根据出版企业的经营管理特点构建如下战略成本管理的基本分析框架。

一、出版企业价值链分析

每一种出版物产品从其投入到最后的价值实现,都要经过许多互不相同但又相互关联的生产经营活动,这便构成了所谓的作业链。由于每项生产经营活动都是创造价值的经济活动,所以,这种作业链既是一种出版物产品生产与资源的消耗过程,同时又构成一种创造价值的动态过程,即竞争战略上的价值链。实际上,出版企业价值链是由各种纽带联结起来的一系列相互依存并且创造价值的活动的集合。也就是说,出版企业的价值链不是独立活动的汇集,而是相互依存的活动构成的一个系统。出版企业的生产经营活动可以分成主体活动和辅助活动两大类。主体活动一般包括组稿、编辑加工、印制、材料供应、物流、市场营销、售后服务等,是出版企业生产经营的实质性活动,这些活动与出版物的生产制作及流转有直接的关系,是企业的基本增值活动。辅助活动是指以支持企业生产经营的主体活动为目的或保证出版企业内部各项管理工作相互支持与协调的活动,包括选题策划、技术开发、采购管理、人力资源管理、财务管理和企业内部的各种职能活动。其中选题策划、技术开发、采购管理、人力资源管理、财务管理等辅助活动既支持整个价值链的活动,又分别与每项具体的主体活动有着密切的联系。而由企业的计划、法律事务、行政管理、后勤服务等一系列活动组成的企业内部的基本职能活动一般用来支持整个价值链的运行,而不是分别与每项主体活动发生直接的关系。

从战略成本管理的层面上看,由于出版企业成本的发生与其价值活动有着共生的关系,企业生产经营过程中发生的所有成本都能够分摊到每一项价值活动之中。而价值链分析则是通过分析和利用出版企业内部与外部的相关价值活动来制定整个企业的战略决策,进而建立出版企业成本管理的新模式,实现成本最低化,价值最大化。简而言之,出版企业的价值链分析就是从战略角度来分析如何控制成本。价值链分析包括行业价值链分析、企业内部价值链分析和竞争对手价值链分析三个方面的内容。

1. 出版企业的行业价值链分析与内部价值链分析

价值链一般按行业构成,任何一个出版企业均位于出版行业价值链的某一段。出版企业内部也存在许多价值链。既有各业务单位(编辑、出版、发行、管理等部门)之间的价值链,也有各业务单位内部的价值链。每个价值链既会产生价值,同时也要消耗资源,形成成本。而在战略成本管理中,往往要突破企业自身价值链,把企业置身于整个行业价值链中,视同整个价值链体系的一部分,并从战略高度进行分析。比如,出版企业利用出版行业价值链分析来决定是否需要实施纵向整合战略,通过对供应商和制造商及经销商的购并、兼并或建立战略联盟,更好地利用上、下游的价值链,减少一些不必要的中间环节,从而进一步降低交易成本或调整出版企业在行业价值链中的位置及范围,实现竞争优势。

另外,进行出版企业内部价值链分析也非常重要。通过进行企业内部价值链分析,可以确认出版企业的价值活动有哪些,它们都处于何种分布状态,以及在整个出版行业价值链中的位置。通过对价值活动所耗成本与效益的比较,确定其发生的合理性,进而决定对其是消除还是改进,是否可通过重构价值链作为降低相对成本的战略。如果出版企业在创造出版物产品价值的过程中总收益大于总成本,就表明企业将会盈利。

2. 竞争对手价值链分析

在出版行业中,往往存在着生产同类产品的竞争者,竞争对手的价值链和本企业价值链在整个出版行业价值链中处于平行的位置。通过对竞争对手价值链的分析,能够发现企业与其竞争对手之间各自拥有哪些竞争优势或劣势,是哪些价值活动或成本因素导致了这种状况的出现。根据企业的不同战略,确定扬长避短的策略,以自身的优势应对竞争对手的劣势,以自身的强势应对竞争对手的弱势,在与竞争对手抗衡时,最大限度地减少竞争代价,争取成本优势。比如,出版企业在与一个经济实力很强但研发能力相对较弱的竞争对手抗衡时,应尽量避免与其在市场上进行出版物的价格战,而是应该在打造出版物品牌、降低出版物制作成本、采取先进的营销手段和不断提高售后服务质量等方面下工夫,提高与竞争对手的经营差异性,从中取得竞争优势。当出版企业价值链上所有活动的累计总成本小于竞争对手时,就具有了战略成本优势。

总之,价值链分析所得出的成本信息对制定出版企业战略、消除成本劣势和创造成本优势起着非常重要的作用。

二、出版企业战略定位分析

出版企业要在市场竞争中求得生存与发展,首先要对自身的条件与所处的外部环境进行详细、周密的调查分析,进而通过对出版行业的分析确定企业的行业定位;通过对市场的分析来确定企业的市场定位;通过对总体出版物产品的分析来确定出版企业的产品定位;最后再确定以怎样的竞争战略来保证出版企业在既定的行业、市场和产品上占领阵地，击败竞争对手，获得较高水平的社会效益与经济效益。这就要求出版企业的竞争战略应该很好地同其竞争环境协调起来，使出版企业制定的战略同出版行业中各个竞争要素的特点及其组合相匹配，如出版企业制定的经营目标，制定的选题规划，确定的出版物目标市场，出版物新品种的开发、品牌的打造和差异化的形成，出版物定价目标的确定与实施策略，出版物营销中的售后服务措施等。如果竞争环境发生了变化，企业必须作出积极的反应，采取恰当的战略行动，捍卫企业的竞争地位。在成本管理中，将会涉及到诸多相互对立、相互冲突的成本驱动因素，一项成本管理措施的实施往往会引起不同方面的成本发生反向变化，同时成本关联到质量、效率、价格等因素。比如，出版企业要降低出版物单位成本，就必须扩大出版物市场份额，增加出版物的销售量。要达到此目的，就必须进行市场营销策划，通过采用系列独特的营销手段，组织各种销售活动。由此就必然会导致出版企业销售费用的增加。这些错综复杂的关系的存在，使企业的成本管理面临重要的战略定位分析问题。从战略成本管理的角度看，战略定位分析就是要求企业通过战略环境分析来确定应选择或采取的竞争战略，从而明确成本管理的方向，建立与企业战略相适应的成本管理战略。价值链分析为出版企业的战略成本管理提供了一个总体的分析框架，但并没有真正解决如何将成本管理与企业战略相结合的问题。在确定了企业的战略定位以后，实际上也就确定了企业资源的配置方式及相应的管理运行机制。因此，只有通过战略定位分析，将战略成本管理同具体的战略相结合，才能体现出版企业战略成本管理应有的管理效果，实现企业的战略管理目标。比如，如果出版企业选择了成本领先战略，那么，出版企业的战略定位分析就应围绕成本领先战略这一核心展开，战略成本管理的中心就须放在降低成本上，通过降低成本来增加企业的竞争优势；如果出版企业选择的是差异领先和目标集聚战略，那么，如何实现差异领先和目标集聚战略就是战略定位分析的核心，战略成本管理采取的管理措施就应有助于促进出版企业差异领先和目标集聚战略的实施，此时成本管理工作的重点应是预防和避免可能发生的无效成本，而不应以成本降低为理由来妨碍差异领先和目标集聚战略的实施。

三、出版企业成本动因分析

在价值链分析和战略定位分析的基础上，出版企业能够确定其应采取的成本管理战略。但是为了进一步明确成本管理的重点，还需要找出成本的驱动因素，以便对症下药，保证成本管理战略的有效性。而成本动因分析恰恰可以满足战略成本管理的这一要求。所谓成本动因是指引起产品成本发生的原因，这些原因构成了成本的决定性因素。成本动因分析是指通过对影响企业成本因素的揭示与分析，找出企业控制这些因素所应采取的方法，以便更好地为战略成本管理服务，实现企业战略成本管理的目标。从广义上说，成本动因分析包括两个层面：一个是战术层面的作业成本动因分析，如材料消耗、出版物印制、应付作者稿酬、人员费用、书稿编辑与审校、出版物营销等；另一个是战略层面的成本动因分析，如企业的资源整合、规模扩张、质量管理、品牌打造、新选题研发等，这也是我们要重点研究讨论的战略成本动因分析。战略成本动因是指在战略上对企业的产品成本产生影响的因素，这些因素对成本的影响较大，可塑性也很大。若从战略成本动因的层面考虑成本管理，就可以控制住企业日常经营中大量潜在的成本问题，避免可能发生的无效成本。比如，出版企业通过对内部选题资源的整合，就可以避免发生多个编辑部门编辑出版同一种选题，人为地造成出版资源浪费的现象。再如，出版企业投资建立了动态的客户资源库，使企业随时掌握目前客户的资信情况，按照客户的资信等级提供不同的信用服务，可以降低客户恶意拖欠货款或无理退货，使出版企业蒙受经济损失的风险。战略成本动因分析突破了传统成本管理的狭隘范围，而代之以更宽广的视野、与企业战略相结合的方式来分析成本是否应该发生。到目前为止，现代会计理论界比较公认的是把战略成本动因分为结构性成本动因(structural cost driver)和执行性成本动因(execution cost driver)两大类，因此，出版企业的成本动因分析也大体分为“结构性成本动因分析”和“执行性成本动因分析”两大类。

1. 结构性成本动因分析

结构性成本动因是指决定出版企业基础经济结构的成本动因，或者说是指与出版企业的战略定位和经济结构密切相关的成本因素。不同的战略选择会导致出版企业不同的生产经营方式，进而导致截然不同的成本动因。出版企业在战略层面可选择的结构性成本动因主要有5个：

（1）规模，即出版企业在选题开发、生产制作、营销等方面的投资所形成的规模。

（2）范围，即出版企业跨越价值链的纵向长度和横向宽度，前者与业务范围有关，后者与规模相关。

（3）技术，即企业在每一个价值链活动中所运用的技术处理方式。

（4）经验，即出版企业在过去的出版活动中所积累的经验。

（5）多样性，即为满足客户个性要求，为客户提供多种类出版物产品。

结构性成本动因与出版企业自身的竞争优势和战略选择息息相关，如果企业选择成本领先战略，那么达到一定的经济规模和技术水平就是企业的主要成本动因；如果选择差异领先战略，那么多样性就可以成为企业的主要成本动因。而出版企业的结构性成本动因分析就是分析各项成本驱动因素对价值链活动成本的直接影响和它们之间的相互作用对价值链活动成本的影响，最终可归纳为一个选择问题：出版企业采用何等规模和范围，如何设定目标和总结经验，如何选择技术和多样性等，这种选择能够决定企业的"成本地位"。结构性成本动因分析根据其属性无疑是企业在经济结构层面的战略选择。

2. 执行性成本动因分析

执行性成本动因是指决定出版企业作业程序的成本动因，或者说是指出版企业在按照所选择的竞争战略和经济结构进行生产经营活动时要成功地控制成本所应考虑的因素。它是在结构性成本动因决定以后才成立的，也是决定出版企业成本水平的重要因素。通常包括：员工对出版企业投入的向心力；出版企业的全面质量管理；资源利用；联系，即企业的各种价值链活动之间的相互关联。

执行性成本动因分析要求从战略成本管理的视野来强化企业内部各个价值链之间的连结关系，提高企业内部资源运用的程度（如劳动力参与、生产能力利用），科学调整出版物选题结构，精心做好出版物产品装帧设计、材料采购与消耗、出版物的印制、出版物的物流和营销等各方面的作业程序安排，为战略成本管理目标的实现提供效率保证。在出版企业基础经济结构既定的条件下，通过执行性成本动因分析，可以提高各种生产执行性因素的能动性及优化它们之间的组合，从而使价值链活动达到最优化，降低价值链的总成本。

对于结构性成本动因来说，企业的规模适应其发展的需要才会越大越好，但整合程度却非越高越好。但对于执行性成本动因而言，一般认为整合程度越高越好。例如，应尽量加强和鼓励员工的全面参与，提高出版资源的利用效率，健全出版物质量和服务质量管理体系等。而且就出版企业而言，其执行性成本动因越多，对其分析得越全面，越有利于企业的成本控制，从而达到降低成本的目的，这也是目前出版企业提出要进行精细化管理的原因所在。总之，在出版企业成本动因分析中，应该从企业竞争优势，即经济结构的选择和执行方式中来说明成本的组成。对于不同企业的不同战略，并不是所有的结构性成本动因都同等重要，而是要有所偏重，在价值链的每个环节都有各自独特的成本动因。因此，成本动因分析与价值链分析是紧密联系在一起的。竞争对手在价值链的同一环节同样保持着自己特有的成本动因，从而创造出各自的竞争优势。

第三节

出版企业战略成本管理的特点

由于战略管理的核心是要寻求出版企业持之以恒的竞争优势，而战略成本管理的首要任务是将成本信息贯穿于战略管理整个的循环过程之中，通过对出版企业成本结构、成本行为的全面了解、分析、控制与改善，寻求长久的竞争优势——成本优势。“成本优势”与作为传统成本管理目标中的“降低成本”有着本质的区别。通过对传统成本管理与战略成本管理的分析比较可以发现，出版企业战略成本管理有如下特点。

一、长期性

出版企业战略成本管理的宗旨是为了取得长期持久的竞争优势，求得长期生存和发展。而传统成本管理则立足于短期的成本管理，未能从长远的持续性降低成本的策略上考虑，属于战术性的成本管理。比如，我国大学出版企业制订选题规划时，按“降低成本”观念，宜多策划成本低、见效快的教辅读物，这既可以用较低标准的稿酬聘到作者，降低成本，又可以尽快取得经济效益。但以“成本优势”标准来衡量，这属于一种急功近利的短期行为。教辅读物生命周期很短，且市场同类产品大量存在，竞争激烈，风险较大，难以形成出版企业的持久竞争优势。出版企业宜根据自身所具有的优势资源条件，适应市场的需求，挖掘潜力，加大高校教材、职业教育教材、教师教育教材等常销出版物的选题结构比重。这些出版物虽然初始投资较大，实现经济效益较慢，但其生命周期较长，为企业带来经济效益的时间也较长久，且其他出版企业进入较困难，竞争对手相对较少，容易实现品牌效应，形成较强的竞争力。

二、全局性

出版企业战略成本管理是以企业的全局为对象，根据企业总体发展战略，把企业内部结构和外部环境综合起来。因此，战略成本管理从企业所处的竞争环境出发，其成本管理不仅包括企业内部的价值链分析，而且包括对竞争对手价值链分析和企业所处行业中的价值链分析，从而达到知己知彼、洞察全局的目的。而传统成本管理的“降低成本”则是站在某一企业自身的角度，局限于企业内部成本管理，使其成本最低。但成本最低并不表明企业能够在竞争中获得成本优势。如为了降低成本，采用廉价劣质纸张材料或选用印刷设备较落后、技术水平低下的印制厂家，将会造成出版物产品质量下降，退货率增加，销售量下降，严重者将会损害自身多年形成的品牌。而选用好的纸张材料或生产能力强、现代化水平较高的印制厂家，可能会导致企业出版物产品的成本略有上升，但同时可以提高出版物产品的质量及保证市场的及时供应，有利于出版物品牌的形成，增加出版物产品的附加值，实现最佳的成本效益，从而使企业获得成本领先的竞争优势。

三、外延性

出版企业战略成本管理的着眼点是外部环境,将成本管理外延,既可延伸到材料采购及选题策划工作,乃至研究开发工作,又可延伸到出版物营销策划及售后服务工作。既要重视与上游供应商的联系,也应重视与下游客户和经销商的联结。总之,应把出版企业的成本管理纳入整个市场环境中,予以全面考察。只有对出版企业所处环境作出正确的分析和判断,才能预测和控制生产经营活动中存在的各种风险,根据企业自身的特点,确定和实施正确适当的管理战略,把握机遇,主动积极地适应和驾驭外界环境,在竞争中取得主动,形成优势,最终实现预定的企业战略目标。而传统成本管理的对象主要是出版企业内部的生产过程,而对企业的供应与销售过程则考虑较少,对于出版企业外部的价值链更是绝少考虑。

四、抗争性

出版企业战略成本管理确定的"成本优势"是出版企业在激烈的市场竞争中与竞争对手相抗衡的基本竞争战略,同时也是企业积极应对来自各方面冲击、压力、威胁和困难等挑战的行为方案。它与较少考虑竞争与挑战而单纯为了改善企业现状、增加经济效益的传统成本管理方法不同。只有当这些成本管理工作与强化企业竞争力和应对挑战直接相联且具有战略意义时,才能构成战略成本管理的内容。战略成本管理之所以产生和发展,正是因为企业面临着激烈的竞争、严峻的挑战。出版企业推行战略成本管理就是为了实现成本领先,取得竞争优势,战胜对手,保证自己的生存和发展。

第四节 出版企业战略成本管理的过程

出版企业战略成本管理的过程一般包括4个阶段，即战略环境分析、战略规划制定、战略的实施、战略业绩评价与控制，且每一阶段紧密衔接，往复循环（如图10-1所示）。

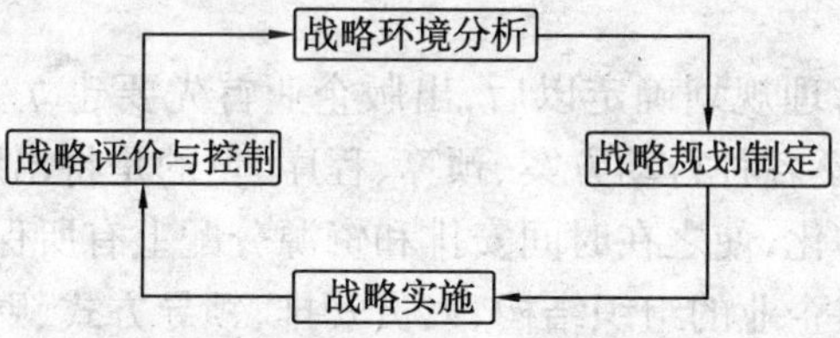

图10-1 战略成本管理过程图

一、战略环境分析

环境分析是战略成本管理的逻辑起点。通过对企业内部资源和外部环境的考察分析，评判企业现行战略成本的竞争地位——强势、弱势、机会和威胁等，以决定企业是否进入出版行业的某一项价值链活动，进而构造具有自身特色的价值链。出版企业战略环境分析的基本方法是价值链分析，通过对行业价值链分析，了解出版企业在出版行业价值链中所处的位置，探索利用上、下游价值链管理成本的可能性；通过对出版企业内部条件分析，了解自身的价值链，努力消除不增值作业，减少浪费；通过对竞争对手分析，了解竞争对手的价值链，明确出版企业自身的强势和弱势及所面临的机遇和挑战，知己知彼，洞察全局，扬长避短，以确定战略成本管理的方向。

二、战略规划的制定

战略规划首先在明确战略成本管理方向的基础上确定战略成本管理的目标,包括总目标(全面的、长期的目标)和一系列子目标。各个目标之间必须保持一致性和层次性,组成目标网络。准确的目标有助于战略的制定、实施和控制。为了实现所确定的目标,根据出版企业内部资源、外部环境及目标要求,选择企业战略成本管理的基本战略,制定相应的策略及实施计划。这就是出版企业战略成本管理规划制定阶段的主要内容。

三、战略实施

战略成本管理规划确定以后,出版企业首先要建立一个战略实施计划体系,其中包括各种行动方案、预算、程序,目的是将出版企业战略成本管理的规划具体化,使之在时间安排和资源分配上有所保障。然后,要根据新战略来调整企业的组织结构、人员安排、领导方式、财务政策、生产管理制度、研究与发展的政策、分配政策、企业文化等,目的是通过这些战略措施使企业战略成本管理规划的实施更有效率。

四、战略的业绩评价与控制

1. 战略业绩评价

出版企业的战略业绩评价是战略成本管理的重要组成部分。战略业绩评价通常包括业绩指标设置、考核、评价、控制、反馈、调整和激励等。传统的业绩指标主要是面向作业链的,缺少与战略方向和目标的相关性,有些被企业鼓励的行为其实与企业的战略并不具有一致性,不利于企业持续竞争优势的形成。因此,必须将战略思想贯穿于战略成本管理的整个业绩评价之中。出版企业的战略业绩指标应当具有以下基本特征:

(1) 全面体现企业的长远利益;

(2) 集中反映与战略决策密切相关的内外部因素;

(3) 重视企业内部跨部门合作的特点;

(4) 综合运用不同层次的业绩指标；

(5) 充分利用企业内外部的各种业绩指标；

(6) 业绩的可控性；

(7) 将战略业绩指标的执行贯穿于计划过程和评价过程。

战略业绩评价须在财务指标与非财务指标之间求得平衡，它既要肯定内部业绩的改进，又要借助外部标准衡量企业的竞争力；既要比较成本管理战略的执行结果与最初目标，又要评价取得这一结果的业务过程。而从战略层面来讲，非财务指标往往比财务指标更能说明问题。具体方法是，比较在“不采取战略行动”和“采取战略行动”条件下企业竞争地位的变化所带来的相对收益或损失。

在战略实施过程中，由于出版企业内部资源、外部环境的变化可能会使其战略在实施过程中产生偏差，因此，战略业绩评价不仅要对战略成本管理的结果进行评价，而且要对战略成本管理的全过程进行评价。通过评价所得到的信息要及时、准确地反馈到出版企业战略成本管理的各个环节上去，以便企业的各级领导者采取必要的纠正行动，进行战略控制。

2. 战略控制

战略控制包括确立预期工作成效的标准，对照标准，衡量、辨析与纠正偏差，从而控制成本动因。出版企业只有对成本动因进行控制，特别是对主要价值链活动的成本动因进行控制，才能真正控制成本，保证企业战略成本管理目标的实现。战略控制的基本方式有前馈控制和反馈控制，控制过程包含研究控制指标体系、确定控制标准、及时处理与传送控制信息等。战略控制应由企业层次、业务单元层次、作业层次组成一体化的控制系统，实行全面的、全过程的控制。当管理者发现战略实施过程中存在的偏差时，首先应重新检查或调整战略实施的计划体系或实施措施；其次是检查企业的政策、战略、目标是否正确；最后是重新考虑企业的宗旨。当战略目标已实现或企业内部、外部环境中的关键因素发生重大和根本性变化，超出了控制能力时，出版企业则需进行战略的重新制定，即重新开始进行战略环境分析、战略规划等，进入新一轮的循环。

复习思考题

1. 出版企业的战略管理使其成本管理面临哪些挑战？

2. 出版企业战略成本管理内涵的核心是什么？如何定义出版企业战略成本管理？

3. 出版企业战略成本管理的目标是什么？

4. 出版企业战略成本管理的基本分析框架是什么？其建立的根据是什么？每种分析在企业战略成本管理中可以起到什么作用？

5. 出版企业战略成本管理有哪些特点？

6. 实施战略成本管理的过程包括哪些内容？

11

第十一章 出版企业税金缴纳与税务筹划策略

税收是国家凭借政治权力,无偿地征收实物或货币,以取得财政收入的一种手段和工具,也是国家参与社会产品分配的一种方式。缴纳税金是所有纳税人(法人、自然人)应尽的义务。我国加入WTO以后,财政税收政策正在逐步与国际接轨,国家财政部、税务总局有关税收政策的相继出台,加快了税收对社会经济生活各个层面的渗透,对我国的经济发展产生了重大而深远的影响,同时对广大纳税人也提出了更高的要求。作为我国文化产业重要组成部分的出版企业,应该积极贯彻落实国家的各项财税法规,照章纳税,为国家的改革和经济建设作出贡献。本章主要对与出版企业有直接关系的企业所得税、增值税、稿酬所得税的基本概念,税金的缴纳及税务筹划策略等问题进行讨论与研究。

第一节 税收的种类、特征与作用

一、税收的种类

税收的分类方法很多,其中最基本的分类方法是按征税对象进行分类,可分为以下几种:

1. 对流转额的征税

流转额包括商品流转额和非商品流转额。商品流转额是指商品在流转过程中所发生的货币金额。商品从生产到消费,要经过购销活动等多个环节,所有这些经营环节中由于商品交换活动而发生的货币金额,就是商品流转额。商品流转额也就是销售方取得的销售收入。非商品流转额就是非商品营业额,一般是指一切不从事商品生产和商品交换活动的单位和个人,因从事其他经营活动所取得的业务或劳务收入的金额,如交通运输、金融保险、建筑安装、旅游业、服务业等。按照国家税法的规定,对上述的流转额都要征收流转税。我国现行的流转税主要有增值税、消费税、营业税和关税。

2. 对所得额的征税

对所得额的征税就是以纳税人的所得额为征税对象的一种税收。所得额是指纳税人从事生产经营等活动所获得的收入,减去其相应的成本之后的余额。我国现行的对所得额的课税主要有企业所得税、个人所得税等。对所得额的课税不同于对流转额的课税,对于一个企业而言,流转额是指其取得的销售收入,不受成本高低的影响,而所得额则直接受成本的影响。所以,对所得额的课税属于直接税,税负不能转嫁,征收双方的关系比较明确,税收的增减变化对物价不会产生直接的影响,有利于更好地发挥税收的经济杠杆作用。

3. 对资源的征税

对资源的征税是指对开发和利用自然资源的单位和个人征收的一种税。我国现行的对资源征税的税种主要有资源税、土地使用税和耕地占用税。对资源的征税有利于企业科学合理地开发和利用自然资源,消除企业因利用自然资源的优劣差异而产生的不平等竞争,防止企业为了追求高额利润,造成国家有限资源的浪费。

4. 对财产的征税

对财产的征税就是对纳税人所拥有的财产征收的一种税。财产税可以调节社会成员的财产收入水平。财产税是以纳税人的财产价值为征税依据,而不论纳税人有无所得,因此,它在调节纳税人财产收入方面,可以弥补所得税的不足。目前,我国设立的财产税税种很少,主要有房产税和契税。

除了上述几类税种外,我国现行的还有其他税种,如对行为的征税等,由于对出版企业关系不大,在此就不再逐一介绍。

二、税收的特征

税收具有鲜明的特征，通常税收具有三个主要特征，即无偿性、强制性和固定性。

1. 税收的无偿性

税收的无偿性是指国家征税以后，税款即为国家所有，既不需要直接偿还纳税人，也不需要向纳税人支付任何报酬。税收的无偿性是由国家财政支出的无偿性决定的。国家为了行使其职能，需要物质资源，但国家机器本身并不进行物质资料的生产，不能直接创造物质财富，只能通过税收等方式取得财政收入，以保证国家机器的正常运转。因此，这种财政支出的无偿性也就决定了税收的无偿性。但是，税收的无偿性是相对而言的，对纳税人来说，缴纳税款以后不会直接得到任何报酬。而从国家财政活动整体来看，国家的国防建设、外交、国内安全保障、文化、教育、科学技术、社会保障等方面的投入无不是为了国家的繁荣富强，民族的兴旺，代表着广大人民群众的利益。所以，税收是“取之于民，用之于民”，最终受益者仍然是全社会公民。

2. 税收的强制性

税收的强制性是指征税是凭借国家的政治权力，通过颁布法令来实施的，任何单位和个人都不得违抗。税收的强制性是由税收的无偿性这一特殊的分配方式所决定的。国家通过制定税法，依据法律的强制作用来征税，纳税人必须依法纳税，否则就要受到法律的制裁。

3. 税收的固定性

税收的固定性是指在征税之前就以法律的形式规定了征税对象以及统一的比例或数额，并只能按预定的标准征税。税收的固定性是国家财政收入的需要，有利于保证国家财政收入的稳定，也有利于征收和管理。税收的固定性是通过法律的形式来维护的，这使税项征收有了一定的依据和标准，对征税机关和纳税人都将起到约束作用。但是，税收的固定性也是相对的，随着社会经济条件的变化，课税标准也将随之改变，使税收制度更趋于合理和科学。

三、税收的作用

税收在社会经济生活中发挥着重要的作用，主要表现在以下几个方面：

1. 税收是国家取得财政收入的一种重要手段

国家要行使其职能，维护国家机器的正常运转，就必须通过各种方式取得财政收入，而税收是国家取得财政收入的一种重要手段，国家通过税法的强制作用可以取得稳定的财政收入。

2. 税收是国家宏观经济调控的重要经济杠杆

国家征税，在取得财政收入的同时，必然也改变了社会财富的原有分配状况，包括社会财富在不同经济领域之间的分配，在不同生产部门之间的分配，在不同阶层之间的分配，以及在不同地区之间的分配等。这样，必然会对经济活动产生某种影响。此外，国家还可以通过税收减免等方式直接影响经济活动，起到调节经济的作用。因此，税收是国家调节宏观经济的重要经济杠杆之一。

3. 税收具有反映和监督的作用

国家可以通过税收的征收管理，反映有关经济动态，为国民经济管理提供信息，同时通过税收的征收管理，可以对企业的经营活动进行监督，检查其是否遵守财政法规和税收制度。

第二节 出版企业增值税的计算与缴纳

出版企业的出版物从生产到读者手中要经过多个环节，如组稿、排版、装帧设计、印刷、装订、制作、营销等，出版物在制作与销售的过程中发生的货币金额，就是商品流转额。出版企业的商品流转额实际就是所取得的销售收入。根据国家税法的有关规定,出版企业应向国家缴纳一定比例的流转税。我国现行的流转税主要有增值税、消费税、营业税和关税,根据国家税法条例的有关规定,出版企业应向国家缴纳流转税中的增值税,无论零售或批发,一律以实际销售收入额的一定比率缴纳增值税。另外,还应随增值税纳税额缴纳地方附加税和教育费附加。目前实行的是按应缴纳增值税额的7%缴纳城市建设维护税,按4%缴纳教育费附加等。

一、增值税的概念

所谓增值税,是指国家税务部门对商品生产和经营中新增价值所征的税。即对纳税人在一定时期内销售产品或提供劳务所取得的收入大于购进商品或取得劳务时所支付的费用的差额所征的税。还可以更直观地解释为,增值税是指对纳税人在一定时期内销售商品或提供劳务所取得的收入大于其投入的增值额所征的税。增值税以不含增值税税额的商品价格为计税依据,或者说,是以商品的销售额为计税依据,同时允许从税额中扣除上一环节已经缴纳的税款,借以实现对增值因素征税的原则。这种征税方式,既保留了传统流转税筹集税收收入及时、稳定的优点,又消除了传统流转税重复征税的弊端,体现了公平税负的原则,有利于促进按照专业化要求组织社会化大生产。目前,增值税是中国第一大税种,该项税收收入占全部税收收入的比重高达35%左右。

二、增值税的特点

增值税具有以下特点:

1. 不重叠课税

因只对销售额中由生产经营单位创造的、尚未征过税的增值部分征税,所以,不会出现重叠课税的现象。

2. 商品规定的税率与其实际整体税负相一致

因一个商品的最后销售额,相当于该商品各个生产经营环节累计增值额,所以,按照一个商品的最后销售额乘以增值税率所计算出来的增值税额与该商品在各个生产经营环节缴纳的增值税税额之和相等,即商品的总税负是由该商品各个生产经营环节的增值税税负累加而成。因而使这种课税具有商品的规定税率与该商品的实际整体税负相一致的特征。换句话说，一个商品其增值税税率一经确定，不论其是由一个企业单位生产，还是由几个企业单位协作生产，也不论其经过了多少个生产经营环节，只要商品售价相同，税收负担始终保持一致。由于按增值额征税，商品整体税负不变，所以，对于不同的生产组织方式和不同的流通渠道而言，可以体现公平税负的原则。

三、增值税的纳税义务人

增值税的纳税义务人为在中华人民共和国境内销售货物或者提供加工、修理修配劳务以及进口货物的单位和个人。根据国家有关条例规定，按照经营规模及会计核算健全与否，纳税义务人又分为一般纳税义务人和小规模纳税义务人。

1. 小规模纳税义务人

小规模纳税义务人是指年销售额在规定标准以下，并且会计核算不健全，不能按规定报送有关税务资料的增值税纳税人。根据《增值税暂行条例实施细则》的规定，小规模纳税义务人的认定标准是：

（1）从事货物生产或提供应税劳务的纳税人，以及从事货物生产或提供应税劳务为主，并兼营货物批发或零售的纳税人，年应税销售额在100万元以下的；

（2）从事货物批发或零售的纳税人，年应税销售额在180万元以下的；

（3）年应税销售额超过小规模纳税人标准的个人、非企业性单位、不经常发生应税行为的企业，也视同小规模纳税人纳税。

对小规模纳税人的确认，由主管税务机关依税法规定的标准认定。

小规模纳税人销售货物或应税劳务，采用销售额和应纳税额合并定价的方法，实行简易征税办法。

2. 一般纳税义务人

一般纳税义务人是指年应征增值税销售额超过税法规定的小规模纳税人标准，且有健全的会计核算制度的企业和企业性单位。一般纳税人须向税务机关办理认定手续,以取得法定资格。企业申请办理一般纳税人认定手续,应向税务机关提供营业执照、有关合同、章程、协议书、银行账号证明等证件和资料,经主管税务机关审核批准,发给《增值税纳税人登记证》和增值税纳税人专用税务代号。我国出版企业一般都具备一般纳税人的条件,具有一般纳税人法定资格。

四、增值税税率

对于小规模纳税人,规定增值税税率为6%。对于一般纳税人来讲,增值税的税率分为:基本税率(17%)、低税率(13%)和零税率三类。对人民生活必需品和文化教育事业以及为照顾农民和支持农业发展采用低税率;对出口物资采用零税率予以优惠。根据国家税法的有关规定,纳税人销售图书、报纸、杂志,增值税率为13%,因此,我国出版企业销售出版物实现的销售收入实行13%的增值税率,属于低税率。

同时,为加强社会主义精神文明建设,自改革开放以来,国家有关部门一直对宣传文化单位实行财税优惠政策,对党、政、军及政协、共青团、工会、妇联办的机关报刊,出版社正式出版的科技图书和科技期刊、大中小学课本(但不包括各种形式的教学参考书、图册、自读课本、课外读物以及其他各类辅导辅助性教材和辅导读物)和专为少年儿童出版发行的报刊,以及县及其以下新华书店销售的出版物,一律实行增值税先征后返的优惠政策。但返还的税款专项用于发行网点和信息系统建设,不再计入当期损益。

五、出版企业增值税应纳税额的计算

出版企业增值税使用增值税专用发票,实行税款抵扣制度,其应纳税额的计算公式为:

$$应纳税额 = 当期销项税额 - 当期进项税额 \tag{11-1}$$

这一计算公式直观地反映了增值税是对生产或流通环节产生的增值额进行征税,在实际工作中也便于计算,简捷明了。其中当期销项税额和当期进项税额的概念及计算方法如下:

1. 销项税额

销项税额是指出版企业发行出版物,按照销售额和规定的税率计算并向购买方收取的增值税额,其计算公式为:

$$销项税额 = 销售额 \times 增值税率 \tag{11-2}$$

公式中的销售额是指出版企业销售出版物向购买方收取的全部货款,但不包括收取的销项税额。此时增值税率采取13%的低税率。在计算销项税额时,必须注意,出版企业销售出版物所取得的销售额中不能包括从购买方收取的销项税额。但是,在采用销售额和销项税额合并定价的情况下,就会形成含税销售额。目前我国出版企业全部采用销售额和销项税额合并定价的方法,因此,出版企业销售出版物所实现的销售额基本上是含税销售额。这时,需将含税销售额换算成不含税销售额,然后才能计算销项税额。其换算公式为:

$$实际销售额 = \frac{含税销售额}{1 + 增值税率} \tag{11-3}$$

例11-1:某出版社某月实现含税销售额2 000万元,所适用的增值税率为13%,请求其销项税额。

解:根据上述计算公式(11-3),有:

$$实际销售额 = \frac{2\,000}{1+13\%} = 1\,769.91(万元)$$

$$销项税额 = 1\,769.91 \times 13\% = 230.09(万元)$$

或者:

$$\begin{aligned}销项税额 &= 含税销售额 - 实际销售额\\ &= 2\,000 - 1\,769.91\\ &= 230.09(万元)\end{aligned}$$

2. 进项税额

进项税额是指出版企业购进出版物材料、半成品等货物或接受应税劳务等所支付或者负担的增值税额(也就是上一环节所交的税款,通常以购进发票上注明的税额为准)。如购买纸张材料、空白音像带与光盘、包装纸等或委托外部印刷厂、装订厂印制出版物或委托外部运输公司及铁路运输部门发运货物等所额外支付的增值税额。其计算公式为:

$$进项税额 = 进项费用额 \times 增值税率 \tag{11-4}$$

当然,当货款或工价及劳务费含有税费时,在开具增值税发票时应计算出实际的购货款、劳务费或工价等,将增值税额与其分开填写。而公式(11-3)同样适用于计算实际的购货款、工价或劳务费等实际进项费用额。即:

$$实际进项费用额 = \frac{含税进项费用额}{1+增值税率} \tag{11-5}$$

不过,根据国家规定,将会发生多种增值税率。作为一般纳税人的企业,如造纸厂、印刷厂、装订厂等基本采用17%的基本增值税率;也有采用13%的低税率的,如事业单位材料调拨等;还有小规模纳税人采用6%增值税率及货物运输部门发运货物采用7%增值税率等。例如,材料管理人员登记材料账需计算出不含增值税的实际材料费,其满足下列计算公式:

$$实际材料费 = \frac{含税材料费}{1+增值税率} = \frac{含税材料费}{1+17\%} \tag{11-6}$$

3. 销项税额的抵扣

进项税额与销项税额是相互对应的,销售方的销项税额就是购买方的进项税额。出版企业在生产经营活动中,由于不断地发生购销活动,因此都会收取销项税额和支付进项税额,当期的销项税额扣除当期的进项税额后的差额就是出版企业当期实际应向国家税务部门缴纳的增值税额。进项税额作为可以抵扣的部分,对计算出版企业的应纳税额会产生重要的影响。增值税"进项税"的扣除,国际上现行的主要有两种方式:一是只允许扣除购入的原材料等所含的税金,不允许扣除固定资产所含的税金,会计理论上称之为"生产型增值税";二是所有外购项目包括原材料、固定资产在内,所含税金都允许扣除,会计理论上称之为"消费型增值税"。据了解,世界上征收增值税的国家绝大多数都实行消费型增值税,只有我国和印度尼西亚两个国家实行生产型增值税。

但是,出版企业并不是在生产经营中支付的所有进项税额都可以从销项税额中抵扣。在实际操作中,必须严格区分哪些进项税额可以抵扣,哪些进项税额不能抵扣。

(1) 根据国家税法规定,准予从销项税额中抵扣的进项税额主要包括:

① 出版企业从销售方取得的增值税专用发票上注明的增值税额。

② 出版企业从海关取得的完税凭证上注明的增值税额。

③ 出版企业向农业生产者购买的免税农业产品，准予按照买价乘6%的抵扣率计算进项税额；或者向小规模纳税人购买的农业产品，准予按照买价乘13%的抵扣率计算进项税额。

④ 出版企业外购货物所支付的运输费用以及发送销售货物所支付的运输费用，可以根据运费结算单据（运输专用发票）所列运费金额乘7%的扣除率计算进项税额，准予扣除。

（2）根据税法规定，不得从销项税额中抵扣的进项税额主要包括：

① 购进固定资产（实行消费型增值税方式的除外）。

② 用于非应税项目的购进货物或者应税劳务。

③ 用于免税项目的购进货物或者应税劳务。

④ 用于集体福利或者个人消费的购进货物或者应税劳务（包括固定资产）。

⑤ 随同运费支付的装卸费、保险费等其他杂费以及支付给非运输部门的运费（不能开具专门发票），不得作为可抵扣的进项税额。

⑥ 出版企业购进货物或者应税劳务，未按照规定取得并保存增值税扣款凭证，或者增值税扣款凭证上未按照规定注明增值税额及其他有关事项的，其进项税额不得从销项税额中抵扣。

六、我国增值税转型的改革

我国加入 WTO 以后，国内企业和国内产品的竞争力亟待提高，市场经济对平等竞争的外部环境也提出了进一步要求。从世界范围看，经济全球化趋势日益增强，科技革命迅速发展，世界各国为提升本国产业的竞争力，无不积极制定政策大力推动技术装备的进步。为适应发展变化了的国内国际经济形势，我国必须加快包括税收在内的相关政策的调整。实行消费型增值税，可以进一步消除重复征税，有利于鼓励投资，特别是民间投资，拉动经济增长；有利于促进产业结构调整和技术升级；有利于提高产品的竞争力。因此，在党的十六届三中全会上，明确提出了增值税由生产型向消费型转型的改革任务。中国财政部根据《中共中央关于完善社会主义市场经济体制若干问题的决定》关于"将分部实施税收制度改革。增值税由生产型改为消费型,将设备投资纳入增值税抵扣范围"的精神,于2004年开始启动增值税转型的改革,首先在东北工业基地的8个行业实行消费型增值税。2004年9月14日,经国务院批准,财政部、国家税务总局联合向辽宁、吉林、黑龙江三省财政局下发了《东北地区扩大增值税抵扣范围若干问题的规定》,并于2004年9月20日下发了《2004年东北地区扩大增值税抵扣范围暂行办法》,这表明我国东北重工业区的税改已正式启动。该《规定》明确指出,纳税人购进固定资产、用于自制固定资产的购进货物或应税劳务、通过融资租赁方式取得的固定资产及为固定资产所支付的运输费用,其增值税的进项税额准予按规定扣除。但是,固定资产为应征消费税的汽车、摩托车的,及将固定资产专用于集体福利或者个人消费等情况的不予扣除。

现行的生产型增值税只能扣除属于非固定资产的那部分生产资料的进项税额,而消费型增值税同时允许抵扣当年新增剩余劳动力经营性固定资产的进项税额。这将在一定程度上导致税款的减收,但对企业来说则可减轻负担,尤其是可能会为资本及技术密集型行业带来较大实惠。我国出版业,包括纸质出版、音像出版、电子出版和网络出版都属于知识密集和技术密集型行业,国家对增值税转型改革的逐步实施,将会进一步推动我国新闻出版业的蓬勃发展。

七、增值税发票的使用与管理

由于增值税应纳税额的计算依据是进项税额和销项税额,因此,增值税专用发票的正确使用与管理非常重要。它不仅是反映出版企业经济活动的重要业务凭证,而且也是出版企业履行纳税义务和反映购货方进项税额的合法证明,对增值税的计算和管理起着决定性的作用。增值税发票的管理也是我国政府在市场经济条件下整顿经济秩序的重要内容之一。因此,根据国家有关部门对专用发票的使用规定,出版企业在使用与管理增值税发票时,必须处理好以下几个主要问题:

(1)坚持增值税发票的使用范围,即只限于出版企业销售出版物或应税劳务时向购买者填开。

(2) 使用专用发票必须在抵扣联和发票联同时加盖财务印章或规定的发票专用章。

(3) 凡是填写有问题的增值税发票,一律不得作为进项税额的扣税凭证。

(4) 要根据不同销货方式填开增值税发票。采用交款提货销售方式的,出版企业应在收到货款时填开增值税发票;采用托收承付结算方式销售出版物的,应于出版物出库发运到购货方时填开增值税专用发票;采用分期收款方式销售出版物的,应于收到货款时,按实际收到的价款填开增值税专用发票,对于信誉度较高的客户,也可以根据客户的要求提前填开部分发票,但应对购货方限定交付货款的时间,且时间间隔不宜过长,发票面值也不宜太大。

(5) 出版企业销售出版物并填开增值税专用发票后,如发生销货退货或销售折让时,应分别采取以下处理办法:

① 在购货方未付款,财务未作账务处理的情况下,出版企业应及时将原发票联及税款抵扣联向购货方追回,并在原发票上注明“作废”字样,属于销货退回的,可以将此作抵减销项发生额的退货凭证;属于销售折让的,则需按折让后的货款净额重新填开专用发票。

② 在购货方已付款,或货款未付但财务已作账务处理,发票联及抵扣联无法退还的情况下,出版企业应要求购货方提供当地主管税务部门开具的进货退出或索取折让证明单,出版企业可根据销售退回货物数量、价款或折让金额向购货方填开红字专用发票,作为双方的抵减凭证。

③ 对上述两种情况,如果出版企业未收到购货方退还的增值税发票或规定的凭证或证明单,不得擅自用红字填开专用发票处理,因为此种发票不能作为抵减销项税额的凭证;如果购货方未向出版企业退还增值税发票或规定的凭证或提供证明单,却将此增值税发票作为进项税额申报,属于偷税行为,应根据税收征管法的有关规定进行处理。

(6) 出版企业采取发行折扣和现金折扣方法销售出版物的,按下列规定填开增值税专用发票:

① 以发行折扣方法销售出版物,应于货物出库,发运到购货方后,根据出库单上标明的码洋、发行折扣、销售净额和双方签订销售合同规定的付款期,在对方明确付款时填开增值税专用发票,并按应收货款的净额计

算填列销售额和增值税额。

② 以现金折扣方法赊销货物,应于购货方支付货款时填开增值税专用发票,并按扣除折让金额后的应收货款计算填列销售额和增值税额。

(7) 出版企业遗失已填开的增值税专用发票记账联,应取得购货方发票联的影印件并有购货方盖章证明,方可替代记账联。购货方遗失专用发票抵扣联或发票联,应取得原销货出版企业的记账联影印件,并附有该单位盖章证明,方可作为进项税额抵扣凭证或记账凭证。

八、增值税的缴纳

出版企业在计算增值税时,首先必须明确纳税义务发生的时间。纳税义务发生时间是出版企业发生应税行为应当承担纳税义务的起始时间。按照税法规定,销售货物或应税劳务的,以收讫销售款或者取得索取销售款凭据的当天为纳税义务发生时间;在市场经济条件下,由于销售货款结算方式较为复杂,所以,在实际操作时,税务部门一般规定以纳税人填开增值税发票的时间为纳税义务发生时间。出版企业发生纳税义务后,应根据税法的规定,在纳税期限内缴纳税款。增值税的纳税期限由主管税务机关根据纳税人应税额的大小来核定。出版企业纳税期限一般为1个月,自期满之日起10日内申报纳税。

例11-2:某出版社一个月内发生以下经营购销业务:

收回销售书款2 500万元,且已全部为购货方开具增值税发票,增值税率为13%;购买纸张材料支出500万元,支付印刷费450万元,对方全部提供增值税发票,增值税率为17%。已知上述款项均为含税金额,请求本月出版社应缴纳增值税额。

解:销项税 $= \dfrac{2\,500}{1+13\%} \times 13\% = 2\,212.39 \times 13\% = 287.61$(万元)

进项税 $= \dfrac{500+450}{1+17\%} \times 17\% = 811.97 \times 17\% = 138.03$(万元)

应纳税额 $= 287.61 - 138.03 = 149.58$(万元)

即该出版社本月应缴纳增值税额为149.58万元。

第三节 出版企业所得税的计算与缴纳

企业所得税是对企业的生产经营所得和其他所得征收的一种税。1994 年以前,我国是按企业的经济性质分别设置企业所得税的。1994 年,我国进行了税制改革,从 1994 年 1 月 1 日起实施《中华人民共和国企业所得税暂行条例》,取消了按企业所有制形式设置企业所得税的办法,废止了原有的国营企业所得税和调节税、集体企业所得税和私营企业所得税,实行统一的内资企业所得税制度。但是,外商投资企业和外国企业不适用《企业所得税暂行条例》。2007 年 3 月 16 日,第十届全国人民代表大会第五次会议通过了新的《中华人民共和国企业所得税法》,并于 2008 年 1 月 1 日起施行,原来实行的《中华人民共和国企业所得税暂行条例》同时废止。[1]

一、企业所得税的纳税义务人及征税范围

1. 企业所得税的纳税义务人

根据所得税法规定:在中华人民共和国境内,企业和其他取得收入的组织(以下统称企业)为企业所得税的纳税人,依照本法的规定缴纳企业所得税。企业分为居民企业和非居民企业。

(1) 居民企业,是指依法在中国境内成立,或者依照外国(地区)法律成立但实际管理机构在中国境内的企业。

(2) 非居民企业,是指依照外国(地区)法律成立且实际管理机构不在中国境内,但在中国境内设立机构、场所的,或者在中国境内未设立机

〔1〕 中华人民共和国企业所得税法. 中国财经报,2007 年 3 月 30 日

构、场所，但有来源于中国境内所得的企业。

2. 企业所得税征税范围

（1）居民企业应当就其来源于中国境内、境外的所得缴纳企业所得税。

（2）非居民企业在中国境内设立机构、场所的，应当就其所设机构、场所取得的来源于中国境内的所得，以及发生在中国境外但与其所设机构、场所有实际联系的所得，缴纳企业所得税。非居民企业在中国境内未设立机构、场所的，应当就其来源于中国境内的所得缴纳企业所得税。

根据国家税法的上述有关规定，我国出版企业属于居民企业，负有缴纳企业所得税的义务。

二、企业所得税的计算

《中华人民共和国企业所得税法》规定，企业所得税的税率为25%。非居民企业在中国境内未设立机构、场所的，或者虽设立机构、场所，但取得的所得与其所设机构、场所没有实际联系的，或者虽设立机构、场所，但取得的所得与其所设机构、场所没有实际联系的，就其来源于中国境内的所得缴纳企业所得税，适用税率为20%。

出版企业的企业所得税计算的关键在于应纳税所得额的确定。应纳税所得额是纳税人每一纳税年度的收入总额减除不征税收入、免税收入、各项扣除以及允许弥补的以前年度亏损后的金额。其计算公式为：

$$\begin{matrix}\text{应纳税}\\\text{所得额}\end{matrix}=\begin{matrix}\text{收入}\\\text{总额}\end{matrix}-\sum\begin{matrix}\text{准予减}\\\text{免项目}\end{matrix}-\sum\begin{matrix}\text{扣除项}\\\text{目金额}\end{matrix}-\begin{matrix}\text{弥补}\\\text{亏损额}\end{matrix}$$

1. 收入总额

收入总额是指出版企业以货币形式和非货币形式从各种来源取得的收入。包括销售货物收入；提供劳务收入；转让财产收入；股息、红利等权益性投资收益；利息收入；租金收入；特许权使用费收入；接受捐赠收入；其他收入。

2. 准予扣除的项目

（1）出版企业实际发生的与取得收入有关的、合理的支出，包括成本、费用、税金、损失和其他支出，准予在计算应纳税所得额时扣除；（2）

出版企业发生的公益性捐赠支出，在年度利润总额 12% 以内的部分，准予在计算应纳税所得额时扣除；(3) 出版企业按照规定计算的固定资产折旧，准予扣除；(4) 出版企业按照规定计算的无形资产摊销费用，准予扣除；(5) 出版企业使用或者销售存货，按照规定计算的存货成本，准予在计算应纳税所得额时扣除；(6) 出版企业转让资产，该项资产的净值，准予在计算应纳税所得额时扣除；(7) 出版企业纳税年度发生的亏损，准予向以后年度结转，用以后年度的所得弥补，但结转年限最长不得超过五年。

3. 在计算应纳税所得额时，下列支出不得扣除

(1) 向投资者支付的股息、红利等权益性投资收益款项；(2) 出版企业所得税税款；(3) 税收滞纳金；(4) 罚金、罚款和被没收财物的损失；(5) 本法第九条规定以外的损赠支出；(6) 赞助支出；(7) 未经核定的准备金支出；(8) 出版企业与取得收入无关的其他支出。(9) 出版企业在汇总计算缴纳企业所得税时，其境外营业机构的亏损不得抵减境内营业机构的盈利。

4. 国家税收优惠

(1) 国家对重点扶持和鼓励发展的产业和项目（如出版企业转制等），给予企业所得税优惠。

(2) 出版企业的国债利息收入，符合条件的企业之间的股息、红利等权益性投资收益为免税收入。

(3) 出版企业从事农、林、牧、渔业项目的所得，从事国家重点扶持的公共基础设施项目投资经营的所得，从事符合条件的环境保护、节能节水项目的所得，符合条件的技术转让所得，可以免征、减征企业所得税。

(4) 出版企业开发新技术、新产品、新工艺发生的研究开发费用，安置残疾人员及国家鼓励安置的其他就业人员所支付的工资，可以在计算应纳税所得额时加计扣除。

(5) 创业投资企业从事国家需要重点扶持和鼓励的创业投资，可以按投资额的一定比例抵扣应纳税所得额。

(6) 出版企业的固定资产由于技术进步等原因，确需加速折旧的，可以缩短折旧年限或者采取加速折旧的方法。

(7) 出版企业综合利用资源，生产符合国家产业政策规定的产品所

取得的收入，可以在计算应纳税所得额时减计收入。

（8）出版企业购置用于环境保护、节能节水、安全生产等专用设备的投资额，可以按一定比例实行税额抵免。

5. 出版企业可抵免所得税额

出版企业取得的下列所得已在境外缴纳的所得税税额，可以从其当期应纳税额中抵免，抵免限额为该项所得依照所得税法规定计算的应纳税额；超过抵免限额的部分，可以在以后五个年度内，用每年度抵免限额抵免当年应抵税额后的余额进行抵补：

（1）出版企业来源于中国境外的应税所得；

（2）出版企业从其直接或者间接控制的外国企业分得的来源于中国境外的股息、红利等权益性投资收益，外国企业在境外实际缴纳的所得税税额中属于该项所得负担的部分，可以作为该企业的可抵免境外所得税税额，在规定的抵免限额内抵免。

6. 企业所得税应纳税额

出版企业的应纳税所得额乘以适用税率，减除依照所得税法关于税收优惠的规定减免和抵免的税额后的余额，为所得税应纳税额。即：

企业所得税应纳税额 = 应纳税所得额 × 所得税率 − ∑减免、抵免税额

三、我国企业所得税率与国际税率的比较及改革建议

我国税收收入已连续多年增长在20%左右，但据有关部门测算，外资企业平均实际负担率仅为11%，内资企业则在22%左右，而这其中国有大中型企业的平均实际负担率达到了30%，内资企业负担过重。尤其是在企业所得税税率水平上，我国目前规定的税率高于西方主要发达国家及我国周边国家和地区所得税率27%的平均水平。例如，德国的企业所得税率为25%，英国为30%，美国实行15%、18%、25%、33%共4档超额累进税率；我国周边国家和地区企业所得税水平最高的是日本，为37%，最低的是中国香港地区，为16.5%。[1] 因此，我国经济学家提出，在我国进行企业所得税改革时，应确定适合我国国情的税率。在企业所

〔1〕 王素荣. 试解内外合并三大悬念. 中国财经报，2004年6月22日

得税的税率水平设计上，首先要顺应国际上降低所得税税率水平的趋势；其次要考虑我国国内企业的平均盈利水平不高的实际情况，同时，应本着鼓励内外资企业平等竞争，同国际惯例接轨以及保持税率相对稳定的原则，制定出内外资企业通用的所得税法。2007 年 3 月 16 日第十届全国人民代表大会第五次会议通过的《中华人民共和国企业所得税法》对我国原来执行的企业所得税税率进行了修订，由原来的 33% 降至 25%，并且取消了过去内外资企业执行不同税率的政策。这既有助于保持政策的连续性，又符合国际趋势，有利于减少国际间由于要素流动、国与国（地区）之间的税率差异所引起的逃避税行为。另外，所得税率由 33% 降低到 25%，降幅不大，加之合并后的企业所得税拓宽了税基，辅之以加强征管，能保证我国的财政承受能力。

四、企业所得税的缴纳

按照税法的规定，企业所得税按纳税年度计算。纳税年度自公历 1 月 1 日起至 12 月 31 日止。出版企业缴纳企业所得税同所有企业一样，采取分月或者分季预缴。预缴是指当出版企业还不能准确核算整个纳税年度应纳企业所得税额时，为了保证税款及时入库，应先按一个月或一个季度内应纳税所得额的实际发生数计算预缴税款，或者按上一年度应纳税所得额按月或按季的平均数计算预缴税款。汇算清缴是指在年度结束后，对全年应纳税所得额进行结算，全年应纳税款如果小于预缴总数，多缴的数额应予以退还；如果大于预缴总数，少缴的应当补缴。企业应当自月份或者季度终了之日起 15 日内，向税务机关报送预缴企业所得税纳税申报表，预缴税款。企业应当自年度终了之日起 5 个月内，向税务机关报送年度企业所得税纳税申报表，并汇算清缴，结清应缴应退税款。

税金是国家财政收入的主要来源。出版企业应严格按照国家规定的征税范围和计税税率等各项规定，如实地计算应纳税额，并及时足额地将税款上交国库。要坚决反对那种违反规定，搞虚列成本、乱摊费用、瞒报收入、偷税、拖欠税款等活动，对于逾期不缴者，税务机关除责令其限期缴纳外，还要按日扣收滞纳金。对于出版企业出现的偷税漏税行为，经税务机关查明后，除应补缴税款外，还要按情节轻重给予必要的批评教育，经济处罚,直至法律制裁。

第四节

稿酬所得税的计算与缴纳

稿酬所得,是指出版物著译者通过稿费(包括退稿费)、审稿费、翻译费取得的收入。稿酬所得税是以纳税人的稿酬所得额为征税对象的一种税收,属于我国税法种类中个人所得税的征收范畴。根据 1999 年 8 月 30 日第九届全国人民代表大会第十一次会议通过的《中华人民共和国个人所得税法》(第二次修正)关于"稿酬所得税"的有关规定,稿酬所得税适用比例税率,税率为 20%,并按应纳税额优惠减征 30%。也就是说,若按 20% 税率计算,求得应纳税额后,再按规定减征应纳税额的 30%,故其实际税率为 14%[20% ×(1 - 30%)= 14%]。

一、稿酬所得(稿酬收入)的确定

对稿酬所得,应以出版物译著者每次出版、发表取得的收入为一次。具体又分为以下 5 种情况:

(1) 同一作品再版或重印取得的收入,应视为另一次稿酬所得征税。

(2) 同一作品先在报刊上连载,然后再出版,或先出版,再在报刊上连载的,应视为两次稿酬所得征税。

(3) 同一作品在报刊上连载取得收入的,以连载完成后取得的所有收入合并为一次征税。

(4) 同一作品在出版和发表时,以预付稿酬或分次支付稿酬等形式取得的稿酬收入,应合并为一次征税。

(5) 同一作品出版后,因追加印数而追加印数稿酬的,应与前次出版稿酬合并为一次计算征税。

二、稿酬应纳税所得额的确定

根据税法规定，稿酬每次所得不超过 4 000 元的，减除费用为 800 元；4 000 元以上的，减除 20% 的费用，其余额为稿酬应纳税所得额。其计算公式为：

（1）当稿酬所得不超过 4 000 元时：

应纳税所得额 = 稿酬所得 − 800 元

（2）稿酬所得为 4 000 元以上（包括 4 000 元）时：

应纳税所得额 = 稿酬所得 ×（1 − 20%）= 稿酬所得 × 80%

三、稿酬所得应纳税额的计算

根据税法有关规定，稿酬所得征收所得税适用 20% 的比例税率，并按应纳税额优惠减征 30%，所以，稿酬所得的应纳税额可按下列方法计算：

应纳税额 = 应纳税所得额 × 适用税率 ×（1 − 30%）

（1）每次收入不足 4 000 元时：

应纳税额 =（每次所得额 − 800）× 20% ×（1 − 30%）

=（每次所得额 − 800）× 14%

（2）每次收入为 4 000 元以上（包括 4 000 元）时：

应纳税额 = 每次所得额 × 80% × 20% ×（1 − 30%）

= 每次所得额 × 11.2%

（3）两人以上共同取得一个项目的收入时：

① 人均收入不足 4 000 元时：

应纳税额 =（每次所得额 − 800 × 合作人数）× 20% ×（1 − 30%）

=（每次所得额 − 800 × 合作人数）× 14%

② 人均收入为 4 000 元以上（包括 4 000 元）时，计算公式与（2）相同，即：

应纳税额 = 每次所得额 × 80% × 20% ×（1 − 30%）

= 每次所得额 × 11.2%

四、已知稿酬税后收入，计算稿酬所得额

(1) 稿酬税后人均收入不足 3 552 元时：

稿酬所得额 =（稿酬税后收入 − 112）÷ 0.86

(2) 稿酬税后人均收入满 3 552 元时：

稿酬所得额 = 稿酬税后收入 ÷ 0.888

五、稿酬所得税的税收稽征

稿酬所得税的稽征以所得人为纳税义务人（著译者），以支付所得额的单位（出版社）为扣缴义务人。因此，出版企业财务部门在支付著译者稿酬时，应履行按规定扣缴稿酬所得税的义务，并于次月 7 日内上缴税务部门。同时，向税务机关报送代扣代缴纳税申报表。税法还明确规定，对扣缴义务人按照所扣缴的税款，付给 2% 的手续费。

例 11-3：某出版社出版一本专业图书。全书稿共 30 万字，印数为 5 万册。根据双方协定，出版社需按每千字 50 元标准，以基本稿酬加印数稿酬的方式支付给作者稿酬。当财务部门支付该书作者稿酬时，应代扣多少稿酬所得税？

解：根据上面所给的计算公式，可得：

(1) 稿酬所得 $= 50 \times 300 + 50 \times 300 \times 1\% \times \frac{50\,000}{1\,000} = 22\,500$（元）

(2) 应纳税额 $= 22\,500 \times 11.2\% = 2\,520$（元）

即该出版社财务部门应代扣作者稿酬所得税为 2 520 元。

例 11-4：某部作品被出版社出版，出版社共支付给该书作者税后稿酬 28 815.6 元，问：

(1) 若该作品是由一个作者编撰完成，则该作者税前稿酬所得额应是多少？

(2) 若该作品是由 10 名作者合作编撰完成，则税前稿酬所得额应是多少？

解：(1) 因为作者人均收入 28 815.6 元，超过 3 552 元，所以，应用公式：

税前稿酬所得额 = 28 815.6 ÷ 0.888 = 32 450（元）

（2）作者人均税后收入为 2 881.56 元，不足 3 552 元，所以，应用公式：

税前稿酬所得额 = （2 881.56 − 112）÷ 0.86 × 10 = 32 204.20（元）

即：当作者为 1 人时，税前稿酬所得额应为 32 450 元；当作者为 10 人时，税前稿酬所得额应为 32 204.20 元。

第五节

出版企业的税务筹划行为辨析与实施策略

随着我国社会主义市场经济的发展，全社会的法制观念在增强，全民的纳税意识也在逐步提高。随着国家税务部门对大学出版社免征企业所得税优惠政策的结束，我国出版企业的市场竞争处于同一起点。出版企业如何从维护自身整体利益出发，树立文化企业的良好形象，杜绝避税、偷税、逃税等急功近利的不良行为，同时通过科学的税务筹划，以谋求出版业的可持续发展，已经成为出版企业经营管理者日益关注的重要问题。

一、税务筹划概念

所谓税务筹划（也称税收筹划或节税），是指纳税人（法人、自然人）在国家税收法规许可的范围内，根据政府的税收、财政等法律法规及政策导向，运用纳税人的权利，通过对企业的生产经营、投资、理财等各种经济活动的事前筹划和安排，充分利用税法提供的优惠和差别待遇，进行纳税方案的优化选择，减少或延缓税款支付，达到整体税后利润最大化的行为。实际上，税务筹划主要体现在两个方面：一是选择低税负。低税负意味着较低的税收成本，而较低的税收成本也就意味着高的资本回收率。二是合理安排纳税时间。纳税期的推移和延缓可以减轻税收负担，缓解企业经营中的资金使用压力，降低资本成本，同时赢得资金的时间价值。

在有着纳税约束的市场竞争环境中，税务筹划因其具有明显的减负节税功能，逐渐为人们所了解、认识和实践。政府部门和社会舆论逐步认识到税务筹划是纳税人的合法权利。在现代市场经济条件下，企业开展税务筹划不仅有利于提高其财务管理水平，增加经济收益，也有利于增强纳税人的法制观念，培养和提高纳税人的纳税意识；同时有利于国家有关部门完善税制，提高国家宏观经济政策的运行效果。因此，税务筹划活动正受到国家税务管理部门和纳税人越来越多的关注，税务筹划理论研究与实践工作也在深入开展。目前，税务筹划作为企业规范经营管理、谋求经济利益的一种有效方式，已经成为快速改革和发展中的我国出版企业经济管理的重要内容之一。

二、税务筹划的特点

具体来说，税务筹划的概念有以下特点：

(1) 税务筹划的主体是纳税人，而不是政府部门；

(2) 税务筹划的目的是实现企业价值最大化和使纳税人的合法权利得到充分的享受和行使；

(3) 税务筹划是在既定的税收环境下进行的；

(4) 税务筹划的实质是纳税人的一种理财活动，而不是一种纳税现象；

(5) 财务策划手段是税务筹划的主要途径和方法。

三、税务筹划行为辨析

在税务筹划问题上，许多人存在着认识上的误区，片面认为，税务筹划就是采用各种方法，将企业的纳税额减至最少，从而降低税收成本，增加经济收益。因此，他们往往把税务筹划与某些不合理的避税甚至是逃税、偷税行为混为一谈。目前，我国企业在实施税务筹划的过程中，一直存在着合法的税务筹划、非违法的避税和表面是合法而实质是违法的逃税偷税等三种行为现象。事实上，合法的税务筹划和非违法的避税与违法的逃税偷税行为有着本质上的区别。合法的税务筹划，是指纳税人根据国家税收政策导向，在维护与执行国家税收政策的基础上，在税法许可的范围内，通过企业经营结构、经营模式和交易活动的安排，对经济活动进行统筹安排，对纳税方案进行优化选择，以减轻纳税负担，取得正当的税收利益的行为。这在税法上不应反对，只能予以保护。非违法的避税，是指由于税法本身存在漏洞，使纳税人能够利用税法不完善之处做出有利于减轻税负的安排。这种纳税行为，会使国家税收蒙受一些损失，但因为国家税法没有明确规定，税务部门不可能按偷税逃税行为给予法律制裁，只有通过完善国家税法，以堵塞漏洞。而表面上合法实属违法的逃税、偷税行为，是指在合法外衣掩盖下，用欺诈手段逃税的违法行为。这种情况一般是利用税法的差别规定或优惠政策，通过“挂靠”某一企业或“虚设机构”等方式，以合法之名行逃税之实，为了谋取本单位或个人的经济利益，直接触犯国家税收法规；或采取不正当手段，弄虚作假，多列成本，隐瞒收入和利润，以逃避国家税收。这类行为一经查明，就会按偷税、逃税违法行为论处，并将会遭到税务部门的严厉打击，钱财受损，名誉扫地，结果是得不偿失。因此，准确把握合法税务筹划与偷税逃税违法行为二者的本质区别，是出版企业进行税务筹划时必须要解决的关键问题。

税务筹划是纳税人的权利，而纳税又是纳税人的义务，这看似矛盾的双方只有在法律责任的规范下才能求得统一。所谓法律责任是对“税企”双方具有同等约束力的范畴。纳税人是法律主体，纳税人的法律责任是指因违反国家税制中的征管法和实施细则所应承担的法律责任，它是法律主体因其违法行为所应承担的法律后果，并与违法行为联系在一起。税务部门对企业的税务筹划行为必须进行合理的评价和有效的判断，并将合法的税务筹划行为和企业的偷税逃税等违法行为严格区分开来，对企业纳税人的税务筹划行为的法律责任必须给予准确的界定。税务筹划行为法律责任的界定是税务筹划行为规范的核心部分，也是出版企业进行税务筹划自我约束的准绳。

总之，出版企业在进行税务筹划时，必须要在法律允许的范围内进行，在实施过程中，坚持原则，谨慎从事。要对税务筹划行为进行有效辨析，准确判断税务筹划与逃税偷税行为的界限，借以自我界定税务筹划行为中的法律责任，以免给出版企业造成不必要的经济损失，给出版企业的发展带来不良影响。

四、出版企业进行税务筹划的几种方法

在现实经营活动中,出版企业可从以下几个方面进行税务筹划:

1. 从应纳税所得额上实施税务筹划

对应纳税所得额进行筹划,是指出版企业在税法许可的范围内,通过调整应纳税所得额来减轻税收负担,这是最常见的纳税筹划方法。具体筹划措施是:

(1)成本费用列支的筹划。出版企业对所发生的成本费用列支,包括人员工资、福利费、业务招待费、广告费、宣传推广费、企业研究开发费、财务费用等,要采取谨慎原则,在税法允许的范围内,根据配比原则,当期成本费用当期列销,而且要将当期发生的全部成本费用尽量列全摊净,以最大限度地减少应交所得税额,由此也合法递延了纳税时间。这样,既可以缓解出版物生产经营上对资金需求的压力,又可以最大限度地减少财务费用支出,降低资金成本,从而获得应付税金的时间价值。

(2)计提折旧的筹划。出版企业的固定资产折旧具有抵税作用,它的分摊过程实际上是一种人为控制的成本分摊过程。至于折旧费如何计提,计提多少,则取决于所采用的折旧方法。出版企业应出于自身利益的考虑及国家财税法规,视具体情况选择不同的折旧方法加以筹划。比如,对某些在市场上更新速度较快的高新技术设备(计算机等)可采取"年数总和法"、"双倍余额递减法"等快速折旧法计提固定资产折旧(目前我国税务部门对企业固定资产计提折旧方法的确认尚仅限于年限平均法,有待改进)。

(3)计提坏账准备的筹划。坏账准备是为弥补出版企业在销售出版物过程中发生的出版物应收账款可能造成的坏账损失而提取的。出版物应收账款是出版企业向客户提供的销货信用,存在着一定的坏账风险。因此,出版企业在加强出版物应收账款的管理、进行有效控制和及时催收的同时,还必须根据国家会计制度的有关规定,对出版物应收账款的发生额提取坏账准备,并在管理费用中摊销。我国财政部2000年12月29日新颁布的《企业会计制度》规定,坏账准备的计提方法和计提比例由企业自行确定。但提取方法一经确定,不能随意变更(目前我国税务部门认

可的坏账损失计提比例是期末出版物应收账款和其他应收账款总额的5‰)。所以,出版企业计提坏账准备的比例应在国家财税政策允许的情况下,根据出版物应收账款和其他应收账款存在的风险程度而确定。

(4) 企业以盈利弥补亏损的筹划。根据国家税法规定,企业上一年发生亏损,可用当年所得予以弥补,按弥补亏损后的所得额来确定适用税率。出版企业在组建出版集团公司时,因为各分公司或子公司管理能力、经营业务不同,其盈利水平必然高低不等,由此造成既有盈利的公司,也有亏损的部门。因此,集团公司实行财务集中管理,在国家政策允许的情况下,以集团公司作为一个纳税实体,向国家税务部门缴纳所得税,从而达到以盈利弥补亏损、减少应纳税所得额的效果。另外,出版企业还可以根据经营业务发展的需要,收购兼并一些经营暂时亏损,但具有经济发展潜力,且经营项目是出版企业扩大经营规模中所急需的企业,用出版企业的整体经营利润来弥补被兼并企业的暂时亏损,进而减少出版企业的应纳税所得额。

2. 从纳税时间上实施税务筹划

按照国家税法规定,企业所得税采取按期预缴、年终汇算清缴的办法,一般要在月份或季度结束后 15 日内预缴,年度结束后 4 个月内汇算清缴。因此,出版企业可以考虑在这些时间段内充分利用好这些税款,提高资金的利用率,保证经营中流动资金的供应,从而节约贷款利息等财务费用支出,或进行短期资本经营运作,以达到增收节支的目的。还有,在出版经济活动中,也存在着纳税时间的筹划问题。比如,出版企业在加强出版物应收账款管理的情况下,要严格控制月末、季末和年末出版物应收账款的发生额,以免造成货款未收到而各种税款提前支付,加重税负,增加税收成本的后果。

3. 从税收政策上实施税务筹划

出版企业的税务筹划要与国家现行的税收政策导向同步。国家为完善税制,促进经济发展,运用税收征收、减免手段,以促进我国的产业结构、技术结构以及企业的优化与调整。出版企业要求得生存与发展,取得更大的经济效益,就必须把握这些政策,充分利用好这些政策,抓住有利时机,以充分享受这些政策给予的优惠条件。有些政策的出台往往就是为了某一特定时期、某一行业的发展而制定的。目前,出版企业主要应重点利用好以下优惠政策：

(1) 近些年来，国家为支持和鼓励学生教材和社会科学类、科学技术类、古籍类等出版物的出版，对这些出版物的出版实行增值税先征后返的优惠政策。

(2) 2004年5月，新闻出版总署副署长柳斌杰在第十四届全国书市的"出版业改革与发展"高层论坛上明确指出，国家为了支持出版单位向企业化转制，推动我国文化产业的改革与发展，制定了对转制后的文化企业(包括出版企业)5年内免交企业所得税等税收的优惠政策。同时确定，报业集团、发行集团、出版集团可以以集团作为一个纳税单位，所有的纳税单位可以由企业集团统一交纳所得税，作为一个纳税单位在内部盈亏相抵，平衡以后，剩下的部分交税。2005年，国家财政部、海关总署和国家税务总局又专门下发通知作出具体规定：从2004年1月1日起至2008年12月31日，从事新闻出版、广播影视和文化艺术的事业单位，转制(包括文化事业单位整体转为企业和文化事业单位中经营部分剥离转为企业)后，免征企业所得税，原有的增值税优惠政策继续执行。[1]

(3) 现行会计制度规定，研究开发费计入企业管理费用，冲减本年利润。现行企业所得税法规定，企业开发新产品、新技术、新工艺的研究开发费比上年增长10%以上的，不仅当年发生的研究开发费可以税前全额扣除，而且还可以加扣当年研究开发费的50%。税法的这种规定，体现了国家对企业研究开发的重视。据有关资料介绍，国外企业一般研究开发费占支出比例为7%～8%，国内企业一般仅为1%左右，TCL为2.5%，海尔比例虽然较高也仅为3.6%。根据国际上的评估标准，企业的技术研发费低于3%被认为是没有希望的，也不可能有核心竞争力。[2] 我国出版企业为应对市场竞争，面临着对出版物市场规律的研究和出版物新品种的研发以及出版物品牌创建等重要任务，这是增加出版企业核心竞争力的根本措施。因此，出版企业应立足于长远，加大出版科学研究和精品出版物的研发力度，适当增加此方面的投资，为企业的持续发展服务。

对于国家这些暂时的优惠税收政策，出版企业应抓住有利时机，充分

---

[1] 姚长辉. 税收优惠支持文化体制改革. 中国财经报，2005年4月9日

[2] 王素荣. 试解内外合并三大悬念. 中国财经报，2004年6月22日

利用，在加快改制速度的同时，实现扩大企业经营规模，增大资金积累，增强企业发展后劲的效果。

除上述方法外，出版企业进行税务筹划的方法还有很多。但无论哪一种方法，税务筹划总是一个敏感性问题，它涉及到国家税收法律的严肃性和强制性，出版企业必须要把握一个尺度，依法进行，认真对待，慎之又慎，不得超出法律边界。正像有些人所说的，进行税务筹划犹如在悬崖边上舞蹈，表演好了，可以实现经济效益，而一旦越界，则会受到重创，甚至掉下深渊，跌得粉身碎骨。同时，税务筹划又是一个综合性很强的问题，出版企业要做好税务筹划，达到筹划目的，从事税务筹划的专业人员就必须要全面了解和熟悉国家税法，具有很强的法治观念，精通税收专业技能，掌握税务筹划的具体方法和策略，具备较丰富的从业经验，用足用活国家的各种税收政策，联系出版企业经营业务的实际，精心进行税务筹划，以实现出版企业最佳经济效益的目标。

五、提高财务管理水平，是进行税务筹划的基础

从税务筹划的定义不难看出，税务筹划实质上是纳税人的一种理财活动，而不是一种纳税现象。所以，出版企业在进行税务筹划过程中，除了要熟悉和掌握国家的财政法规和税收政策，把握税务筹划的界线和良好的外部环境外，还必须要具有完善、科学的财务管理制度，规范的财务核算办法，现代化的财务管理技术和手段，真实、准确、完整的会计信息，这是出版企业进行税务筹划的基础。脱离开这一基础，出版企业的税务筹划行为将难以辨析，税务筹划行为的法律责任将难以进行自我界定，税务筹划的目的将难以实现。而上述基础工作只有通过出版企业加强财务管理才能实现。所以，出版企业在经营中，应坚持以财务管理为中心，不断提高财务管理水平，这是进行税务筹划，并取得成功的必要条件。

复习思考题

1. 税收有哪些基本特征？
2. 税收的作用是什么？

3. 企业的流转额与所得额有何区别？

4. 某出版社某月出版物发生销售收入3 551万元。其中属于上月应收账款500万元（增值税发票已在上月开出），属于当月增值税发票已经开出，但货款未收的应收账款350万元。当月购买纸张材料支出800万元，支出印刷费604万元，对方全部提供了增值税发票，税率为17%。上述款项均为含税金额。请求出该月出版社应缴纳增值税额。

5. 当出版物已经销售并填开增值税发票后，如发生退货，出版社用红字填开发票销项税额，你认为是否正确？为什么？购货方若将发票丢失，要求出版社补开发票，出版社应如何处理？

6. 购货方向出版社退货后，未向出版社退还增值税发票，却将其抵冲销项税进行申报，属于何种行为？

7. 出版企业每年年底完成利润核算以后缴纳企业所得税，正确吗？

8. 何谓税务筹划？它与避税、逃税等急功近利行为有何本质上的区别？

9. 出版企业进行税务筹划应建立在什么基础上？

10. 出版企业要做好税务筹划，实现税务筹划之目的，应具备哪些条件？

11. 某出版社计划出版一本字典，共计1 403 520字，印制25 600册。按出版合同规定，出版社以基本稿酬加印数稿酬的方式支付作者稿酬，稿酬标准为40元/千字。请计算出版社需付给作者的稿酬总额；若该书作者为15人，出版社财务部门应代扣作者稿酬所得税为多少？

12. 某作者的一部作品被一个出版社出版，出版社共付给该作者税后稿酬8 550元，问：该作者的税前稿酬所得额应是多少？

参考文献

一、他人文献参考

1. 李宝山. 管理经济学. 北京:中国人民大学出版社,2002

2. [美]克雷格·彼得森,克里斯·刘易斯. 管理经济学. 北京:中国人民大学出版社,2003

3. [英]玛丽亚·莫斯坎瑞斯. 企业经济学. 北京:北京大学出版社,2004

4. [美]曼斯费尔德. 微观经济学. 北京:中国人民大学出版社,2001

5. [美]曼昆. 经济学原理. 北京:北京大学出版社,1999

6. 中华人民共和国国务院. 出版管理条例. 中华人民共和国国务院令,2001

7. 徐二明. 企业战略管理. 北京:中国经济出版社,1998

8. 陈湛匀. 现代决策应用与方法分析. 上海:立信会计出版社,1994

9. 孙茂竹,文光伟. 管理会计学. 北京:中国人民大学出版社,1999

10. 北京商学院会计系. 企业预算管理的构造与运行. 北京:中国人民公安大学出版社,1999

11. 郭国庆,成栋. 市场营销新论. 北京:中国经济出版社,1997

12. 欧阳令南. 公司理财. 北京:中国经济出版社,1997

13. 孙铮,王鸿祥. 财务报告分析. 北京:企业管理出版社,1997

14. 包闻天,包卫国. 实用出版社财务管理. 北京:中国书籍出版社,1994

15. 徐子健. 管理学. 北京:对外经济贸易大学出版社,2002

16. 国权[1999]8 号. 关于颁发《出版文字作品报酬规定》的通知. 国家版权局,1999

17. 财会[2001]7 号. 财政部关于印发《企业会计准则——无形资产》等 8 项准则的通知. 财政部,2001

18. 荆新,王化成,刘俊彦. 财务管理学. 北京:中国人民大学出版

社,1998

19. 刘敬芳. 财务管理(新编). 上海:立信会计出版社,2000

20. 韦之. 著作权法原理. 北京:北京大学出版社,1998

21. 财政部会计司. 企业会计制度讲解. 北京:中国财政经济出版社,2001

22. 财政部注册会计师考试委员会办公室. 财务成本管理. 北京:经济科学出版社,2002

23. 财政部会计司. 新会计准则·会计制度讲解. 北京:中国财政经济出版社,2002

二、本书作者论文参考

1. 张其友. 成本管理是大学出版社管理的核心任务. 大学出版,2000(2)

2. 张其友. 我国出版企业预算管理模式. 中国财经报,2000 年 7 月 20 日

3. 张其友. 我国出版企业资本经营方式的探讨. 出版经济,2000(4)

4. 张其友. 出版物销售量、成本、利润关系的决策模型揭示. 出版发行研究,2001(6)

5. 张其友. 加强出版物定价管理的思考. 大学出版,2001(3)

6. 张其友. 出版物量、本、利关系的边际分析. 出版经济,2002(5)

7. 张其友. 出版经营决策中几个重要成本概念的应用. 科技与出版,2002(3)

8. 张其友. 出版物销售收入预测方法的探讨. 大学出版,2002(4)

9. 张其友. 出版物发行折扣决策方法探析. 科技与出版,2003(2)

10. 张其友. 出版物需求价格弹性的分析与应用. 出版经济,2003(4)

11. 张其友. 出版物寿命周期测定方法初探. 科技与出版,2003(5)

12. 张其友. 出版业经营中的博弈论与决策行为. 出版经济,2003(10)

13. 张其友,石冰. 出版物需求交叉弹性分析. 大学出版,2004(1)

14. 张其友. 出版物材料经济订购批量决策方法探究. 科技与出版,2004(3)

15. 张其友. 情感营销,以人为本. 出版参考,2004 年 9 月(上旬刊)

16. 张其友,何绍仁. 出版企业税务筹划行为辨析与实施策略. 大学出版,2004(3)

17. 张其友. 影响出版市场需求非价格因素. 出版经济,2004(11)

18. 张其友. 如何提高出版企业的执行力. 出版参考,2004 年 11 月(上旬刊)

19. 张其友. 关于出版企业实现规模经济的几点看法. 科技与出版,2005(2)

20. 张其友. 出版企业需求弹性的微观调控策略. 编辑之友,2005(5)

21. 张其友. 我国出版企业新时期竞争战略的选择. 大学出版,2005(3)

22. 张其友. 对出版企业实施多元化经营战略的认识. 出版发行研究,2006(7)

23. 张其友. 出版企业经营中的风险特点分析与风险价值评价. 科技与出版,2006(6)

24. 张其友. 出版企业核心竞争力辨析. 大学出版,2006(4)

25. 张其友. 数字网络引发中国书业长尾现象. 中国图书商报,2007 年 1 月 23 日

26. 张其友. 利基战略是创建出版企业竞争优势的重要选择. 出版发行研究,2007(3).

后 记

本书是作者根据自己多年的出版理论研究和出版工作的实践编写而成,其间又经过作者在北京师范大学出版科学研究院多年对新闻专业编辑出版方向硕士研究生“出版经济管理学”课程的教学,在内容上进行了多次修改完善,力图使该书所研究的理论更贴近当前出版业改革和发展的新形势,所探讨和解决的问题更切合目前我国出版企业经营管理的实际。在此,我要衷心地感谢北京师范大学王德胜教授,在编写此书的过程中,一直得到他的关心、鼓励、支持和帮助,同时在繁忙中抽出时间通读了书稿,并提出宝贵意见。我还要感谢我的同事金虬副教授,在书稿的写作过程中,金教授对我提供了无私的帮助,为编写本书解决了大量技术上的难题。同时,我也要感谢我的夫人任希琴,为保证我利用业余时间编著此书,她几乎承担了所有家务。由于作者水平所限,在内容上一定存在着许多不足之处,在某些观念上也难免存在着谬误,恳请专家学者及出版界同仁批评指正。

作 者

2007 年 4 月写于北京师大